수소 혁명

THE HYDROGEN ECONOMY
by Jeremy Rifkin

수소 혁명

석유 시대의 종말과 세계 경제의 미래

제레미 리프킨

이진수 옮김

THE HYDROGEN ECONOMY

JEREMY RIFKIN

민음사

차례

1 두 개의 현실 사이에서

역사를 통틀어 인류는 종종 두 개의 판이한 현실 인식 방법 사이에서 오도 가도 못하는 신세가 되곤 했다. 일례로 17세기 말 상황을 들 수 있다. 아이작 뉴턴, 존 로크, 르네 데카르트 등 계몽주의 시대의 과학자들과 철학자들은 지구가 신(神)의 피조물이며 지구에 본질적 가치가 내재돼 있다는 기독교 핵심 교리를 비롯해 교리 문답집에서 매우 중시되는 여러 항목에 도전하고 나섰다. 당시 신사상가들은 존재에 대한 설명을 둘러싸고 좀 더 유물론적으로 해석했으며 수학과 이성에 의존했다. 그로부터 100년도 채 못돼 식민지 아메리카의 정치적 반역자들과 프랑스의 폭도들은 군주제 대신 공화제 확립을 주장하며 "삶, 자유, 행복, 재산에 대한 인간의 절대적 권리"까지 부르짖었다. 제임스 와트는 미국 독립전쟁 발발 직전 자신이 발명한 증기 기관에 대해 특허권을 획득했다. 이로써 석탄과 프로메테우스적인 새로운 시대정신 사이의 관계가 극에 이르렀다. 그리고 인류는 이후 두 세기에 걸쳐 세상을 영구히 변화시키게 되는 산업 시대의 생활 방식으로 조심스레 다가섰다.

오늘날 인류는 200년 전처럼 위대한 격동의 시대, 기존 관행이 무너지고 급진적인 새로운 가능성까지 열리는 시대에 살고 있다. 지난 200년 동안 산업 생산과 상거래가 계속 이어져 왔다. 그러나 이제 공장, 사무실, 비즈니스에서 화석 연료를 동력으로 한 기계에 예속된 대규모 인간 노동이 서서히 사라지고 있다. 새롭고 더 정교한 '지능형' 기술이 모든 산업과 전문 분야에서 인간 노동을 서서히 대체하는 것이다. 인류는 지금 하루가 다르게 성능이 향상되고 있는 컴퓨터 및 로봇 기술과 공존하며 소규모 정예 노동력으로 급변하는 중이다. 앞으로 수십 년 안에 세계 최저 임금이라 할지라도 노동 현장인 공장은 물론 기업 본사에서까지 그들 노동자를 대체하게 될 지능형 기술만큼이나 싸지진 않을 것이다. 21세기 중반쯤이면 현재 투입되고 있는 인간 노동력 가운데 극히 일부만으로도 모든 인류가 쓸 수 있는 재화와 서비스를 생산하게 될지 모른다. 따라서 시장에서 더 이상 노동할 필요가 없을 때 인간은 과연 무엇을 해야 할지 다시 곰곰이 생각지 않을 수 없다.[1)]

가장 사소한 생활 방식 등 인간 존재의 모든 면에 속속들이 파고들면서 지난 20세기를 지배해 온 물리학과 화학이 이제 생물학으로 대체되고 있다. 인간, 동물, 식물의 게놈 지도 제작 및 조작으로 새 시대가 열리고 있는 것이다. 새 시대에 생명 자체는 조작 가능한 최종 상품으로 변하고 있다. 바이오테크 시대는 인간 본성의 본질에 대해 근원적 질문을 던지기 시작했다. 게다가 새 시대를 생물학적 부흥기로 간주하는 이와 상업적 우생 문명의 도래에 대해 경고하는 이들 사이에서 대중은 온데간데없이 어디론가 사라

지고 있다.[2)]

컴퓨터와 통신 혁명으로 인터넷과 월드 와이드 웹(WWW)이 탄생했다. 그 결과 인간의 의사 소통 방식에도 큰 변화가 생겼다. '접속access'이란 세계 전역에 뻗어 있는 전자 '중추 신경계'로 서로 연결된 한 세대를 지칭하는 함축적 은유어다. 새로운 '광속(光速)' 사회는 상거래 방식에도 변화를 주고 있다. 판매자와 구매자 사이에서 이뤄지는 재화와 서비스 교환이 대부분인 시장 경제는 새로운 상거래 활동 속도에 채 적응하지 못하고 있다. 이제 시장에서 이뤄지던 자산 교환은 네트워크로 연결된 서비스와 경험에 대한 접속으로 대체될 것이다. 시간 자체가 가장 귀하고 값진 자원으로 등장한 사회에서 공급자는 자산 소유권을 갖고, 소비자는 상품 및 서비스 접속 시간에 대해 돈을 지불한다. 회원 모집, 임대차, 시간 할당 방식, 라이선스가 선호하는 사업 유형으로 등장한다. 상거래 비용 감소, 이익 마진 감소, 네트워크 협력 업체들 사이의 '성과 배분' 약정을 바탕으로 한 급진적인 새 사업 모델 도입 등이 새로운 '시경제(時經濟)'의 특징이다. 자산 교환에서 접속 관계로, 이익 마진에서 성과 배분으로 넘어가는 온갖 변화가 세계 상거래 활동의 구조 조정을 촉발하기 시작했다.

문화의 구성 요소에 대한 기존 관념도 급변하고 있다. 디즈니, 유니버설 비방디, AOL-타임 워너, 소니 같은 거대한 콘텐츠 업체들은 세계 전역에서 발굴한 문화 자원을 온갖 유료 경험으로 탈바꿈시키고 있다. 현재 세계 소비자 가운데 상위 20퍼센트의 고소득자들은 기본 재화나 서비스에 소비하는 것과 비슷한 규모의 돈을 그런 유료 경험에도 쓰고 있다.

신세대 문화 운동가들은 '브랜드화', 라이프 스타일 마케팅, 새로운 형태의 소매 총판권, 엔터테인먼트에 맞서 점차 가열차게 투쟁하고 있다. 이 모두가 문화의 획일화로 이어지리라는 생각에서다. 그들은 새로운 문화 상거래가 세계의 문화적 다양성에 위협이 되고 있다며 각 지역의 고유 문화를 보호하기 위해 애쓰고 있다. 문화 영역까지 잠식해 인간사의 유일한 중재역으로 등극하고자 애쓰는 재계의 노력은 장기적으로 모든 사회에 엄청난 영향력을 행사할 수 있는 상거래와 문화의 관계에서 큰 전환점이 되고 있다.[3)]

노동의 본질 변화, 떠오르는 바이오테크와 통신 혁명, 경제 활동의 점증하는 '시간화' 현상, 세계 전역에서 벌어지는 상거래와 문화 사이의 충돌이 우리 주변 세계에 대한 개념 그리고 현실까지 근본적으로 바꿔 놓고 있다.

그에 못지않은 심오한 변화가 에너지 이용 방식에서도 일어날 태세다. 현대 사회가 존재할 수 있었던 것은 석탄, 석유, 천연가스 덕이다. 본질상 상업적인 것이든 정치적인 것이든, 아니면 사회적인 것이든, 과거 두 세기 동안 이뤄진 모든 진보는 화석 연료 이용으로 촉발된 동력의 엄청난 급증과 어떤 식으로라도 연관돼 있다.

인류학계에 따르면 한 사회에서 진보의 상대적 수준을 가늠할 수 있는 좋은 잣대가 바로 1인당 에너지 소비량이다. 지난 200년 동안 서구 사회의 1인당 에너지 소비량은 역사에 기록된 다른 모든 사회를 합해 산출한 1인당 에너지 소비량보다 많았다. 현대인은 전례 없이 높은 생활 수준을 구가하고 있다. 지금 우리가 누리고 있는 행운은 수백만 년 전 형성된 화석 연료 덕이다. 그야말로

'만나' 다. 하지만 하늘에서 떨어진 만나가 아니라 땅 속 깊은 곳에서 끌어올린 만나다.

유감스러운 것은 행운에도 결국 끝이 있게 마련이라는 점이다. 순진하게도 우리는 공급이 비록 제한돼 있지만 적어도 당분간 수요를 모두 충족시킬 수 있을 만큼 충분한 양의 석유가 지구 구석구석에 매장돼 있으리라 믿었다. 1970년 미국에서 석유 생산량이 최고조에 이르렀을 때 지질학계는 불안감을 감출 수 없었다. 1970년 당시 회수 가능한 석유 매장량 가운데 반은 이미 고갈된 상태였다. 그러나 석유가 세계 다른 지역에서 계속 채수(採收)되고 있었기 때문에 일반 시민 중 석유 문제를 둘러싸고 잠시나마 고민하는 사람조차 찾아볼 수 없었다. 미국은 물론 다른 나라 소비자들이 석유 문제에 대해 관심을 갖게 된 것은 그로부터 3년 뒤 단행된 아랍의 석유 금수 조처 때문이다. 당시 소비자 수백만 명이 몇 리터의 가솔린이라도 확보해 놓아야겠다는 생각에 주유소 앞에서 장사진을 친 채 몇 시간이고 기다렸다. 그것은 정신이 번쩍 드는 냉엄한 경험이었다. 일각에서 석유가 곧 고갈될 것이라는 경고도 제기됐다. 하지만 그런 일은 일어나지 않았다. 세계 굴지의 에너지 업체들과 미국 등 여러 나라가 새로운 석유 매장지를 발굴하고 나섰다. 그 결과 새 매장지가 여럿 발견됐다. 주유소 앞의 장사진이 줄어들고 석유 위기는 진정됐다. 가솔린 공급이 원활해진 데다 값도 최저를 기록했다. 세계의 상거래는 다시 정상으로 회복됐다.

현재 석유 가격은 비교적 저렴한 편이다. 전문가들에 따르면 석유와 천연가스가 결국 고갈될 것은 분명하지만 적어도 앞으로 30년에서 40년, 아니 그보다 오랫동안 사용할 수 있는 양이 아직 남아 있다. 대체 에너지원 개발 프로젝트를 입안하기에는 충분한 시간이다.

하지만 예상이 빗나갈 경우 어찌 할 것인가. 어느 날 아침 일어나 신문을 펼쳐 드니 "세계 석유 생산량 최고조…… 수년 안에 유가 폭등 조짐"이라는 머리기사 제목이 대문짝만하게 실렸다면 어떻게 할 것인가.

내로라하는 지질학자들 가운데 석유 문제에 대해 경고하고 나서는 이가 점차 늘고 있다. 이번에야말로 진짜 석유 위기가 지평선 위로 아련히 모습을 드러내고 있다는 주장이다. 게다가 또다시 석유 위기가 도래할 경우 항구적 결과로 이어질 전망이다. 그렇다면 향후 수년 안에 어떤 방향으로 나아가야 할 것인가.

앞으로 한 10년 안에 세계 석유 생산량이 최고를 기록하고 곧이어 천연가스 생산량마저 절정에 이를 경우 일련의 사태로 산업시대의 생활 방식 가운데 엄청난 부분이 와해될 것이다. 석유 문제가 불거질 경우 특히 대표적인 두 사태를 예상할 수 있다.

첫째, 세계 석유 생산량이 최고조에 이르게 될 시기를 둘러싸고 전문가들조차 갈팡질팡하고 있지만 일단 최고조에 이르면 남은 미개발 매장지 거의 모두는 중동의 이슬람 국가들 영토일 것이다. 그 결과 현재의 세계 세력 판도에 변화가 생길 수 있다. 석유 매장량은 줄고 세계의 많은 청년 이슬람교도 사이에 호전적 태도가 점차 확산되면서 모든 국가의 경제적, 정치적 안정이 위협받을 수 있다. 정치 지도자와 분석가들은 특히 이스라엘과 팔레스타인 사이에서 격화하고 있는 분쟁에 대해 우려하고 있다. 그들은 이슬람 원리주의자들이 자국 정부에 이스라엘을 지지하는 미국 등 서방

국가와 맞설 무기로 석유를 활용하라고 윽박지르지 않을까 걱정하기도 한다.

둘째, 세계가 미처 대비하지 못한 가운데 석유와 천연가스 생산량이 절정에 이른다면 각국 정부는 물론 에너지 업계도 석탄, 중유, 타르샌드 등 더러운 화석 연료로 눈을 돌릴 것이다. 지구 표면온도가 오는 22세기까지 섭씨 1.4도 상승할 것이라는 예측이 이미 나온 판에 더러운 화석 연료를 사용한다는 것은 이산화탄소 배출량이 늘고 지구 온도도 예상보다 높아지며 지구 생물권에 더 파괴적인 영향을 미치게 된다는 뜻이다.[4)]

현재 우리가 몸담고 있는 문명이 역사상 처음 에너지 위기에 처한 문명이라고는 말할 수 없다. 에너지는 문명의 흥망성쇠에서 중요한 역할을 담당해 왔다. 인류학자와 역사학자들은 에너지가 문명의 흥망성쇠에 결정적 요인으로 작용한다고 주장하곤 했다. 그렇다면 다른 문명들은 에너지 위기와 어떻게 씨름하게 됐을까. 전문가들은 여기서 어떤 교훈을 얻어 낼 수 있다면 지금이야말로 곰곰이 되씹어 볼 때라고 주장한다. 사실 에너지의 흐름을 지배하는 철칙이 있다. 철칙이 깨질 경우 문명은 소멸될 수도 있다. 열역학 법칙은 환경에 대한 인간의 지배욕에서 한계가 무엇인지 일깨워준다. 자체 에너지 체계가 부과한 한계로부터 벗어난 사회는 붕괴될 위험이 있다.

인류가 석유 시대의 종말로 치닫고 있는 지금 미국 등 모든 나라는 점증하는 국내외 위협과 분열에 노출돼 있다. 현재 우리가 안고 있는 취약성은 그 어느 때보다 두드러진 듯싶다. 이는 화석 연료 에너지 체계의 관리 차원에서 만들어 놓은 고도로 중앙 집중화한 권위주의적 에너지의 하부 구조와 그에 따른 경제 인프라 때문이다. 화석 연료 시대의 특징으로 상의하달식 조직 체계를 들 수 있다. 상의하달식 조직 체계는 에너지를 관리하고 이용하기가 쉽지 않기 때문에 야기된 결과이다. 석탄, 석유, 천연가스 처리 비용에 엄청난 투자 자본이 필요했다. 그 결과 거대한 에너지업체들이 탄생하기에 이르렀다. 현재 민간이나 국가 소유의 열 개 내지 열두 개 대형 에너지 기업이 계약 조건을 쥐락펴락한다. 에너지는 이들 조건에 따라 세계 전역으로 흐르게 된다. 에너지업체들은 에너지원에 대한 지배력을 중앙 집중화함으로써 모든 산업에서 규모의 경제, 경제 활동의 집중화에 화답하는 환경까지 창출해 냈다.

화석 연료는 상거래 활동의 속도를 높이기도 했다. 상거래의 높아진 비중과 빨라진 흐름을 관리하다 보니 고도로 중앙 집중화한 권위주의적 영리기업 형성이 훨씬 강화되기에 이르렀다. 오늘날 500개도 안 되는 다국적 기업이 모든 경제 활동의 대부분을 통제하고 있다. 세계화는 화석 연료 시대의 마지막 단계를 대변한다. 마지막 단계에서 공동체의 에너지 흐름과 경제 활동을 미시적으로 관리하는 기업 조직은 점차 줄고 있다.

세계화는 우리가 살고 있는 이 시대를 규정하는 원동력이다. 세계화 지지론자들은 세계화가 인류를 위한 또 다른 위대한 진보이자 모든 세계 시민의 삶도 향상시킬 수 있는 방편이라고 주장한다. 하지만 세계화란 사회 일상에 대한 기업의 지배가 극명히 드러난 사례이자 가진 자와 못 가진 자의 격차를 심화하는 수단이라고 주장하는 반대론자들도 있다. 다국적 기업들은 선진 7개국(G7)

의 도움으로 각국의 규제와 법규 개정을 위해 로비하고 있다. 각국의 규제와 법규가 자유 무역을 제한하고 있다는 것이다. 세계화 반대론자들은 거리로 쏟아져 나와 대규모 시위를 벌인다. 기업의 탐욕으로부터 지구 생태계와 인간 공동체를 보호하기 위해 마련한 환경 및 노동 기준이 세계화로 파괴되고 있다는 생각에서다. 비극적인 9·11 테러 사태와 그에 따른 여파로 세계화를 둘러싼 긴장이 한층 고조됐다. 게다가 딱히 누구랄 것도 없이 불안하고 불확실하게 돌아가는 세계에 대해 더 큰 두려움을 느끼고 있다.

분쟁과 양극화가 판치고 있음에도 불구하고 세계화로 이어진 결정적 기본 요인들과 세계화에 대한 신랄한 반응을 둘러싸고 진지한 분석 노력이 전개되는 모습은 별로 찾아볼 수 없었다. 세계화를 각기 다른 관점에서 이해할 수 있다. 하지만 에너지라는 관점보다 더 중요한 것은 없다. 화석 연료가 없었다면 세계화도 불가능했을 것이라는 점에 대해 흔히들 깜빡 잊곤 한다. 기업들이 시간과 거리를 단축할 수 있었던 것은 화석 연료 덕이다. 그 결과 천연자원과 인간 노동 활용, 완제품과 서비스 마케팅을 위한 세계 단일 시장 형성이 가능할 수 있었다.

그리 놀랄 일도 아니지만 100년 넘게 각국 정부와 재계의 핵심 관심사로 자리 잡은 것이 화석 연료 에너지 보유고 통제였다. 지난 다섯 세대 동안 지정학은 '석유의 정치학'과 거의 같은 뜻으로 통했다. 석유의 흐름을 성공적으로 제어해 온 국가, 기업, 국민들은 전에 없던 엄청난 부(富)를 향유해 온 반면 지정학자들 말마따나 '검은 황금' 석유가 갖고 있는 부 창출의 잠재력에 접근할 혜택조차 거부당한 이들은 더 깊은 빈곤으로 빠져 들어 점증하는 착취와 비주류화의 대상이 되고 말았다.

제3세계 국가들의 점증하는 부채 위기에서 주요 원인으로 등장했던 1970-1980년대 유가 급등 사태를 한번 살펴보자. 당시 고유가를 감당할 수 없었던 개발도상국가들은 비싼 석유 수입 비용과 유가 급등에 따른 제반 경제 활동 비용까지 충당하기 위해 상업 차관과 기관 융자 수십억 달러를 끌어들여야 했다. 개도국이 제조업을 현대화하고 점증하는 도시 인구의 욕구를 충족시키기 위해 석유 수입에 더 의존하면서 최근 몇 년 사이 부채 부담은 한층 악화했다. 요즘 빈국들은 국민에 대한 기본 서비스보다 부채 상환에 더 많은 돈을 쓰고 있다. 그 결과 빈곤과 절망의 늪으로 점점 더 빠져 드는 돌이키지 못할 악순환이 계속되고 있다. 최근 각종 세계 발전 포럼에서 세계화로 야기된 불균형 가운데 가장 두드러진 제3세계 부채 위기가 중점적으로 부각됐다. 일각에서는 빈국들이 안고 있는 부채를 탕감하라는 요구가 제기되고 있다. 화석 연료 에너지 체계는 세계화의 핵심 동력이면서 동시에 빈국과 부국의 격차를 점차 벌려 놓는 요인이기도 하다.

화석 연료를 이용하고 산업 활동을 관리하기 위해 마련된 인프라가 점차 노후화하면서 균열이 생기기 시작했다. 균열은 도처에서 목격할 수 있다. 인프라가 조만간 붕괴되는 것이 아니냐는 우려의 목소리도 점차 커지고 있다. 일부 지질학자는 시스템 자체가 붕괴될 수 있음을 시사했다. 앞으로 다가올지 모를 사태에 대비한다는 것이 무모한 짓일 수 있다는 우려까지 제기됐다.

그렇다면 '대비'란 도대체 무엇을 의미하는 것일까. 화석 연료 시대가 지나가고 있다면 무엇으로 화석 연료를 대체할 것인가. 새로운 에너지 체계가 우리 앞에 놓여 있다. 목재 땔감 에너지 시대의 본질 및 특성은 화석 연료 체계의 본질 및 특성과 달랐다. 마찬가지로 새로운 에너지 체계의 본질 및 특성은 화석 연료 체계의 그것들과도 판이하다.

수소는 우주에서 발견할 수 있는 원소 가운데 가장 가볍고 가장 보편적이다. 수소를 에너지로 이용할 경우 '영구 연료'라고 표현해도 무방하다.[5] 수소는 결코 고갈되지 않는다. 수소에는 탄소(C) 원자가 들어 있지 않기 때문에 이산화탄소(CO_2)도 방출되지 않는다. 수소는 물, 화석 연료, 살아 있는 생명체 등 지구 어디에나 존재한다. 그러나 수소가 자유 상태에서 떠도는 것은 아니다. 수소는 천연자원에서 추출해야 한다.

수소 경제의 바탕은 이미 마련되고 있다. 앞으로 수년 안에 컴퓨터, 통신 혁명이 수소 에너지 혁명과 융합되면서 21, 22세기의 인간 관계를 근본적으로 바꿔 놓을 강력한 혼합물이 탄생하게 될 것이다. 어디서든 구할 수 있는 수소는 적절히 이용만 하면 고갈되지 않는다. 따라서 모든 인류가 '강한 힘'을 얻게 되면서 수소는 사상 초유의 진정한 민주 에너지로 등장할 전망이다.

상업용 수소 연료전지가 공장, 사무실, 빌딩, 가정에 설치돼 전력, 빛, 열을 생산해 내고 있다. 세계 굴지의 자동차 제조업체들은 수소 연료전지 구동 승용차, 버스, 트럭 개발에 지금까지 20억 달러 이상을 쏟아 부었다. 자동차 제조업체들은 오는 2010년까지 수소 연료전지로 굴러가는 신세대 차량을 대량 생산해 낼 수 있으리라 생각한다. 소형 발전 설비를 최종 소비자 근방에 분산 배치한 이른바 '분산전원(分散電源)'은 화석 연료 시대와 더불어 성장해 온 기존 전력 회사의 대규모 집중 전원을 크게 위협하고 있다. 이제 최종 소비자가 에너지 소비자임과 동시에 생산자로 등장하고 있다. 수백만 개의 소형 발전 시설이 동일한 설계 구조로, 웹 탄생을 가능케 만든 첨단 기술로 광대한 에너지망과 연결된다면 에너지 공유가 가능한 것은 물론 에너지를 서로 사고 팔 수도 있다. 말하자면 개인과 개인 간(P2P) 에너지 공유가 가능하게 되는 것이다. 게다가 거대한 에너지 및 전력 회사의 지배력을 영원히 타파할 수도 있다.

세계적인 수소 에너지망(HEW)은 역사에 또 다른 기술, 상업, 사회 혁명으로 기록될 것이다. HEW는 1990년대 세계적 통신망의 발전 과정을 따르게 될 것이며 통신망과 마찬가지로 새로운 참여 문화도 낳게 될 전망이다. HEW가 에너지를 분산하고 민주화하고 상업 및 사회 기관들을 혁신적인 새 노선에 따라 변형시킬 수 있는 에너지 설계에서 일종의 혁명으로 등장할 가능성이 있지만 반드시 그렇게 되리라는 보장은 없다. 여기서 인터넷과 웹의 탄생 과정을 잠시 살펴보는 것도 괜찮을 듯싶다. 인터넷은 모든 인류가 사이버 공간에서 서로 접촉하고 진정한 민주 시민들 사이에서 의사 소통과 정보 교환까지 가능케 만듦으로써 수십억 인구에게 권력을 부여할 수 있다. 1990년대 인터넷 옹호론자들은 아무 대가 없이 정보를 공유할 수 있어야 한다고 주장했다. 이런 관점에 따라 일찍이 지역망과 비영리 네트워크들이 구축됐지만 네트워크 수는 얼마 안 되고 체계가 허술한 데다 내실 있는 콘텐츠도 갖춰지지 않았다. 그 결과 아메리카 온라인(AOL)과 마이크로소프트(MS)처럼 신매체 장악에 발 벗고 나선 돈 많고 고도로 조직화된 기업들을 도저히 당해 낼 수 없었다. 기업들은 애초부터 서로 공모해 사이버 공간의 포털을 둘러싸고 철옹성 같은 지배력 확보에 나섰다. 따라서 그들 기업은 '정보 시대'의 문지기와 중재인으로 등장할 수 있었다. HEW도 지금 이와 비슷한 위협과 도전에 직면해 있다.

수소가 '만인의 에너지'로 등장하느냐 못하느냐는 초기 개발 단계에서 수소를 어떻게 이용하느냐에 달려 있다. 1990년대 인터넷 옹호론자들처럼 신세대 수소 에너지 지지자들은 수소 에너지가 공유돼야 한다고 주장하기 시작했다. 수소 에너지 공유가 실현되기 위해서는 공공 기관과 비영리 단체, 그중에서 특히 수억의 인구에게 에너지를 공급하고 있는 공공 소유 비영리 전력업체들과 세계적으로 7억 5000명 이상의 회원을 거느린 수천 개 비영리 협동조합이 새로운 에너지 혁명의 초기 단계부터 뛰어들어 모든 나라에 '분산전원 협회'(DGA)가 설립되도록 도와 줘야 한다.

인류를 HEW로 한데 묶기 위해서는 민간 부문의 적극적 참여도 필요하다. 기업은 분산전원 혁명의 새 하드웨어와 소프트웨어를 개발하고, HEW에서 에너지 서비스를 통합하며 에너지 흐름을 조절하는 데 크게 기여하게 될 것이다. 영리 집단과 비영리 집단 사이에 적절한 동반 관계를 형성하기 전에 먼저 고려해야 할 것은 새로운 에너지 체계의 적법성, 효율성, 장기적 생존 능력부터 확보해야 한다는 점이다.

수소 경제로 전환할 경우 수입 석유에 대한 의존이 종언을 고하고 중동 등 여러 지역의 호전적 이슬람 세력과 서방 열강들 사이에서 벌어지고 있는 위험 천만한 지정학적 게임 강도도 누그러뜨릴 수 있다. 그에 못지않게 중요한 것은 화석 연료 에너지와 결별할 경우 이산화탄소 배출량이 산업 혁명 이전의 배 정도로 한정되고 이미 골머리를 앓고 있는 지구 생물권에 대한 지구 온난화의 악영향도 누그러지게 되리라는 점이다.

분산형 수소 에너지 체계에는 적어도 아직 상호 연결되지 않은 세계 시민들을 서로 이어 주고 힘없는 이들에게 강한 권력도 부여할 수 있다는 희망이 내재돼 있다. 그것이 현실화할 경우 '세계화 재편'의 실현 가능성을 코앞에 두게 될 것이다. 여기서 세계화 재편이란 아래로부터의 재편이라는 뜻이며 재편 과정에 만인이 참여하는 것을 말한다.

화석 연료 시대와 더불어 산업 기업, 민족국가 통치, 도시의 인구 집중, 부르주아 생활양식 등 새로운 사회 조직 방식이 모습을 드러냈다. 수소는 다양한 탄화수소 에너지와 매우 판이하다. 따라서 과거 석탄, 증기 기관, 석유, 내연 기관이 그랬듯 지금과 근본적으로 다른 경제 기구, 새로운 주거 형태, 색다른 에너지 인프라가 탄생할 것이다. 모든 이들이 자신의 에너지를 생산해 낼 수 있을 때 상업 활동의 본질은 근본적으로 변하게 마련이다. 경제 활동은 지금보다 훨씬 광범위하게 확산된다. 그 결과 상거래 분산은 거주지 분산으로 이어진다. 화석 연료 시대의 특징이랄 수 있는 전원의 집중화와 규모의 경제는 막대한 에너지 소비와 걷잡을 수 없는 대도시 인구 집중이라는 결과를 낳았다. 최종 소비자들을 한데 엮은 분산 HEW가 탄생한다면 오지에서도 지속적으로 자원을 이용할 수 있는 거주지가 형성될 것이다.

세계적인 통신망처럼 세계적인 HEW도 불가분의 상호 의존적인 경제와 사회 틀 안에서 모든 인류를 한데 이어 줄 전망이다. 인류는 지구 생태계로 완전히 통합된 인간 공동체가 될 수 있을 것이다. 그러나 불행히도 개인과 집단의 안전에 관한 개념은 여전히 화석 연료 시대로부터 벗어나지 못하고 있다. 석유 시대에 개인의 안전에 관한 개념은 에너지와 경제 활동의 흐름을 관리하는 대규모 집단 체제의 조직적 가치를 반영하고 있었다. 석유 시대의 개인이나 집단의 삶에서 자율과 이동성은 의심할 여지 없는 사회적 가치였다. 앞으로 다가올 수소 경제 시대에는 참여의 속도뿐 아니라 인간 상호 작용의 순수 밀도 역시 안전에 대해 새로운 개념을 낳게 될 것이다. 안전에 관한 새로운 개념은 다양한 상업, 사회, 환경 네트워크, 그리고 세계적인 상호 의존과 밀접한 관계가 있다. 개인의 안전과 다양한 인간적, 생물학적, 지질학적 공동체의 복지에 별 문제는 없을 것이다. 우리는 스스로를 지구상에 존재하는 한 유기체의 일부로 간주하게 된다. 화석 연료 시대에 뿌리 깊게 존재했던 분열주의 지정학은 수소 시대로 접어들면서 생물권 정치학이라는 새 개념으로 대체될 것이다.

우리는 지금 신시대의 문턱에 서 있다. 새 시대에도 모든 가능성은 여전히 하나의 선택 사양이다. 우리 태양계와 항성들을 구성하고 있는 수소는 인간의 교묘한 재주에 의해 인간에게 유익하게 이용된다. 수소 시대의 위대한 약속을 후세에 물려줄 지속 가능한 현실과 값진 유산으로 일궈 내기 위해서는 반드시 여행의 시발점에 서서 올바른 도정부터 그려 봐야 할 것이다.

2 미끄러지는 허버트의 종형(鐘形) 곡선

지난 1970년대의 에너지 위기가 사람들 뇌리에서 서서히 잊혀져 가고 있다. 우리는 지금 주체할 수 없을 정도로 많은 석유를 보유한 것처럼 보인다. 2002년 봄 유가는 세계 시장에서 배럴당 24달러를 맴돌았다. 석유수출국기구(OPEC) 회원국은 러시아, 멕시코, 노르웨이 등 비(非)OPEC 산유국과 시장 점유율을 놓고 씨름해야 했다. 현재 비OPEC 산유국들의 석유 생산량은 날로 증가하는 추세다.[1] 미국 거리에는 '기름 먹는 하마' 자동차가 수백만 대나 운행되고 있다. 기름 값이 오르고는 있지만 그런대로 견딜 만하다. 난방유 가격은 변함이 없다. 미국을 비롯한 여러 선진국에서 사람들만 모였다 하면 화제로 떠올랐던 에너지 보존에 관한 이야기도 지금은 어쩌다 들릴 뿐이다.

미국의 정책 입안자들은 새로운 탐사 기술 덕에 석유를 더 많이 찾아내고 있으며 새 굴착 기술로 기존 유전에서 뽑아내기 어려운 기름까지 많이 확보 중이라고 말한다. 미국 에너지부 산하 에너지 정보국(EIA)은 세계적으로 값싼 원유 생산이 절정에 이르려면 아직 35년 정도 남았다고 말한다. 대체 에너지 전략으로 이행하기까지 충분한 시간이 있다는 것이다. 요컨대 향후 수년 동안 세계가 숱한 문제에 봉착하겠지만 석유 부족 사태만큼은 발생하지 않을 것이라는 주장이다. 산업 시대와 탈(脫)산업 시대의 생활 방식을 지탱해 줄 에너지 기반은 여전히 든든하다는 뜻이다.

그렇다면 별 걱정 안 해도 될 듯싶다. 하지만 내로라하는 많은 지질학자와 석유 전문가는 EIA의 주장과 전혀 다른 내용이 담긴 연구 결과를 속속 발표하고 있다. 그들이 추산한 바에 따르면 세계 경제의 생명줄인 값싼 원유 생산은 오는 2010년, 늦어도 2020년 이전 절정을 기록할 전망이다.[2] 여기서 '절정'이란 '최종적으로 회수 가능한 석유의 추정 매장량'(EUR) 가운데 반 정도가 생산됐을 때 나타난다. 이처럼 논란의 여지가 있는 새 연구 결과들은 《사이언스》, 《사이언티픽 아메리칸》 등 세계적 권위를 자랑하는 과학 잡지에 게재됐다. 그 뒤 석유지질학계와 몇몇 다국적 에너지 업체 이사회에서 새 연구 결과들을 둘러싸고 활발한 논란이 전개됐다. 하지만 그들 연구 결과를 언론 매체로 더 광범위하게 일반에 소개할 필요가 있다. 미국의 정·관계 인사 대다수는 새 자료에 대해 잘 모르고 있다. 경제학자와 재계 지도자들 역시 그런 자료에 대해 들어 본 적이 없다. 그러나 최근 발표된 새 연구 결과들이 사실이라면 우리는 인류 문명의 역사적 갈림길로 치닫고 있는 셈이다. 우리는 그로 인한 엄청난 파장을 추정만 할 수 있을 뿐이다.

코에 걸면 코걸이, 귀에 걸면 귀걸이

지질학자들이 세계 석유 생산의 절정에 대해 이야기할 때 그들은 주로 이른바 '일반유', 다시 말해 '경질유'만 논한다. 일반유는 육지나 연해 지하에서 저절로 샘솟는 것이다. 일반유는 가솔린을 비롯한 각종 석유 제품으로 쉽게 탈바꿈시킬 수 있다. 하지만 '비일반유'도 있다. 타르샌드에서 채취한 석유, 중질유, 심해나 극지방에서 퍼 올린 석유, 석유 혈암(頁巖)이 바로 그것이다.[3)]

석유는 유기물로 이뤄져 있다. 유기물 가운데 대부분은 녹조 식물 등 부유성(浮遊性) 식물 플랑크톤과 단세포 동물 플랑크톤에서 비롯된다.[4)] 그들 유기물 부스러기가 호수와 바다 밑바닥에 쌓이면 정체된 물이 유기물 산화를 방지해 유기물은 그대로 보전됐다. 호수와 바다 밑바닥의 플랑크톤은 열과 압력 덕에 석유나 가스가 된 뒤 훗날 근원암으로 이용된다. 석유 광상(鑛床)은 지금으로부터 1억 5000만 년 훨씬 전인 쥐라기 말기 적도 부근 열대 지역에서 주로 생성됐다. 그 뒤 석유 근원암은 대륙 이동과 더불어 북쪽, 동쪽으로 나아가면서 지금의 중동, 북해, 시베리아, 그리고 여타 북반구 지역에 이르렀다. 미국의 석유 광상이 형성된 때는 지금으로부터 2억 3000만 년 전인 페름기다. 베네수엘라의 석유는 9000만 년 전 백악기에 형성됐다.[5)]

지질학자들은 석유 생성 후 지금까지 875Gbo(1Gbo는 10억 배럴)가 채유됐으며 그 가운데 대부분이 산업 시대인 지난 140년 동안 소비됐다는 점에 대해 이의를 달지 않는다. 하지만 생산되지 않고 남아 있는 일반유에 대해서는 이견이 분분하다.[6)] 여기서 지적하고 싶은 것은 현재 남아 있는 석유의 양을 둘러싸고 전문가들 사이에 이론이 분분하지만 석유가 조만간 고갈될 게 분명하다는 점이다. 이처럼 전문가들 사이에 이견이 분분한 것은 '매장량'을 각기 달리 해석하기 때문이다.

지질학자와 엔지니어들은 매장량과 자원을 따로 구분한다. 매장량은 비록 땅에 묻혀 있지만 익히 파악된 양을 말한다. 게다가 가까운 장래에 기존 기술을 이용하여 합리적 비용으로 생산할 수 있는 양이다. 한편 '자원'은 특정 지역에 존재할지 모를 석유의 총량을 이론적으로 추산한 것이다. 기존 기술이나 현재 시장 상황 때문에 경제적으로 채굴 혹은 처리가 불가능한 것까지 포함된다.[7] 업계는 매장량을 정의한답시고 '활성', '불활성', '예상되는', '가능한', '추정된', '확인된', '미발견' 등 다른 용어도 사용함으로써 문제만 더 복잡하게 만들고 있다.[8]

노련한 지질학자 장 H. 라에레르는 매장량의 정의를 둘러싸고 온갖 용어가 난무하는 것은 국가와 기업들로 하여금 정치적, 상업적 목적에 따라 수치 조작이 가능하도록 만들기 위함이라고 말했다. 그는 "정치적 목적과 맞아떨어지는 수치를 제시하기 위해 모호한 정의가 동원되는 기득권"에 대해 꼬집으며 이렇게 덧붙였다. "석유는 돈이다. 매장량은 은행, 다시 말해 계좌 감사가 전혀 이뤄지지 않는 깊은 지하 은행에 예치된 돈이다."[9]

'독창적 산술' 관행의 좋은 예가 바로 석유 혈암이다. 미국 정부는 석유 2조 배럴을 생산할 수 있을 만큼 충분한 석유 혈암 '자원'이 존재한다고 떠벌린다. 미국은 엄청난 화석 연료 '매장량'을 보유하고 있어 에너지 독립에 아무 문제 없다는 것이다. 그러나 지금까지 석유가 석유 혈암에서 상업적으로 생산된 적은 없다. 현재의 채유 및 정제 기술로는 석유 혈암에서 석유를 경제적으로 뽑아낼 수 없기 때문이다. 따라서 석유 혈암은 하나의 자원이지 매장량에 포함할 만한 것이 못 된다.

여기서 짚고 넘어가야 할 주요 숫자 세 가지가 있다. 세계적으로 일반유가 지금까지 얼마나 채굴됐는지 알 수 있는 누적 생산량, 세계 석유 매장량 추정치, 회수 가능한 미발견 석유량이 바로 그것이다. 이들 셋이 종합돼야 최종적으로 회수 가능한 석유의 총량을 파악할 수 있다.

앞서 언급했듯 석유는 유기물이 광상으로 퇴적되어 보전된 지층에 존재한다. 이들 지층은 육지와 얕은 바다에 형성돼 있다. 지질학자들은 지금까지 그런 지층 600곳을 확인했다. 더 이상 그런 지층을 발견할 확률이 별로 없다는 게 일반적인 생각이다.[10] 이들 지층 가운데 400곳은 이미 탐사가 이뤄졌다. 나머지는 그린란드 같은 오지와 브라질, 서아프리카, 멕시코 만(灣) 심해에 자리 잡고 있다. 그들 지역은 탐사하기가 어려운 데다 탐사 비용도 많이 든다. 지금까지 막대한 양의 석유가 발견된 지층은 125개에 불과하다.[11]

지질학자들은 전통적으로 다음과 같은 방법에 따라 미발견 일반유 매장량을 산정해 왔다. 먼저 시추 작업으로 석유 침전물이 몇 입방마일이나 들어 있는지 확인한 400개 지층에서 회수된 석유량을 계산했다. 그리고 침전물 입방마일당 석유가 얼마나 들어 있을지 세계 평균치를 추정했다. 그 뒤 세계 모든 지층의 침전물 부피를 산출하여, 입방마일당 발견된 평균 석유량으로 곱했다. 오늘날 지질학자들은 매우 정교한 지구화학 모델링 덕에 회수 가능한 석유량이 얼마인지 더 정확히 산출해 낼 수 있다.

알래스카와 하와이를 제외한 미국 본토 마흔여덟 개 주의 경우 최종적으로 회수 가능한 석유 매장량은 1950억 배럴 정도인 것 같다. 지금까지 그 가운데 1690억 배럴이 생산돼 아직 남아 있는 매장량은 200억 배럴, 미발견 매장량은 60억 배럴에 불과하다.[12] 한편 사우디아라비아는 최종적으로 회수 가능한 매장량이 3000억 배럴에 달한다. 하지만 사우디아라비아는 지금까지 910억 배럴만 생산해 냈을 뿐이다. 1940억 배럴이 아직 남아 있는 데다 미발견 매장량은 140억 배럴에 이른다. 러시아의 회수 가능한 매장량은 2000억 배럴 정도다. 하지만 그 가운데 1210억 배럴을 이미 생산했으며 남아 있는 양은 660억 배럴, 미발견 매장량이 130억 배럴이다. 따라서 미국이 아직 회수하지 않은 석유는 원래 매장량 중 14퍼센트에 불과하며 러시아는 39퍼센트, 사우디아라비아는 70퍼센트다.[13]

비관론자들에 따르면 공식 문건 속의 매장량 수치가 다소 수상쩍다. 이는 현대 과학으로 정확한 수치를 산출할 수 없기 때문이 아니라 라에레르의 말마따나 각국 정부가 자료 조작으로 수치를 부풀리려 들기 때문이다.[14]

미국 지질조사연구소(USGS)에 따르면 현재 EUR는 3조 30억 배럴이다. 그러나 몇몇 새로운 컴퓨터 모델링에 따르면 EUR는 USGS가 주장한 수치의 2/3일 뿐이다.[15] 이는 기나긴 인간 역사를 놓고 볼 때 그리 중요한 것이 아니다. 하물며 지질 역사의 관점에서는 더 하찮게 보인다. 그러나 지정학적 측면에서 볼 때 이런 수치 차이는 매우 중요하다. 지정학에서 변화의 영향은 1년, 10년 단위로 측량되기 때문이다. EIA는 3조 30억 배럴이라는 USGS측 수치에다 현재의 연간 석유 생산 증가율을 2퍼센트로 상정할 경우 세계 석유 생산이 오는 2037년 절정에 이를 것이라고 전망했다. 그러나 새 모델이 정확하다고 가정한다면 세계 석유 생산은 8-18년 뒤 절정에 이르게 된다. USGS의 통계치를 바탕으로 모델링하는 과정에서 약간 다른 변수들만 가미해 분석해 본 EIA조차 이르면 2016년 세계 석유 생산이 절정에 이를 수 있다고 인정했다.[16] 의견은 각기 다르지만 자료 해석에 관한 한 나름대로 타당한 이유가 있다. 그러나 공식 문건이 정치적, 상업적 압력에 상당 부분 종속된 게 아니냐는 의문도 제기되고 있다. 그 증거를 한번 살펴보자.

석유업계의 전문지 《오일 앤드 가스 저널》과 《월드 오일》은 석유 매장량을 해마다 발표한다. 그러나 이들 전문지는 모든 산유국을 조사한 뒤 독립 검증 절차도 없이 통계치 발표에 나선다. 그 결과 종종 엉터리 수치가 게재되곤 한다.

일례로 지질학자들은 자신이 주장하는 회수 가능한 석유 매장량에 대해 확률을 덧붙인다. 지질학자 콜린 캠벨과 장 라에레르는 노르웨이 오세베르크 유전을 예로 든다. 석유 엔지니어들에 따르면 오세베르크 유전에서 회수 가능한 석유 7억 배럴이 생산될 확률은 90퍼센트이며 25억 배럴 이상이 생산될 확률은 10퍼센트다. 여기서 7억 배럴을 P^{90} 추정치, 25억 배럴을 P^{10} 추정치라고 한다.[17] 미국 증권거래위원회(SEC)는 "석유가 유정 인근에 존재하고 기존 기술로 현재 유가 수준에서 발굴해 수익을 올릴 수 있는 '합당한 확실성'이 있을 경우" 비로소 확인 매장량으로 발표할 수 있도록 허용한다.[18] 이것이 바로 P^{90} 추정치다. 캠벨과 라에레르는 P^{90} 추정치가 너무 빠듯하며 P^{90} 추정치로는 유전의 생명이 다하는 날까지 생산할 수 있는 양을 종종 과소 평가하게 된다고 주장한다. 그들은 중간 추정치, 이른바 '확인된 혹은 예상되는' 추정치, 다시 말해 P^{50}이 더 정확하다는 생각이다. P^{50} 추정치는 "유가가 일정 범위 안에 머문다는 전제 아래 유전의 생명이 다하는 날까지 회수하게 될지도 모를 양"이다.[19]

미국이 P^{90} 추정치로 확인 매장량을 과소 평가한다면 옛 소련 같은 나라들은 P^{10}으로 끊임없이 과대 평가하는 셈이다. 러시아 정부는 '경제적으로 생산 가능한 매장량'이라는 개념과 상관없이 지질학적 매장량, 다시 말해 유전 지대에 존재하는 모든 것까지 포함시켜 으레 매장량을 부풀린다.[20] 사실과 허구의 간극이 너무 벌어져 얼토당토않은 상황으로 치달을 수도 있다. 1996년 《월드 오일》은 옛 소련의 확인 매장량을 190Gbo로 발표한 바 있다. 그러나 같은 해 《오일 앤드 가스 저널》은 57Gbo로 게재했다.[21]

일각에서는 OPEC 회원국들이 석유 생산 쿼터량을 늘리고 세계은행과 국제통화기금(IMF) 같은 국제기구로부터 차관을 확보하거나 인프라 개발 및 새로운 기업 설립 차원에서 민간 은행으로부터 자본을 끌어들이기 위해 수치 부풀리기에 여념이 없다고 말한다.

매장량이 얼마나 신속하고 허술하게 발표되는지 정확히 이해하기 위해서는 1980년대 중반 보고된 세계의 원유 확인 매장량이 6500억-7000억 배럴이었다는 사실에 주목할 필요가 있다. 1990년대까지 이렇다 할 만한 새 유전이 발견되지 않았음에도 불구하고 기존 세계 매장량 가운데 1/3에 해당하는 3000억 배럴이 확인 매장량으로 덧붙여졌다. 거의 모든 증가분은 OPEC 회원국들에서 비롯됐다. 수년 동안 1630억-1700억 배럴을 맴돌았던 사우디아라비아의 확인 매장량이 1990년 갑자기 2575억 배럴로 껑충 뛰었다. 1984년 639억 배럴이었던 쿠웨이트는 이듬해 1985년 260억 배럴이 증가하여 900억 배럴로 치솟았다. 1988년 이라크의 확인 매장량은 전년 471억 배럴에서 배 이상 증가한 1000억 배럴을 기록했다. 1987년 488억 배럴이던 이란의 확인 매장량은 12개월 뒤 929억 배럴로 둔갑했다.[22] 1988년 아랍 에미리트 연방의 아부다비와 두바이는 매장량을 전년 대비 세 배로 높여 발표했다.[23] 1988년에는 세 주요 산유국이 매장량을 전년의 배로 발표했다. 전년 수치가 너무 낮아 상향 조정해야 할 필요성을 느꼈던 게 분명하다. 그런 일이 벌어지는 것은 유전을 소유한 외국 에너지업체가 탈세 차원에서 새로 발견된 석유량에 대해 축소 신고하는 경우도 종종 있기 때문이다. 그러나 1980년대 하반기 보고된 엄청난 증가량은 축소 신고한 수치를 바로 잡은 것이라고 보기에는 무리가 있다.

통계 조작만 횡행했던 것은 아니다. 1990년대 석유업체들이 찾아낸 석유는 연평균 7Gbo에 불과했지만 채유량은 그보다 세 배 이상 많았다.[24] 그러나 1990년대 내내 《오일 앤드 가스 저널》 연간 보고서에 실린 국가 가운데 반 이상이 해가 바뀌어도 확인 매장량은 전년과 똑같다고 주장했다.[25] 1997년 쉰아홉 개 산유국은 기존 유전에서 여전히 채유가 이뤄지고 적어도 몇 개 유전이 새로 발견된 상황임에도 불구하고 전년 대비 매장량에 변화가 없다고 보고했다. 1999년 매장량에 변화가 없다고 보고한 산유국은 일흔 개로 늘었다.[26]

현실 점검

그렇다면 현재 값싼 원유가 얼마나 남아 있으며 앞으로 얼마나 더 퍼 올릴 수 있을까. 1960년대 후반 3차원 디지털 지질 탐사법이 도입된 이래 새 유전의 위치를 더 정확히 집어낼 수 있었다. 1970-1980년대 아랍-이스라엘 전쟁, 그에 따른 OPEC의 석유 금수 조처, 그 뒤 유가를 배럴당 40달러까지 치솟게 만든 이란-이라크 전쟁 여파 속에서 세계적으로 석유 탐사가 더 활발히 진행됐다.[27] 다국적 에너지 기업뿐 아니라 미국 등 여러 나라도 중동 석유에 대한 점증하는 의존도가 골칫거리로 떠오르자 대체 유전을 발굴하고 나섰다. 석유 회사들은 세계 전역에서 새 유전을 찾기 시작했다. 1973-1981년 미국에서만 탐광 및 개발 중인 유정이 2만 8000개에서 9만 개로 늘었다.[28] 그러나 광범위한 노력에도 불구하고 미 본토 마흔여덟 개 주에서 확인된 매장량은 1973년 250억 배럴이었지만 1986년 200억 배럴로 감소했으며 원유 생산량도 24퍼센트 줄었다.[29]

다른 지역 상황도 마찬가지였다. 지질학계에 따르면 현재 주요 유전 가운데 대부분은 석유 탐사의 새 물결이 일기 전 이미 발견된 것들이다. 유가 상승이 석유 탐사를 부추겨 새로운 대규모 유전 발견으로 이어질 것이라고 떠벌려 온 경제 전문가들의 호언장담은 허구로 판명됐다.

오늘날 세계의 주요 대규모 유전은 1500개다. 지금까지 알려진 원유 가운데 94퍼센트가 그들 유전에 매장돼 있다. 그중 400대(大) 유전에 60에서 70퍼센트가 묻혀 있다. 400대 유전 중 1980년 이후 발견된 것은 마흔한 개에 불과하다.[30] 영국 런던 소재 석유 고갈분석연구소(ODAC)는 "지금까지 세계 전역에서 석유 탐사가 철저히 진행돼 왔다."며 "그 결과 흑해와 알래스카에 비견할 만한 새 채굴 지역이 전혀 없다는 사실은 명백해졌다."고 밝혔다.[31] 결론은 바로 그 점이다. 이에 대해 USGS도 같은 생각이다. USGS가 보고한 바에 따르면 세계적으로 새로 발견된 유전의 수는 1962년 절정을 기록한 뒤 계속 감소해 왔다. 석유의 황금기는 이미 지나간 것이다. 그렇다고 새로운 소규모 유전이 앞으로 발견되지 않으리라는 말은 아니다. 다만 소규모 유전이 새로 발견된다 해도 계속 줄어드는 확인 매장량만큼은 어쩔 수 없을 것이다.[32]

참으로 답답한 노릇이다. 현재 세계 원유 수요는 연간 240억 배럴에 이른다. 원유 수요는 날로 증가하는 판에 해마다 새 유전에서 발견되는 회수 가능한 석유량이 120억 배럴도 되지 않고 그나마 해가 갈수록 줄어드는 실정이다.[33] 다시 말해 새로 발견되는 일반유 양이 1배럴이라면 소비량은 2배럴에 이른다는 뜻이다.[34]

서방 국가의 수반, 정책 입안자, 경제학자들에 따르면 중동 이외 지역에서 점차 많은 석유가 생산되고 있다지만 지난 20년 동안 비OPEC 회원국의 석유 생산 증가세는 이미 꺾인 게 사실이다. 1980년대와 1990년대 새로 발견된 석유는 주로 북해산이다. 미국 뉴욕에 있는 세계적인 에너지 관련 정보 서비스업체 에너지 인텔러전스 그룹(EIG)은 북해의 석유 생산이 2002년 말 677만 배럴로 절정을 이룰 것이라고 내다봤다.[35] 지질학계와 에너지 기업들이 걸프 만(灣) 의 축소판만한 규모로 석유 노다지를 캐낼 수 있으리라 기대했던 또 다른 지역이 바로 카스피 해(海)다. 사실 카스피

해역에는 EUR가 북해와 비슷한 50Gbo 정도이며 오는 2010년 생산량은 절정에 이를 것으로 예상된다.[36] 한편 러시아의 석유업체들은 정유 공장과 파이프라인 신설에 열을 올리며 세계 시장으로 더 많은 석유를 쏟아 붓고 있다. 이는 세계 유가 하락으로 이어지며 러시아의 확인 매장량을 고갈시키고 있다.[37]

북해, 카스피 해와 마찬가지로 알래스카 유전 지대도 주요 투기 대상이다. 미국의 조지 W. 부시 정부는 석유 탐사 차원에서 법으로 상업적 개발로부터 보호받고 있는 원시 야생 동식물 서식지인 '북극권 국립 야생 생물 보호 지역'(ANWR) 개발에 혈안이 돼 왔다. 그러나 ANWR에서 석유가 나온다 해도 미국의 에너지 독립 운운할 만큼 많은 양은 아닐 것이다.

USGS가 ANWR 밑에 매장돼 있을지 모를 회수 가능한 석유를 207억 배럴로 추정하고 있지만 기존 기술로써 퍼 올릴 수 있는 양은 기껏해야 77억 배럴일 듯싶다. 상업적으로 생산 가능한 석유의 양, 다시 말해 배럴당 20달러로 채유할 수 있는 양은 그보다 적어 30억 배럴 정도에 그칠 것이다. 이는 현재의 석유 소비율을 놓고 볼 때 기술상 회수 가능한 석유량이 일반유 기준으로 겨우 390일치에 불과하며 그나마 경제적으로 회수 가능한 양은 152일치일 뿐이라는 뜻이다. EIA는 오는 2020년 ANWR에서 공급할 수 있는 양이 하루 140만 배럴일 것이라고 내다봤다. 그러나 2020년 석유 생산량이 하루 1억 1200만 내지 1억 2000만 배럴로 추산되는 판에 ANWR는 세계 석유 공급량의 1퍼센트를 덧붙이는 셈이다.[38]

프랑스 파리 소재 경제협력개발기구(OECD)에서 수석 경제 연구원을 역임하고 현재 이탈리아 석유 회사 ENISpA의 최고 경영자

(CEO)로 일하는 프랑코 베르나베는 최근 비OPEC 산유국 소속 200대(大) 석유업체를 조사한 뒤 "매장량 대비 생산량이 1980년 18년치에서 1997년 12년치로 떨어졌다."고 결론지었다.[39] 비OPEC 산유국들로서는 석유 생산에 관한 한 비보(悲報)가 아닐 수 없다. 베르나베는 "세계 석유 생산에서 오늘날의 연간 성장률 2.5퍼센트를 유지하기 위해 비OPEC 산유국들은 앞으로 5년 동안 매장량 가운데 140퍼센트를 확보해 놓아야 한다."고 말했다. 하지만 이것은 불가능한 일이다.[40]

새로 발견되는 석유량이 날로 줄고 확인 매장량도 점차 감소한다는 것은 향후 20년에 걸쳐 예상되는 세계 석유 수요 증가세를 놓고 볼 때 매우 심각한 일이 아닐 수 없다. 세계 인구가 현재의 62억에서 오는 2020년 75억으로 증가할 판에 석유 비축을 둘러싼 압력은 더 거세질 전망이다.[41] 인구 증가는 도시화 과정을 촉진하게 될 것이다. 이는 운송, 난방, 전력 생산, 농업 생산, 산업 생산에 필요한 석유 수요가 증가하게 될 것이라는 뜻이기도 하다. 인구 폭발에 따른 에너지 수요 증가는 큰 부담으로 작용하게 될 것이다.

인구가 폭증하고 있는 개발 도상국의 국민도 석유 황금기 동안 누렸던 미국 국민의 1인당 소비량만큼 누릴 수 있으리라고 생각한다면 오산이다. 미국 국민이 생활 수준을 유지하기 위해 썼던 1인당 소비량만큼 중국 인민들이 사용한다면 하루 필요한 양은 8100만 배럴이다. 이는 1997년 세계 전체 석유 생산량보다 1000만 배럴 많은 수치다.[42] 경제 전문지 《포춘》은 중국과 인도 같은 인구 대국이 1인당 에너지 소비량을 한국 수준으로 끌어올리려 들 경우 "하루 필요로 하게 될 석유는 1억 1900만 배럴일 것"이라며 "이는 2000년 세계 전체 수요량보다 50퍼센트 많은 수치"라고 덧붙였다.[43)]

개도국 세계에서 중국과 인도는 위대한 변화를 선도해 나아가고 있다. 가난한 나라들은 서방 선진국이 만끽하고 있는 생활 수준을 따라잡기 위해 산업화, 도시화, 현대화에 매진 중이다. 그들 국가는 석유를 필요로 한다. 석유가 점차 귀해지는 상황에서 그들 국가는 남아 있는 양을 확보하기 위해 북반구 선진국들과 치열한 경쟁에 돌입하게 될 것이다. 경제 전문지 《이코노미스트》의 전(前) 비즈니스 담당 편집인 에드워드 카는 이렇게 추산한 바 있다.

> 오는 2010년 부유한 나라들이 세계 에너지 총소비량에서 차지하는 비율은 산업 시대 이래 처음 50퍼센트 미만으로 떨어질 것이다. (……) 2000-2010년 개도국의 에너지 소비 성장률은 오늘날의 서유럽보다 높을 전망이다.[44)]

선진국, 개도국 가릴 것 없이 점증하는 석유 수요는 21세기 1/4분기에 지정학적 분쟁의 주요 요인으로 등장하게 될 듯싶다. 세계 석유 수요에 대한 EIA의 전망은 앞으로 맞닥뜨려야 할 도전이 얼마나 거셀지 잘 보여 준다. EIA에 따르면 세계의 하루 석유 수요량은 현재 8000만 배럴에서 오는 2020년 1억 2000만 배럴로 증가하여 20년도 채 안 돼 증가율 50퍼센트를 기록하게 될 것이다.[45)] 값싼 석유를 하루에 4000만 배럴 더 찾아내 생산한다는 것은 매우 어려운 일일 듯싶다.

문제는 석유의 고갈 여부가 아니라 20세기 산업 발전에서 윤활유 역할을 해 온 석유 생산이 절정에 이르고 있느냐 아니냐 하는 점이다. 이 점에서 전문가들의 이견은 분분하다.

흥미로운 것은 지난 50년 동안 진행돼 온 지질학적 조사 가운데 대부분에서 EUR에 관한 수치가 특이하게도 한결같았다는 점이다. 1977–1981년 백악관 환경위원회(CEQ) 에너지 담당 수석 보좌관을 역임하고 현재 세계자원연구소(WRI) 기후, 에너지, 오염 프로그램 담당 부수석으로 일하고 있는 제임스 J. 매켄지는 "그들 지질학적 연구 결과 가운데 대부분이 EUR가 1조 8000억에서 2조 2000억 배럴이라는 석유 전문가들의 공감대를 반영하고 있다."고 말했다.[46] 세계는 이미 EUR 총량 가운데 8750억 배럴 이상을 소비해 버렸다.

앞서 말했듯 USGS는 최근 EUR를 3조 배럴로 높여 잡았다. USGS의 낙관적인 추정치는 옛 소련, 중동, 니제르, 아프리카 콩고 삼각주, 그린란드 동북 대륙붕 지역에 아직 탐사되지 않은 막대한 양이 매장돼 있다는 생각에서 비롯된 것이기도 하다.[47]

미국 콜로라도 대학교의 지질학자 존 에드워즈도 낙관론을 펼치고 있다. 그는 천연가스 매장량 가운데 20퍼센트를 유체(流體)로 전환하여 EUR에 포함시킬 수 있다고 주장하는 것은 물론 베네수엘라산(産) 중질유, 캐나다산 타르샌드 같은 비일반유까지 EUR에 집어넣고 있다. 에드워즈는 EUR 구성 요소들을 좀 더 자유롭게 해석하여, 세계적으로 오는 2030–2040년 석유 생산이 절정에 이를 것이라고 예상했다.[48] 에드워즈는 일반유만 상정할 경우 2020년에서 2030년 석유 생산이 절정에 이르게 될 것으로 내다봤다.[49]

캠벨과 라에레르는 석유 생산의 절정기를 더 앞당긴다. 일반유의 EUR 총량을 겨우 1억 8000만 배럴로 상정하고 있기 때문이다.[50] 그들은 산유국, 그중에서 특히 OPEC 회원국과 러시아가 정치적 목적으로 EUR를 턱없이 부풀려 왔다고 주장한다. 이렇게 주장하는 사람은 캠벨과 라에레르뿐이 아니다. 내로라하는 지질학자들 가운데 새로운 컴퓨터 모델링까지 동원해 연구 결과를 내놓는 이가 점차 많아지고 있다. 그들의 연구 결과는 일반 통념을 뿌리째 흔들어 놓기도 한다.

새로운 연구 결과들에 따르면 세계 석유 생산은 오는 2010년에서 2020년 절정을 이루게 될 것이다. 2010년 이전 절정에 이를 것이라고 주장한 연구 결과도 더러 있다. 다시 말해 그 기간 안에 EUR 가운데 반은 이미 생산될 것이라는 뜻이다. 세계 석유 생산이 절정에 이르면 국가, 기업, 소비자들은 남아 있는 반을 두고 서로 다툴게 뻔하다. 그 결과 유가는 거침없이 상승하기 시작할 것이다. 1970-1980년대 처음 발생한 석유 파동은 정치적 원인에서 비롯됐다. 하지만 앞으로 석유 파동이 다시 일어날 경우 원인은 석유가 진짜 모자라서일 것이다. 해가 바뀔수록 확보 가능한 값싼 원유는 점차 줄게 마련이다. 값싼 원유가 줄어드는 반면 인구, 그 가운데 특히 개발도상국 인구는 날로 늘어 위험 천만한 새 뇌관이 형성될 전망이다.

이런 예측이 가능할 수 있었던 것은 이른바 '허버트의 종형(鐘形) 곡선'이라는 모델링 방식 덕이다. M. 킹 허버트는 셸 정유사에서 근무한 지구물리학자였다. 그는 1956년 한 논문에서 미국 본토 마흔여덟 개 주 석유 생산의 절정기와 쇠퇴기를 예견한 바 있다. 이후 그의 논문은 세계에 널리 알려졌다. 그는 과거 생산량과 생산율을 바탕으로 미국의 석유 생산이 1965-1970년 절정에 이를 것이라고 내다봤다. 논문 발표 당시 미국은 기록적인 양의 석유를 퍼 올리고 있었다. 대다수 지질학자와 에너지업계 관계자는 허버트의 예측에 대해 콧방귀만 뀌며 비웃었다. 그러나 놀랍게도 허버트의 예측은 들어맞았다. 1970년 미국의 석유 생산량이 절정에 이른 뒤 계속 떨어지기 시작한 것이다. 미국은 세계 최대 산유국이라는 명성을 잃고 말았다. 그 뒤 세계의 지정학적 판도에도 큰 변화가 일기 시작했다.

허버트 논문의 최대 장점은 단순성에 있다. 그는 석유 생산량이 전형적인 종형 곡선을 따라 제로에서 시작해 꾸준히 기어오르다 EUR 중 반이 생산되면 절정에 이른 뒤 미끄러진다고 주장했다. 석유 추출은 처음 서서히 시작된다. 이후 거대 유전들의 위치 확인과 함께 가속도가 급격히 붙기 시작한다. 하지만 거대 유전들이 발견되고 채굴된 뒤 생산은 더뎌진다. 소규모 유전을 찾아내기가 점차 힘들어지고 시추 및 생산 비용은 증가한다. 게다가 비교적 큰 유전들이 고갈되기 시작하면서 남은 석유를 지상으로 퍼 올리기도 더 어려워진다. 펑펑 솟던 석유가 찔끔찔끔 흐르는 정도로 변한다. 유전 발견 확률이 줄고 기존 유전의 생산량마저 감소하면서 생산은 결국 절정에 이른다. 종형 곡선의 꼭대기는 중간점을 형성한다. 꼭대기에 도달했다는 것은 최종적으로 회수 가능한 매장량 가운데 반이 이미 채유됐다는 뜻이다. 중간점에 이르기까지 오르막 곡선을 허겁지겁 올랐듯 이제 내리막 곡선으로 치닫는 일만 남았다.

허버트의 종형 곡신을 좀 더 자세히 들여다보면 앞으로 발생할지 모를 사태와 관련 있는 중요한 특징 한 가지가 발견된다. 허버트는 1859년에서 1969년, 다시 말해 110년 동안 값싼 원유 2279억 배럴이 생산됐다는 사실에 주목했다. 그 가운데 반은 처음 100년 사이 생산됐다. 나머지가 10년도 채 못 되는 사이, 다시 말해 1959년에서 1969년 생산된 것이다. 허버트는 1971년 그와 똑같은 모델을 이용하여 세계 석유 생산량 가운데 80퍼센트 정도가 인간의 일생보다 짧은 58년에서 64년 안에 생산될 것이라고 예상한 바 있다.[51)]

비관론 대 낙관론

지질학자들은 세계 석유 생산의 절정기를 예측하기 위해 허버트 종형 곡선에 수학적 모델링 기법까지 가미했다. 캠벨과 라에레르는《사이언티픽 아메리칸》1998년 3월호에서 세계 석유 생산의 절정기를 둘러싸고 현재 벌어지고 있는 논란에 불을 댕긴 장본인들이다. 옥스퍼드 대학교에서 지질학 박사학위를 받은 캠벨은 텍사코 사(社)에서 탐사지질학자로 근무하다 AMOCO 에콰도르 지사의 수석 지질학자로 이직했다. 그 뒤 AMOCO 노르웨이 지사의 탐사 담당 이사로 자리를 옮기고, 이어 FINA 노르웨이 지사의 수석 부사장이 됐다. 한편 라에레르는 프랑스의 석유업체 토탈에서 탐사 기술을 관장했다. 라에레르의 탐사 결과는 아프리카 최대 유전 발견이라는 성과로 이어졌다. 캠벨과 라에레르는 석유업계 데이터베이스를 관리하는 스위스 제네바 소재 석유업 컨설팅업체 페트로컨설턴츠와 수년 동안 제휴하기도 했다.

캠벨과 라에레르의 연구 결과는 세계 전역에 흩어져 있는 1만 8000개 유전을 망라한 페트로컨설턴츠 데이터베이스에서 비롯된 것이었다. 그들의 자료에 따르면 1996년 일반유 P^{50} 추정치는 겨우 850Gbo였다. 이는 《오일 앤드 가스 저널》이 보고한 1019Gbo, 《월드 오일》에 게재된 1160Gbo와 비교할 때 턱없이 낮은 수치다. 캠벨과 라에레르는 1500억 배럴이 추가로 발견되리라는 가정 아래 일반유 1조 배럴을 회수할 수 있을 것이라고 내다봤다. 이는 이미 생산된 8750억 배럴을 약간 웃도는 수치다.[52] 비OPEC 산유국들의 석유 생산은 2010년 이전 절정에 이를 것이며 중동의 대표적인 다섯 개 OPEC 산유국 사우디아라비아, 쿠웨이트, 이라크, 이란, 아부다비는 2015년께 절정을 기록할 것으로 보인다.[53] 캠벨과 라에레르는 전반적인 데이터와 컴퓨터 모델링을 바탕으로 세계 석유 생산이 2010년께 절정에 달할 것으로 보고 있다.[54]

다른 많은 지질학자도 캠벨과 라에레르의 의견에 동감하고 있다. L. F. '버즈' 아이반호는 석유지질학자로 옥서덴틀 페트롤리엄 사(社)의 석유 광상 평가 담당 수석 고문이었다. 아이반호는 오는 2010년께 세계 석유 공급이 수요를 따라가지 못하고 이후 공급량은 해마다 3퍼센트 정도 급락하게 될 것이라는 생각이다.[55] 그는 2010년 석유 생산이 절정에 이르면 원유는 물론 다른 연료 가격도 치솟으면서 세계적으로 초(超)인플레 현상까지 나타날 것이라고 주장했다. 그는 세계 원유 부족량이 5퍼센트에 이를 경우 "1970년대처럼 주유소 앞에 장사진을 쳐야 할 것"이라며 "하지만 1970년대와 달리 원유 부족은 영구적 현상으로 자리 잡을 것"이라

고 내다봤다.[56]

미국 오하이오 주 털리도 대학교의 지질학자 크레이그 해트필드는 캠벨과 라에레르가 주장한 수치보다 55퍼센트나 많은 1550Gbo가 기본적으로 남아 있다고 추정하지만 세계 석유 생산이 절정을 이룰 시한에 대해서는 비슷하게 결론짓고 있다. 해트필드는 이미 보고된 세계 석유 매장량 1조 배럴로부터 시작했다. 캠벨과 라에레르가 생각하는 것보다 150Gbo 많은 수치다. 해트필드는 자신이 지나치게 낙관적일지 모른다며 이들 매장량 가운데 일부는 정치적 고려에 의해 계산된 수치일 수도 있음을 인정했다. 이어 그는 아직 발견되지 않은 생산 가능한 석유가 5500억 배럴 더 있는 것으로 추정했다. 이번에도 캠벨과 라에레르의 추정치보다 훨씬 높은 수치다. 해트필드는 두 수치를 한데 엮어 앞으로 생산 가능한 석유가 1조 5500억 배럴에 달한다고 주장했다. 이것을 이미 생산된 8000억 배럴 이상과 합할 경우 EUR는 2조 3500억 배럴이라는 결론이 나온다.[57]

해트필드는 세계적으로 석유 소비율이 계속 2퍼센트 증가한다는 가정 아래 세계가 2010년 전 최종적인 석유 생산의 반을 이미 소비한 상태에 이를 것이라고 결론지었다. OPEC 회원국들이 과거처럼 고유가 유지 차원에서 석유 생산에 제한을 둔다면 석유 생산 절정기는 몇 년 더 늦춰질 수도 있다.[58]

매켄지는 EUR가 대다수 추정치보다 높은 2조 6000억 배럴에 이른다고 가정해도 석유 생산의 절정은 기껏해야 2019년으로 연장될 수 있을 뿐이라고 말했다.[59]

다른 전문가들도 논쟁에 끼어들었다. 베르나베는 세계 석유 생산 절정기가 2010년 안에 도래해 1970년대와 비슷한 석유 파동을 일으키게 될 것이라는 생각이다.[60] 프린스턴 대학교 명예교수로 일찍이 텍사스 주 휴스턴 소재 셸 석유 연구소에서 석유 엔지니어로 일한 바 있는 케니스 S. 디페이예스는 허버트의 동료 가운데 한 사람이었다. 그는 허버트의 방식을 원용해 세계 석유 생산이 이르면 2003년, 늦어도 2009년 절정에 이를 것이라고 말했다. 디페이예스의 절정기 산출은 회수 가능한 원유가 2조 1000억 배럴 정도라는 데서 비롯됐다.[61] 그는 이렇게 덧붙였다.

> 오늘날 어떤 요소가 새로 가미된다 해도 석유 생산이 절정에 이를 연도는 변하지 않을 것이다. 카스피 해에서 어떤 탐사 작업이 이뤄지고, 남중국해에서 어떤 유정 굴착 작업이 진행된다 해도, 어떤 레저용 차량(SUV)으로 교체한다 해도, 어떤 재생 가능 에너지 프로젝트가 추진된다 해도, 석유 확보 전쟁을 피할 순 없을 것이다.[62]

세계 석유 생산이 일찍 절정에 이를 경우 국제 사회가 겪게 될 고통을 우려하고 있는 디페이예스는 "그나마 핵탄두가 아닌 돈으로 치러지는 전쟁이었으면 하고 바라는 수밖에……."라며 말끝을 흐렸다.[63]

OECD의 국제에너지기구(IEA)는 지금부터 오는 2020년 사이 세계 에너지 수요가 57퍼센트 증가하고 세계 일반유 생산은 2010년에서 2020년 절정에 이를 것으로 내다봤다.[64]

그 뒤 전문가들의 의견은 양분됐다. 일반유 생산이 28–38년 뒤 절정에 이르리라고 생각하는 이들과 그보다 훨씬 앞선 8-18년 뒤라고 주장하는 이들로 나뉜 것이다. 세계 석유 생산의 절정기를 둘러싸고 낙관론자와 비관론자들 사이에 이견이 분분하지만 시간 차는 기껏해야 10년에서 30년일 뿐이다. 역사의 흐름에서 보면 매우 짧은 시간이다. 두 진영 모두 저유가 시대가 종말로 치닫고 있다는 데에는 의견을 같이하지만 양측의 시간 차는 에너지 정책과 경제, 정치 프로젝트에서 우선순위를 정할 때 매우 중요한 요소로 작용한다.

낙관론자들은 컴퓨터 모델링을 바탕으로 작성된 한층 비관적인 새 연구 결과들에 속속 맞닥뜨리고 있다. 더 이상 발견될 새로운 거대 유전이 없다는 것이다. 하지만 낙관론자들은 수년 만에 처음으로 프랑스 석유업체 엘프가 서아프리카 연해에서 발견한 거대 유전, 카자흐스탄과 이란에서 발견된 대규모 유전 두 곳을 지적한다. 아직 발견하지 못한 다른 유전에서 해마다 50억 배럴이 추가로 공급되면서 오는 2010년까지 세계 석유 공급과 수요의 격차를 반으로 줄일 수 있으리라는 생각이다.[65] 일례로 USGS는 옛 소련 지역에서 아직 발견되지 않은 석유의 양이 자그마치 1000억 배럴에 이르는 것으로 추정하고 있다. 게다가 USGS는 중동, 남아프리카 대서양 연해, 남아메리카에서 더 많은 석유를 발견할 수 있으리라는 자체 예측에 대해서도 낙관하고 있다.[66]

캠벨은 USGS가 너무 낙관적이라며 입수 가능한 모든 데이터를 바탕으로 옛 소련에서 발견될 일반유 EUR는 기껏해야 USGS 예상치의 2/3에 불과하다고 말했다.[67] 비관론자들은 아직 발견하지 못한 거대 유전이 더러 있을지 모르지만 쿠웨이트와 사우디아라비아에 있는 것과 같은 초대형급 유전이 발견될 가능성은 매우 희박하다는 데 의견을 같이하고 있다. 캠벨은 "세계 곳곳에 원유가 아무리 많이 묻혀 있다 해도 그 가운데 90퍼센트는 이미 발견됐다."고 주장했다.[68)]

낙관론자들은 새로운 대규모 유전이 발견될 것이라는 전망보다 기존 유전으로부터 더 많은 석유를 뽑아낼 수 있는 새 채유 기술에 크게 기대를 걸고 있다. 워싱턴 DC 소재 경제, 금융, 비즈니스 컨설팅업체 찰스 리버 어소시에이츠의 경제학자 더글러스 보히는 다른 전문가들과 마찬가지로 "석유 매장량이 크게 증가할 가능성은 없다."고 말했다.[69)]

세계 석유 매장량이 지난 20여 년 동안 꾸준히 증가해 온 것은 사실이다. 그 결과 미국 텍사스 주 오스틴 소재 텍사스 대학교의 지질학자 윌리엄 피셔는 "앞으로 30년, 아니 40년 뒤 석유 생산이 절정에 이르게 될 것"이라고 말했다.[70)] USGS는 낙관론자들 말이 옳다는 생각에 EUR를 6120억 배럴 더 올렸다.[71)]

기존 유전의 매장량이 늘어나는 것은 기술적 돌파구 못지않게 시장 조건과도 큰 관계가 있다. 유가가 오를 경우 전보다 훨씬 비싼 새 천공(穿孔) 기술의 개발과 이용이 상업적으로 가능해진다. 이미 신기술 덕에 매장량은 크게 늘고 있다. 새로운 4차원 지질분석 기술 덕에 특정 지대에서 석유, 물, 가스가 어디 자리 잡고 있는지 파악할 수 있는 데다 어느 지점을 뚫어야 할지도 알 수 있게 됐다. 몇몇 지역에서는 새로운 측정과 관측 기술로 채유량을 10퍼센트 내지 15퍼센트 포인트 늘릴 수 있다. 하지만 그런 기술은 암반이 비교적 무른 지역에만 먹혀든다.[72)]

유정에서 기름이 찔끔찔끔 흐를 때까지 계속되는 기존 채유 방식으로는 매장량 가운데 무려 60퍼센트를 퍼 올리지 못하는 경우도 있다. 남아 있는 기름을 끌어올리기 위해 천연가스와 증기 혹은 액체탄산이 유정에 주입된다. 주입된 물질은 암석의 흡수공(吸水孔)까지 스며들어 부근 유정으로 흘러 들어갈 수도 있는 석유를 밀어 올린다. 물을 유정 밑으로 주입하면 압력이 높아져 기름은 지표면으로 떠오른다. 이런 기술들 덕에 석유 회수율이 15퍼센트나 증가했다. 그러나 돈이 많이 드는 게 흠이다. 새로운 4차원 지질 측정법을 활용할 경우 배럴당 생산비는 10-15퍼센트 증가한다. 새 주입 기술은 더 비싸 생산비가 50-100퍼센트까지 오르기도 한다.[73]

방향성 시추도 석유 회수율을 높일 수 있는 기술로 압입(壓入) 방법보다 싸게 먹힌다. 엔지니어들은 감지 장비로 주변 암석의 전기 저항을 측정하고 가전성(可轉性) 천공기로 구불구불 유층까지 뚫고 나아간다.[74]

낙관론자들은 1960년대 대부분의 유전에서 석유 회수율이 30퍼센트에 불과했다는 점을 지적한다. 현재의 회수율은 40퍼센트에서 50퍼센트다. 몇 년 뒤 많은 유전에서 회수율은 최고 75퍼센트에 이를 전망이다.[75] 비관론자들은 "많은 기술의 목적이 생산율 제고이지…… 매장량 자체와는 큰 관계가 없다."고 지적한다.[76] 게다가 측정, 관측, 천공 기술은 지난 100년 동안 꾸준히 발전한 데다 허버트 종형 곡선의 구성 요소로도 포함돼 왔다. 중동의 초대형 유전에 관한 한 신기술들은 별 효과를 발휘하지 못한다. 중동의 초대형 유전에서는 석유를 지표면으로 끌어올리는 데 특별한 수단이 필요 없기 때문이다. 비관론자들은 새로운 회수 기술이 허버트 종형 곡선에 별 변화를 주지 못할 것이라고 말한다. 미국 콜로라도 주 볼더 소재 콜로라도 대학교 명예교수인 물리학자 앨버트 바틀릿은 "경제학자들이 들먹이는 그 모든 것은 허버트 종형 곡선을 살짝 건드릴 뿐"이라고 표현했다. 바틀릿은 세계 석유 생산이 이르면 2004년 절정에 이를 것으로 내다봤다.[77]

낙관론자들은 급기야 대양으로 눈을 돌리고 있다. 새로운 유전이 해수면 1000미터 이하에 존재할 수 있다는 것이다. 여러 신기술로 해저 유층의 위치를 파악하고 채유할 수 있지만 비용은 어마어마하다. 컬럼비아 대학교 라먼트 도허티 지구관측연구소의 로저 앤더슨 선임 연구원은 《사이언티픽 아메리칸》에 기고한 글에서 새로운 심해 탐사를 열심히 설명하고 있다. 앤더슨을 비롯한 전문가들은 심해 탐사로 세계 매장량이 5퍼센트 더 늘 것이라는 생각이다. 그러나 큰 차이는 없을 것이라고 덧붙이기도 했다. 앤더슨은 "신기술로 임박한 원유 공급 부족 사태를 완전히 해결할 수는 없겠지만 다른 에너지원으로 순조롭게 이행할 수 있는 결정적 시간은 벌 수 있을 것"이라고 말했다.[78]

비관론자들의 생각은 다르다. 새 유전이 발견되고 새로운 석유 회수 기술이 도입된다 해도 석유 생산 절정기를 길게 늦출 수는 없으리라는 것이다. 향후 사태에 대비하든 안 하든 세계 일반유 생산은 오는 2010년에서 2020년 절정을 이룰 듯싶다. 20세기 지질학계의 원로 월터 영퀴스트는 "지난 50여 년 동안 약 일흔 개 국가에서 일해 본 결과 인류가 벼랑 끝에 매달려 있음을 알게 됐다."며 "인구 증가와 자원 소비 속도가 너무 엄청난 나머지 재앙

과 충돌하는 것은 불가피하다."고 덧붙였다.[79]

마지막 남은 한 방울

세계 일반 원유 생산이 절정을 이룰 시기에 대해 낙관론자와 비관론자들 사이에서 견해차가 나타나고 있지만 그들 모두 남은 매장량 대부분은 중동에 있으며 세계가 점증하는 석유 수요를 걸프만에 의존하게 되는 것은 시간 문제일 뿐이라고 말한다. 오랫동안 대표적인 석유 공급국으로 군림하면서 1950년대까지 세계 생산량의 반 이상을 차지했던 미국은 1970년 이래 석유 생산이 꾸준히 감소해 왔다. 미국의 석유 생산이 절정에 이른 해가 바로 1970년이다.[80] 1970년 이래 미국의 석유 수입량은 점증했다. 오늘날 미국은 세계 최대의 원유 소비국이다. 미국은 세계 인구의 5퍼센트를 차지하고 있으면서 세계 석유의 26퍼센트나 소비한다. 현재 세계 석유 생산량 가운데 미국이 차지하는 비율은 11퍼센트다. 게다가 미국이 보유한 매장량은 세계 전체 매장량의 2퍼센트에 불과하다.[81] EIA는 앞으로 수년 안에 미국의 대외 석유 의존도가 더 높아질 것이라고 내다봤다. 이는 매우 우려할 만한 일이다. 미국의 무역 적자에서 수입 석유가 차지하는 비중이 두드러지기 때문이다.[82]

현재 미국이 OPEC 회원국들로부터 수입하는 석유의 비율은 25년 전에 비해 줄어들었다. 대다수 미국인으로서는 깜짝 놀랄 일일 듯싶다. 2001년 상반기 미국이 캐나다에서 들여온 석유는 사우디아라비아로부터 수입한 것보다 많았다. 게다가 대표적인 대미(對美) 석유 수출국 가운데 중동 국가는 둘뿐이다.[83]

미국 등 여러 나라는 향후 4, 5년에 걸쳐 러시아산(産) 석유 수입 비율을 점차 늘릴 것으로 예상된다. 러시아 석유업계는 새로운 탐사와 시추에 지금까지 수십억 달러를 투자했다. 게다가 러시아 정부는 발트 해와 흑해까지 이르는 새 송유관 건설에도 한몫했다. 그 결과 2002년 러시아의 석유 생산량은 하루 700만 배럴로 증가하여, 일시적이나마 러시아가 세계 최대 산유국으로 자리 잡을 전망이다.[84]

2001년 가을 러시아산 석유가 세계 시장으로 쏟아져 들어오면서 유가는 급락했다. 이에 OPEC는 러시아가 생산을 감축하지 않을 경우 가격 전쟁으로 보복하겠다고 공개적으로 위협했다. OPEC의 위협에도 불구하고 러시아가 석유 생산을 크게 줄이는 일은 없을 것이다. 러시아 정부는 이제 더 이상 민간 석유업계에 이래라저래라 간섭할 수 없는 처지인 데다 석유와 가스 수출로부터 많은 것을 얻고 있기 때문이다. 러시아 국가 세입 10달러 가운데 4달러가 에너지 수출에서 비롯되고 있다.[85] 러시아 정부가 경제 개발 계획을 차질 없이 수행하려면 배럴당 20달러에서 석유 수출량이 현 수준으로 유지되거나 늘어야 한다. 그러나 러시아 정부로서는 그 모든 것이 일종의 딜레마다. 러시아 석유업체들이 세계 시장으로 석유를 계속 쏟아내 유가가 배럴당 17달러 이하로 떨어질 경우 경제 현대화와 국민 생활 수준 향상이라는 정부 목표에 걸림돌이 될 수 있기 때문이다. 반면 고유가 유지 차원에서 석유 수출에 심한 제재를 가한다면 석유 수출로 얻을 수 있는 세입이 줄지 모른다.

블라디미르 푸틴 러시아 대통령이 러시아가 석유 수출로 누리고 있는 새로운 전략적 입지에 대해 모르고 있을 리 없다. 2001년 10월 푸틴은 모스크바 세계 경제 포럼에 참가한 각국 대표단 앞에서 이렇게 연설했다. "세계의 불안은 세계 시장에 직접적 영향을 미친다. 러시아는 예측 가능하고 신뢰할 수 있는 세계의 동반국이자 석유 공급국이다."[86] 특히 미국 뉴욕 소재 세계무역센터(WTC)를 겨냥한 9·11 테러로 볼 때 중동의 긴장과 불안에 대해 은근히 언급하고 나선 푸틴의 발언이 청중에게 그냥 지나쳤을 리 없다.

세계 석유 시장에서 러시아가 차지하고 있는 새로운 지위는 오래가지 못할 듯싶다. 옛 소련의 석유 매장량은 지난 20여 년 동안 꾸준히 감소해 왔다. 1975년 소련의 석유 매장량은 830억 배럴이었다. 그러나 1990년대 중반 옛 소련 공화국들의 석유 매장량은 모두 합해 570억 배럴도 채 안 됐다.[87]

앞으로 수년 사이 북해, 알래스카 북부 경사지, 서아프리카 연해 등지는 물론 러시아의 석유 생산까지 절정에 이를 경우 중동은 2010년이 저물기 전 세계로부터 부러움을 사는 가운데 마지막으로 기댈 수 있는 석유 공급 지역이 될 것이다. 매장량이 아무리 부풀려졌다 해도 현재 남아 있는 세계 일반유 매장량 가운데 2/3가 중동에 있다는 점은 모두 공감한다. 사우디아라비아만 해도 세계 석유 매장량의 26퍼센트를 보유하고 있다.[88]

걸프 만 유전의 본질을 들여다보면 중동 석유가 지니고 있는 진정한 중요성이 명백히 드러난다. 세계 전역에는 4만 개 이상의 유전이 존재하는 것으로 알려져 있다. 그러나 초대형 유전 마흔 개에 세계 석유의 반 이상이 묻혀 있다. 50억 배럴 이상이 매장돼 있는 것이다. 그들 초대형 유전 가운데 스물여섯 개가 걸프 만에 자리 잡고 있다.[89] 더욱이 다른 대규모 유전, 그중에서 특히 미국과 러시아의 거대 유전들은 생산량이 이미 절정을 지나 내리막으로 미끄러지고 있는 반면 중동 유전들은 여전히 종형 곡선의 오르막을 기어오르고 있다. 매장량 대 생산량 비율(R/P)을 보면 이해하기가 훨씬 쉽다. R/P는 현재의 생산율로 매장된 석유를 계속 퍼올릴 수 있는 햇수다. 회수 가능한 석유 가운데 60퍼센트 이상이 이미 생산된 미국의 경우 R/P는 10/1이다. 노르웨이도 마찬가지다. 캐나다는 8/1이다. 그러나 이란은 53/1, 사우디아라비아는 55/1, 아랍 에미리트 연방은 75/1, 쿠웨이트는 116/1, 이라크는 526/1이다.[90]

앞으로 10년 뒤 석유 생산은 다시 중동을 중심으로 이뤄질 것이다. EIA의 전망에 따르면 걸프 만은 수년 뒤 세계 석유 생산에서 점차 많은 양을 공급하게 된다.[91] 1973년 제1차 석유 파동 당시 중동은 세계 석유 생산의 38퍼센트를 차지하고 있었다. 그 뒤 수년 동안 각국이 석유 소비를 줄이고 석유업계가 세계 다른 지역에서 석유 탐사에 나서면서 중동의 세계 시장 점유율은 18퍼센트로 떨어졌다. 현재 중동 이외 지역 유전 중 상당수가 고갈되고 있는 가운데 중동의 시장 점유율이 다시 높아지기 시작해 지금은 점유율 30퍼센트 정도를 기록하고 있다. EIA에 따르면 앞으로 중동의 시장 점유율이 계속 증가하여 세계 석유 생산 가운데 반 이상을 차지하게 될 것이다.[92]

업계 분석가들은 다섯 개 주요 중동 산유국, 이른바 "공급 조정국들"이 세계 석유 생산 가운데 1/3을 통제할 수 있을 때 1970년

대처럼 세계 시장에서 유가를 다시 좌우하는 위치에 서게 될 것이라고 말한다. 그것은 러시아의 원유 수출 물량이 언제 감소하기 시작하는가에 주로 달려 있다.

캠벨 등 전문가들은 두 단계를 상정하고 있다. 첫 단계에서 공급 조정국들이 세계 석유 생산 가운데 상당 부분, 다시 말해 1/3 정도를 차지하면서 유가는 오르게 될 것이다. 그로부터 10년 뒤인 2015년께 걸프 만 국가들의 석유 생산이 절정에 이르면서 유가는 최고를 기록할 전망이다.[93] 영퀴스트에 따르면 좋든 싫든 "걸프 만 이슬람 국가들은 석유에 관한 한 지정학적으로 최종 결정권을 행사하게 될 운명"이다.[94]

유가를 결정하는 변수는 여러 가지일 것이다. EIA가 전망한 바에 따르면 지금부터 오는 2010년 사이 세계 석유 수요를 충족시키기 위해 공급 조정국들이 하루 2700만-4800만 배럴이나 증산할 필요는 없을 것이다.[95] 하지만 중동의 현 석유 증산 계획으로는 하루 필요량 1000만 배럴에 턱없이 못 미쳐 석유 부족 사태가 발생하면서 유가를 크게 끌어올릴 전망이다. 현재의 증산 계획이 예상되는 향후 수요에 턱없이 미치지 못한다 해도 막대한 비용을 필요로 하기 때문에 중동에서 석유 생산이 절정에 이르기 훨씬 전 유가는 껑충 뛰게 될 듯싶다. 미국 의회조사국에서 근무한 바 있는 조지프 리바는 이렇게 경고한다.

> 현재의 석유 증산 계획으로는…… IEA가 전망한 2010년 세계 석유 수요를 반도 충족시키지 못한다. 그러나 현재의 증산 계획에 들어갈 비용만 1000억 달러를 웃도는 데다 점증하는 세계 석유 수요

까지 충족시키려면 걸프 만 지역 정유 시설 개선 및 확장에도 따로 200억 달러가 투입돼야 한다. 현재의 계획 범위를 뛰어넘는 석유 증산에는 배럴당 기준으로 더 많은 비용이 소요될 것이다. 남아 있는 석유를 찾아내는 일이 더 어려워지고 있기 때문이다.[96]

지질학자와 석유업계 분석가 가운데 유가가 이런저런 방식으로 흔히들 생각하는 것보다 훨씬 이른 시일 안에 꾸준히 오르지 않을까 걱정하는 이들이 점차 늘고 있다. 도처에서 심상찮은 조짐을 엿볼 수 있다. 그러나 단기적으로나마 석유가 비교적 싸고 풍부하게 넘쳐 나는 한 지평선 위로 몰려드는 폭풍우 구름에 신경 쓸 사람은 거의 없을 것이다. 비관론자들은 세계가 지금 험난한 파도를 향해 나아가고 있다고 말한다. 게다가 세상은 향후 사태에 전혀 준비돼 있지 않은 상태다. 이번에 닥칠 석유 위기는 일시적인 것이 아니라 항구적인 것으로 우리의 생활 방식을 근본적으로 바꿔 놓을 듯싶다. 그로 인한 영향은 미래까지 지속될 전망이다.

많은 이들에게 산업 시대의 생활 방식을 가능하게 만든 '값싸고' 흔한 석유가 고갈돼 가고 있을지 모른다는 생각은 상상할 수도 없는 일이다. 따라서 그 문제를 둘러싸고 아무리 많은 연구 결과가 제시된다 해도 믿으려 들지 않을 것이다. 그런 무관심을 전혀 이해하지 못하는 바도 아니다. 사회가 '예상된' 상황 변화에 반응하는 경우란 거의 없다. 하지만 예상되는 변화가 우리의 생활 방식 전체와 우리가 몸담고 있는 세계의 지정학적 판도에 근본적 변화를 불러일으킬 가능성이 있을 때 집단 무관심은 재앙의 전조일 뿐이다.

세계에 진짜 에너지 위기가 도래할 가능성이 있다는 것은 하나의 새로운 현상이다. 그러나 인간 역사에는 경고성 조짐에 주의하지 않고 지역 에너지 체계를 고갈시켜 파국으로 치달은 위대한 문명들 사례가 숱하게 나타나 있다. 미래를 위한 올바른 선택에는 과거 문명들이 에너지 위기와 어떻게 씨름했는지 이해해 보려는 진지한 자세가 전제돼야 한다. 사실 문명이 생존하고 번창해 스스로 끊임없이 거듭나기 위해서는 에너지 게임의 고유한 법칙에 따라야 한다. 법칙을 무시하거나 없애 버린다면 사회는 늙어 죽게 된다. 에너지의 미래와 관련해 우리가 당장 할 수 있는 가장 중요한 일이 바로 그런 법칙을 학습하는 것이다.

3 에너지와 문명의 흥망성쇠

영국 출신 물리화학자로 1921년 노벨 화학상을 받은 프레드릭 소디는 모든 과학의 바탕이 바로 에너지라고 말했다.[1] 태양은 날마다 지구 표면 1제곱미터당 수천 킬로칼로리의 에너지를 공급한다. 태양 에너지 가운데 일부는 생물이 흡수해 생명 지탱에 유용한 형태로 변환시키는 반면 나머지는 열로 변해 우주 공간으로 돌아간다.[2]

에너지가 존재의 알파와 오메가라면 '동력'은 '유용한 에너지의 유동율'이라고 정의할 수 있을 것이다.[3] 모든 생명에는 에너지, 그것도 유동율을 충분히 유지할 수 있을 만한 동력이 필요하다. 종(種)들 사이의 생존 투쟁은 유용한 에너지를 얻고 에너지 흐름까지 지속적으로 확보하기 위한 진짜 경쟁이다.

문화의 활력

인류학자 레슬리 화이트는 문화 진화에서 인간의 첫 '동력 장치'를 인간 육체로 보고 있다. 인류 역사 거의 대부분 동안 호모 사피엔스는 사냥·채집 시대에 살았으며 야생 동식물에 저장된 에너지를 취했다. 인류는 주변 환경에 대해 집단으로 서로 협력하면서 임계 질량을 늘리고 소규모 친족 공동체가 지속되는 데 필요한 것들도 인간의 동력 장치로 확보했다. 그 뒤 사냥·채집 사회에서 농경·목축 사회로 이행하면서 주변 환경으로부터 더 많은 에너지를 얻어 낼 수 있었다. 인류는 목축과 농경으로 언제든 얻을 수 있는 지속적이고 신뢰할 만한 에너지 공급은 물론 잉여 에너지까지 확보했다. 그 결과 인체와 공동체 전체가 사용할 수 있는 에너지 양은 늘었다. 관개 시설을 바탕으로 한 농경 덕에 소비된 인간 에너지, 다시 말해 노동 단위당 산출량이 크게 증가했다. 적어도 몇몇 사람은 잉여 농산물 덕에 고된 노동으로부터 해방될 수 있었다. 이어 사회의 계급 제도와 노동 분화가 등장하기 시작했다. 사제와 전사 계급이 나타나고 장인(匠人)들도 등장했다. 노동 분화 및 특화는 새롭고 복잡한 사회 제도를 낳고 이는 다시 더 많은 에너지 흐름을 촉진하는 데 한몫했다.

지금으로부터 약 1만 년 전 북아프리카, 중동, 중국, 인도에서 시작된 곡물 경작은 인간 사회에 하나의 전환점을 부여했다. 곡물은 '문명의 위대한 원동력'으로 평가돼 왔다.[4] 잉여 식량은 점증하는 인구를 부양하고 왕국 그리고 뒷날 제국의 성립에 필요한 에너지까지 제공했다. 위대한 이집트 및 메소포타미아 문명은 곡물 때문에 탄생할 수 있었다. 밭에 물을 대기 위해 정교한 관개 시설 등 대규모 토목 공사가 추진됐다. 도기(陶器)의 발명으로 잉여 곡물을 저장하거나 교역할 수 있는 발판도 마련됐다. 야금술 덕에 더욱 정교한 무기가 개발되면서 땅을 정복하고 노예를 사로잡을 수 있었다. 생산 활동에 종사하지 않는 사제 계급은 틈틈이 행성과 항성의 움직임을 관찰했다. 그 결과 홍수를 예상하고 파종의 적기를 잘 예측할 수 있게 됐다. 곡물 문명과 더불어 수학과 기록도 선보였다. 수학으로 이집트의 피라미드처럼 웅장한 건축물을 세울 수 있었다. 점차 복잡하고 다양해지는 사회의 집단 지식 축적과 동떨어진 문명들 간의 통신 관리에 기록은 특히 유용했다.

그 뒤 농경 시대에서 산업 시대의 생활 방식으로 옮겨 가면서 획득, 저장, 이용할 수 있는 에너지의 양이 또 늘었다. 산업 시대의 에너지는 기계가 이용하고 처리하는 화석 연료였다. 새로운 기계 에너지인 화석 연료는 노예의 역학적 대체물이었다. 화석 연료는 개인과 사회 전체가 쓸 수 있는 에너지와 동력의 양을 급증시켰다.

인류학자 조지 그랜트 매커디는 인간 경험을 점증하는 에너지 이용 과정의 진화로 파악한다. 그는 『인류의 기원』에서 다음과 같이 기술하고 있다. "어떤 시대, 어떤 사람이나 어떤 집단으로 이뤄진 문명이든 그 수준은 인간의 진보나 욕구 충족을 위한 에너지 이용 능력에 따라 가늠할 수 있다."[5] 이에 대해 많은 인류학자가 공감하고 있다. 일례로 화이트는 모든 인간 문화의 성공 여부에 대한 판단 기준으로 에너지를 활용한다. 그에 따르면 특정 문화의 업적이 많고 적음은 구성원들의 1인당 에너지 소비량과 직접적 관계가 있다. 화이트 등 많은 인류학자가 주장하는 바에 따르면 문화의 본래 기능은 "에너지를 이용하고 통제해 인간에게 이바지할 수 있도록 만드는 것"이다.[6] 인간은 에너지를 획득하고 변형시키기 위한 도구 창출, 그리고 에너지의 전달 및 분배 과정을 관리하기 위한 통신 체계와 사회 기구 창출을 통해 에너지를 이용하고 통제하는 데 성공할 수 있다. 매커디와 화이트에 따르면 인간의 진보는 상징적 형식, 도구, 집단 제도로 더 많은 에너지를 획득하고 이용함으로써 인간 능력을 확대하고 복지를 증진시키는 지적 능력과 관계 있다. 자연 에너지 분야의 선구자 하워드 오덤은 '인간, 정신, 에너지'에 대해 이야기하면서 인간의 진보에 궁극적 한계가 생기는 것은 영감이 아니라 에너지원 때문이라는 점을 상기시키고 있다. 그의 말을 더 들어 보자.

> 모든 진보는 동력에 대한 특별 보조금 덕이다. 보조금이 사라질 때마다, 보조금이 사라지는 곳마다, 진보도 연기처럼 사라지고 만다. 지식과 창의성은 보조금을 활용하기 위한 수단이다. 지식의 발전과 소유 역시 동력 분배에 달려 있다.[7)]

'동력 보조금'의 중요성을 인식하지 못할 경우 인간 문명사에 대해 제대로 이해할 수 없다. 오덤에 따르면 역사상 모든 사회에서 가장 중요한 것은 잉여 에너지의 획득 가능성 여부다. 획득 및 이용 가능한 에너지가 충분치 않다면 인간의 모든 활동이 복지 증진으로 이어질 수는 없다.

화이트는 에너지 이용과 문화 진화의 관계를 가늠할 수 있는 간단한 잣대까지 제공하고 있다. 그에 따르면 문화의 '진보' 수준을 측정하는 데는 세 가지 주요 요소가 있다. 첫째 '1인당 연간 에너지 사용량', 둘째 '에너지를 현실에서 직접 이용할 수 있도록 만

들어 주는 기술 수단의 효율성', 셋째 '인간의 욕구를 충족시켜 주는 재화와 서비스 생산량'이 바로 그것이다.[8] 화이트는 "1인당 연간 에너지 사용량이 증가한다든가, 에너지를 현실에서 직접 이용할 수 있도록 만들어 주는 기술 수단의 효율성이 증가할 때 문화도 진보한다."고 결론지었다.[9] 유럽 계몽주의의 유물론적 전통에 흠뻑 빠져 있는 화이트는 "생물학적, 문화적 체계에서 에너지야말로 가장 중요한 요소"라고 확신한다. 그는 이렇게 말하기도 했다. "유인원 시절부터 오늘에 이르기까지 인간 문화의 발전을 추적해 보면 1인당 연간 에너지 사용량이 주기적으로 증가한 것을 알 수 있다. 이는 새로운 에너지원 개발과 밀접한 관계가 있다."[10]

여기서 짚고 넘어가야 할 것은 매커디, 화이트, 오덤 모두 특정 사상을 대변한다는 점이다. 세 사람 모두 에너지 사용 증가와 사회 및 문화 진보를 동일시하는 오류에 빠져 있다. 사실 사회에서 에너지 흐름이 증가하는 것은 구성원들에 대한 강제와 억압, 환경 파괴와 무관하지 않다.

많은 인류학자에 따르면 점증하는 에너지량을 접수하고 변형하는 것이 근본적으로 문화 발전과 관계 있을지 모르지만 그렇다고 문화의 상징, 도구, 신화, 조직 등 문화 자체를 점증하는 에너지 흐름에 대한 통치체의 촉진 수단으로만 이해해서는 안 된다. 지금까지 이어 온 논제로부터 벗어나지 않기 위해 문화가 순수한 유물론적 목적 말고 다른 어떤 목적에도 이바지하는가 아닌가라는 낡은 논쟁은 일단 차치하자. 어쨌든 화이트, 오덤, 매커디의 관점은 에너지량과 에너지 흐름이 문화 발전 및 퇴보에 어떻게 영향을 미치는지 이해하는 데 매우 유용하다.

인간 사회가 적어도 신석기 혁명 초기, 농경 시대 진입기 이후 지금까지 개인 생활과 사회 생활 전반에서 에너지의 양과 질을 높여 왔다는 것은 분명하다. 에너지 흐름이 점차 증가하자 흐름의 과정을 이용하고 관리하기 위해서는 훨씬 정교한 도구와 훨씬 복잡한 사회 제도가 필요했다. 도구 제작 및 복잡한 사회 제도에서 나타난 진보에는 한 단계 높은 사회 계급 구조, 한층 복잡한 노동 분화 및 특화, 상층부에 대한 권력 집중 등 비싼 대가가 뒤따른다. 주변 환경으로부터 사회에 이르는 수평적 에너지 흐름의 범위가 확대되면 확대될수록 그 과정을 공고히 하는 데 필요한 수직적 사회 권력의 범위도 넓어지게 마련이다. 이것은 그리 놀랄 일도 아니다. 구성원들을 '동력 장치'로 이용한 소규모 수렵·채집 집단이 생산해 내는 1인당 연간 에너지량은 1/20마력에 불과하다.[11] 그와 같은 에너지 흐름에는 흐름의 과정을 관리하기 위해 반드시 복잡한 사회 제도가 있어야 했던 것은 아니다.

그 뒤 사람들은 경쟁적으로 서로를 사로잡아 에너지 생산용 동력 장치로 '이용'했다. 인간 노예가 에너지 흐름을 증가시키는 수단으로 이용된 것이다. 이런 과정은 19세기 후반까지 이어졌다. 인간은 노예 노동으로 이집트의 거대한 피라미드, 중국의 만리장성, 아메리카 대륙의 마야 문명과 테오티우아칸 문명의 신전들을 세웠다. 만리장성을 쌓는 데 100만 명 이상의 노예가 필요했다. 당시 동원된 노예들 가운데 반은 만리장성 축조 중에 사망했다.[12] 기원후 첫 수세기 동안 로마인들 가운데 20퍼센트 정도는 노예였다.[13] 인간 노예는 '운송 수단'으로도 이용됐다. 오늘날에도 아시아 여러 지역에서 인력거를 찾아볼 수 있다. 옛날과 다른 게 있다면 누가 강제로 시켜서 인력거를 끄는 건 아니라는 점이다. 노예들이 노를 젓던 갤리선(船)은 16세기 말까지 지중해에서 흔히 볼 수 있었다.[14)]

노예 사회에는 전보다 훨씬 정교한 도구, 그중에서 특히 노예를 사로잡을 때 쓸 무기는 물론 노예 노동을 효율적으로 징발하고 동원할 수 있는 첨단 통신 수단과 운송망이 필요했다. 그 결과 더 복잡해진 체계를 통제하고 관리하기 위해 사회 계급 최상층부로 권력이 한층 집중됐다. 하지만 당시 권력 집중도는 석유, 석탄, 천연가스를 획득하고 사회 전체로 이를 전달하는 기계 노예 관리에 필요한 첨단 산업 사회의 조직적 통제와 비교하면 아무것도 아니다.

에너지는 인간 문화의 바탕을 이루는 힘이자 매개물이다. 지금까지 인류 역사에서 에너지 흐름은 크게 증가해 왔다. 에너지 흐름을 조절하는 사회 기구도 매우 복잡해졌다. 그러나 각기 다른 에너지 체계를 기반으로 한 다양한 문명이 왜 흥하고 망하는지 충분히 이해하기 위해서는 에너지 지배 법칙들에 대해 알아야 할 필요가 있다. 이들 법칙은 선험적 자연 법칙으로 존재하며 지구와 우주 전체의 에너지 흐름을 규정한다. 에너지 법칙은 우리가 에너지 게임을 어떻게 이끌어야 성공할 수 있는지 가르쳐 준다. 에너지 법칙은 과거 여러 문명이 멸망한 이유, 우리가 화석 연료 시대의 '전환점'에 이르고 있는 지금 과거 문명들과 비슷한 운명으로 전락하지 않으려면 어떻게 해야 하는지 알려 준다.

열역학 법칙

모든 에너지를 지배하는 법칙은 두 가지다. 열역학 제1법칙과 제2법칙이 바로 그것이다. 제1법칙과 제2법칙은 19세기 후반에 이르러서야 비로소 명료하게 설명됐다. 아이작 뉴턴이 역학 법칙 체계가 담긴 『자연철학의 수학적 원리』를 발간한 지 170여 년 만의 일이다. 그러나 공교롭게도 모든 학생은 인력의 법칙과 사과가 나무에서 떨어지는 이유에 대해 배우지만 에너지 변형을 지배하는 법칙에 대해서는 거의 배우지 못한다. 이들 법칙은 시간의 흐름과 화학적, 생물학적, 사회적 체계의 작용 등 어떤 존재를 둘러싼 홍망성쇠에 대해 가르칠 때 매우 유용하다. 수학자이자 철학자인 앨프레드 노스 화이트헤드는 학생들에게 뉴턴 역학이 운동하는 물체의 시공(時空) 관계에 대해 말해 줄 뿐이라고 말한 바 있다. 그는 이렇게 덧붙였다.

> 여러분이 일단 자리 잡고 앉으면…… 다시 말해 시공에서 어느 공간에 자리 잡으면 단지 거기, 그 장소라고 말함으로써 특정 물체와 시공의 관계를 적절히 설명할 수 있다. 단순한 장소에 관한 한 더 이상 얘기할 게 없기 때문이다.[15]

열역학 법칙은 에너지가 어떻게 움직이는지 보여 준다. 따라서 생태계와 사회 체계의 일상적 움직임을 이해하는 데도 큰 도움이 된다. 앨버트 아인슈타인은 과학의 법칙 가운데 어떤 것이 가장 포괄적이고 광범위한지 곰곰이 생각해 봤다. 그 결과 20세기의 위대한 물리학자 아인슈타인은 열역학 법칙으로 눈을 돌려 다음과 같이 발언했다.

> 하나의 이론이 깊은 인상을 남기려면 전제가 단순해야 한다. 전제가 단순하면 단순할수록 그것이 설명하는 사물의 종류는 다양하며 응용 범위도 넓다. 고전 열역학은 내게 깊은 인상을 심어 줬다. 확신컨대 고전 열역학은 보편적 개념 내용으로 이뤄진 유일한 물리학 이론이다. 기본 개념의 응용이라는 틀 안에서 고전 열역학 이론은 결코 폐기되지 않을 것이다.[16]

열역학 제1법칙과 제2법칙에 따르면 "우주의 에너지 총량은 일정하며 총 엔트로피는 계속 증가한다."[17] 우주의 에너지 총량이 일정하다는 열역학 제1법칙을 '에너지 보존의 법칙'이라고도 한다. 다시 말해 에너지가 새로 생성되거나 소모될 수 없다는 뜻이다. 우주의 에너지 총량은 시간이 시작된 이래 변함 없었으며 시간이 종말을 고할 때까지도 변치 않을 것이다. 인간이 만든 모든 사물은 한 상태에서 다른 상태로 변형된 에너지를 대변한다. 인체와 사물을 구성하고 있는 에너지는 지금과 다른 곳에 있는 어떤 상태에서 비롯된 것이다. 인간이 죽어 썩을 때, 사물이 분해될 때 발산하는 에너지는 다시 자연으로 돌아간다.

열역학 제2법칙이 적용되는 것은 바로 이 점에서다. 에너지를 새로 만들거나 파괴할 수는 없다. 그러나 에너지는 형태상 끊임없이, 그것도 오로지 한 방향으로, 이용 가능한 것에서 이용 불가능한 것으로 변한다. 석탄 한 덩어리를 태울 경우 에너지에는 변함이 없지만 석탄이라는 형태는 아황산가스와 이산화탄소 등 기체로 변해 우주 공간 속으로 흩어진다. 그 과정에서 에너지 손실은 발생하지 않는다. 하지만 석탄을 다시 태워 유용한 목적에 사용할 수는 없다. 열역학 제2법칙에 따르면 에너지가 변형될 때마다 이용 가능한 에너지 가운데 일정 정도를 변형 과정에서 잃게 된다. 다시 말해 더 이상 유용하게 사용할 수 없다는 뜻이다. 이처럼 이용 가능한 에너지의 상실을 '엔트로피'라고 부른다. 물리학에서 가장 중요하면서도 가장 도외시되는 개념이 바로 엔트로피다. 엔트로피라는 말은 독일의 물리학자 루돌프 클라우지우스가 1868년 처음 사용했다.

에너지를 일로 바꾸기 위해서는 동일 시스템의 각기 다른 부위에서 에너지 응집 수준에 차이가 나야 한다. 온도 차이가 있어야 한다는 뜻이다. 에너지가 고온부에서 저온부로 이동할 때 일이 발생한다. 증기 기관이 일을 할 수 있는 것은 증기 기관 가운데 한 부위가 매우 차갑고 다른 부위가 매우 뜨겁기 때문이다. 그에 못지않게 중요한 것은 에너지가 한곳에서 다른 곳으로 이동할 경우 다음 일을 수행할 에너지는 줄어든다는 점이다. 몹시 뜨거운 부지깽이를 한번 생각해 보자. 뜨겁게 달궈진 부지깽이를 불속에서 일단 꺼내면 식기 시작한다. 열은 항상 뜨거운 부위에서 차가운 부위로 이동하기 때문이다. 일정 정도 시간이 지나면 부지깽이의 온도는 주변 공기의 온도와 같아진다. 이것이 바로 물리학계에서 말하는 '평형 상태'다. 평형 상태란 에너지 수준에 아무 차이가 없어 일할 수 없게 된 것을 말한다. 한때 유용했던 에너지는 이제 더 이상 부지깽이에 응집돼 있지 않고 이용할 수 없는 공기 속으로 흩어진 것이다. 열역학 제2법칙에 따르면 에너지는 항상 한 방향으로만 변형된다. 뜨거운 것에서 차가운 것으로, 응집에서 분산으로, 질서에서 무질서로 움직인다.

엔트로피를 거꾸로 돌려 놓는 것도 가능하다. 하지만 그 과정에 다른 에너지가 동원돼야 한다. 물론 다른 에너지를 사용할 경우 전반적인 엔트로피는 증가하게 된다. 일례로 쓰레기를 재활용할 때 수거, 운반, 처리 과정에서 다른 에너지가 소모된다. 그 결과 주변의 전체 엔트로피는 늘게 마련이다. 땅 속에서 금속 광석을 캐내 하나의 도구로 만든다고 가정해 보자. 그 도구가 생을 다하는 날까지 금속 분자는 마찰과 마모로 끊임없이 도구에서 떨어져 나와 공기 중으로 날아간다. 도구에서 떨어져 나온 분자들이 파괴되는 것은 아니지만 공기 속으로 아무렇게나 흩어져 버린 나머지 이제 더 이상 유용한 작업에 이용할 수 없다. 공중을 떠돌던 분자들은 결국 땅으로 돌아간다. 그러나 광석의 일부를 구성했을 때보다 훨씬 광범위하게 분산된 형태로 바뀐다. 여기저기 흩어진 모든 금속 분자를 한데 모아 재활용품으로 만들어 내는 기계가 발명될지 모르지만 그 과정에서 이용 가능한 에너지는 고갈되게 마련이다. 이렇듯 공중에 흩어진 금속 분자를 재활용하기 위해 전보다 많은 에너지가 사용됨으로써 엔트로피 전체는 증가하고 만다.

태양 에너지는 앞으로 수십억 년 동안 고갈되지 않을 전망이다. 따라서 지구에 끊임없이 태양 에너지가 공급될 것이다. 그러나 광석이든 화석 연료든 지구 에너지는 상대적으로 한정돼 있다. 열역학적 관계에서 볼 때 지구는 태양계와 우주에 대해 폐쇄된 체계이기 때문이다. 열역학 체계에는 세 종류가 있다. 개방, 폐쇄, 고립 체계가 바로 그것이다. 개방 체계들은 에너지와 물질을 서로 교환한다. 폐쇄 체계들의 경우 에너지는 교환하지만 물질은 주고받지 않는다. 이에 비해 고립 체계들은 에너지도 물질도 교환하지 않는다. 지구는 폐쇄 체계다. 다시 말해 태양계와 에너지를 주고받지만 이따금 볼 수 있는 운석이나 우주 먼지 말고는 바깥 우주와 물질을 교환하지 않는다. 여기서 명심해야 할 사실은 태양 에너지 유입만으로 물질이 생성되는 건 아니라는 점이다. 태양은 어떤 생명체도 만들어 내지 못하지만 지구의 빈 항아리에 에너지를 영구히 쏟아 부을 수는 있다. 한정된 지구의 물질들은 태양 에너지 덕에 생명체 등 다른 유용한 형태로 변할 수 있다. 일례로 쥐라기에 태양 에너지는 지구 물질과 상호 작용해 그 물질을 생명체로 탈바꿈시키는 데 한몫했다. 죽어 분해된 그 생명체는 탄소 퇴적물을 형성해 오늘날의 석탄, 석유, 천연가스가 됐다. 사용된 에너지는 공기 중의 가스로 변환돼 이제 더 이상 일을 수행할 수 없다. 그와 비슷한 탄소 침전물이 앞으로 언제 퇴적될지 모르지만 그야말로 까마득히 먼 미래의 일이기 때문에 우리와는 직접적 관계가 없다. 화석 연료를 '재생 불가능한 에너지원'이라고 부르는 것도 바로 그 때문이다.

요컨대 열역학 제1법칙은 우주의 에너지 총량이 일정하며 에너지가 새로 생성되거나 소모될 수 없다는 내용이다. 에너지의 형태만 바뀔 수 있을 뿐이다. 열역학 제2법칙은 에너지가 항상 한 방향으로만 변형된다는 내용이다. 다시 말해 에너지는 이용 가능한 것에서 이용 불가능한 것으로, 얻을 수 있는 것에서 얻을 수 없는 것으로, 질서에서 무질서로 움직인다. 우주의 모든 것은 애초 손에 넣을 수 있는 응집된 에너지로 시작했다가 시간이 흐르면서 손에 넣을 수 없는 흩어진 에너지로 탈바꿈한다. 엔트로피는 우주의 하부 체계에서 얻을 수 있는 에너지가 손에 넣을 수 없는 형태로 어느 정도 변했는지 가늠케 하는 잣대다.

인간 존재를 유지하기 위해 주변으로부터 얻을 수 있는 에너지를 다 써 버린 에너지로 탈바꿈시키는 지속적인 노력 속에서 사회가 조직되는 것이라면 열역학 법칙들이 지니고 있는 중요성에 대해 논한 소디의 관찰 결과는 타당할 듯싶다. 소디는 열역학 법칙이 "궁극적으로 정치 체계의 흥망성쇠, 민족의 자유나 예속, 상거래와 산업의 움직임, 부와 가난의 근원, 인류의 물질적 복지를 통제한다."고 주장했다.[18]

여기서 잠깐 짚고 넘어가야 할 게 있다. 에너지가 응집 상태에서 예측할 수 없는 상태로, 질서 정연한 존재에서 무질서한 존재로 끊임없이 변한다면 응집 수준이 매우 높은 에너지와 고도의 질서를 유지하고 있는 것처럼 보이는 생명체, 심지어 사회 체계가 열역학 법칙의 금과옥조와 무관한 듯한 현상에 대해서는 어떻게 설명할 것인가.

생물학계는 생명체와 열역학의 철칙들을 어떻게 조화시켜야 할지 난감했다. 생화학자 해럴드 블룸은 저서 『시간의 화살과 진화』에서 생명체는 에너지 법칙 전개 과정상 특별한 경우에 속한다고 설명함으로써 생물학을 열역학 제1법칙과 제2법칙의 맥락 안에 포함시켰다. 블룸에 따르면 모든 생명체는 끊임없이 주변 환경으로부터 자유 에너지를 흡수함으로써 평형 상태와 멀찌감치 떨어져 살아간다. 유기체가 질서 정연한 존재 상태를 계속 유지한다지만 그것은 이용 가능한 에너지를 소비하고 주변의 전반적인 엔트로피를 증가시키기 때문에 가능한 일이다. 블룸은 "유기체 형성에서 엔트로피가 국부적으로 더러 감소하기도 하지만 우주 전체의 엔트로피는 증가한다."고 설명했다.[19)]

자유 에너지의 근원은 태양이다. 식물은 광합성 작용으로 태양 에너지를 흡수한다. 동물은 식물을 직접 먹거나 다른 동물을 잡아먹는다. 식물이 흡수한 태양 에너지를 간접적으로 소비하는 것이다. 식물은 그야말로 응집된 에너지의 근원을 제공하는 셈이다. 1933년 노벨 물리학상 수상자 에르빈 슈뢰딩거는 "유기체가 먹는 것은…… 주변 환경으로부터 끊임없이 끌어낸 부정적 엔트로피"라며 "유기체는 주변 환경으로부터 질서를 계속 빨아들인다."고 말했다.[20)]

잠시 생각해 보면 생물학자들 말이 이해된다. 우리가 살아 있는 것은 육신으로 에너지를 계속 처리하기 때문이다. 에너지 흐름이 멈출 경우, 우리의 육신이 질병으로 에너지를 적절히 처리하지 못할 경우 우리는 죽음, 다시 말해 평형 상태로 치닫게 된다. 죽은 육신은 급속히 분해되기 시작한다. 우리의 물리적 존재가 주변 환경으로 흩어지는 것이다. 생물학계에 따르면 생명은 비평형 열역학의 한 본보기다. 생명은 주변의 넓은 환경으로부터 얻은 자유 에너지나 이용 가능한 에너지를 끊임없이 처리한다. 이로써 질서를 유지하고 평형 상태, 즉 죽음과 동떨어진 상태에 머무는 것이다.

죽음과 동떨어진 채 비평형 상태를 유지하는 것은 에너지 측면에서 많은 대가가 뒤따른다. 지구에서 인간에게 가장 효율적인 '동력 장치'라는 식물조차 지구로 다가오는 에너지 가운데 극히 일부만 흡수한다. 나머지는 방산된다. 따라서 식물에서 볼 수 있는 미미한 엔트로피 감소는 환경 전체에서 발생한 더 큰 규모의 엔트로피 증가를 대가로 확보된 것이다.

20세기 철학자이자 수학자인 버트런드 러셀은 모든 생명체를 '제국주의자'라고 전제한 뒤 "생명은 가능한 한 많은 환경을 자신과 자신의 씨앗으로 옮겨 놓는다."고 말했다.[21] 종이 진화하면 할수록 비평형 상태를 유지하는 데 더 많은 에너지가 필요하며 생존 유지 과정에서 엔트로피는 더 증가한다.

풀, 메뚜기, 개구리, 송어, 인간으로 이뤄진 간단한 먹이 연쇄을 한번 생각해 보자. 열역학 제1법칙에 따르면 에너지는 결코 소멸되지 않는다. 그러나 제2법칙에 따르면 이용 가능한 에너지가 먹이 연쇄 각 단계에서 이용 불가능한 에너지로 변하면서 주변 환경의 총 엔트로피를 증가시킨다. 화학자 G. 타일러 밀러는 먹이가 먹히는 과정에서 "에너지의 80퍼센트에서 90퍼센트가 열로 사라진다."고 주장했다.[22] 달리 말해 포식자는 피식자가 지니고 있는 에너지 가운데 10퍼센트에서 20퍼센트만 흡수하는 것이다. 이는 하나의 생명체에서 다른 생명체로 에너지가 이동하려면 에너지를 소비해야 하며 그 결과 에너지 상실로 이어진다는 뜻이다. 먹이 연쇄 상층부에 자리 잡은 고등생물일수록 생명을 유지하는 데 필요한 에너지량은 어마어마하다. 밀러는 이렇게 말한다. "인간이 생명을 유지하기 위해서는 1년에 송어 300마리가 필요하다. 한편 송어는 9만 마리의 개구리를 잡아먹어야 한다. 개구리는 메뚜기 2700만 마리, 메뚜기는 풀 1000톤을 소비해야 생존이 가능하다."[23] 진화 계단 상층부의 생명체는 주변 환경에 더 큰 무질서를 야기함으로써, 다시 말해 에너지 방산으로 질서 정연한 비평형 상태를 유지한다.

에너지는 살아 있는 모든 유기체를 끊임없이 관통해 고등진화 단계 체계로 유입되면서 비교적 열등한 체계는 쓰레기로 버린다. 진화 단계가 높은 유기체일수록 평형 상태와 동떨어진 채 스스로를 유지한다. 그 과정에 들어가는 에너지는 더 많아진다. 이는 진화 계단의 상층부 종일수록 에너지 획득에 필요한 생리학적 조건이 더 잘 갖춰져 있어야 한다는 뜻이다. 생물학자 앨프레드 로트카는 생명체를 '에너지 변환기'로 가정할 수 있다며 "눈, 귀, 코, 혀 맛봉오리, 손가락 끝 촉각돌기는 물론 비강 중비갑개 전단부, 입 언저리 등 주요 감각 기관의 밀접한 상호 관계도 마찬가지"라고 말한다.[24] "이용 가능한 물질과 에너지가 아직 남아 있는 한 체계의 총질량, 체계 전체의 순환율, 체계 전체의 에너지 흐름을 증가시킬 수 있는 유기체"만 적자 생존에서 살아남을 수 있다.[25]

경제 발전에 대한 재고

그렇다면 진화는 더 복잡한 조직 체계를 구축하는 것이다. 모든 종은 이용 가능한 에너지를 더 많이 획득하고 응집시키기 위해 이전 단계보다 한층 분화하고 특화한다. 열역학에서 볼 때 진화는 방해받지 않는 꾸준한 진보라기보다 점증하는 에너지 사용 및 방산 사이의 끊임없는 흥정이다. 진화는 결국 무질서한 대양 창조로 질서 정연한 큰 섬들을 만들어 낸다. 이것이 종과 생태계에 똑같이 적용된다면 인간의 사회 체계 역시 예외일 수 없다. 그래도 의문이 남는다면 미국인의 경제·사회 구조와 생활 방식을 유지하기 위해 얼마나 많은 자유 에너지가 필요한지, 그 과정에서 얼마나 많은 엔트로피가 발생하는지 한번 살펴보자.

미국은 에너지가 사회의 모든 동맥에 도달할 수 있도록 복잡한 대형 '에너지 변환기'를 만들어 냈다. 앞서 언급했듯 미국은 세계 인구의 5퍼센트도 보유하고 있지 않으면서 세계에서 생산되는 에너지 가운데 25퍼센트를 소비한다.[26] 미국인의 1인당 연간 평균 석유 소비량은 3629킬로그램, 천연가스는 2132킬로그램, 석탄은 2336킬로그램, 우라늄 45.4그램이다.[27]

지질학자 월터 영퀴스트에 따르면 미국에서 하루에 소비되는 에너지가 얼마인지 알고 싶을 경우 각 개인이 마음껏 이용할 수 있는 '인력'(人力, PP)으로 환산해 보면 간단하다. 1PP는 0.25마력(186와트 또는 635Btu/hr)이다. 영퀴스트는 미국의 에너지 사용량을 PP로 환산할 경우 세계 인구 세 배가 동원돼야 할 것이라고 말한다.[28] 하루 단위로 환산하면 미국인의 에너지 평균 소비량은 노예 쉰여덟 명이 하루 스물네 시간 내내 일해 얻는 것과 맞먹는다.[29] "인간의 노동 가격(시간당 5달러)으로 석유 1배럴에 들어 있는 에너지를 구입한다고 가정할 경우" 현재 유가인 배럴당 25달러가 아니라 "4만 5000달러 이상을 지불해야 할 것"이다.[30]

미국인이 평형 상태에 도달하지 않기 위해 에너지 소비량을 그대로 유지하는 과정에서 발생하는 엔트로피도 엄청나다. 미국인들은 세계 에너지의 25퍼센트를 소비하면서 세계 이산화탄소 배출량 가운데 30퍼센트를 방출한다. 미국에서만 온실 효과 가스가 연간

1인당 6.6톤 배출된다. 그중 82퍼센트는 전력을 생산하고 자동차와 비행기에 동력을 제공하기 위해 태우는 화석 연료로부터 비롯된다. 나머지 대부분은 천연가스 파이프라인, 산업용 화학 물질, 쓰레기 매립지, 현대 영농에서 발생하는 메탄이 차지한다.[31)]

그뿐이 아니다. 사회가 성숙해지고 세월이 흐를수록 더 많은 에너지를 필요로 한다. 이는 사회 혁신과 확대에 투입해야 할 에너지가 줄어든다는 뜻이기도 하다. 미국 토목학회(ASCE)의 2001년 미국 인프라 현황 보고서에 이 점이 극명히 드러나 있다. ASCE에 따르면 도로, 교량, 항공, 학교, 상하수도, 댐, 고체 쓰레기, 독성폐기물, 수로, 에너지와 관련된 미국의 인프라 훼손 상태가 너무 심각한 나머지 향후 5년 동안 원상 복구에만 1조 3000억 달러를 필요로 하게 될 전망이다. ASCE는 미국의 주요 도로 가운데 33퍼센트가 안전 기준에 미달함으로써 운전자들이 연간 부담하는 비용만 58억 달러를 웃돈다고 밝혔다. 열악한 도로 사정으로 해마다 1만 3800명의 사상자가 발생한다. 게다가 도시 고속화 도로 가운데 1/3이 주차장으로 변하다시피 했다. 사정은 교량도 마찬가지다. 미국의 교량 중 29퍼센트가 구조적 결함을 안고 있거나 노후화한 상태다. 교량 보수에 앞으로 20년 동안 연간 106억 달러를 쏟아 부어야 할 판이다. 공항 시설들도 수용 한계를 초과하여 비행기 연착 건수가 다달이 5만에 이를 정도다. 학교 건물도 노후화하고 있는 데다 교실은 콩나물 시루를 방불케 한다. ASCE는 교육 시설 가운데 75퍼센트가 교육 욕구 충족에 부적합한 것으로 추정하고 있다. 5만 4000개 상수도 시설은 낡을 대로 낡아 공장과 생활 하수 등 고정된 점오염원이 아닌 이른바 '비점(非點)' 오염원으로 변하고 있다.[32] 1만 6000개 하수 처리 시설 중 상당수가 붕괴 위기에 놓여 있다. 하수 시설 가운데 일부는 건설된 지 100년이 넘는 것들로 기능을 제대로 발휘하지 못하고 있다. 미국의 하수 처리 인프라가 제대로 기능하려면 연간 120억 달러를 수혈받아야 한다. 현재 2100개의 댐이 위험 시설로 분류돼 있다. 1999-2000년 보고된 댐 사고만 해도 61건에 이른다. 내륙 수로 시설도 너무 낡아 모든 갑실(閘室) 가운데 44퍼센트가 50년 연한을 훌쩍 넘겨 버렸다. 그러나 미국 수로의 운송 수요는 오는 2020년 배로 증가할 전망이다. 1990년 이래 미국의 전력 용량도 연간 30퍼센트 부족했다. 현재 해마다 7000메가와트가 추가되고 있지만 연간 수요 증가율 1.8퍼센트를 따라잡기 위해서는 해마다 1만 메가와트나 더 생산해야 한다.[33]

진화 수준이 높고 복잡한 사회 조직일수록 조직 지탱에 더 많은 에너지를 필요로 하며 그 과정에서 더 많은 엔트로피가 생산된다. 이렇게 단순한 사실이 정통 경제 이론과 상충되고 있다. 사실 자본주의든 사회주의든 열역학 제1법칙과 제2법칙에 의해 사회와 환경이 짊어져야 할 냉혹한 '실제 세계'의 현실들을 조정할 수는 없다.

고전 자본주의 이론은 경제 활동이 쓰레기를 가치로 전환시킨다는 생각과 연결돼 있다. 영국의 계몽주의 철학자 존 로크는 전적으로 자연에 속한 땅을 이른바 '쓰레기'라고 표현했다.[34] 로크는 자연 자체를 쓸모 없는 것이라고 전제한 뒤 인간이 자연에 노동을 가해 생산적 자산으로 바꿔 놓을 때 비로소 가치가 생긴다고 주장했다. 열역학 제2법칙을 뒤집어 버린 것이다. 로크는 이렇게 적고 있다.

자신의 노동으로 땅을 일구는 사람은 인류 자산을 줄이는 게 아니라 늘리는 것이다. 인간의 삶을 유지하는 데 필요한 식량에 대해 한번 살펴보자. 1에이커의 사유지에서 생산된 식량이…… 황폐한 공유지 1에이커에서 생산된 양보다 열 배나 많다. 따라서 10에이커의 땅을 사유화해 자연 속에 버려진 100에이커에서보다 많은 것을 얻어 낸 사람은 90에이커를 인류에게 선사한 것이라고 말할 수 있다.[35)]

자본주의 경제학은 초기 뉴턴 역학에 흠뻑 빠져 열역학 법칙을 전혀 파악할 수 없었다. 고전 경제학자 애덤 스미스와 장 밥티스트 세[36)]는 모든 행동에 그와 동일한 역반응이 존재한다는 뉴턴의 개념을 빌렸다. 시장을 공급과 수요가 서로 끊임없이 재조정되는 메커니즘에 비유한 것이다. 어느 상품이나 서비스에 대한 수요가 늘 경우 판매자는 가격을 올릴 것이다. 가격이 너무 오르면 수요가 줄어 판매자는 가격을 낮출 수밖에 없다. 그 결과 수요가 다시 살아난다. 그와 똑같은 논리가 천연자원 이용에도 적용됐다. 자원이 귀해지면 가격은 상승할 것이다. 따라서 공급자는 귀해진 물자를 더 많이 얻어 내기 위해 새 기술에 기대거나 대체 자원 물색에 발 벗고 나선다. 자원 기반은 무한하며 어떤 형태로든 적절한 가격으로 언제나 얻을 수 있다고 생각한다. 반면 엔트로피는 사업 활동에서 비롯되는 하나의 껍데기이며 상거래 활동 총 비용 중 일부만 차지하는 것으로 여긴다.

열역학 법칙에 따르면 사정은 전혀 다르다. 경제 활동은 주변 환경에서 엔트로피가 낮은 에너지를 단순히 빌려 와 가치 있는 상품과 서비스로 잠시 변환하는 것이다. 변환 과정에서 더 많은 에너지가 소비되면서 결국 주변 환경 속으로 사라진다. 생산되는 상품이나 서비스로 스며드는 것이 아니다. 심지어 '완제품'이나 완결 서비스도 일시적인 것에 불과하다. 완제품도 사용 혹은 소비하는 즉시 흩어지거나 분해돼 다 쓴 에너지 아니면 쓰레기 형태로 결국은 주변 환경으로 돌아간다.

그렇다면 국내총생산(GDP)의 본질에 대해서는 어떻게 생각해야 할 것인가. 흔히들 GDP를 한 국가가 연간 창출해 내는 부(富)의 잣대로 생각한다. 그러나 열역학에서 보면 GDP는 이용 가능한 에너지량을 감소시키고 엔트로피만 쌓아 올린 대가로 생산된 상품이나 서비스에 스며든 일시적 에너지 가치의 척도다. 우리가 생산하는 상품과 서비스들이 결국 엔트로피의 일부로 변한다면 경제 발전을 둘러싼 기존 통념에도 불구하고 장부는 언제나 적자에서 벗어나지 못할 것이다. 다시 말해 모든 문명은 결국 창조해 낸 질서보다 더 많은 질서를 주변 환경으로부터 빨아들인다. 그 결과 지구는 문명이 존재했다는 이유 하나만으로 한층 빈곤한 처지에 놓이게 된다.

열역학 제2법칙에 따른 불가피한 한계로 볼 때 오랫동안 유지되는 사회란 자연의 예산과 인간 사회의 예산이 서로 균형을 이루는 곳이다. 이른바 '안정 상태'의 사회는 자연 시간표에 따라 가능한 한 잘 살아가는 법을 배운다. 어떤 형태의 에너지라 할지라도 이용, 변환, 분배, 소비는 쓰레기를 재활용하고 재생 가능한 에너지원을 복구할 주변 환경의 능력과 그런대로 비례해야 유지된다. 비례율은 결코 1대 1이 될 수 없다. 변환 과정에 내재된 에너지의 약점 때문이다. 그러나 몇몇 사회, 그중에서 특히 사냥·채집 사회와 친족을 기반으로 한 소규모 농경 공동체는 자체 에너지 체계가 고갈되기 전까지 오랫동안 이어졌다. 인류 역사에서 위대한 문명들은 그리 성공적이지 못했다. 따라서 열역학 법칙의 렌즈로 위대한 문명들이 흥하고 망한 과정을 되돌아보면 화석 연료 에너지 체계의 분수령으로 치닫고 있는 지금 우리 문명이 맞닥뜨린 위기에 대해 좀 더 뚜렷이 파악할 수 있을 것이다.

위대한 문명들이 몰락하는 이유

세계사에서 문명은 보기 드문 현상이다. 영국의 역사학자 아널드 토인비는 세계사에서 문명이 서른 개밖에 존재하지 않았다고 말한다. 그보다 더 인색한 사학자도 있다. 오스발트 슈펭글러, 앨프레드 루이스 크로버, 캐럴 퀴글리, 러시턴 쿨본은 거론할 가치가 있는 위대한 문명을 여덟 내지 열다섯 개로 잡고 있다.[37)]

우리가 알고 있는 것은 지금으로부터 약 6000년 전 새로운 유형의 사회 조직이 여러 지역에서 등장하기 시작했다는 점이다. 친족 기반 소규모 공동체들은 국가다운 면모가 많이 갖춰진 새로운 실재에 자리를 내 주기 시작했다. 부족 공동체와 전통적 사회 조직의 틀은 거대한 영토를 기반으로 한 단일 연합체에 포함됐다. 다양한 사람이 한데 모이고 새 영역은 지역과 지형으로 구분됐다. 국가와 더불어 강력한 통치 세력의 계층적 통제권도 모습을 드러냈다. 경제 활동은 중앙 집권화한 정부가 조정하고 감독했다. 신민들의 일상사를 관리하기 위한 조직이 만들어지고 인간의 행동을 규제하기 위한 법전도 마련됐다. 농업 생산에 대해 세금 형식으로 공물을 거둬들이는 법령이 시행되고 체제도 구축됐다. 인접 토지를 약탈하고 외부 침략 세력으로부터 스스로를 보호하며 내부 질서를 유지하기 위해 병력이 징집됐다. 권력은 도시 중앙에서 왕국의 먼 변경까지 미쳤다. 도시 중심부는 성스러운 장소로 신성한 합법성을 인정받았다. 지도자들은 신(神)의 사자(使者)로 여겨져 세속 왕국을 다스려야 할 책임이 있었다. 노예 노동, 잉여 농산물, 영토 약탈로 점증하는 비생산 도시 인구를 부양하고 광범위한 사회 제도를 유지할 수 있는 에너지가 비축됐다. 문명은 막대한 에너지를 조정하고 처리하고 소비한다는 점에서 단순한 사회와 다르다.

고대 그리스로부터 지금에 이르기까지 역사학자들을 괴롭혀 온 문제가 두 가지 있다. 첫째, 문명이 그토록 적은 이유는 과연 무엇일까. 둘째, 문명에서 비롯된 권력이 겉으로 보기에는 견고한 듯싶은데 갑자기 힘없이 무너지는 것은 왜일까.

사학계는 위대한 문명의 흥망성쇠에 대해 흥미로운 설명을 여럿 내놓았다. 독일의 사학자 슈펭글러는 유기적 모델을 선호한다. 인간의 생명 주기처럼 문명의 탄생, 성장, 죽음을 고찰한 것이다. 슈펭글러에 따르면 모든 문명은 "인간처럼 성장 단계를 거치기 때문에 문명에도 유년기, 청년기, 장년기, 노년기가 있다."[38] 슈펭글러는 인간과 마찬가지로 문명 역시 '사상(事象)'으로 살아간다고 주장했다. 그가 말하는 사상이란 문명 자체의 독특한 정체성 개념, 열정, 감정, 의무와 운명에 대한 인식이다. 그에 따르면 가장 중요한 것은 "문명의 살아 있는 실체, 즉 각 성취 단계를 규정하고 보여 주는 위대한 시대들을 관통하는 것은 '혼돈' 세력으로부터 '사상'을 지키기 위한 열정적인 내부 투쟁이라는 점"이다.[39] 슈펭글러에게 '사상'은 인간의 총체적 에너지를 규합하고 질서 정연한 사회 집단을 창출해 내는 조직 원리와 개요로 이뤄져 있다. 모든 문명이 질서 창출 차원에서 '혼돈에 맞서' 중심 사상의 주변으로 인간 에너지를 결집시킨다는 슈펭글러의 논제야말로 그가 열역학 법칙 진영에 속해 있다는 단적인 증거다. 토인비의 접근법은 슈펭글러와 다르다. 그러나 토인비 역시 종국에는 열역학 법칙들을 반영한 분석법으로 회귀하고 만다. 토인비는 문명을 일련의 도전과 응전으로 파악한다. 사회는 자원을 어떻게 결집하고 그들 자원으로부터 어떻게 에너지를 얻어 이용하는가 하는 문제와 맞닥뜨리게 마련이다. 에너지 흐름을 방해하는 도전은 끊임이 없다. 따라서 사회는 창조적이고 참신한 방법으로 도전에 응해야 한다. 토인비는 위대한 문명들이 붕괴하는 것은 '활력의 결핍', 다시 말해 사회의 기능을 뿌리째 뒤흔드는 장애물 극복에 필요한 인간 에너지가 충분히 동원되지 못하기 때문이라고 설명한다.[40]

고대에는 종교 부흥이 인간 에너지를 한데 묶어 사회 개조에 지속적으로 동원하는 촉매제였다. 종교 정신이 시들면 인간 에너지도 사라지고 만다. 인간 에너지를 한데 결집하여 하나의 집단으로 공동 목적의 실현에 나서도록 부추긴 집단 신앙이 흩어지는 것이다. 그 결과 인간의 행동은 더 무질서해진다. 집단 의지는 파편화하고 혼돈과 절망의 나락으로 곤두박질친다. 역사학자 쿨본은 종교적 믿음이 강렬히 지속되는 한 사회 활력은 유지되지만 종교적 열정이 사라지면 사회 활력도 시들해진다고 지적했다.[41] 현대에 이르러 인간의 집단 에너지 동원 역할을 떠맡은 것이 이데올로기다. 다시 말하지만 모든 생명체의 탄생, 성장, 죽음처럼 문명의 흥망성쇠도 그늘 속에 숨은 비평형 열역학 철칙에 따라 움직인다.

인류학자 조지프 A. 테인터는 독창적 저서 『문명의 붕괴』에서 문명 붕괴의 원인이 되는 동력을 이해하는 데 유용한 틀까지 제공했다. 그의 이른바 '한계수익론'은 에너지 흐름과 엔트로피를 붙잡고 씨름해 온 모든 엔지니어들에게 낯익은 이론일 듯싶다.

테인터는 화이트, 소디, 러셀과 마찬가지로 주변 환경으로부터 자유 에너지를 획득하기 위해 끊임없이 복잡한 기술과 사회 제도가 창출되는 것이 인류 역사의 특징이라고 지적한다. 에너지 흐름이 확대되면 인간의 거주 지역 역시 넓어진다. 인구 증가와 함께 사회 생활이 좀 더 밀접하고 다양해지면서 문화는 진보한다. 그러다 에너지 흐름이 갑자기 차단될 경우 사회는 붕괴한다. 늘어난 인구를 부양하고 외부 침략자들로부터 사회를 수호하며 내부 인프라를 유지할 만큼 충분한 에너지는 더 이상 얻을 수 없게 된다. 잉여 식량 감소, 정부 비축량 감소, 1인당 에너지 소비량 감소, 관개 시설과 도로와 수도 같은 핵심 인프라 파손, 국가에 대한 대중의 저항, 도를 더해 가는 무법 상태, 중앙 권력의 붕괴, 도시 지역 인구 감소, 외부 집단이나 군대의 빈번한 침입과 약탈. 이것들을 붕괴 조짐의 특징으로 꼽을 수 있다.

테인터에 따르면 집단 구성원 1인당 에너지 수익이 감소하고 단지 복잡한 사회 제도를 유지한답시고 비축 에너지마저 더 소비해야 하는 지경까지 이르렀을 때 성숙한 문명의 붕괴는 시작된다. 문명의 청년기에 비축한 에너지는 외부 토지와 주민을 정복하기 위해 군 양성 및 무기 제조로 전용된다. 약탈로 노예 노동, 땅, 보물 등 많은 에너지를 얻을 수 있으며 빼앗은 에너지는 다시 약탈에 사용된다. 문명 후기로 접어들면 국가는 외부의 침략과 약탈로부터 영토를 보호하기 위해 비축 에너지에 더 손댄다. 그 결과 에너지 소모량은 엄청나게 늘지만 에너지 수익은 거의, 아니 전혀 없다.

테인터는 농업 생산에 대해서도 똑같이 지적한다. 문명 초기에는 관개 시설을 마련하고 토지를 개간하며 식량을 농경 지역에서 도시로 운반하기 위해 도로도 개설한다. 따라서 에너지 수익에서 에너지 소비의 순증가 현상이 나타난다. 그러나 문명 후기에 이르면 국가는 관료 조직뿐 아니라 기존의 농업 인프라까지 유지하기 위해 더 많은 돈을 투입한다. 이용 가능한 에너지 가운데 많은 부분이 권력 상층부나 생산 활동에 종사하지 않는 사회 구성원 부양으로 소모된다. 기존 체제 유지에 많은 비용이 투입되면서 또 다른 에너지를 얻기 위해 토지가 혹사당한다. 그 결과 토양의 퇴화와 침식으로 소출량은 감소한다. 잘 나가던 시절에 엄청나게 증가한 인구가 전보다 오랫동안, 그것도 열심히 일하는데도 1인당 에너지 소비량은 준다. 국가는 재정 균형을 맞추기 위해 더 많이 과세함으로써 신민들 추락에 한몫한다. 사회는 붕괴를 막는답시고 비축한 에너지 상당 부분에 손대며 비평형 상태를 유지하기 위해 한계로부터 벗어나 '전환점'으로 치닫는다. 그로 인해 사회 불안이 야기되면 지배층은 껍데기만 남은 법과 질서를 유지하고자 남은 에너지도 소비한다. 따라서 신민들에게 돌아갈 에너지는 더 줄게 된다. 문명의 마지막 단계에서 귀중한 에너지 자원은 물론 남은 잉여 식량마저 군대 유지에 동원된다. 그 결과 신민의 분노와 반감만 더 부채질할 뿐이다. 사람들이 흩어져 스스로 살길을 찾아 나서면서 붕괴 과정은 촉진된다. 정복이든 새로운 에너지원 개발이든 새 에너지가 나타나지 않으면 붕괴는 피치 못할 판이다.[42]

로마의 열역학

에너지 정치학의 좋은 연구 대상이 바로 로마 제국이다. 로마 제국은 생활 방식과 경제, 사회, 정치 조직에서 모태인 고대 세계보다 현대 세계에 더 가깝다. 우리가 미래와 씨름하고 있는 지금 로마 제국의 흥망을 둘러싼 역사 기록은 우리에게 지침이 될 만한 참신한 교훈들로 가득하다.

위대한 로마가 성립될 수 있었던 것은 눈부신 군사 정복 덕이다. 로마군은 기원전 167년 마케도니아를 복속시키고 마케도니아 왕의 재산도 손에 넣었다. 로마의 부가 엄청나게 증가한 나머지 로마인들은 세금을 내지 않게 됐다. 그로부터 얼마 안 돼 로마는 페르가몬 왕국을 병합했다. 그 결과 로마의 국가 재정도 배로 늘었다. 기원전 63년 시리아가 로마에 정복당하고 이어 갈리아까지 로마 영토로 편입되면서 금을 비롯한 엄청난 부가 로마 제국으로 유입됐다.[43] 경제적 관점에서 볼 때 무력 정복은 대성공이었다. 군사 정복에 소요되는 비용을 정복 과정에서 충당한 것은 물론 잉여 전리품까지 챙길 수 있었다. 정복으로 얻은 노예 노동, 광물 자원, 산림, 농경지는 제국의 에너지 흐름을 더욱 촉진시켰다. 로마의 영토 확장기는 아우구스투스의 이집트 정복으로 막을 내렸다. 이집트 합병으로 엄청난 부가 유입되자 아우구스투스는 로마 평민들에게 동전까지 나눠주며 이를 자축했다.[44]

로마는 게르만 등 이민족과 치른 전쟁에서 잇따라 패한 뒤 에너지를 인프라 구축에만 쏟아 부으며 제국 유지에 급급했다. 정복 기반 통치에서 식민 통치로 이행하면서 많은 대가가 뒤따랐다. 정복한 땅에서 새로운 수익이 발생하지 않자 기본 서비스 제공에 필요한 자금마저 딸리게 됐다. 아우구스투스는 군인 제대 기금 마련 차원에서 5퍼센트의 상속세를 신설했다. 이런 과세 조처는 공화정 후반기 내내 세금이라고는 한 푼도 내 본 적이 없는 로마인들을 분노케 만들었다.[45]

특히 부담스러웠던 것이 군대 유지비다. 상비군은 제국의 에너지를 고갈시키고 과거 로마인들이 누렸던 특혜도 앗아갔다. 급료, 군용 식량, 군용 막사, 군 장비 관련 비용은 계속 치솟기만 했다. 공공 토목 공사와 비대한 행정 업무를 제대로 유지하는 데 필요한 자금도 마찬가지였다. 영토를 확장하기 위해 전쟁이 한창일 때 로마인들에게 돌아간 엄청난 특혜가 별 문제될 것은 없었지만 이제 날로 감소하는 수입으로 버거운 특혜를 감당해야 했다. 율리우스 카이사르 집권기 동안 로마인 가운데 1/3 정도가 어떤 형태로든 생활 보호 혜택을 누리고 있었다. 기원후 41-54년만 해도 로마의 20만 가구 이상이 정부로부터 무료로 밀을 지급받았다.[46]

광대한 제국을 유지하는 데 드는 순수 물류비도 폭증했다. 지중해와 유럽 전역에 군대를 주둔시키고 도로를 유지하며 합병 지역을 통치하는 데 더 많은 에너지가 소비됐다. 반면 점령지에서 확보할 수 있는 에너지 순익은 꾸준히 떨어졌다. 한계 수익이 고착화한 것이다. 일례로 스페인과 잉글랜드 같은 몇몇 식민지를 유지하는 데 수익보다 많은 비용이 지출되기도 했다.[47]

더 이상 새로운 정복과 침략으로 제국을 유지하기가 불가능하게 된 로마는 에너지 체계의 유일한 대안인 농업에 눈을 돌리지 않을 수 없었다. 로마의 점진적 쇠락은 농업 생산에서 비롯된 부가 서서히 감소한 것과 밀접한 연관이 있다.

흔히들 로마가 몰락한 것은 지배 계층의 타락, 지도자들의 부패, 노예들에 대한 착취, 이민족의 탁월한 침략 전술 때문이라고 생각한다. 이런 주장에 일리가 없는 것도 아니다. 하지만 로마 몰락으로 이어진 좀 더 근원적인 원인은 기름졌던 제국의 토양이 황폐화하면서 소출도 줄었다는 점이다. 농업 생산으로는 로마의 인프라와 로마인의 복지를 유지할 만큼 충분한 에너지가 공급될 수 없었다. 로마의 이용 가능한 유일 에너지 체계가 고갈됐다는 것은 산업 사회의 버팀목인 값싼 화석 연료가 고갈돼 가고 있는 지금 우리 문명에 경종을 울리는 교훈이 아닐 수 없다.

로마 통치 초기 이탈리아의 산림은 울창했다. 그러나 로마 제국 말기에는 이탈리아와 지중해 지역 가운데 상당 부분이 벌거숭이로 변했다. 통나무가 시장에서 거래되고 땅은 개간돼 경작지와 초지로 탈바꿈했다. 애초 개간된 토지에는 광물과 자양분이 풍부해 소출량도 많았다. 그러나 산림 황폐화로 토양도 척박해지지 않을 수 없었다. 메마른 땅 위로 바람만 불고 산꼭대기와 경사지에서 흘러내리는 물은 토양을 휩쓸고 지나갔다. 가축의 지나친 방목으로 토양의 황폐화는 한층 심해졌다.

토양의 비옥도가 떨어지기 시작한 것은 로마 제국이 실패로 점철된 정복 전쟁에 에너지 대용물을 공급하고자 농업으로 눈을 돌리면서부터다. 로마 제국 후반기에 농업은 정부 수입의 90퍼센트 이상을 차지했다.[48] 식량 생산이 로마의 생존에 결정적 요소로 등장한 것이다.

생산 활동과 거리가 먼 도시 인구를 부양하느라 소농(小農)들 부담만 늘리고 말았다. 도시 인구와 군대의 식량 수요를 충족시키기 위해 농업 생산이 강화됐다. 과부하가 걸린 토지의 비옥도는 떨어지고 이는 고갈될 대로 고갈된 지력을 한층 쇠진시키는 결과로 이어졌다. 소농들로서는 침식 토양의 소출이 시원찮은 판에 해마다 세금까지 낸다는 것은 불가능했다. 당시 로마 정부는 소출량에 관계없이 지세를 일률적으로 부과했다. 농민들은 빚까지 끌어쓰며 농사를 지었다. 농민들이 짊어진 빚 가운데 많은 부분은 세금을 내는 데 사용됐다. 농민 자신의 삶을 개선하는 데 쓸 만한 돈은 거의, 아니 전혀 없었다. 다른 수입원이라곤 전혀 없는 상황에서 농민들은 지력이 회복될 수 있을 만큼 땅을 충분히 놀릴 형편도 못 됐다. 농민들은 지력이 고갈될 대로 고갈된 땅에 다시 씨를 뿌렸다. 그러나 소출은 줄고 빚은 늘어만 갔다. 소농들은 토지를 처분하거나 빚쟁이에게 넘겨야 했다. 대지주가 소농들의 땅을 사들이면서 광대한 토지, 이른바 '라티푼디움'이 형성되기에 이르렀다. 당시 토지 가운데 상당 부분은 더 이상 농업에 적합하지 않아 가축을 기르기 위한 초지로 전환돼야 했다. 땅을 빼앗긴 가난한 농민들은 도시로 몰려들었다. 도시에 유입된 농민들은 정부의 구호 식량으로 연명했다. 4세기경 30만 이상의 로마인이 어떤 식으로든 공공 부조의 혜택을 받고 있었다.[49] 부유층의 생활 방식을 지탱하기 위해 도시가 지출하는 비용도 점차 많아졌다. 빈민 복지, 공공 토목 공사, 관료 체제 유지, 거대한 기념물과 공공건물과 원형 극장 설립, 대중 오락과 전람회 등은 농업을 기반으로 한 에너지 체계의 한계로부터 벗어나고 말았다. 로마 제국 전역에서 농촌 인구 감소 현상이 나타났다. 3세기경 북아프리카의 일부 속주(屬州)와 지중해 지역 전역에서 경작 가능한 토지 중 최대 반이 버려져 있었다.[50]

농촌 지역의 인구 감소는 또 다른 결과를 낳았다. 이제 더 이상 버려진 땅을 돌보는 이가 없었다. 그 결과 토양 침식이 한층 심해지고 토양의 비옥도 역시 더 떨어졌다. 농촌 지역의 대규모 인구 감소로 특히 저지대가 큰 피해를 입었다. 이른 봄마다 축축한 땅에 배수 작업을 해 줘야 하는데 마냥 방치한 결과 습지로 변하고 만 것이다. 점차 확대되던 습지가 모기의 온상으로 변하면서 말라리아까지 창궐했다. 그러잖아도 굶주림에 지쳐 있던 농민들에게 말라리아가 큰 타격을 입힘으로써 인간 에너지의 고갈은 한층 심화했다.[51]

2, 3세기 여러 전염병의 발생으로 이탈리아 일부 지역에서는 주민 1/3이 사망했다.[52] 인구 감소는 농사, 행정, 병역에 동원할 인력이 줄어든다는 뜻이기도 했다. 상황이 너무 절망적인 나머지 로마 정부는 모병제에 손을 대지 않을 수 없었다. 313년 콘스탄티누스 대제(大帝)는 기존 병사들의 몇몇 아들을 군인으로 자동 징집하는 칙령까지 반포했다. 이로써 세습군제가 확립된 것이다.[53] 4세기 초반 그와 유사한 법령들이 시행돼 세습 행정관 제도도 만들

어졌다.[54] 콘스탄티누스는 소작제까지 실시하여 현지 농민을 사실상 땅에 묶어 뒀다. 농노제 개념이 이때 싹튼 것이다.[55] 소작제는 로마 제국이 사라진 뒤 1500년대 영국의 튜더 왕조가 위대한 '인클로저 법령'으로 땅에 예속된 농노를 해방시킬 때까지 존속했다.

소작제 시행은 때늦은 감이 없잖아 있었다. 4세기경 농촌 인구가 대폭 줄어 농민을 법으로 땅에 묶어 놓았을 때에도 남은 농촌 인구로 죽어 가는 토지에서 농업 생산량을 끌어올리기에는 역부족이었기 때문이다.

로마는 열역학 법칙에 따라 냉혹한 현실을 경험하고 있었다. 로마의 인프라와 인구를 비평형 상태로 유지하기 위해서는 엄청난 에너지가 필요했다. 그러나 로마의 에너지 체계는 고갈돼 가고 있었다. 손에 넣을 수 있는 대체 에너지원이 전혀 없는 상황에서 로마는 줄어드는 에너지 유산을 한층 더 짜 내야 했다. 5세기경 로마 정부의 규모와 군 조직은 배증했다.[56] 정부와 군 조직의 유지에 필요한 재원을 마련하기 위해 세금이 더 부과되면서 사람들, 그중에서 특히 자꾸 줄어만 가던 농촌 주민은 빈곤의 나락으로 더욱 내몰려야 했다. 테인터는 로마 제국이 '생산적인 땅과 농민'이라는 형태의 자본을 까먹기 시작했다고 적었다.[57]

황폐화한 에너지 체계로 약체가 된 로마는 무너지기 시작했다. 기본적 사회 서비스도 축소됐다. 광활한 인프라는 황폐해지고 말았다. 군대는 약탈 세력의 침입조차 막아 낼 수 없었다. 이민족들은 와해되는 제국을 변경부터 잠식해 들어가기 시작했다. 이윽고 6세기경 이민족은 로마의 문턱까지 침입했다. 위대한 제국이 이미 무너지고 만 것이다. 한때 100만을 웃돌았던 로마 인구는 6세기경

3만도 채 안 됐다. 로마는 잡석(雜石) 더미로 변하다시피 했다. 에너지 법칙이 얼마나 무자비한지 처절하게 일깨워 준 사례였다.[58)]

엔트로피 양은 엄청났다. 지중해, 북아프리카, 좀 더 북쪽으로 스페인과 잉글랜드까지 이르는 광활한 유럽 대륙에서 자유 에너지는 로마라는 기계로 흘러 들어갔다. 헐벗은 땅, 침식된 토양, 가난으로 찌들고 병든 사람들이 로마 제국 전역에 산재해 있었다. 유럽은 그 뒤 600년 동안 폐허에서 벗어나지 못했다.

❖

오늘날 선진국가들도 로마처럼 에너지를 획득하고 이용하기 위해 거대하고 복잡한 기술적, 조직적 인프라 구축에 나섰다. 세계 산업 경제는 질서 정연한 비평형 상태를 유지하기 위해 거의 전적으로 화석 연료에 의존하고 있다. 원자력과 재생 가능 에너지원이 선진국 진영의 에너지 분포도에서 차지하는 비율은 보잘것없다. 현재 경제, 사회 시스템의 모든 면이 값싼 석유와 천연가스에 거의 전적으로 의존하고 있다. 따라서 석유와 천연가스를 찾아 처리하고 이용하는 게 점차 어려워질 경우 현대 생활의 모든 영역에 걸쳐 온갖 주요 시스템과 하부 시스템에서 일련의 붕괴가 발생할 가능성도 있다. 그런 붕괴가 로마에서 발생했듯 이른바 '연쇄 효과'로 이어져 온갖 시스템이 걷잡을 수 없이 요동치며 우리의 생활 방식을 엉클어 놓는 것은 아닐까. 진행 과정이 눈 깜짝할 사이에 이뤄져 우리의 미래를 보장할 수 있을 만큼 충분한 양의 새 에너지 체계가 순조롭게 도입되는 데 필요한 시간조차 없는 건 아닐까.

화석 연료에 거의 전적으로 의존하는 우리의 인프라 구조부터 이해하는 게 가장 시급한 문제다. 중요한 것은 산업 시스템 곳곳으로 화석 연료 에너지를 공급하기 위해 우리가 지금까지 구축한 발판에 존재하는 숱한 구조적 약점도 파악할 수 있어야 한다는 점이다. 여기서 말하는 발판에는 기술 인프라뿐 아니라 그 위에 구축한 경제, 사회, 정치 인프라까지 포함된다.

화석 연료 에너지 예찬론자들조차 탄화수소 시대가 21세기에도 지속될 수 있을지 의심스러워 한다. 새로운 에너지 노선으로 우리 문명을 재창조할 수 있을까. 아니면 현재의 에너지 인프라를 약화시키는 공격 때문에 고통받게 될까. 그것은 우리에게 현재의 에너지 체계를 철저히 재평가하고 검토할 의사가 있느냐 없느냐에 달려 있을 듯싶다. 우리가 나아가야 할 방향으로 순탄하게 전진하기 위해서는 지금 서 있는 이 장소에 어떻게 도달하게 됐는지 정확히 알아야 할 필요가 있다. 이제부터 곰곰이 생각해 봐야 할 결정적인 문제는 산업 시대의 에너지 이용 방법에서 무엇이 잘못됐는가, 그리고 왜 잘못됐는가 하는 점이다. 이는 21, 22세기의 새 에너지 체계를 마련하기 전 과거와 똑같은 실수들이 되풀이되지 않도록 하기 위함이다.

4 화석 연료 시대

인간사에서 화석 연료를 제거할 경우 현대 산업 문명은 곧 사라지고 말 것이다. 우리는 지금 화석 연료로 난방하고 화석 연료로 공장을 가동한다. 운송 수단은 화석 연료에 의해 움직인다. 화석 연료에서 만든 전기로 가로등을 밝히고 멀리 떨어진 사람과 통신한다. 화석 연료의 도움으로 농산물을 경작하기도 한다. 화석 연료에서 추출한 자재로 건물을 짓는다. 화석 연료 유도체로 만든 의약품은 환자의 치료에 이용된다. 잉여 농산물 저장에 쓰이는 플라스틱 용기와 포장재도 화석 연료로부터 얻는다. 석유화학 제품으로 옷과 가전 기구도 생산한다. 현대 생활의 거의 모든 면이 화석 연료에서 비롯되며 화석 연료로부터 동력을 얻거나 직간접적 영향을 입는 것이다.

미국 등 산업 선진국에서는 20세기 초반 화석 연료 가운데 석유 사용량이 석탄 사용량을 이미 앞질렀다. 자동차 운행에 들어가는 석유는 연간 세계 석유 소비량 가운데 1/3 정도를 차지한다. 현재 승용차 5억 2000만 대가 세계 전역을 누비고 있다.[1] 그 가운데 미국이 1억 3200만 대를 차지한다. 게다가 미국에서는 트럭 190만 대, 버스 71만 5000대, 기차 2만 1000량이 운행되고 있다. 세계적으로 상업용 대형 항공기 1만 1000대, 선박 2만 8070척, 어선 120만 척이 존재한다. 이들 모두 석유를 연료로 사용한다.[2)]

미국에서 자동차 다음으로 석유를 많이 소비하는 부문이 산업이다. 산업 부문은 전체 석유의 23퍼센트를 소비한다. 산업용 석유 중 1/4 이상이 화학 원자재로 쓰인다.[3)] 석유화학 제품은 텔레비전 부품에서 의약품에 이르기까지 수천 개 제품의 원료로 사용된다. 석유 가운데 6퍼센트는 가정용과 사업용 난방유로 소비되고 4퍼센트가 발전용이다.[4)]

천연 물질 가운데 용도가 매우 다양한 것이 바로 석유다. 석유 1배럴로 생산할 수 있는 것들을 열거하면 다음과 같다.

> 중형 승용차 한 대가 320킬로미터 이상 달릴 수 있는 가솔린, 대형 트럭 한 대가 65킬로미터를 달릴 수 있는 증류 연료, (……) 가정, 캠핑, 워크숍용 400그램짜리 소형 가스통 12개를 채울 수 있는 액화가스, 전기 70킬로와트, (……) 타르 3.78리터를 만들 수 있는 아스팔트, 숯탄 1.81킬로그램, 생일 축하용 작은 양초 170개 혹은 밀납 크레용 27개, 모터오일 1.14리터를 만들 수 있는 윤활제.[5)]

세계의 에너지 역사상 화석 연료 문명으로 이행한 속도만큼 빠른 변화는 없었다. 미국의 경우 130년 전만 해도 연료 공급의 총량 가운데 3/4이 목재였다. 목재는 난방용뿐 아니라 기선, 기차의 연료로도 사용됐다. 당시 많은 산업 부문이 풍차와 물레방아로 동력을 얻고 있었다.[6] 1890년 세계 석유 생산량은 1000만 톤에도 못 미쳤다. 그것도 대부분 등불을 밝히기 위한 등유였다. 20세기 초에도 석유는 세계 에너지 분포도에서 4퍼센트 미만을 차지하고 있었다. 그러나 1970년대 석유 파동 당시 석유의 연간 소비량은 25억 톤이었다. 70년 만에 200배 증가한 것이다.[7] 오늘날 세계 에너지 가운데 85퍼센트를 화석 연료가 차지하고 있다. 석유가 40퍼센트, 석탄이 22퍼센트, 천연가스가 23퍼센트다. 원자력과 수력이 각각 7퍼센트, 지열, 태양열, 풍력, 목재, 쓰레기가 겨우 1퍼센트를 차지한다. 화석 연료 시대 개막 이래 세계의 에너지 사용량은 70배 증가했다.[8]

역사는 어떻게 이뤄지는가

어린 학생들은 젊은 천재 제임스 와트가 석탄 증기 기관 발명으로 화석 연료 시대와 산업 혁명을 낳았으며 증기 기관은 역사상 유례 없는 물질적 진보와 인류의 업적으로 특징지을 수 있는 근대를 열었다고 배운다.

사실 세계가 석탄과 증기력으로 화석 연료 시대를 열게 된 과정은 다소 복잡하다.

중세 유럽은 오랫동안 나무를 1차 에너지원으로 사용했다. 서부 및 북부 유럽의 울창한 삼림은 써도 써도 끝이 없는 에너지원처럼 보였다. 그러나 14세기에 이르러 나무는 점차 귀해지기 시작했다. 새로운 배수 기술, 교체 경작, 3포 윤작제(三浦輪作制), 말을 이용한 밭갈이 등 영농 기법의 발전으로 경작지가 늘면서 식량도 증산됐다. 잉여 식량은 인구 증가로 이어지고 인구 증가는 경작지를 얻기 위한 삼림 훼손과 기존 토지에 대한 무리한 개발로 연결됐다. 14세기 유럽은 2-4세기 로마가 맞닥뜨렸던 엔트로피 문제와 별 다를 게 없는 문제에 봉착해 있었다. 점증하는 인구는 자연의 회복력보다 빠른 속도로 에너지원을 고갈시켰다. 광활한 지역의 숲이 황폐화하고 토양 침식도 계속되면서 에너지 위기를 불러오고 말았다. 역사학자 윌리엄 맥닐은 다음과 같이 적고 있다.

14세기 유럽 서북 지역 가운데 많은 부분이 인구 포화 상태에 이르렀다. 900년께 시작된 위대한 변경 개척 붐이 장원(莊園)과 경작지 확대로 이어지면서 적어도 인구 밀집 지역에서는 숲을 별로 찾아볼 수 없었다. 삼림 지대는 연료와 건자재 보급원으로 매우 중요한 의미를 지니고 있었다. 따라서 삼림이 점차 준 결과 인간의 정주 생활에 심각한 문제가 발생했다.[9)]

오늘날 석유 고갈로 심각한 문제가 야기되고 있듯 후기 중세 사회에는 나무 고갈이 중대한 문제였다. 석유처럼 나무도 다목적 에너지원으로 사용되지 않는 곳이 없을 정도였다. 역사학자 루이스 멈퍼드는 당시 나무의 용도 가운데 일부를 다음과 같이 소개하고 있다.

목수의 도구는 끝이 예리한 부분만 제외하고 모두 나무로 만들어져 있었다. 갈퀴, 멍에, 달구지, 마차 역시 마찬가지였다. 목욕탕의 대야도 나무로 만들어졌다. 물통과 비도 목재였다. 유럽 일부 지역에서 빈민들은 나막신을 신고 다녔다. 나무는 농민과 직물 노동자에게 매우 유용한 존재였다. 베틀, 물레, 착유기(窄油機), 포도 짜는 기구는 물론 그로부터 100여 년 뒤 선보인 인쇄기 역시 나무로 만들어졌다. 도시와 연결된 송수관도 목재인 경우가 종종 있었다. 펌프 실린더도 마찬가지였다. (……) 배가 나무로 만들어진 것은 두말할 필요조차 없다. (……) 당시 산업의 주요 기계들은 한결같이 나무로 만들어져 있었다.[10)]

멈퍼드는 당시 나무의 중요성에 대해 "원자재, 기계, 도구, 설비, 연료, 최종 목제품으로서 가장 중요한 산업 자원이었다."고 말했다.[11)]

15세기에 진행된 삼림 황폐화의 주요 원인은 경작지 확대였다. 16-17세기 별장 건축은 물론 유리와 비누 제조에도 목재가 쓰이면서 더 많은 나무들이 베어졌다. 영국에서 삼림 황폐화가 진행된 주된 원인은 점증하는 해군의 목재 수요였다. 철 생산과 군함 건조에 엄청난 양의 목재가 필요했다. 여러 차례 벌채 규제 조처가 단행됐지만 허사였다. 1630년 나무 가격은 15세기 하반기에 비해 2.5배나 껑충 뛰었다.[12)]

이윽고 석탄이 나무를 서서히 대체해 나아가기 시작했다. 이런 경향은 영국에서 시작해 유럽 대륙으로 점차 확산됐다. 새 에너지 체계가 뿌리 내리기 시작한 것이다. 그러나 여기서 주목해야 할 것은 나무에서 석탄으로 이행하는 추세에 반발이 적지 않았다는 점이다. 석탄은 조악한 에너지원으로 간주됐다. 채굴, 운송, 보관이 매우 어려운 데다 더럽고 태울 때 공해가 발생한다는 점 때문이었다. 중세 연대기 편집자 어드먼드 하우스는 "주민 대다수, 심지어 귀족들조차 마지못해 석탄으로 불을 지피는 실정"이라고 기술했다.[13] 그러나 1700년경 영국에서 석탄은 이미 주요 에너지원으로 나무를 대체하기 시작했다. 19세기 중반 다른 유럽 지역 대부분도 이미 석탄으로 전환한 뒤였다.[14]

석탄 채굴은 매우 어려운 작업이다. 지표면 가까운 곳에서 얻을 수 있는 양이 고갈될 경우 더 깊은 땅 속으로 파고들어야 했다. 어느 정도 파고들면 지하수와 맞닥뜨리게 마련이다. 지하 석탄을 채굴하는 데 배수 문제가 큰 걸림돌이었다. 1698년 영국의 공학자 토머스 세이버리는 증기 양수펌프로 사상 처음 특허를 획득했다. 양수펌프 덕에 지하수를 지표면으로 퍼 올리면서 지하 깊은 곳의 석탄까지 캐 낼 수 있었다.

석탄은 나무보다 무겁고 다루기도 불편해 운송에 문제가 있었다. 비포장 도로를 따라 마차로 운송하는 일이 그리 쉽지 않았다. 특히 비 오는 날 진창길에서 마차로 운송한다는 것은 거의 불가능했다. 마차 유지비도 무시하지 못할 정도로 불었다. 경작 가능한 토지가 점차 귀해지면서 경작지에 말을 방목하는 것은 채산성이 맞지 않았다. 석탄 운송 문제에 대한 해법으로 등장한 것이 레일 위를 달리는 증기 기관차였다. 화석 연료 시대에 등장한 에너지 기계 가운데 하나인 증기 기관차는 그야말로 새 시대의 전조(前兆)였다.

물질적 진보 하면 으레 더 좋은 새 아이디어로 낡고 원시적인 작업 방식을 끊임없이 대체하는 것이라고 생각한다. 그러나 사실 인류의 진보는 시행 착오의 과정으로, 절망에서 비롯되는 경우가 종종 있다. "필요는 발명의 어머니"인 셈이다. 석탄으로 이행하는 과정에서 나타났듯 에너지 체계의 변화는 애초 성가시고 탐탁지 않게 여겨지곤 한다. 인간은 이용하기 쉬운 에너지원부터 찾게 마련이다. 사냥·채집 사회에서 살던 우리 선조들은 야생 동식물이라는 풍부한 에너지원이 도처에 널려 있었기 때문에 굳이 힘든 농경 사회로 전환할 필요가 없었다. 마찬가지로 나무는 석탄보다 이용하기가 훨씬 쉬운 에너지원이다. 인류의 문명사를 에너지라는 관점에서 연구한 리처드 윌킨슨은 다음과 같이 쓰고 있다.

> 경제 발전 과정에서 인간은 기존 자원과 자원 이용법을 끊임없이 바꾸지 않을 수 없었다. 인류는 이용하기 쉬운 자원에서 이용하기 어려운 자원으로 옮겨 가면서 한층 복잡한 처리와 생산 기술들을 고안했다. (……) 광범위한 생태학적 맥락에서 볼 때 경제 발전은 자연 환경 활용법이 집약적으로 진화해 가는 과정이다.[15]

석탄은 석유, 천연가스보다 접근하고 이용하기가 훨씬 쉬운 에너지 형태다. 많은 나라들이 비교적 쉽게 획득할 수 있는 에너지원에서 발굴과 처리가 다소 어려운 에너지 형태로 옮겨 가는 사이에 경제적, 사회적 인프라는 더 복잡하고 체계적이며 중앙 집중화한 모습으로 변한다.

석유를 기반으로 한 현대 문명은 역사상 가장 체계적이고 중앙 집중화한 에너지 변환기(變換機)다. 인간은 사회의 동맥 곳곳까지 석유가 흘러 드는 복잡한 비평형 조직을 창조해 왔다. 산업 시대의 수혜자들로서는 산업 시대 생활 방식이 대단히 만족스럽겠지만 사실 산업 시대를 가능케 만든 복잡성 자체가 산업 시대 생활 방식에 위협적으로 작용하고 있다. 이는 살아 있는 모든 생명체가 그렇듯 사회 조직도 하나의 전체로 움직이기 때문이다. 고도로 조직화한 산업 문명의 하부 구조는 내부 환경 전체에서 석유라는, 그보다 적은 규모이지만 석탄과 천연가스라는 재생 불가능한 에너지의 끊임없는 흐름에 전적으로 의존하고 있다. 이는 살아 있는 생명체의 몸 곳곳으로 적혈구가 계속 돌아야 하는 이치와 마찬가지다. 석유의 흐름이 늦춰질 경우 사회 조직 전체가 약화한다.

석유 사업 하면 으레 허풍선이 투기꾼과 일확천금의 기회만 노리는 부도덕한 기업인들에 관한 낭만적 전설이 떠오르곤 한다. 하지만 석유를 둘러싼 낭만적 전설은 명령과 통제 구조가 고도로 중앙 집중화해 과거 어떤 에너지 인프라보다 갑작스런 붕괴에 더 취약하게 마련인 한 에너지 체계의 성립 과정을 둘러싼 이야기이기도 하다.

석유 탄생의 산파역

석유에 관한 한 가장 먼저 명심해야 할 것은 세계적으로 석유 공급이 고르지 못하다는 점이다. 지난 20세기 미국은 세계의 대표적인 산업 강국이었다. 이는 미국이 보유 중인 풍부한 석유 매장량 덕이었다. 마찬가지로 산업 혁명 초기 영국의 성공은 막대한 석탄 매장량 덕이었다.

오늘날 미국을 석유 강국으로 간주하는 사람은 없다. 그러나 여기서 기억해야 할 것은 20세기 들어 70여 년 동안 텍사스 주의 유정들이 포드 자동차의 조립라인 못지않게 미국의 위대함을 상징하고 있었다는 점이다. 한 국가의 결정적 성공 요인은 주요 에너지원에 대한 접근성 여부다. 부유한 서방인들로서는 이해하기 어려울지 모르지만 인류 가운데 반 정도, 다시 말해 25억 이상이 지금도 나무, 동물 분뇨, 짚을 연료로 사용한다.[16]

1859년 8월 27일, 기차 승무원 출신이면서 '육군 대령'으로 사칭한 사회 부적응자 에드윈 드레이크는 동력강굴(動力鋼掘)로 펜실베이니아 주의 소도시 타이터스빌 인근 지하 21미터에서 유정을 찾는 데 성공했다. 그가 발견한 유정에서 하루 평균 석유 20배럴이 쏟아져 나왔다.[17] 바야흐로 석유 시대가 열린 것이다.

남북전쟁은 초기 석유 산업에 큰 도움이 됐다. 당시 원유는 윤활유, 등유, 군용 테레빈유(油)로 사용됐다. 당시까지만 해도 기관차 연료로는 사용되지 않았다. 남북전쟁이 막을 내린 1865년, 석유는 웨스트버지니아 주, 뉴욕 주, 오하이오 주는 물론 멀리 서부 콜로라도 주, 캘리포니아 주에서도 채굴됐다. 정유 시설은 펜실베이니아 주 피츠버그에 쉰여덟 곳, 오하이오 주 클리블랜드에 서른 곳이 들어서 있었다. 동부 해안 지역에도 많은 정유소가 자리 잡고 있었지만 주로 생산된 것은 등유였다.[18]

1868년 클리블랜드의 평범한 회사원 출신 존 D. 록펠러는 펜실베이니아 스탠더드 석유 회사를 설립했다. 그는 석유 사업의 성공 열쇠가 유전뿐 아니라 정유소 소유, 완제품의 수송과 판매에도 달려 있다고 생각했다. 그는 철도 회사들과 좋은 조건으로 수송 계약을 맺고 나중에는 파이프라인까지 사 들이기 시작했다. 1879년 스탠더드 석유 회사는 미국의 정유 시설 가운데 95퍼센트를 장악하기에 이르렀다.[19] 록펠러는 곧 유전도 매입하기 시작했다. 바야흐로 석유 산업의 모든 것을 한 지붕 아래 통합하겠다는 야심이었다. 사업은 급속히 확장됐다. 이윽고 1882년 록펠러는 자신의 막대한 자산을 뉴저지 스탠더드 석유 회사로 통합했다. 일종의 트러스트인 뉴저지 스탠더드는 산업체 수십 개 지분을 보유하고 있었다. 록펠러가 미국의 석유 흐름을 단단히 장악한 것이다. 이에 연방정부는 1906년 '셔먼 독점 금지법' 위반으로 뉴저지 스탠더드를 기소했다. 1911년 연방 대법원은 스탠더드 석유 그룹의 해체와 그룹이 보유 중인 자회사 지분을 분리할 것을 명령했다.[20] 그러나 대법원 판결은 단기적 효과에 머물고 말았다. 지주회사가 해체된 뒤 개별 자회사들이 소속 주(州)에서 서로 협력하고 나선 것이다. 지주회사 주주들 가운데 상당수가 여전히 분리된 회사의 주식을 보유했다.

다른 석유 회사들도 스탠더드와 같은 노선을 걸었다. 그들 업체는 한결같이 통합 석유 회사로 유전, 파이프라인, 정유소를 보유한 채 동네 주유소까지 이르는 운송과 마케팅도 장악했다. 이로써 세계에서 가장 큰 산업 부문을 좌우하게 될 메이저 석유 회사들이 1930년대 자리 잡은 것이다. 당시 메이저 석유 회사로 뉴저지 스탠더드 오일, 걸프 오일, 험블, 애틀랜틱 리파이닝, 싱클레어, 인디애나 스탠더드 오일, 필립스 66, 서코니, 선, 유니언 76, 텍사코를 꼽을 수 있다. 당시 스물여섯 개 업체가 석유 산업의 자본구조 가운데 2/3, 굴착 사업의 60퍼센트, 파이프라인의 90퍼센트,

정유 사업의 70퍼센트, 마케팅의 80퍼센트를 장악하고 있었다.[21)]

20세기 초반 위대한 두 계기 덕에 석유가 미국인 생활의 중심으로 들어섰으며 미국은 세계 최강국으로 올라섰다. 두 계기란 첫째, 내연 기관의 발명이며 둘째, 1, 2차 대전에서 미국과 연합군의 승리를 확보하는 데 이바지한 석유의 결정적 역할이다.

새로운 기동력

독일의 카를 벤츠와 고틀리브 다임러는 내연 기관을 바퀴 위에 얹는 데 처음 성공한 인물들이다. 그들의 '말 없는 마차'가 첫 선을 보인 것은 1885년이다.[22)] 내연 기관의 연료는 원유에서 유도해낸 가솔린이었다. 엔진은 독일인이 발명했지만 석유와 자동차를 새 시대의 요체로 탈바꿈시킨 것은 헨리 포드가 고안한 대량 생산 조립라인이었다. 포드의 조립라인을 통해 저렴한 가솔린 차량이 수백만 대씩 쏟아져 나오게 된 것이다.

미국의 경우 주유소가 처음 장사를 시작한 것은 1911년 미시건주 디트로이트에서다.[23)] 자동차가 눈 깜짝할 사이 대량으로 쏟아져 나오면서 석유 산업은 급성장했다. 에너지업체들은 끝없는 가솔린 수요를 충족시키기 위해 탐사 작업 확대에 발 벗고 나섰다. 그 결과 매주 새로운 유전들이 개발됐다. 1916년 미국의 거리를 질주하던 차량은 340만 대였으나 그로부터 겨우 14년 뒤인 1930년 2310만 대 이상으로 늘었다.[24)]

이후 20세기 내내 자동차는 산업 자본주의의 꽃이었다. 다른 주요 산업들도 자동차 산업과 긴밀히 연결돼 있었다. 자동차 산업은 "미국에서 사용되는 철강의 20퍼센트, 알루미늄의 12퍼센트, 구리의 10퍼센트, 납의 51퍼센트, 니켈의 95퍼센트, 아연의 35퍼센트, 고무의 65퍼센트"를 소화했다.[25] 전문가들은 자동차로 인해 활짝 열린 위대한 가능성에 대해 떠벌렸다. 1932년 어느 전문가는 다음과 같이 기술한 바 있다.

> 가단주철(可鍛鑄鐵) 소비를 배로, 판유리 소비를 세 배로, 고무 소비를 네 배로 끌어올릴 제품이 시장에 등장했을 때 어떤 파급 효과가 발생할지 한번 생각해 보라. (……) 근대사에서 원자재 소비물로 자동차에 필적할 만한 것은 없다.[26]

자동차 덕에 수백만 인구가 거리를 오갈 수 있었다. 자동차의 등장으로 도시와 농촌은 한데 연결되고 이웃과 공동체라는 전통적인 개념이 무너지며 변두리 문화가 확산됐다. 게다가 자동차는 20세기에 선보인 어떤 발명품보다 생활 템포를 높이 끌어올려 속도와 효율이 최고 덕목으로 자리 잡도록 만들었다.

20세기 들어 30여 년 동안 미국이 구가한 괄목할 만한 경제 성장은 주로 자동차 생산 덕이었다. 2차 대전 종전 뒤 유럽과 아시아의 경제 성장도 마찬가지다. 하지만 석유가 없었다면 불가능한 일이었을 것이다. 영국의 정치인 어니스트 베빈은 "천국이 정의로 움직인다면 속세는 석유로 움직인다."고 말했을 정도다.[27]

자동차는 20세기 상거래와 사회 생활에서 석유가 없어서는 안 될 존재임을 각인시켰다. 그러나 정치 지도자들로 하여금 국정에서 석유의 전략적 중요성을 깨닫게 만든 것은 1, 2차 세계대전이었다. 영국은 세계 최강의 자리를 유지하기 위해 오랫동안 막강한 해군력에 의지해 왔다. 독일은 20세기 들어 10여 년 동안 공해에서 영국 해군에 뒤지지 않기 위해 원대한 계획을 추진하고 나섰다. 영국의 젊은 정치인 윈스턴 처칠은 1911년 해군장관에 임명된 뒤 독일의 위협과 맞서야 했다. 처칠은 영국 해군력의 우위 유지가 매우 중요하다고 생각했다. 그는 "대영제국 해군의 우위가 무너질 경우 제국은 물론 수세기 동안 희생과 노고로 쌓아 올린 모든 부(富)도 완전히 사라질 것"이라고 말했다.[28)]

처칠은 독일을 제압하기 위해서는 영국 해군의 동력원이 석탄에서 석유로 전환돼야 한다고 생각했다. 전함의 연료를 석유로 바꿀 경우 속력이 높아지는 반면 엔진실 병력은 줄고 작전 반경까지 넓어지며 해상에서 연료도 재공급할 수 있으리라는 생각이었다. 처칠은 정부에 석유를 기반으로 한 해군이 돼야 한다고 역설했다. 1912년 영국 정부는 사상 처음 석유엔진 전함 다섯 척을 건조하기로 결정했다.[29)] 영국은 당시 결정으로 몇 년 뒤 발발한 1차 대전에서 승리하게 된다.

석유를 기반으로 한 해군 건설에 매진하기로 결정한 처칠과 영국군 수뇌부는 안정적이고 지속적인 석유 공급을 생각지 않을 수 없었다. 당시 유럽 석유 시장을 장악한 회사가 로열 더치 셸이었다. 처칠은 로열 더치 셸이 독일의 영향력 아래 떨어질지 모른다는 생각에서 영국 정부로 하여금 자국 에너지 회사 앵글로-페르시안에 투자하도록 촉구했다. 영국 정부는 앵글로-페르시안과 해군에 20년간 석유를 공급한다는 비밀 협상도 진행했다.[30)]

영국이 1차 대전 중 해상과 육상에서 승리하는 데 결정적 역할을 담당했던 것은 가솔린 내연 기관이다. 영국군은 내연 기관 장갑차를 발명하여 실전에 배치했다. 뒷날 '탱크'로 불리게 되는 새 장갑차는 철조망 너머 적군의 참호까지 짓뭉개며 전세에 큰 변화를 몰고 왔다.

오토바이, 지프, 트럭이 등장한 것도 1차 대전 때였다. 말보다 빠르며 관리하기 쉽고 병력과 군수품 수송에서 기차보다 유연성이 좋은 새 운송 수단들 덕에 연합군은 결정적 우위를 점할 수 있었다.

영국과 독일 양측에 의해 부흥기를 맞고 있던 가솔린 구동 비행기도 1차 대전에서 무기로 사용되기 시작했다. 전쟁이 막바지로 치달을 즈음 20만 대를 웃도는 비행기가 이미 실전에 투입된 상태였다. 바야흐로 전쟁의 개념 자체가 바뀐 것이다. 이후 지상뿐 아니라 공중에서도 전투가 벌어졌다.[31)]

1918년 1차 대전 휴전 협정이 조인된 지 며칠 후 연합국은 런던에서 연합국 석유 회의를 개최했다. 회의에서 영국 관리들은 석유의 중요성에 대해 되짚어 봤다. 조지 커즌 연합국 석유회의 의장은 "연합군이 석유 덕에 승리할 수 있었다."고 천명했다.[32)]

석유의 중요성은 2차 대전에서 한층 더 높아졌다. 사실 2차 대전의 전반적 전략은 전쟁에 필수적인 석유 공급의 통제를 중심으로 짜여졌다. 독일의 아돌프 히틀러는 정권을 잡자마자 안정적 석유 공급 확보에 주력했다. 재무장한 독일의 전력에 연료를 공급하기 위함이었다. 히틀러는 미래의 군이라면 주먹구구식 병력보다 장갑차의 기동력과 전광석화 같은 속도에 더 의존해야 한다고 생각했다. 이후 '전격 작전'은 독일군의 대명사가 되다시피 했다. 그러나 석유가 없다면 히틀러의 비전은 한낱 물거품에 불과할 것이다. 문제는 독일에 석탄은 많은데 석유가 별로 없다는 점이었다. 1차 대전의 패배는 군이 석탄에 의존했기 때문이라는 게 히틀러의 판단이었다. 당시 히틀러는 과거의 실수를 되풀이하지 않기 위해 혈안이 돼 있었다.

독일은 2중 접근법으로 석유 확보에 나섰다. 첫째, 독일 내에서 합성연료 산업을 발전시키고 둘째, 러시아로 밀고 들어가 중앙아시아 바쿠의 풍부한 유전을 확보하는 것이었다.

1930년대 후반, 미국에서 석유는 이미 주요 에너지원으로 석탄을 앞지르고 있었다. 그러나 독일의 경우 2차 대전 발발 직전까지만 해도 국가 에너지 가운데 90퍼센트를 여전히 석탄에 의존하고 있었다. 20세기 들어 독일의 화학자들은 일찌감치 석탄에서 액체 합성연료를 추출하는 데 성공했다. 그러나 추출 비용이 만만찮아 세계 시장의 싼 원유와 경쟁할 수 없었다. 히틀러는 포기하지 않았다. 1936년 히틀러는 거대 화학업체 이게 파르벤의 도움으로 합성연료 산업 발전에 불을 댕기며 이렇게 밝혔다. "이번 과업은 전쟁을 수행한다는 생각으로 밀어붙여야 한다. 합성연료 산업이야말로 미래의 전쟁을 좌우할 것이기 때문이다."[33] 1940년 독일은 하루 7만 2000배럴의 합성석유를 생산하고 있었다. 이는 당시 독일의 석유 총공급량 가운데 46퍼센트에 해당했다. 1944년 합성연료 산업은 항공기 연료의 92퍼센트 등 군수 에너지 가운데 57퍼센트를 공급하고 있었다.[34]

나머지 수요를 충족시키기란 어려웠다. 비용도 많이 들었다. 석유 확보에 혈안이 된 독일은 이윽고 1941년 6월 소련을 침공했다. 히틀러는 속전속결로 카프카스 지역 바쿠 유전을 확보할 생각이었다. 알베르트 슈페어 독일 군수장관은 1945년 연합군의 심문 과정에서 독일이 러시아를 침공한 주요 동기가 석유였다고 진술했다.[35)]

독일군은 소련의 저항으로 오도 가도 못하는 신세가 됐다. 1942년 8월 독일군은 카프카스 지역 마이코프 유전에 당도했지만 소련군이 이미 유정과 정유 시설을 폭파하고 철수한 뒤였다. 연료가 동난 채 독일 국경에서 멀리 벗어나 있던 독일군은 소련군을 패퇴시키지 못한 데다 카프카스 지역의 핵심 유전 지대인 그로즈니도 확보할 수 없었다.[36)] 국제 에너지 컨설팅업체 케임브리지 에너지 리서치 어소시에이츠(CERA)의 대니얼 여긴 소장은 "석유를 확보하러 나선 독일군에 석유가 바닥났다는 것이 아이러니"라고 말했다.[37)] 석유 확보에 실패한 독일은 합성석유 생산으로 더 눈을 돌렸다. 그러나 합성석유만으로는 군을 제대로 움직일 수 없었다.

1941년 일본이 진주만을 공습한 것도 독일의 소련 침공처럼 군에 필요한 석유 때문이었다. 당시 일본은 주로 미국과 네덜란드령(領) 동인도제도(지금의 인도네시아)로부터 석유를 수입하고 있었다. 1941년 7월 일본군이 인도차이나 남부로 침공하자마자 영국, 미국, 네덜란드령 동인도제도는 일본에 대해 전면적인 금수 조처를 단행했다. 석유가 고갈돼 가자 일본군은 진주만의 미 함대를 기습 공격하기로 결정했다. 미국 태평양 함대를 무력화시키고 동인도제도의 유전을 확보하기 위함이었다. 일본의 계획은 일단 성공했다. 그러나 전쟁이 계속되면서 미군은 태평양의 제공권을 확보하기에 이르렀다. 1944년 일본군 유조선들은 건조되기가 무섭게 미군 폭격기와 전함에 의해 침몰했다. 1944년 일본의 석유 유입량은 50퍼센트나 떨어졌다. 이듬해 1945년 유입량은 거의 없었다. 석유가 바닥난 일본은 소나무 뿌리에서 채취한 송근유(松根油)를 항공 연료로 사용하기에 이르렀다. 심지어 목탄을 지프 연료로 이용했다.[38] 2차 대전은 세계 석유 공급량 가운데 86퍼센트를 장악한 연합군의 승리로 끝났다.[39]

석유 제국

세계 석유 산업 하면 으레 '빅 오일'이라는 말이 떠오를 것이다. 석유 부문은 세계 최대 산업으로 규모가 2-5조 달러에 이른다.[40] 석유 산업은 유전, 해양 석유 굴착용 플랫폼, 수천 킬로미터에 이르는 파이프라인, 대형 유조선, 정유 시설, 최종 소비자에게 석유를 공급하기 위한 전산 시스템, 주유소는 물론 윤활유와 비료에서부터 플라스틱, 의약품에 이르기까지 각종 석유화학 제품을 생산하는 수천 개 기업 등으로 복잡하고 방대하게 구성돼 있다. 대다수 국가의 경우 재정 균형에서 가장 큰 비중을 차지하는 것이 바로 석유다.[41] 세계 7대 상장기업 가운데 세 개가 에너지업체다. 엑슨 모빌은 《포춘》 선정 500대 기업 중 2위로 매출 규모가 2130억 달러에 이른다.[42]

애널리스트가 말하는 '슈퍼 메이저' 에너지업체들이 탄생한 것은 1999년과 2000년 사이의 일이다. 브리티시 페트롤륨(BP)은 아모코-ARCO와, 엑슨은 모빌과, 토탈은 엘프와, 셰브런은 텍사코와 합병했다. 2000억 달러에 이르는 합병 규모에서 알 수 있듯 '빅 오일'은 그야말로 '콜로서스 오일'로 변했다. 그들 업체는 사우디아라비아의 아람코, 베네수엘라의 페트롤레오스, 이란의 NIOC, 멕시코의 페멕스 등 거대 국유업체와 똑같은 각축장으로 나아가고 있다. 앞서 말한 슈퍼 메이저 에너지업체들은 수송, 정제, 판매 등 이른바 하류 부문 대부분을 장악하고 있다. 현재 엑슨/모빌, 로열 더치/셸, BP, 토탈 피나 엘프가 세계 판매량의 32퍼센트와 정유 용량의 19퍼센트를 거머쥐고 있다. 한편 국유업체들은 탐사, 개발, 채유 등 상류 부문을 손에 쥐고 있다. 아람코, 페트롤레오스, NIOC, 페멕스는 세계 석유의 25퍼센트를 생산하며 매장량 42퍼센트를 보유 중이다. 열 내지 열두 개에 불과한 슈퍼 메이저와 국유업체들이 세계 에너지를 지배하고 있는 것이다.[43]

미국의 경우 엑슨/모빌, 셰브런-텍사코, BP, 아모코-ARCO, 필립스-토스코, 마라톤 등 다섯 개 기업이 미 국내 석유 탐사 및 생산 가운데 41퍼센트, 정유 사업 가운데 47퍼센트, 소매 시장 가운데 61퍼센트를 장악하고 있다.[44] 이들 기업의 세후(稅後) 수익은 1999년 160억 달러에서 2000년 400억 달러로 증가하여 12개월 만에 성장률 146퍼센트를 기록했다. 2001년 1/4분기 세후 수익은 87억 달러에서 120억 달러로 또 늘어 3개월 만에 38퍼센트의 증가율을 나타냈다.[45] 이처럼 천정부지로 치솟는 석유 산업의 수익은 2001년 1/4분기 1400대 미국 기업의 수입 감소율 43퍼센트와 극명히 대조된다.[46] 흥미로운 것은 미국 기업들이 수익마진 하락의 주된 이유로 늘어난 인건비와 '연료 비용'을 꼽고 있다는 점이다.[47] 경제 전반에서 에너지 흐름을 통제하는 기업은 극소수에 불과하다. 따라서 그들 기업은 산업 구도상 서로 얽혀 있는 다른 기업의 상거래 조건을 결정짓는 독특한 위치에 있는 셈이다. 모든 산업과 영역에서 국가 및 국제 경제를 비대한 극소수 대기업들이 점차 장악해 가는 지금 에너지 기업은 세계 피라미드 구조의 꼭대기에 자리 잡은 채 에너지 배분 등 모든 경제 활동을 좌우하고 있다.

석유의 탐사, 채굴, 운송, 정제, 분배는 비용이 많이 드는 복잡한 사업이다. 석유화학도 마찬가지다. 세계 굴지의 기업들만 풍부한 자금으로 유전에서 주유소에 이르기까지 전 과정을 관리할 수 있다. 여기서 이른바 '활성화 지수'에 대해 한번 생각해 보자. 활성화 지수란 "새로운 석유에 대한 접근과 관련해 필요 총투자의 잣대로서 안정된 하루 생산량을 배럴당 달러로 환산한 수치다."[48] 1999년 이라크는 하루 생산량을 200만 배럴에서 600만 배럴로 세 배 늘릴 생각이라고 밝혔다. 세 배로 늘리는 데 드는 비용은 300억 달러, 하루 새로 생산되는 배럴당 개발비가 7500달러인 셈이다.[49] 1999년 세계의 평균 활성화 지수는 하루 배럴당 2000달러였다. 멕시코 만(灣) 심해 같은 일부 지역은 9000달러에 이를 수도 있다. 세계의 석유 탐사 및 생산에서 자본 투자의 총비용은 향후 10년에 걸쳐 1조 달러를 웃돌 것으로 보인다.[50] 엑슨-모빌, BP, 셸 같은 거대 기업들 모두 사우디아라비아보다 몇 배 많은 현금 흐름 덕에 즐거운 비명을 지르고 있다. 세계 굴지의 에너지 기업들은 심해 석유의 굴착용 플랫폼 같은 신규 초대형 프로젝트에 정기적으로 10억 달러 이상을 투자한다.[51] 1999년 세계 8대 석유업체는 새로운 탐사와 생산에 연구개발비 중 80퍼센트 이상을 쏟아 부었다.[52]

날마다 수백만 배럴의 석유를 처리하고 변환해 세계 전역으로 수송하려면 얼마나 철저하고 복잡한 기술과 지원 인프라가 전제돼야 할지 한번 상상해 보자. 거기에는 숱한 주요 시스템과 하부 시스템이 존재한다. 따라서 에너지가 끊임없이 흐르도록 만들기 위해서는 그들 시스템을 잘 조절해야 한다. 지질학자 로버트 O. 앤더슨은 이런 과정을 범람할 듯한 '석유 아마존'이라고 표현했다.[53)]

에너지 산업은 다른 어떤 부문보다 다양한 기술과 전문 인력을 필요로 한다. 석유 탐사에 위성은 물론 지질학, 지구화학, 지구물리학 관련 지식도 필요하다. 지질 자료를 취합하고 지구 내부 이미지를 3차원 영상으로 구현하기 위해 첨단 컴퓨터와 소프트웨어가 사용된다. 지하 6킬로미터까지 파고드는 굴착 작업에 복잡한 첨단 장비가 동원된다. 해양 석유 굴착용 플랫폼은 허리케인과 태풍에도 견딜 수 있는 현대 엔지니어링 공법의 정수다. 유정굴과 암반 시료 분석, 다시 말해 이른바 '검층(檢層)'에는 중성자 및 감마선 장비까지 동원돼 유전 지대의 비저항 곡선을 기록한다. 시추용 특수 이수(泥水)는 드릴 날의 윤활유 역할을 한다. 전문가들은 유정의 조건에 맞게 조절한 시추용 이수로 시굴 중 함몰을 막고 암석편도 제거한다. 몇몇 오지에서 수백 킬로미터의 파이프라인을 가설, 유지, 관리하는 데에도 전문 엔지니어가 필요하다. 무엇보다 복잡한 단계가 정유 과정이다. 유기화학 전문가들은 원유 속의 탄화수소 복합체를 분해하여 가솔린에서 플라스틱에 이르는 다양한 제품으로 생산해 낸다.[54)]

다양한 채널과 변형으로 석유를 최종 소비자에게 전달하는 모든 과정은 관리 및 마케팅 전문 인력이 조절한다. 앤더슨은 석유 산업의 복잡한 과정을 다음과 같이 설명하고 있다.

생산된 석유 가운데 60퍼센트는 생산업체의 정유 시설로 보내지고 나머지는 시장에 내다 팔기 위해 비축한다. 다른 메이저 석유 회사의 대리인 역은 물론 간혹 독립적으로 활동하기도 하는 구매자와 브로커는 원유를 군소 정유소에 되판다. 구매자는 중질유, 고체 연료, 저유황 원유, 경질유 등을 어느 정유소에서 생산할 수 있는지 등 석유 산업의 복잡한 내부 구조에 대해 훤히 꿰뚫고 있어야 한다. 구매자는 특정 지역에 어떤 석유 제품이 필요하며 그런 제품을 생산하는 데 어떤 원유가 가장 적합한지 알고 있어야 한다.

각 원유의 고유 특성에 대해서도 일가견이 있어야 한다. 사우디아라비아산(産) 원유는 베네수엘라산(産)과 다른 특성을 지니고 있다. 석유 회사는 비중, 점성(粘性), 밀랍 함량, 유황 함량에 따라 원유를 분류한다. 오늘날 정유소들은 특정 원료유만 처리하도록 돼 있다. 예를 들어 저유황 원유 시설로 고유황 원유를 처리할 경우 설비가 부식되면서 수백만 달러의 손실이 발생한다.

복잡하기는 마케팅 시스템도 마찬가지다. 석유 제품 판매고는 대개 계절에 따라 크게 변한다. 난방유 판매고는 겨울에, 가솔린은 여름에 증가한다. 에너지 기업의 관리자들은 향후 수요량을 6개월 앞서 예측한다. 어떤 원유를 어느 정유소로 보낼지 결정하면 정유소는 각 계절에 필요한 제품을 생산한다. 정유소는 수요 침체나 시설 보수 작업으로 가동을 일시 중단하기도 한다. 이때 보유 중인 과다 물량을 다른 정유소에 판다. 앤더슨에 따르면 석유 산업 자체는 하나의 파이프라인으로 석유가 계속 흐를 수 있도록 고안돼 있다. 석유가 탱크나 유조선 혹은 파이프라인에 오랫동안 머물러 있을 경우 비용 손실이 발생한다. 게다가 석유 산업은 일종의 공급 시스템이기 때문에 비축량이 각 단계마다 한정돼 있다. 대다수 석유업체가 비축 중인 양은 14일분 미만이다. 이는 다시 말해 석유가 적소에 정확히 공급되도록 조절해야 할 필요성이 있다는 뜻이기도 하다.[55)]

에너지업체의 마케팅 부서는 산업, 도소매 그리고 특수 제품 판매로 나눠져 있다. 항공사, 공기업, 화학 공장, 정유소 등 석유를 대량 소비하는 부문은 으레 에너지업체와 직접 거래한다. 산업 부문에서는 아스팔트에서 항공 연료까지, 금속 및 합성고무 산업에 필요한 코크스, 화학 및 농업 제품에 필요한 액화 천연가스 등 모든 제품이 거래된다. 미국에서는 가솔린을 비롯한 자동차 연료가 석유 판매고의 50퍼센트나 차지한다.[56)]

상거래 구조 조정

지금까지 등장한 에너지 네트워크 가운데 가장 복잡한 것이 석유 관련 인프라다. 인프라 연동 조건을 결정짓는 것은 에너지의 본질 그 자체다. 석유는 분배가 고르지 못하고 추출하기도 어렵다. 수송에 비용이 많이 들고 정유 과정도 복잡한 데다 이용 형태마저 다양하기 때문에 탐사 및 생산 자금을 끌어들이고 최종 소비자에게 이르는 물류 시스템까지 조절하기 위해서는 애초부터 고도로 중앙 집중화한 명령, 통제 체제가 필요했다. 고도로 중앙 집중화한 석유 인프라는 비슷하게 조직된 기업들을 낳을 수밖에 없었다. 흔히들 산업 자본주의 등장과 관련된 토론에서 에너지 체계가 기업 형태의 본질을 어느 정도 결정한다는 사실에 별 관심조차 기울이지 않았다.

나무 에너지를 기반으로 한 사회에서 기업들은 규모가 작고 활동 영역도 국지적이며 제품 거래는 지역 시장에 국한되게 마련이었다. 기업은 대개 가족 소유로 외부 자금도 거의 필요하지 않았다. 기본 장비가 복잡하지 않고 지역에서 언제든 지식과 도구 등의 자원을 쉽게 얻을 수 있었기 때문이다. 동력원으로서 나무에는 많은 한계가 있다. 나무 에너지를 기반으로 한 생산의 속도, 흐름, 규모가 그리 대단하지 않기 때문에 상거래 활동의 속도와 다양성에서 고도로 중앙 집중화한 수직적 조정, 명령, 통제 체계 등 질적 변화는 별로 나타나지 않았다.

화석 연료는 다르다. 석탄, 석유, 천연가스는 나무에 비해 상대적으로 한층 농축된 에너지 형태다. 적절히 활용할 경우 경제 활동의 규모와 밀도가 증가한다. 정치와 문화 영역에도 새로운 속도와 상호 작용이 스며들어 중앙 집중화한 수직적 명령, 통제 체제가 등장하면서 인간 관계의 점증하는 비중을 관리하기에 이르렀다.

동력원으로 화석 연료에 처음 의지한 산업 부문 가운데 중앙 집중화한 수직적 경영의 틀이 확립된 것은 철도와 전신에서다. 이후 새로운 기업의 틀은 모든 산업을 지배하며 20세기 자본주의의 특징으로 자리 잡게 됐다.

미국에서 철도 시대가 활짝 열리기 시작한 것은 1850년대의 일이다. 1850년대에만 철로 3만 3600킬로미터가 가설됐다.[57] 운송 속도의 변화는 역사상 전례 없는 일이었다. 사상 처음 동물, 풍력, 조수를 이용한 운송 수단의 속도 상한선으로부터 벗어날 수 있게 된 것이다. 1850년 뉴욕에서 시카고까지 가는 데 3주 이상 소요됐지만 1857년 철로 가설로 72시간밖에 안 걸렸다.[58] 기업들은 철도 덕에 제품을 신속하고 싸게, 그것도 안전하게 수송할 수 있었다. 같은 비용으로 선박보다 세 배나 많은 화물을 운송할 수 있게 된 것이다.[59]

기차 수천 량이 철로 수천 킬로미터를 따라 달렸다. 그 결과 운송 중인 화물의 궤적을 추적하고 철도 노반(路盤)을 유지하고 보수하며 엔진과 차량을 수리하고 직원 수천 명을 관리하는 것은 물론 승객의 안전까지 확보하는 데 새로운 조직 모델이 필요했다. 경제사학자 앨프레드 챈들러는 소유와 경영을 분리한 최초의 근대적 기업이 바로 철도 회사라고 지적했다. 가족 기업으로는 철로 가설에 들어갈 엄청난 자본을 감당할 수 없었다. 따라서 1850년대 유럽의 투자업체들은 미국 철로 가설 사업에 자금을 대기 시작했다.[60] 철도 사업은 새로운 부류의 전문 경영인들 손으로 넘어갔다. 새로 등장한 전문 경영인들은 근대식 기업의 선봉장으로 중앙 집중화한 수직적 명령, 통제 체제를 창출했다. 피라미드 최상층에 의사 결정권자가 자리 잡고 다양한 중간 단계에는 중간 관리층이 포진한 채 조직의 특정 기능을 전담했다.

챈들러에 따르면 1890년대 철도업계의 조직은 20세기 재계를 지배하게 되는 조직 구도와 매우 흡사했다. 조직 체계 상층부에 이사진이 포진하고 그 밑으로 사장, 총감독, 회계 담당, 본부장이 자리 잡았다. 본부장 밑에는 기계 장비 담당, 노반·화물·승객 담당, 제동기 관리자, 법률 책임자, 수석 엔지니어, 철도 건설 담당 등 특정 부서나 기능을 맡은 중간 관리층이 버티고 있었다.[61] 챈들러는 "철도 회사야말로 최초의 현대적 기업이었다."고 적고 있다.

> 철도 회사는 많은 고용 경영인을 필요로 하는 최초의 기업으로 본사까지 갖추고 있었다. 본사에서는 중간 관리층이 기업을 운영하며 사업 현황에 대해 이사진에게 보고했다. 철도 회사는 직원들의 책임, 권한, 본사 및 각 부서 사무실과 현장의 의사 소통까지 명확히 규정해 놓고 있었다. 미국 최초로 거대한 내부 조직을 갖춘 기업인 셈이었다. 철도 회사는 많은 관리자의 업무를 통제하고 평가하기 위한 금융 및 통계 흐름도까지 개발했다.[62]

1891년 펜실베이니아 레일로드 사(社)는 직원 11만 명을 고용했다. 당시 세계 최대의 민간기업으로 등장한 것이다. 심지어 규모면에서 미 연방정부와 경쟁하기에 이르렀다. 1893년 미 연방정부의 지출 규모는 3억 8750만 달러였다. 같은 해 펜실베이니아 레일로드는 1억 달러를 지출했다. 미국에서 연방정부에 이어 매출 규모 2위로 자리 잡은 것이다.[63]

철도 운송의 혁명은 통신 혁명과 나란히 진행됐다. 전신 덕에 사상 처음 멀리 떨어진 사람들과 실시간 통신이 가능해졌다. 전신을 처음 이용한 것이 철도 회사다. 당시 철도 회사는 전신으로 운행 노선을 정하고 화물의 궤적을 추적한 데다 동일 노선에서 마주 오는 기차들 가운데 한쪽에 선행권을 부여했다. 1866년 웨스턴유니언 사(社)가 전신 산업을 장악했다. 이후 웨스턴유니언은 '전신'이라는 말과 동일시됐다.[64] 미국 최초의 거대 통신업체 웨스턴 유니언은 철도 회사와 유사한 조직 구도를 갖고 있었다.

미국에서 철도와 전신 부문을 규정한 것은 규모와 속도의 경제다. 사업 추진과 유지에 막대한 자금이 소요된 데다 영업 활동의 속도, 흐름, 밀도를 조절하기 위해 고도로 중앙 집중화한 명령, 통제 기능도 필요했다. 경제학자들은 오랫동안 시장이란 소규모 독립 판매자와 구매자가 한데 모여 단순히 재화와 서비스를 교환하는 곳으로 생각했지만 곧 '자연 독점'의 이점에 대해 이야기하기 시작했다.

철도와 전신업체들은 새로운 조직 모델을 제시하고 현대적 공장 시스템 등장에 앞서 핵심 인프라까지 제공했다. 연중 무휴 운영되는 신속하고 신뢰할 만한 운송과 실시간 통신 덕에 기업들은 위로 공급업체, 아래로 소매 시장을 향해 거침없이 나아갈 수 있었다. 오랫동안 계절적 요인에 좌우돼 왔던 업계는 1년 365일 하루도 거르지 않고 영업했다. 석탄에 이어 석유가 공장의 조명, 난방, 설비 가동을 위한 에너지원으로 사용됐다. 화석 연료 에너지망 유지를 위한 자본 비용은 소규모 상점보다 대형 공장에 더 유리했다. 한편 대형 공장에는 생산 활동을 조절하기 위한 중앙 집중식 명령, 통제 체제가 필요했다.

현대식 사업 구조는 화석 연료 시대의 산물이다. 현대식 사업 구조가 완숙기에 이른 것은 1920년대다. 에너지원이 석탄에서 석유로, 공장의 동력원이 증기에서 전기로 전환된 시기와 일치한다. 이전 문명들에도 각종 조직이 존재했다. 하지만 새로 등장한 기업 조직은 여러 면에서 매우 독특했다. 20세기의 위대한 사회학자 막스 베버는 새 특징들에 대해 열거한 바 있다. 그가 열거한 주요 특징 가운데는 미리 마련된 의사 결정의 법칙, 상명하달식 권위, 모든 부분에서 문서로 규정된 업무 영역, 고과 및 승진 평가의 객관적 기준, 특수 업무와 기능으로 세분된 노동 등이 있다. 그에 따르면 이런 합리적 관리로 복잡한 대조직을 관장하고 다양한 활동을 한 지붕 아래 신속히 통합할 수 있었다.

다른 합리적 메커니즘들도 이행 기간 중 발전해 완숙한 산업 자본주의로 이어졌다. 일례로 표준 시간대가 철도 회사에 의해 처음 도입됐다. 운송의 흐름을 효율적으로 규제하기 위함이었다. 1870년 워싱턴에서 샌프란시스코로 향하던 열차 승객은 각기 다른 지방 시간대에 맞추기 위해 시침을 200번 이상 조정해야 했다.[65] 철도 회사들은 엄청나게 많은 지방 시간대 때문에 열차 운행 시간 조정 및 화물 발송에서 큰 혼란을 겪어야 했다. 그러던 중 1884년 영국 그리니치를 지구 경도의 원점으로 설정한 세계 표준 시간대가 확립됐다.[66]

새 조직 체계를 지원하고 늘어난 경제 활동량을 신속히 처리하기 위해 다른 합리적 과정들도 속속 도입됐다. 일례로 상품 등급 표준화, 기계 부품 표준화, 소매 제품 가격 표준화를 꼽을 수 있다. 사상 처음 자동화 공장에서 일정한 양과 성분을 갖춘 담배, 성냥, 수프, 밀가루가 대량으로 생산됐다. 가맹점 같은 새로운 소매 체계, 우편 주문 카탈로그와 제품 브랜딩 등 새로운 마케팅 기법으로 예측 가능하고 품질도 일정한 표준화 상품이 속속 등장할 수 있었다. 새 마케팅 기법을 일찌감치 도입한 기업이 인터내셔널 하비스터와 싱어 소잉 머신이며 이어 자동차업계가 뒤따랐다.

20세기 경영학자 프레데릭 윈슬로 테일러는 미국의 공장과 사무실에 과학적 관리법 원칙을 소개했다. 테일러의 이론은 가정과 학교 등 당대 모든 생활 영역으로 확대됐다. 그는 인간 행동의 합리화로 새로운 조직 유형을 일궈 냈다.

테일러는 노동자 개인의 효율성을 높이는 데 주력했다. 그는 기계 성능을 향상시키기 위해 엔지니어가 사용하는 원칙들에 주목했다. 각 노동자의 업무를 확인 가능한 최소 작업 단위로 나눈 뒤 최적 조건에서 얻을 수 있는 최단 시간을 스톱워치로 측정한 것이다. 테일러는 노동자의 업무를 초 단위까지 측정했다. 모든 작업 단위에서 노동자가 달성한 최악의 시간과 최상의 시간을 측정함으로써 가장 세세한 면까지 어떻게 가장 잘 변화시킬 수 있는지 일러 줬다. 귀한 시간을 절약하자는 게 그의 취지였다.

테일러는 노동자의 효율성을 극대화할 수 있는 가장 좋은 방법이 작업 순서, 지속 시간, 일정, 순환, 동시성, 시간 예측 등 여섯 개 차원에서 완벽한 통제가 확립되는 것이라고 생각했다. 작업 시간 가운데 그 어떤 면도 우연이나 노동자의 재량에 맡겨선 안 된다는 생각이었다.

테일러에 따르면 노동자는 총체적 관리 통제 아래 놓여야 한다. 노동자는 작업에 필요한 지식이나 기술을 박탈당한 채 자동인형으로 변해야 했다. 테일러는 "노동자가 자의적 개념에 따라 노동할 경우…… 방법론적 효율성이나 자본이 바라는 작업 속도를 그들에게 강제하는 것은 불가능하다."고 말했다.[67] 노동자를 전반적으로 통제하기 위한 관리 수단이 바로 작업 스케줄이다. 테일러는 다음과 같이 쓰고 있다.

> 모든 노동은 적어도 하루 먼저 관리자가 완벽히 짜 줘야 한다. 모든 노동자에게 완수해야 할 과업과 작업 과정에서 사용해야 할 수단까지 일일이 기록한 지침서를 건네 줘야 한다. (……) 이것은 노동자가 완수해야 할 일뿐 아니라 작업 방식과 작업에 걸리는 정확한 시간까지 명시한 것이다.[68]

테일러는 인적 효율성이라는 개념을 대중화하고 모든 인간을 효율적인 인간 기계로 탈바꿈시켰다. 그는 공장, 사무실, 민간 소매기업에서 석탄이나 석유로 가동되는 기계와 기술이 설정한 속도에 인간의 노동 속도를 꿰어 맞추는 데 성공했다. 그 뒤 최소 노동, 자본, 시간으로 최대 결과물을 얻어 내자는 게 상거래 활동은 물론 사생활에서도 하나의 슬로건이 됐다. 새롭고 신속한 고에너지 문화의 명령에 따라 인간 활동을 합리화하는 데 테일러처럼 크게 이바지한 사람은 없을 듯싶다. 사회학자 대니얼 벨은 "어떤 사회 격동이 한 사람 때문에 일어날 수 있다면 생활양식으로서 효율성이라는 논리는 테일러에게서 비롯된 것"이라고 말한 바 있다.[69]

애초 철도 회사가 개발했지만 테일러에 의해 미국 업계 전반에서 제도화한 조직 유형과 새로운 부류의 전문 경영인은 그 뒤 70년간 그대로 존속했다. 통합 사업 활동의 중앙 집중화한 조직 관리는 미국식 상거래와 동일어가 되다시피 했다. 에너지원이 석탄에서 석유와 천연가스로 전환되면서 가능해진 신속한 경제 흐름을 관리하는 데 가장 적합한 것은 제도적 조정이었기 때문이다.

20세기 미국을 비롯한 세계 전역에서 상거래 활동은 에너지 흐름과 경제적 처리량의 극적 증가에 발맞춰 더욱 수직적이고 중앙 집중화한 모습으로 변했다. 미국의 경우 1960년대 200대 제조업체가 총 산업 자산 가운데 56.3퍼센트를 소유하고 있었다.[70)]

그러던 중 1980년대 정보 사회의 탄생으로 기업의 활동 방식에 변화가 생겼다. 기존의 수직적 조직 모델이 너무 굼뜬 나머지 컴퓨터 및 통신 혁명으로 가능해진 통신 및 상거래 활동의 신속성과 조밀도를 따라잡을 수 없게 된 것이다. 사람들은 개인용 컴퓨터, 휴대용 컴퓨터, 이동 전화, 월드 와이드 웹의 등장으로 이동 중에도 서로 연락을 취할 수 있게 됐다. 정보가 경영진의 각 단계를 거쳐 최상부에 전달돼 결정이 내려지고, 그게 다시 서서히 내려오는 구닥다리 방식은 애물단지로 변하고 말았다. 정보가 모든 방향으로 전광석화처럼 움직이는 세계에서 구닥다리 방식은 점차 비용만 잡아먹었기 때문이다.

기업들은 수직적 조직 체계를 평평하게 고르기 시작했다. 새로운 상거래 시대의 기동성, 유연성, 속도에 더 잘 부합할 수 있는 수평적 조직 모델을 창출한 것이다. 여러 겹으로 이뤄진 중간 관리자층이 축소되거나 아예 없어졌다. 새로운 조직도에 따라 의사 결정권을 하부로 분산하고 공급자, 고객과 직접 접하는 현장 직원들에게 더 많은 재량권이 부여됐다.

수직적 조직이 수평적 네트워크에 자리를 내주고 의사 결정권까지 분산되면서 상거래 비용은 줄고 수익 마진은 늘었다. 그러나 기업 자체는 더 비대해지고 상거래 영역에서 한층 포괄적인 모습으로 변했다. 상호 연결성이 점차 심화해 가는 사업 관계와 사업 활동 네트워크를 관리하기 위해서였다. 기업 인수합병(M&A)은 모든 산업의 규범으로 자리 잡았다. 금융, 보험, 통신, 공공사업,

엔터테인먼트, 제약, 농업, 자동차, 철강, 에너지 등 숱한 영역에서 과거보다 적은 기업이 과거보다 많은 힘을 집중화했다.

세계적으로 M&A가 새삼 활기를 띤 것은 지난 몇 년 사이의 일이다. 1999년 세계 M&A 규모는 3조 4000억 달러였다. 이는 전년 2조 5000억 달러에 비해 40퍼센트 증가한 수치다. 이전 20년 사이 연간 M&A 규모는 100배 늘었다. 그 사이 M&A 누적 규모가 자그마치 15조 달러에 달했다. 1999년 M&A 수는 3만 2000건을 웃돌았다. 10년 전보다 세 배 증가한 수치였다. 오늘날 국경을 초월한 M&A는 1980년대 초반보다 13퍼센트 증가해 전체 M&A 가운데 33퍼센트에 이르고 있다. 이는 상거래의 세계화 과정이 촉진됐다는 명백한 증거이기도 하다.[71]

오늘날 M&A 규모는 엄청나다 못 해 믿어지지 않을 정도다. 2000년 아메리카 온라인(AOL)과 타임 워너의 M&A 규모는 1650억 달러였다.[72] 1999년 통신, 금융, 라디오 및 텔레비전 방송 등 세 개 산업이 세계 M&A 총규모 가운데 1/3을 차지했다.[73]

세계 상거래와 무역을 장악하기 위한 기업 집중은 계속 확대되고 있다. 해마다 국제경제에 군림하는 기업 수가 적어지는 것이다. 오늘날 기업의 매출과 국가의 국내총생산(GDP) 비교치를 바탕으로 산출한 세계 100대 경제 집단 가운데 쉰한 개가 기업이고, 나머지 마흔아홉 개가 국가다. 세계 200대 기업의 총매출 규모는 상위 10대 국가를 제외한 나머지 모든 국가의 경제 규모보다 크다. 1999년 세계 5대 기업의 매출은 182개국의 GDP 총규모를 각기 웃돌았다. 옛 기업이 역사의 뒤안길로 사라지고 신생 기업이 두각을 나타내면서 내로라하는 기업들에 끊임없이 변화가 생기고 있다. 하지만 1983년 세계 200대 기업 중 반 이상이 M&A의 결과 이름만 바뀌었을 뿐 1999년에도 여전히 200대 기업 반열에 올라 있었다.[74)]

21세기 들어 주요 산업 가운데 많은 부분을 열 개도 채 안 되는 다국적 기업이 장악했다. 경제력 통합과 중앙 집중화는 에너지 흐름의 증가와 더불어 진행돼 왔다. 앞으로 언젠가 세계 석유 생산이 절정에 이를 때까지 이런 경향은 계속될 전망이다.

석유 시대는 애초부터 '규모의 경제'라는 특징을 지니고 있었다. 세계 굴지의 기업과 빅 오일은 어깨를 나란히 한 채 걸어왔다. 현재 세계 에너지와 세계 에너지 흐름에서 비롯되는 모든 상거래 활동에 대한 통제력을 500개 정도의 다국적 기업이 장악하고 있다. 그들 기업 가운데 상당수는 상호 의존 관계라는 끈끈한 네트워크로 서로 밀접히 연결돼 있다. 세계화는 이제 더 이상 미래의 목표가 아니다. 현재 부상하고 있는 하나의 현실이다. 세계 전역에 흩어져 있는 많은 사람의 생존과 복지를 오늘날처럼 몇 안 되는 기업이 좌우했던 적은 없다. 그러나 몇 안 되는 세계적 기업은 상거래 활동의 모든 면을 움직이는 화석 연료, 그중에서 특히 석유 덕에 존재하고 있다.

레슬리 화이트 등 인류학자와 역사학자들이 주장하듯 문명의 잣대가 적어도 부분적으로나마 그 문명을 관통해 흐르는 에너지 양이라면 화석 연료 문명은 분명 최고 수준에 올라 있는 셈이다. 화석 연료 문명은 문명 수혜자들에게 역사상 최고의 생활 수준을 제공해 왔다. 그들이 에너지 대부분을 소비하고 있는 것이다. 그러나 에너지 처리량이 늘면 늘수록 에너지 흐름과 상거래 활동에 대한 조직적 통제는 한층 강화돼 왔다. 그렇다면 화석 연료 시대에 에너지 체계를 관리하기 위해 역사상 가장 중앙 집중화한 수직적 명령과 통제 기구가 창출됐다는 것도 그리 놀랄 일은 아닐 듯싶다. 20세기의 진정한 특징은 새로운 제국 건설이었다. 석유를 기반으로 건설된 20세기의 제국은 각국 정부와 조화롭게, 때로 삐걱거리며 움직이는 거대 기업들이 장악해 왔다.

문제는 소수 집단의 손에 권력이 집중되면 집중될수록 새로운 도전과 맞설 수 있는 유연성은 줄고 대내외 분열에도 한층 취약해진다는 점이다. 에너지 처리량이 늘면서 환경 전반에서 발생하는 엔트로피도 증가해 왔다. 이제 완숙기에 접어든 석유 시대는 과거 많은 혜택을 누렸듯 앞으로 많은 대가를 치러야 할 것이다. 과거 세계 석유 생산에서 종형 곡선의 오르막길로 내달으며 수익 최대화에 초점을 맞춘 것은 능히 이해할 수 있는 일이다. 이제 종형 곡선의 정점이 점차 가까워지고 이후 하향 곡선으로 미끄러지기 시작하면서 손실을 최소화하는 것은 물론 새로운 에너지 체계에 대비하는 데도 힘써야 한다. 코앞에 닥친 최우선 과제는 앞으로 맞닥뜨리게 될 도전이 어마어마하다는 것부터 이해해야 한다는 점이다.

현재 두 가지 불안 요인이 앞에 도사린 가운데 일반 원유의 생산은 절정으로 치닫고 있다. 중동 등 세계 곳곳에서 이슬람 원리주의가 고개를 들고 있다는 점, 화석 연료 사용으로 지구 온난화가 가중되고 있다는 점이 바로 그것이다. 이들 세 현상이 각각 맞물려 나타날 시너지 효과는 21세기 인류 문명의 앞날에 결정적 요인으로 작용할 전망이다.

5 이슬람의 '와일드 카드'

'알라의 장기 저리 융자'. 많은 무슬림이 그들 발 밑에 매장된 막대한 양의 석유를 두고 이르는 말이다. 대규모 무슬림 집회 때마다 급진 이슬람주의자는 자신들이 딛고 선 땅에서 펑펑 쏟아져 나오는 '검은 황금'을 즐겨 거론하곤 한다. 알라가 지상의 사자(使者)들이 밟고 다니는 바로 그 땅에 기름을 부어 의미 있는 종교적, 역사적 성소로 만들어 놓았다는 투다. 우연인지 운명인지 모르지만 그렇게 말할 만도 하다. 석유수출국기구(OPEC) 열세 개 회원국 가운데 사우디아라비아, 아랍에미리트연방, 카타르, 이란, 이라크, 쿠웨이트, 알제리, 리비아, 인도네시아, 나이지리아 등 열 개 국가가 무슬림 나라이다. 이들 국가에 무슬림의 반이 살고 있다. 오만, 바레인, 시리아, 이집트, 브루나이, 튀니지, 말레이시아 등 다른 주요 산유국도 무슬림 국가다.[1]

석유와 이슬람의 한가운데 자리 잡고 있는 나라가 바로 사우디아라비아다. 사우디아라비아는 세계 최대의 석유 매장량을 자랑하는 이슬람 성지(聖地)다. 선지자 마호메트의 출생지로 성소 메카와 메디나가 위치해 있다. 서방의 보수 논객들은 알라가 독실한 무슬림에게 석유라는 선물을 건네 줬다는 말에 얼토당토않은 주장이라고 일축한다. 하지만 오사마 빈 라덴이 세계 전역의 추종자들에게 사우디아라비아 성지를 회복하고 통일 이슬람 국가를 건설하며 유가를 배럴당 144달러로 올려야 한다고 부추길 때에는 움찔하지 않을 수 없다.[2)]

석유에 얽힌 이야기는 역사의 '인과응보'를 단적으로 드러낸다. 20세기 들어 서방을 거칠 것 없는 경제, 정치, 문화 세력으로 등극시킨 석유가 이제 세계의 영적, 문화적 심판자라는 옛 영광을 되찾기 위해 애쓰는 이슬람 세계로 되돌아갈 가능성이 있기 때문이다. 여기서 분명한 것은 석유와 이슬람이 떼려야 뗄 수 없는 관계에 있다는 점이다. 21세기 석유와 이슬람 중 어느 한쪽의 운명은 다른 쪽 운명도 결정짓게 될 것이다.

현재 무슬림은 12억 명으로 세계 인구의 20퍼센트를 차지한다. 그들은 쉰한 개 국가에서 인구의 다수를 점하고 있으며 그 밖에 많은 나라에서 무시 못할 소수민으로 살아간다. 세계에서 가장 빠르게 증가하고 있는 인구가 바로 무슬림이다. 인구 통계학자들은 오는 2025년 세계 인구 네 명당 한 명이 무슬림일 것으로 예측하고 있다. 인구가 '힘'이라면 세계는 무슬림 시대로 접어들고 있는 셈이다.[3)]

무슬림이 증가하고 있지만 그들의 경제력은 약해졌다. 세계은행에 따르면 모로코에서 방글라데시까지 아우르는 이른바 '이슬람 벨트' 인구의 연 평균 소득은 3700달러가 채 안 된다. 이는 세계 평균인 7350달러의 반에 해당하는 수치다.[4)] 그러잖아도 가난한 이슬람 벨트 국가들은 다른 개발도상국에 계속 뒤지는 실정이다. 1950년 이집트와 한국의 생활 수준은 거의 똑같았다. 그러나 현재 한국의 생활 수준이 이집트보다 다섯 배나 높다.[5)]

오늘날 젊은 무슬림 사이에 석유를 '위대한 평형 장치', 다시 말해 정신적, 지정학적 무기로 간주하는 경향이 거세지고 있다. 이런 무기를 '이슬람화' 할 경우 이슬람의 재림으로 이어질 수 있다는 생각이다. 사우디아라비아의 파드 국왕도 1970년대와 1980년대 초반 오일 쇼크 당시 비슷한 생각을 갖고 있었다. 그는 "알라 다음으로 의지할 수 있는 것이 바로 석유"라고 발언한 바 있다.[6)]

청년층에서 일고 있는 위대한 이슬람 부활 바람, 석유의 이슬람화와 정치화 바람은 1500년에 걸쳐 기독교 및 서방과 알력을 빚어온 이슬람 역사 가운데 최신 장(章)이다. 그동안 이슬람 세계는 승자와 패자, 지배자와 피지배자로 부침을 거듭했다. 지난 20세기 거의 내내 서방 열강들 손에서 패배와 굴욕만 경험한 많은 무슬림에게 마지막 남은 세계 원유 매장량을 장악한다는 것은 서방에 복수할 수 있는 절호의 기회다. 그러나 이슬람판(版) 세계화인 통일 이슬람 국가 건설을 노리는 신세대 이슬람 원리주의자들 손에 사우디아라비아 등 걸프 지역 산유국이 넘어갈지 모른다는 것은 서방 열강, 에너지업체, 재계, 소비자에게 가공할 일이 아닐 수 없다.

마호메트의 비전

요즘 볼 수 있는 이슬람 원리주의 부활은 서방인 상당수가 간과하고 있는 복잡한 역사의 산물이다. 여기서 눈여겨봐야 할 것은 가난하든 부유하든, 배웠든 못 배웠든 왜 그토록 많은 청년 무슬림이 이른바 '영적 부활'에서, 서방 세계가 위협적인 정치 양극화로 간주하는 것에서 공감대를 형성하고 있느냐는 점이다. 이슬람 역사를 무슬림 관점에서 이해한다면 앞으로 10년 뒤 세계 원유 생산과 무슬림 청년층의 반란이 절정에 이를 때 미래가 어떤 모습일지 상상할 수 있을 것이다.

이슬람에 대해 가장 먼저 알아야 할 것은 이슬람도 기독교처럼 유대교를 뿌리로 삼고 선지자 아브라함으로부터 시작되는 유일신 신앙의 위대한 전통까지 공유하지만 근본적 측면에서 다르다는 점이다. 세속에서 무슬림이 맡아야 할 역할에 대한 이해가 바로 그것이다. 기독교인들에게 속세에 머무는 것은 내세의 영생보다 그리 중요치 않다. 기독교는 애초부터 내세 신앙이었다. 일찍이 성(聖) 아우구스티누스 등 교회 지도자들은 속세가 그리 중요한 게 아니며 속세에서는 그리스도 재림의 복음을 널리 전하고 다가올 세상에 대비해야 한다고 강조했다. 기독교인은 속세에서 하느님의 집사로 천국의 도래를 증언하고, 일상사는 '속세 권력자들'에게 맡겨야 했다. "카이사르의 것은 카이사르에게"(「마태복음」 22장 21절)라는 성경 구절은 기독교 신앙의 위대한 슬로건이었다. 아담과 하와(이브)가 에덴 동산의 선악과를 따 먹은 원죄로 피조물 인간이 정녕 죽을 수밖에 없는 운명이라면 구원은 내세에서나 가능할 것이다.

이슬람은 다르다. 이슬람 창시자인 선지자 마호메트는 알라의 존재를 인간의 역사 속에서 찾았다. 마호메트는 역사 자체가 인간과 알라의 관계를 이어 갈 수 있는 결정적 마당이라고 생각했다. 이것은 초기 기독교인들로 하여금 세상사로부터 초연한 수도회를 만들도록 부추긴 기독교의 개념과 영 딴판이다.

마호메트는 570년에 태어났다. 그는 당시 메카에서 번성했던 쿠라이시 부족의 일원으로 성장했다. 중년에 접어든 마호메트는 새로 얻은 부(富)가 그의 부족, 특히 부족 지도자들에게 미친 영향을 두고 몹시 괴로워했다. 많은 부족민이 돈 버는 데만 급급한 나머지 이웃에 대해 나 몰라라 하는 경우가 종종 있었다. 부족민들은 인색하기 그지없어 가난한 이웃에게 가진 것을 나눠주려 하지 않았다. 그 결과 새로운 분열이 일어나 오랫동안 부족을 한데 묶어 온 사회 조직은 붕괴될 판이었다. 알라는 마호메트의 한탄 소리를 듣고 610년 라마단 17일 밤 그에게 나타났다. 마호메트는 어떤 강렬한 존재가 자신을 빨아들이는 듯한 느낌에 잠에서 깨어났다. 아랍어 경전 서두 부분은 마호메트의 입을 통해 나온 말들이다. 그 뒤 마호메트는 수년에 걸쳐 알라의 존재를 여러 차례 체험했다. 그때마다 받은 계시가 코란의 새 구절이 됐다. 마호메트는 알라의 계시를 다른 사람들과 공유하기 시작했다. 처음에는 가까운 친척, 그 뒤 친구들, 이윽고 멀고 가까운 데서 찾아온 낯선 사람들과 계시를 공유하게 됐다.

암송이라는 뜻의 코란은 무엇보다 현세 삶에 대한 지침이었다. 코란은 무슬림에게 정의롭고 인간적인 사회, 약한 자를 돕고 가난한 자를 보살피는 사회 건설로 모든 사람이 서로 사랑하고 존중하며 살아가야 한다고 가르쳤다. 유대교와 기독교 등 다른 유일신 종교도 경제적, 사회적 정의를 가르치고 "너희가 남에게 바라는 대로 남에게 해 주어라."(「마태복음」 7장 12절)는 '황금률' 실천의 미덕에 대해 높이 칭송했다. 하지만 이슬람이 독특한 것은 사회의 험난한 일상 정치 세계에서 신앙을 실천해야 한다고 가르쳤다는 점이다. 무슬림의 임무는 신앙이 반영된 사회 창조로 역사를 되찾는 것이다. 이처럼 새로운 구도 속에서 영적 왕국과 세속 왕국은 동일물로 간주돼야 했다. 영적 생활을 영위한다는 것은 따뜻한 사회에서 정의로운 삶을 이끌어 가는 것이다. 반대로 인간은 온정이 있는 사회에서 정의로운 삶을 이끌어 가면서 영적으로 변하게 된다.

마호메트의 메시지는 당대 대의에 부합했다. 당시 메카와 메디나에서는 부자가 되는 사람이 있는가 하면 빈곤으로 치닫는 사람도 있었다. 친족과 이웃에 대한 전통적 의무와 책임이 부와 탐욕으로 위협받았다. 이럴 때 코란의 시적 구절들은 정의로운 삶을 살아가라는 감동적인 호소력으로 돈 있는 소외 계층과 약하고 가난한 자들 사이에 먹혀들었다.

마호메트는 정의롭고 평등한 사회를 창조하겠다는 집단 서약으로 똘똘 뭉친 무슬림의 보편적 '움마'(공동체)에 대해 생각했다. 코란은 움마라는 목표를 위해 무슬림이 어떻게 행동해야 하는지 자세히 가르쳤다. 일례로 모든 무슬림은 소득 가운데 일정 부분을 가난한 이들에게 나눠줘야 한다. 무슬림은 성스러운 라마단 기간 중 해가 뜰 때부터 질 때까지 금식한다. 충분한 음식과 물로 배를 채울 수 없는 이들의 고통이 어떤 것인지 직접 체험하기 위해서다.

움마가 성공적이라면, 움마가 번영한다면 무슬림은 알라의 뜻에 따라 살고 있는 것이다. 반면 움마가 증오, 분열, 고통으로 가득하다면 무슬림은 알라의 뜻에 따르지 않고 있는 것이다.

마호메트가 사망한 지 100년도 채 안 돼 이슬람은 피레네 산맥에서 히말라야 산맥까지 전파됐다. 다양한 사람들이 새로운 보편적 형제애로 한데 이어지면서 광활한 새 제국을 창출했다. 새 제국의 영향력은 1300여 년이 지난 지금도 느낄 수 있을 정도다. 정복으로 알라의 뜻이 실현되고 있다는 분위기가 팽배했다. 군사적, 정치적 성공으로 모든 무슬림은 초월성을 더러 경험할 수도 있었다.

이렇듯 이슬람은 기독교와 근본적으로 다르다. 이슬람은 인간의 도시와 신(神)의 도시를 구분하지 않는다. 진정한 무슬림은 이음매 없는 세상에서 산다. 무슬림은 일상 생활에서 알라의 뜻이 반영된 움마, 다시 말해 보편적 형제애를 건설하는 데 주력한다.

기독교는 세속적 존재와 영원한 존재를 각기 다른 왕국으로 구분했다. 독립적인 세속 국가의 등장과 신앙의 전유(專有) 조건들을 각기 만들어 낼 수 있었던 것이다. 이슬람에는 그런 구분이 없다. 이슬람의 정치와 신학은 서로 긴밀히 연결돼 있다. 올바른 정치 생활은 올바른 영적 생활이다. 이런 점에서 이슬람은 진정한 보편적 비전이다. 삶은 정치적인 것이면서 동시에 영적인 것이다. 따라서 근대 서방의 정신 틀을 창출하는 데 한몫한 정교 분리, 다시 말해 이성과 신앙의 분리란 결코 있을 수 없다.

이슬람은 발생 초기 거의 내내 이런 단일 비전 아래 번성했다. 황금기의 이슬람 제국은 고대 로마 제국에 필적할 정도였다. 서유럽이 '암흑 시대'로 깊이 빠져들어 급기야 8세기경 빈사 상태에 놓였을 즈음 이슬람은 학문과 문화의 전성기를 구가하고 있었다.

이슬람의 우월성은 철학과 과학에서 가장 두드러졌다. 무슬림은 고대 그리스의 철학, 수학, 천문학을 재발견하고 훗날 근대식 대학으로 자리 잡게 되는 초기 모델까지 설립했다. 이후 500년 동안 무슬림 학자들은 과학 연구에 몰두했다. 스페인의 코르도바와 톨레도에 있던 이슬람 도서관은 세계 전역으로부터 부러움을 샀다.

그렇다면 근대 들어 자연 정복 및 세계 식민지화에 과학을 활용한 것이 이슬람 아닌 서방이었던 이유는 과연 무엇일까.

해답은 정교 분리를 부정한 이슬람 비전의 본성에 있다. 무슬림이 보기에 인간에게 유익한 과학은 인간에게 유익한 정치처럼 영광스런 알라의 존재를 반영하고 무슬림으로 하여금 더 정의롭고 영적인 삶까지 영위할 수 있도록 도와야 한다. 고대 그리스 철학은 세계를 피조물로 더 잘 이해하고자 존재 이유에 대해 끊임없이 파고들었다. 안와르 사다트 이집트 대통령의 과학 담당 보좌관 출신으로 현재 미국 보스턴 대학교에서 강의 중인 지질학자 파루크 엘바즈는 과학에 대한 무슬림의 접근법을 이렇게 설명했다. "많이 알면 알수록 신의 증거를 더 많이 보게 된다."[7] 무슬림은 알라가 만든 존재의 단일성을 더 잘 이해할 수 있도록 도와 주는 것이 과학이라고 생각한다. 그렇다고 과학을 실용하지 말라는 뜻은 아니다. 이슬람에서 천문학에 큰 관심을 보인 것은 모든 무슬림이 메카 쪽으로 정확히 절할 수 있도록 만들기 위함이었다. 무슬림 학자들은 정교한 도표와 천문도를 만들어 냈다. 세계 전역에 흩어진 무슬림이 성지 메카의 방향을 정확히 파악할 수 있도록 돕기 위해서였다.[8] 과학에 실리적 측면이 없지 않았지만 과학은 지금도 신성(神性)을 들여다볼 수 있는 하나의 창으로 간주된다. 과학은 결코 인간에게 봉사하는 것이 아니라 알라를 섬기기 위해 사용되는 것이다.

과학에 대한 유럽의 접근법

서방은 길고도 지난한 투쟁으로 결국 내세에 대한 고찰과 과학을 분리시켰다. 그 과정에서 서방은 이른바 '프로메테우스의 정신'을 해방시켰다. 근대 세계를 서방 유물론의 이미지로 재구성하게 된 것이다. 사회학자 막스 베버는 이런 영웅적 투쟁을 '세계의 각성'이라고 표현했다. 각성은 초기 기독교도의 경험은 물론 두 존재 영역, 다시 말해 세속적인 것과 영원한 것 사이의 뚜렷한 구획선에 뿌리를 두고 있다. 기독교도는 무슬림과 확연히 다른 세계를 경험했다. 무슬림이 현세에서 신앙을 실천한 반면 기독교도는 이 세상에 잠시 머물 뿐 이 세상에 속한 존재가 아니라고 생각했다. 세속에 머무는 동안 금욕해야지 흥청망청 즐기는 것은 옳지 않았다. 세속의 삶에 초월적 측면은 전혀 없었다. 초기 기독교도는 그리스도가 곧 재림할 것으로 믿었다. 따라서 잠시 머무는 속세에 별 관심이 없었다. 하지만 곧 일어나리라던 그리스도의 재림은 실현되지 않았다. 교회는 교회 금고로 끊임없이 돈이 흘러들 수 있도록 '권력'과 손잡고 세상사에 대한 교회의 장악력을 제도화하기 시작했다. 그러나 여러 수도회가 관심을 기울인 실용 기술에 대해서는 대수롭지 않게 여기고 대개 간과해 버렸다.

13세기 유럽의 기독교 사회는 기나긴 잠에서 서서히 깨어나고 있었다. 새로운 영농법 덕에 식량 생산량이 늘면서 로마 제국의 몰락 이래 처음으로 잉여 농산물을 구경할 수 있었다. 갓 선보인 상거래 활동이 번성하고 교역로가 열리기 시작했으며 농촌 마을은 소도시로 탈바꿈하고 수공예는 새로운 산업들로 확대됐다. 교회는 막연한 위기를 느꼈다. 교회는 실용 기술이 종속적 위치에 머무는 한 으레 용인했으나 새로 등장한 세속의 물질적 이해 관계가 신앙을 뒤흔들고 있었던 것이다. 13세기 위대한 신학자 성(聖) 토마스 아퀴나스는 『신학대전』에서 세속적 영역과 영적 영역의 분리에 대해 언급했다. 그에 따르면 신은 인간에게 고도의 두 능력을 부여했다. 그것이 바로 이성과 신앙이다. 인간으로 하여금 물질 세계를 탐구할 수 있도록 허용한 이성은 장려돼야 마땅하다. 물질 세계에 대한 탐구 목적은 신의 창조를 더 잘 이해하기 위함이다. 그러나 이성은 신앙에 종속된 것으로 봐야 한다. 이성이 답할 수 없는 것은 신앙의 영역으로 넘겨진다. 토마스 아퀴나스의 '절묘한' 타협은 이성이 신앙을 침해하지 않는 한 현실 영역에서 번성할 수 있도록 허용하기 위한 것이다. 이성이 신앙 위에 군림한다면 사람들은 인성이 신성보다 앞선다고 주장할 것이다. 그러나 토마스 아퀴나스의 타협 시도는 결국 실패하고 말았다.

세속적 부패에 맞서 신앙의 순수함을 되찾고자 했던 16세기 종교 개혁은 예기치 못한 결과로 이어졌다. 물질적 영역과 영적 영역의 틈새가 더 벌어진 것이다. 마르틴 루터와 장 칼뱅은 신의 소명(召命)이라는 새 교리를 설파했다. 그들은 교회가 아무리 '선행'을 강조하지만 선행으로 영생이 보장되는 건 아니라고 주장했다. 그들에 따르면 모든 사람은 태어날 때 이미 구원을 받을지 지옥으로 떨어질지 정해져 있다. 그러나 끝없이 맴도는 의심에도 불구하고 자신은 축복받은 자라고 스스로에게 주지시켜야 한다. '신의 부르심'에 따라 자기 운명을 계속 개척함으로써 이미 선택받은 인간처럼 행동해야 할 책임이 있다. 따라서 기독교도는 가능한 한 가장 체계적인 방식으로 자신의 삶을 조직했다. 개인의 이득 때문이 아니라 자기가 선민(選民)이라는 '징표'로서 성공을 거두기 위함이었다. 세속의 성공이 새삼 강조되면서 물질을 중시하는 풍조가 팽배해졌다. 베버는 새롭게 등장한 이런 생활 방식을 '프로테스탄트 윤리'라고 표현했다. 그는 프로테스탄트 윤리가 산업 시대의 목표 추구와 자본주의적 행태에 알맞은 합리적 정신 틀을 만들어 냈다고 주장하기도 했다.

1600년대에 이르러 세속적인 것과 영적인 것이 많은 부분에서 서로 충돌했다. 신세대 철학자들은 교회가 중시하는 여러 교리에 대항할 무기로 이성을 활용했다. 1620년 영국의 철학자 프랜시스 베이컨은 『신 오르가논』에서 이른바 '과학적 방법론'을 찬미하고 나섰다. 과학적 방법론이란 자연의 비밀을 풀어 인간이 우주 지배자로 등극하도록 만들 수 있는 지식 탐구 방법이다. 베이컨은 특히 무슬림 학자들이 그토록 추앙해 마지않았던 고대 그리스 과학에 심취해 있었다. 베이컨은 존재 이유에 연연한 소크라테스의 전통이 물질적 풍요를 드높이는 데는 완전히 실패했다고 생각했다. 그에 따르면 고대 그리스인은 "인간의 상황으로부터 짐을 덜어 주고 더 나아가 인간의 상황에 득이 될 수 있는 한 차례 실험적 증거조차 제시하지 않았다."[9] 베이컨은 비웃듯 이렇게 적고 있다. "고대 그리스인들은 소년의 특징을 그대로 지니고 있다. 쓸데없는 말을 즉석에서 쉽게 내뱉지만 어떤 결과를 도출해 내지는 못한다. 언어에 대한 지혜는 풍부하지만 실천이 결여돼 있기 때문이다."[10] 베이컨은 과학으로부터 얻을 수 있는 실제 이득에 많은 관심을 갖고 있었다. 그는 자연에 대해 '신성'을 들여다볼 수 있는 창이 아니라 일종의 '공창(公娼)'으로 간주한다. 그는 "인간 제국의 영역이 가능한 한 모든 사물에 영향을 미칠 수 있도록 확대해야 한다."며 "그러기 위해서는 자연을 깜짝 놀라게 만든 뒤 쥐어짜고 틀에 넣어 형상까지 만들라."고 촉구한 것이다.[11] 베이컨이 자연과 과학의 역할에 대해 갖고 있는 생각은 무슬림 학자들에게 저주나 다름없었다. 베이컨의 생각은 자연에 대한 지배와 사회에 대한 물질적 이득을 최대화하라는 순수 실용주의 철학이었다.

17세기 유럽은 그런 이론(異論)에 좀 더 유연하게 귀기울였다. 새로 떠오르는 중상주의(重商主義) 사회는 식민지 탐험과 더불어 자연 세계를 길들이고 인간 제국의 영역을 확대하는 데 여념이 없었다. 자연과 과학에 대한 베이컨의 사상은 열렬한 환영을 받았다.

교회는 양면적 태도를 보이고 있었다. 신세계 미개인들을 교화하는 데 혈안이 된 교회는 식민지 탐험에 수반된 분별 없는 인본주의가 몹시 못마땅했다. 새로운 합리적 유물론은 유럽인의 정신 속으로 슬며시 파고들며 제반 자연과학 사상에 영향을 미치고 있었다. 바티칸이 이를 억제하려 했지만 열의도 효과도 별로 없었다. 교회는 이탈리아의 천문학자 갈릴레오 갈릴레이가 더 이상 지동설(地動說)을 주장하지 못하도록 그에게 무기징역까지 선고했다가 곧 무기 가택연금으로 감형했다. 당시 서구의 물질적 진보의 속도가 너무 엄청난 나머지 교리로 이를 늦출 수는 없었다. 신앙이 이성에 자리를 내줬다. 철학자들은 100년 안에 새로운 물질 왕국이 도래할 것이라고 떠벌렸다. 프랑스의 철학자 마르키 드 콩도르세는 프랑스 혁명이 시작되자 이렇게 말했다.

> 인간의 능력 계발에 한계란 없다. (……) 인간의 완전성은 무한하다. (……) 인간의 완전성은 이를 가로막으려 드는 모든 권력보다 우월하다. (……) 인간의 완전성은 지구 생명이 다하는 날까지 영원히 지속될 것이다.[12]

서구는 이성과 신앙을 성공적으로 분리했다. 사회 생활에서 이성을 우선하고 신앙은 사생활 영역으로 격하시킨 것이다.

교회는 신앙을 계속 발전시켜 나아갔지만 더 이상 사회 위에 군림할 수 없게 됐다. '이성'을 세계 만방으로 확산시키기 위해 교회 대신 민족국가라는 새로운 제도적 모델이 들어섰다. 당시 이성은 근대 과학, 기술, 상거래라는 형태를 띠고 있었다. 새로운 과학, 기술, 상거래는 그 뒤 2세기에 걸쳐 세계를 지배했다. 근대 과학, 기술, 상거래의 촉각이 미치는 곳마다 이슬람은 패배와 종속에 허덕이다 결국 서방의 손에서 굴욕을 겪게 됐다.

19세기 후반 많은 무슬림은 서방이 교육 제도, 기술, 정치 기구라는 형태로 세계에 그토록 막강한 영향력을 행사할 수 있었던 이유가 무엇인지 곱씹어 보기 시작했다. 1차 대전 이후 마침내 오스만 제국이 무너지고 말았다. 많은 무슬림은 패배에서 벗어나 이슬람의 세계적 발판을 되찾기 위해서는 이교도가 강력한 존재로 떠오르는 데 한몫한 사물들을 적절히 활용하고 이를 무슬림 조건에 맞게 응용해야 한다고 생각했다.

서방의 영향

20세기 초반 두 집단이 모습을 드러냈다. 하나는 서구파, 다른 하나가 근대파다. 서구파는 서방의 모델을 이슬람 세계에 도입하려 했다. 이슬람의 근간을 이루는 정통주의에 도전하는 구조적 이식이 될 것이라는 생각에서였다. 특히 이집트와 인도의 무슬림 학자와 신학자들은 이슬람판 유럽 계몽주의를 만들어 냈다. 정교 분리, 시민사회 건설, 과학과 종교의 분리, 종교적 권위로부터 해방된 사법 제도 확립, 선거 정치 등 철저한 구조적, 사회적 개혁으로 이슬람을 서방의 틀로 개조하려 든 것이다. 근대파는 더 용의주도했다. 그들은 서방의 정치, 교육, 법률 모델을 일일이 선별했다. 이슬람의 핵심이 훼손되지 않는 한도 내에서 선택한 모델들을 이슬람의 사고 방식에 적응시켰으면 하는 바람이었다. 두 집단 가운데 크게 성공한 쪽은 서구파였다. 서방의 식민주의 영향력이 무슬림 세계에 이미 깊숙이 침투해 있었기 때문이다. 1차 대전 종전 이후부터 1960년대 사이 유럽과 미국에서 교육받은 중동 등지의 무슬림 엘리트들은 서방의 의상과 생활 방식을 받아들였다. 중동이 유럽화, 미국화한 것이다. 민족국가 모델이 중동에 소개되고 신세대 정치 지도자들은 속세 문화를 창출하기 시작했다.

중동의 서구화 역사는 실패로 점철됐다. 서구화 모델이 이슬람의 움마와 너무 동떨어진 나머지 성공할 수 없었던 것이다. 무슬림으로 하여금 자의적 정치 경계선에 기초한 세속적 통치 모델인 민족국가를 수용토록 만드는 것은 불가능했다. 무슬림은 이미 수 세기 동안 경계선 없이 신앙을 바탕으로 한 보편적 형제애에 충실해 왔기 때문이다. 그렇다고 무슬림이 부족이나 영역과 전혀 상관없이 지냈다는 말은 아니다. 하지만 그들의 광범위한 관계는 언제나 움마에 뿌리를 두고 있었다. 중동 등 세계 각지의 많은 무슬림은 민족국가를 무슬림에 대한 분열 통치 차원에서 고안된 식민 기구로 생각했다. 그런 생각에는 지금도 변함이 없다.

민족국가에 대한 무슬림의 인식은 중동 역사에서 비롯됐다. 유럽 열강, 그 가운데 특히 영국은 중동에서 100년 이상 식민 통치를 해 왔다. 민족국가들이 성립된 것은 식민 통치 시대의 일이다. 유럽 열강에 이어 미국과 손잡은 지역 실세들이 민족국가 성립을 종종 거들고 나섰다. 민족국가라는 개념이 도입된 것은 무역로를 공고히 하고 주요 자원들을 징발하며 군사 전략적 이해 관계를 보호하기 위함이지 비슷한 생각으로 연결된 주민들을 공동의 정치적 목적 아래 한데 결집시키기 위함이 아니었다. 다양한 지역 부족들 사이에 정치적 경계선이 중첩된 채 강제로 그어지는 경우가 왕왕 생기면서 분쟁과 적대감까지 유발됐다. 그럴 때면 경찰과 군이 심심찮게 개입하여 진압해야 했다.

2차 대전 이후 범아랍주의라는 자생 민족주의가 한동안 번성했다. 1940년대 후반부터 1950년대 초반까지 인도, 아프리카, 아시아에서 전개됐던 반식민 투쟁에 고무된 신세대 아랍 지도자들은 민족의 자주 독립과 관련해 색다른 접근법을 들고 나왔다. 그들 가운데 대표 주자였던 이집트의 자말 아브단 나세르는 20세기 초반 민족주의라는 강요된 식민주의 형태와 거리를 두기 시작했다. 1950년대 권력 공고화에 성공한 나세르는 내용상 사회주의적이고 형식상 근대적인 정권을 설립했다. 그는 아랍 세계를 아랍어권 단일국가로 통합할 생각이었다. 이는 그보다 80여 년 앞서 민족주의자들이 독일어권 지역과 이탈리아어권 지역을 한데 통합하려 했던 것과 매우 흡사하다.

나세르의 범아랍권 통합 구상은 중동을 휩쓸었다. 한 세기 동안 지속된 식민 찬탈 끝에 신세대 지도자들은 나름대로 대안적 비전을 모색하고 있었다. 그러나 애초의 열정은 그리 오래가지 못했다. 범아랍 민족주의는 곧 새로운 종류의 식민 종속으로 훼손됐다. 이번에는 소련의 지정학적 영향력 아래 놓이게 된 것이다. 서방의 식민주의가 소련의 식민주의로 대체됐을 뿐이다. 게다가 이집트의 사회주의는 국가나 지역을 발전시킬 능력도 없었다. 1960년대 중반 나세르의 경제 개발 계획 가운데 상당수가 실패로 끝났다. 이집트를 비롯한 중동의 여러 나라는 다른 국가들에 뒤지고 말았다. 근대화와 자주 독립을 둘러싼 범아랍적 접근이라는 원대한 이상은 사라졌다. 1967년 이스라엘과 치른 전쟁에서 당한 굴욕적인 패배가 범아랍주의에 최후의 일격을 가하고 말았다. 아랍 세계가 인구 300만의 유대 국가에 패하자 범아랍권 부활 운운하는 것은 어리석은 생각 같았다.

사회주의로 치장한 나세르의 상표 범아랍주의는 '거리에' 큰 파장을 던졌다. 나세르는 꿈같은 범아랍 국가 건설이 주민 일상 생활에 대한 이슬람의 통제력을 누그러뜨리느냐 누그러뜨리지 못하느냐로 판가름날 수 있다고 판단했다. 나세르 정부가 이집트 사회를 세속화하려면 무슬림과 직접 맞부딪쳐야 했다. 이집트에서 가장 활발히 움직이던 이슬람 단체 '무슬림 형제단'에 대한 탄압은 매우 가혹했다. 무슬림 형제단 조직원 가운데 1000명 이상이 집단 수용소에 감금됐다. 수년 동안 수용된 사람도 상당수에 이르렀다. 다른 중동 국가들도 근대화와 세속화라는 기치 아래 이슬람 단체를 가혹하게 탄압했다. 이란의 모하마드 레자 샤 팔레비 국왕은 '마드라사'(이슬람 학교)를 폐쇄하고 '울라마'(종교 지도자)까지 고문, 감금, 추방했다. 그는 이슬람 반체제 인사들에게 총격도 가한 데다 의상에서 생활 방식에 이르기까지 이슬람 요소들을 추방하자는 대중 운동까지 조직적으로 전개했다. 중동에서 볼 수 있었던 이런저런 탄압은 세속 사회의 개념을 둘러싸고 무슬림 사이에 분노만 부채질했다.

새로운 민족국가가 주도한 근대화는 주민들, 그중에서 특히 청년층에 또 다른 근본적 영향을 미쳤다. 이집트, 이란, 요르단이 추진한 경제 근대화 운동은 농촌 인구를 도시로 집중시켰다. 고향 땅과 지역 공동체에서 쫓겨나 카이로, 테헤란 같은 인구 밀집 도시 지역으로 내몰린 많은 무슬림은 정신적 지주를 잃고 말았다. 도시라는 세속 사회는 그들에게 어떤 위안도 주지 못했다. 가난에 허덕이며 사회로부터 소외된 채 개인의 정체성마저 잃어 버린 많은 청년 무슬림은 적대적인 세계에서 이방인처럼 살고 있다는 생각이 들었다. 범아랍주의, 사회주의, 세속주의, 근대화 모두 그들을 구원하는 데는 실패했다. 어깨만 짓누르는 불행에서 벗어나기 위해 점차 많은 무슬림이 신앙으로 눈을 돌리기 시작했다. 그들은 새로운 운동 형태, 다시 말해 이슬람화에서 희망을 발견했다.

이슬람화

근대 이슬람 원리주의의 정신적 지주는 사이드 쿠트브였다. 이집트 무슬림 형제단에서 활동하던 청년 쿠트브는 세속적 영향력에도 불구하고 신앙의 영적 진수만은 간직한 채 서방 민주주의를 이슬람 환경에 어떻게 접목시킬 수 있을까 고민했다. 하지만 그는 이슬람 형제단에서 활동한 혐의로 투옥된 뒤 마음을 바꿨다. '형제들'이 경찰에게 가혹한 고문을 받고 살해되는 광경까지 목격한 쿠트브는 이슬람과 세속 사회가 양립할 수 없다고 믿었다.

쿠트브는 옥중에서 『길라잡이』를 저술했다. 『길라잡이』에서 그는 나세르와 아랍 국가 지도자 거의 모두를 '자힐리야'라고 싸잡아 비난했다. 자힐리야는 원래 이슬람이 발생하기 이전 '무지의 시대'를 일컫는 말이었다. 자힐리야는 '신앙의 적', 다시 말해 알라의 뜻에 복종하지 않는 야만 세력을 의미했다. 아랍 지도자들을 자힐리야로 비난하고 나선 것은 그야말로 깜짝 놀랄 일대 정치적 사건이었다.

쿠트브는 아랍 세계 지도자들이 서방의 해악에 감염됐으며 무슬림으로 하여금 이슬람에 등을 돌리도록 치밀히 계산된 정치를 시행 중이라고 말한 것이다. 쿠트브는 진정한 무슬림이라면 그런 정권을 전복시켜야 한다고 주장했다. 그의 발언 수위는 이슬람 권력자들에 대한 반란을 선언하는 데까지 이르렀다. 그가 던진 메시지는 중동 전역에서 서서히 반향을 불러일으켰다. 이렇게 해서 이슬람 원리주의가 탄생한 것이다.

오늘날 이슬람 원리주의 세력은 여러 계보로 나뉘어 있지만 그들이 한결같이 공감하는 몇몇 교리가 있다. 첫째, 무슬림 세계가 이지러지고 있는 것은 일반 무슬림과 통치자들이 마호메트와 코란의 가르침을 저버렸기 때문이다. 둘째, 믿음이 약해지면서 서방의 파괴적 영향력, 그중에서 특히 물질주의, 세속주의, 부도덕한 생활 방식, 민족주의가 무슬림에게 파고들어 자리 잡게 됐다. 셋째, 그런 문제에 대한 해법은 무슬림 세계를 다시 이슬람화하는 것이다. 무엇보다 '샤리아'(이슬람 법) 재건으로 이슬람의 전통적인 행동 규범을 철저히 따르고 사회에서 서방의 영향력, 그 가운데 특히 퇴폐적 생활 방식과 문화 가치를 몰아내는 것이다. 그러나 서방의 기술과 일부 상거래 형태는 이슬람화라는 전제 아래 용인될 수 있다. 넷째, 사회의 재이슬람화는 이슬람의 재정치화로만 이룩될 수 있다. 이슬람 원리주의자들은 종종 이슬람 전통의 수호자인 울라마에 대해 매우 비판적이다. 울라마가 이슬람의 중요한 소명 가운데 하나인 정치적 책무를 망각했다는 이유에서다. 이슬람 원리주의자들은 많은 울라마가 정치에 관심이 없거나, 심지어 부패 정권까지 옹호하고 있어 정의로운 사회 구현 투쟁을 이끌 자격조차 없다고 주장한다. 이슬람 원리주의 운동 가운데 상당수를 종교 지도자가 아닌 일반 무슬림이 이끄는 것도 바로 그 때문이다.[13]

오늘날 젊은 이슬람 원리주의자들은 "이슬람이 해법"이라고 외친다. 이슬람화가 무슬림에게 새로운 시작의 길을 열어 준 첫 조짐은 1973년 제4차 중동 전쟁에서 나타났다. 제4차 중동 전쟁이 터지기 7년 전 무슬림은 "땅, 바다, 하늘"이라는 구호를 외치며 첨단 군장비에 우쭐한 채 전장으로 향했다. 하지만 그들은 이스라엘에 패하고 말았다. 1973년 전쟁 구호는 기술에서 신앙으로 바뀌었다. 당시 아랍 전사들은 "알라는 위대하다."고 외쳤다.[14] 부활한 신앙이 승리로 이어질 듯했다. 적어도 청년 이슬람 원리주의자들만큼은 그렇게 생각하고 있었다.

1979년 이란 혁명은 이슬람 부활에 불을 댕기고 중동과 세계 전역의 이슬람 원리주의 운동도 자극했다. 청년 이슬람 원리주의자들은 이란 혁명에서 어떤 가능성을 발견했다. 많은 무슬림에게 팔레비 이란 국왕은 서방의 지나친 해악을 대표하는 인물이었다. 아야톨라 호메이니의 지도 아래 팔레비 정권이 이슬람 원리주의 정부로 대체되면서 이슬람 원리주의자들은 처음으로 완벽한 정치적 성공 사례를 얻게 됐다. 꿈이 현실로 나타나자 중동의 재이슬람화가 실질적 가능성으로 등장하기에 이르렀다.

1970년대 또 다른 요인이 서서히 모습을 드러내고 있었다. 오일 붐이 바로 그것이다. 오일 붐은 이슬람 원리주의보다 더 중요한 것일지 모른다. 오일 붐은 중동 등지의 수백만 무슬림에게 재이슬람화로 역사가 변할 것이라는 확신을 심어 줬다. 1970년대 오일 붐은 무슬림 세계에 대한 서방의 이미지는 물론 무슬림 자신의 정체성에도 근본적 변화를 일으켰다. 이런 인식의 변화는 이슬람 내부에서, 이슬람이 다른 세계와 맺고 있는 관계에서 이슬람을 재정의하는 데 크게 기여했다.

변화의 정도를 파악하기 위해 먼저 다음과 같은 사실에 유념해야 할 필요가 있다. 1970년 당시 원유는 세계 시장에서 상대적으로 안정된 배럴당 3달러에 팔리고 있었다. 그로부터 10년 뒤 유가는 배럴당 34달러를 기록했다.[15] 석유 생산이 극적으로 증가했음에도 불구하고 유가는 치솟았다. 1970년 사우디아라비아는 하루

350만 배럴을 생산했지만 1980년 1000만 배럴로 대폭 늘렸다.[16)] 산유국들의 국고로 흘러 들어간 돈은 전례 없이 어마어마했다. 1970년 사우디아라비아는 석유 매출고 12억 달러를 기록했으나 그로부터 10년 뒤 연간 매출고가 1010억 달러 이상에 이르렀다.[17)]

구매자 중심에서 판매자 중심으로 시장이 바뀌는 동안 세계는 이에 미처 대처하지 못했다. 세계 경제의 생명줄 석유가 과거 단순한 공급자였던 산유국 토후(土侯)들과 정부의 손으로 갑자기 넘어간 것 같았다. 세계 지도자들은 아랍 토후의 환심을 사기 위해 굽실거렸다. 세계 굴지의 기업들은 전용 제트기까지 동원하여 임원을 중동에 파견했다. 산유국 정부에 로비를 벌여 유리한 계약부터 따 내고 보자는 심산이었다. 미국의 보수 논객 대니얼 파이프스는 저서 『알라의 길을 따라』에서 이렇게 적고 있다. "몇 년 전만 해도 아랍 국가들이 세계 최고 부국 반열에 오르리라고는 전혀 생각지 못했다. 그러다 갑자기 아랍국들에 엄청난 부가 유입되는 예기치 못한 상황이 벌어지자 모두들 기적처럼 여겨져 몹시 두려운 가운데서도 어리벙벙했다."[18)]

파이프스는 그 밖에도 오일 붐으로 흥미로운 결과가 많이 생겼다고 말한다. 그가 말한 흥미로운 결과들은 이슬람에 대한 긍지로 새삼 이어졌다. 넘실대는 부로 즐거운 비명을 지르던 정부, 토후, 석유 관련 기업들 모두 세계 곳곳에서 마드라사 설립에 나섰다. 이슬람 전파에 많은 돈을 쏟아 부은 것이다. 이슬람 관련 서적과 간행물도 세계에 널리 보급됐다. 엄청난 자금이 국내외 종교 기관 및 조직으로 흘러 들면서 재이슬람화에 가속도가 붙었다.

무슬림 세계는 석유가 이슬람의 새 역사를 쓰게 될 것이라고 오랫동안 믿어 왔다. 그러나 재이슬람화라는 꿈이 현실로 나타난 것은 1973년 가을 이후였다. 2차 대전 이후 미국 등 서방 연합국이 의도적으로 짜 놓은 세계 경제 질서를 중동의 무슬림 정권들은 단 몇 주 만에 엎어 버렸다. 그 과정에서 중동 국가들은 일시적이나마 동등한 주역으로 세계 무대에 오를 수 있었다.

이집트와 시리아가 유대인의 거룩한 안식일 중에서도 가장 거룩한 '욤 키푸르'(속죄의 날)에 이스라엘을 기습 공격함으로써 제4차 중동전쟁이 일어났다. 그로부터 열흘 뒤 쿠웨이트에서 회동한 OPEC 대표들은 유가를 배럴당 5.11달러로 인상한다고 발표했다. 인상률이 자그마치 70퍼센트였다. 유가 인상 못지않게 중요한 것은 OPEC 대표들이 사상 처음 석유업계의 동의도 없이 일방적으로 유가를 결정했다는 점이다. 중동 산유국들은 반세기 동안 서방 정부와 석유업계의 멍에로부터 벗어나기 위해 몸부림쳤다. 케임브리지 에너지 리서치 어소시에이츠의 대니얼 여긴 소장은 저서 『황금의 샘』에서 석유업계가 유가를 결정하던 시대로부터 석유 수출국들이 거부권을 행사할 수 있는 시대로, 상호 협상가격 시대로 전환되기까지 산유국들의 독립 투쟁은 오랫동안 고통 속에 진행돼 왔다고 지적했다. 이제 OPEC 단독으로 행동에 나서게 된 것이다. 당시 아흐메드 자키 야나미 사우디아라비아 석유장관은 사건의 중요성에 대해 이렇게 평가했다. "때는 왔다. 우리 상품을 우리 마음대로 지배할 수 있게 된 것이다."[19]

그로부터 사흘 뒤 리처드 닉슨 미국 대통령은 22억 달러 상당의 군사 원조를 이스라엘에 제공할 계획이라고 밝혔다. 중동 지도자들이 분노한 것은 당연한 일이었다. 그날 늦은 시각, 리비아는 미국에 대한 석유금수 조처를 발표했다.[20] 사우디아라비아 등 다른 산유국들도 곧 리비아의 뒤를 따랐다.

석유금수 조처에는 대미(對美) 석유 수출 금지 말고도 생산 제한까지 포함돼 있었다. 그 해 12월, 하루 440만 배럴이 감산됐다.[21] 세계 시장의 석유 공급량이 빠듯한 판에 생산량까지 9퍼센트 줄자 석유 회사와 소비자들은 석유를 확보하기 위해 서로 아우성이었다.[22] 세계가 지금까지 중동 원유에 어떻게 의존해 왔는지 새삼 깨닫게 되면서 공황이 발생했다. 유가는 천정부지로 치솟았다. 미국의 경우 가솔린 가격이 40퍼센트나 올랐다. 석유가 곧 동날지 모른다는 두려움에 운전자들이 주유소 앞에서 장사진을 쳤다. 사상 처음 있는 일이었다. 그 해 12월 아랍 석유장관들이 다시 모여 유가를 배럴당 11.65달러로 공식 인상했다. 2개월 전 제4차 중동전쟁 발발 이래 네 배 오른 가격이었다.[23]

석유금수는 서방 동맹국들에 심각한 위협으로 다가왔다. 특히 유럽 열강은 아랍 토후들을 더 이상 자극하지 않기 위해 전전긍긍했다. 미국에 비해 유럽의 중동 원유 의존도가 훨씬 높다는 사실도 상기시켰다. 11월 유럽공동체(EC)는 아랍과 이스라엘 분쟁에서 아랍을 지지한다는 결의안까지 채택했다. 이에 따라 아랍 국가들은 12월 단행할 대(對)유럽 석유금수 조처를 철회했다.[24] 중동 원유에 대한 의존도가 유럽보다 높은 일본 역시 아랍 국가들을 지지했다.[25] 이로써 일본도 금수 대상에서 제외됐다.

유가 폭등은 산업 선진국들을 경기 침체의 깊은 늪으로 몰아넣었다. 2차 대전 이래 처음 실업률이 배로 증가하고 국민총생산(GNP)은 하락했다.[26]

석유금수 조처의 심리적 파장은 경제적, 지정학적 영향 못지않게 막대한 것으로 드러났다. 수세기 동안 내리막길로만 치달던 이슬람 세계는 하루아침에 실질적인 세계 열강의 반열에 올라섰다. 독일 함부르크 소재 중동학연구소의 우도 슈타인바흐 소장은 아랍 무슬림이 겪은 심오한 정신적 변화에 대해 다음과 같이 소개하고 있다.

> 석유의 중요성은 여기에 있다. 대다수 산업 국가는 아랍, 그중에서 특히 사우디아라비아산(産) 석유에 의존하고 있다. 이런 상황은 무슬림 아랍에 정치적 종교의 정당성을 인정받는 데 필요한 힘과 국제적 권위까지 안겨 줬다. (……) 이런 식으로 무슬림 아랍은 정체성을 완전히 회복한 데다 세계 질서가 적절히 재편됐음도 알게 됐다.[27]

역설적이게도 오일 붐은 서구식 근대화를 중동에 신속히 이식하는 효과까지 가져왔다. 아랍 국가들은 서방 무기상으로부터 비싼 첨단 무기를 구입했다. 소비재와 각종 기술 제품이 중동에 넘쳐흘렀다. 서구식 의상과 생활양식도 마찬가지였다. 정부로부터 온갖 보조금과 지원을 받는 젊은이들이 유럽과 미국 유학길에 나섰다. 중동에서 서방으로 석유가 흘러 드는 사이에 서방의 상품과 사고 방식이 중동에 유입된 것이다. 이런 현상은 순식간에 일어났다. 많은 무슬림이 문화적 '미래의 충격'과 그에 따른 정체성 위기를 경험했다. 서방의 영향력과 유혹에 둘러싸인 세계에서 무슬림으로 산다는 것은 과연 무엇인가 하는 문제가 대두됐다. 무슬림은 해법을 찾아 나섰다. 많은 청년 무슬림이 그 과정에서 마호메트의 가르침으로 눈을 돌렸다.

마호메트는 무슬림에게 정의롭고 따뜻한 사회 구현으로 불평등을 해결해야 한다고 호소했다. 젊은 무슬림들의 눈에 비친 주변 세계는 대다수 아랍인이 비참한 절망 속에서 살고 있는 반면 극소수만 상상조차 할 수 없는 부를 만끽하는 곳이었다. 새로 유입된 부는 중동에 권위를 안겨 줬지만 세속 정권은 썩을 대로 썩어 있었다. 무슬림 정치 지도자들은 석유 통제권으로 해외에서 막강한 영향력을 행사하는 한편 국내에서는 그보다 더 큰 권력도 휘둘렀다. 석유에 대한 막강한 영향력으로 중동은 서방의 경제적 헤게모니에서 벗어날 수 있었다. 하지만 수백만의 아랍인을 독재 정권으로부터 해방시키지는 못했다. 많은 젊은이가 이슬람 부활과 새로운 이슬람 원리주의에서 희망을 발견했다. 이후 그들이 추구한 것은 중동과 세계의 재이슬람화였다.

시련기

1970년대 석유 파동으로 아랍 무슬림은 자신들의 집단적 운명에 대해 새삼 생각하지 않을 수 없었다. 석유 파동은 이슬람 부활의 밑거름이 되기도 했다. 그러나 현재 아랍 세계 전역에 불고 있는 이슬람 원리주의 바람이 거세지기 시작한 것은 1980년대 중반 세계 석유의 붕괴 이후 나타난 어려운 현실 때문이다. 오일 붐이 이슬람에 대한 신뢰 회복으로 이어졌다면 오일 불황은 신세대 무슬림에게 서방뿐 아니라 부패하고 둔감한 내부 독재 정권도 타도해야 할 대상이라는 확신을 심어 줬다. 요컨대 아랍 정부가 종교 집단과 노동자 회유 차원에서 국민에게 직장과 소득을 보장하고, 기본 서비스와 각종 선물, 특혜, 보조금까지 제공한다면 적어도 한동안 이슬람 원리주의 개혁론은 잠잠해질 것이다. 그러나 석유 수출로 얻을 수 있는 부가 점차 줄고 재정이 오그라들면서 모든 공공 보조금은 삭감됐다. 최근 몇 년 사이 증가한 것은 국민들 욕구를 점차 나 몰라라 하면서 굼뜨게 반응하는 정권에 대한 대중의 분노와 원망이다.

석유와 관련된 통계치는 당혹스러울 정도다. 1974년 석유금수조처 이후 OPEC의 석유 매출고는 연간 3400억 달러에 이르렀다. 1979년 이란의 팔레비 국왕이 몰락하고 1980년 이란과 이라크 전쟁까지 터지면서 석유 매출고가 4388억 달러로 껑충 뛰었지만 그 뒤 6년 만에 830억 달러 밑으로 뚝 떨어졌다.[28] 이후 OPEC의 석유 매출고는 바닥에서 벗어날 줄 모르고 있다.

오일 붐 시대에 중동, 그중에서 특히 중동 석유 가운데 90퍼센트가 매장돼 있는 걸프 지역의 많은 국가는 불로소득 사회로 변했다. 정부 수입은 세금이 아닌 석유 매출고가 차지하고 있었다. 원인은 뻔하다. 1980년대 오일 붐이 한창일 당시 걸프 지역 국내총생산(GDP) 가운데 50퍼센트 이상을 석유 수출고가 차지했다.[29] 국민이 세금을 전혀 안 내면서도 모든 기본 욕구가 충족된다는 게 서방인들로서는 상상하기 어렵지만 사우디아라비아, 쿠웨이트, 카타르, 아부다비, 두바이의 현실은 바로 그랬다. 1970년대 오일 붐이 한창일 당시 걸프 지역 정부들은 국민의 모든 삶에서 중추를 이루고 있었다. 확대된 정부의 새 역할에서 가장 두드러진 부문이 고용이었다. 쿠웨이트 정부는 1980년대 중반 세계 석유 붕괴 이후에도 노동력 가운데 반 이상을 공공 부문에 계속 붙들어 놓았다. 1990년대 오만의 노동력 중 60퍼센트 이상이 이른바 '공동체 서비스'로 정부에서 임금을 받았다.[30]

공공 고용은 '요람에서 무덤까지' 정책의 일부에 불과하다. 많은 걸프 지역 국가가 대학 무상 교육, 무료 보건의료 서비스, 주택 보조금, 사업 지원 및 저리 융자, 장애인과 노인 사회보장제를 제공하고 있다. 사우디아라비아와 쿠웨이트는 정부가 지원하는 기업들을 통해 정부 보조 식량까지 제공할 정도다. 가솔린은 헐값에 판매되며 상수도, 전기, 전화 같은 공공 서비스는 무료이거나 정부로부터 보조를 받는다.

물론 진정한 의미의 '공짜'란 없다. 걸프 지역 정부들은 공짜의 대가로 국가에 대한 완벽하고 확고한 충성을 국민에게 요구한다. 현대적 의미의 정치적 이견조차 용납되지 않는다. 한때 많은 중동 국가에서 하나의 정치 세력을 형성했던 노동조합들이 적어도 걸프 지역에서만큼은 불법화됐다. 쿠웨이트, 오만, 카타르, 사우디아라비아, 아랍에미리트연방에서 정당 설립은 불법이다. 이라크에서 허용된 정당은 사담 후세인이 이끄는 집권 바트당뿐이다. 이라크 방송 매체는 정부의 통제 아래 있으며 신문은 검열 대상이다. 세습 엘리트 집단이 이끄는 걸프 지역 정부들은 정부 입장과 다른 정치적 견해가 방송되거나 공표될 수 있는 여지를 아예 없애 버렸다.[31]

원유 수출로 얻은 수입이 정부의 공공 서비스 비용을 충당하고도 남았을 때 대다수 국민은 국가에 충성하고 복종할 수 있었다. 그러나 지난 10여 년 동안 원유 수출에서 얻은 수입만으로는 급증한 정부 지출을 감당할 수 없었다. 공공 부채가 늘고 공공 서비스 부문에 대한 지출이 계속 삭감되면서 걸프 지역 국가들은 역사상 어느 때보다 위험한 정치 불안에 휩싸이고 있으며 반정부 이슬람 원리주의 운동 역시 더욱 극렬해졌다.

열악한 경제 상황은 주로 원유 매출고 감소에서 비롯됐지만 중동 지역의 인구 급증이 이를 더 부채질했다. 중동 지역에 '인구 폭발' 현상이 나타났다. 1990년대 중동의 연평균 인구 성장률은 2.7퍼센트였다.[32] 그러나 중동 인구 가운데 40퍼센트가 17세 미만이라는 점이 더 불안한 요인으로 등장하고 있다. 오늘날 18세에서 25세의 실업률은 평균 20퍼센트로 중동 지역에 정치적 시한폭탄이 되고 있다.[33]

경제 부문을 다각화한다든가 새로운 고용 창출원을 마련하지 못 하고 있는 걸프 지역 국가들이 맞닥뜨린 두 가지 대안 역시 위험하기는 마찬가지다. 국가 부채가 가중되더라도 가능한 한 많은 젊은이를 공공 부문에 계속 고용하든지, 아니면 젊은이들을 거리로 내몰아 이슬람 무장 세력으로 탈바꿈시키는 수밖에 없다.

어느 쪽이든 단기적으로, 다시 말해 향후 몇 년 동안 러시아 등 비OPEC 산유국들이 저렴한 원유를 세계 시장에 공급하는 한 중동 지역 국민 1인당 실질 소득은 계속 하락할 전망이다. 오늘날 걸프 지역 남부의 국민 1인당 실질 소득은 20여 년 전 오일 붐 절정 당시의 실질 소득의 40퍼센트에 불과하다. 국민 1인당 실질 소득이 앞으로 계속 줄면서 사회와 정치 불안이 확산될 가능성은 더 높아

질 듯싶다.[34]

사우디아라비아

사우디아라비아에 이런 우스갯소리가 있다. "아버지는 낙타를 타고 다니셨고 난 자동차를, 아들은 제트 비행기를 몰고 다닌다. 그러나 내 손자는 낙타를 타고 다니게 될 것이다."[35] 남아 있는 세계 석유 매장량 가운데 1/4 정도가 사우디아라비아 땅에 묻혀 있다. 그러나 많은 사우디아라비아 사람들 사이에 자신들은 '빌려 온 시간'으로 살아가고 있다는 숙명적 생각이 자리 잡고 있다. 세계가 석유 시대로부터 벗어나는 방식은 사우디아라비아 사람들이 빌려 온 시간을 어떻게 이용하느냐에 따라 결정될 것이다.

이슬람 성지 메카와 메디나가 있는 곳으로 마호메트의 탄생지이기도 한 사우디아라비아는 전통과 현대, 영적 삶과 세속적 삶을 대비해 볼 수 있는 좋은 연구 대상이다. 50년 전만 해도 사우디아라비아 사람들은 마호메트 당시 생활을 거의 그대로 이어 가고 있었다. 인구의 대부분은 유목민이었다. 1950년 사우디아라비아에는 포장도로가 하나도 없었다. 항구 지다는 인구 5만 명 정도가 거주하는 성곽도시였다. 수도 리야드로 연결되는 철도도 없었다. 존 F. 케네디 미국 대통령이 암살당한 1963년 사우디아라비아에 라디오 방송국은 하나뿐이었다. 그러나 오늘날 사우디아라비아 전역의 농촌과 도시를 서로 잇는 도로망이 수만 킬로미터에 이른다. 지다는 인구 150만의 세계적 도시로 탈바꿈했다. 지다의 가로변에는 고층 아파트와 사무용 빌딩들이 즐비하다. 지다 국제 공항의 면적은 64제곱킬로미터로 케네디, 라가디아, 오헤어, 로스앤젤레스 국제공항들을 모두 합친 것보다 50퍼센트 더 넓다. 리야드 신공항은 지다 공항 면적의 배를 넘어 자그마치 150제곱킬로미터에 이른다. 1978년 사우디아라비아 전역에서 텔레비전은 몇 대에 불과했고 전화는 12만 5000대뿐이었다. 그러나 오늘날 국민 1000명당 텔레비전 250대를 보유하고 있으며 열한 개 이동지국과 세 개 고정지국으로 이뤄진 위성 시스템 덕에 어디서든 전화 통화가 가능하다. 사우디아라비아에 발전소가 처음 건설된 것은 2차 대전 이후의 일이다. 현재 사우디아라비아 전역에 전기가 공급된 데다 거의 모든 주요 건물들은 에어컨 시설을 가동 중이다.[36)]

사우디아라비아 여성에게 자동차 운전은 물론 극장 출입조차 허용되지 않는다. 사우디아라비아에는 민선 정부 기관도 없다. 결혼, 이혼, 상속 관련 판결은 종교재판소 관할이다.

사우디아라비아 정부가 존재할 수 있는 것은 정치 세력과 종교 세력의 연대 때문이다. 두 세력의 연대는 250년 훨씬 전부터 이뤄졌다. 1745년 조그만 오아시스 도시 다리야의 통치자 모하메드 이븐 사우드는 엄격한 이슬람 관습으로 복귀해야 한다고 주장한 이슬람학자 아브드 알 와하브와 동맹을 맺었다. 두 사람의 동맹은 모하메드 이븐 사우드가 이슬람 금욕주의를 통치 근간으로 받아들이는 대신 아브드 알 와하브는 정부를 합법적 통치 기구로 인정한다는 내용이었다. 양측의 동맹 관계는 그 뒤 수년 동안 두 가문의 정략 결혼으로 유지됐다. 근대 사우디아라비아의 창설자 아브 알 아지즈 알 사우드 아르 이븐 사우드는 20세기 초반 아라비아 반도 거의 대부분을 통합했다. 그때에도 와하브파가 통합에 결정적 역할을 담당했다.

와하브파의 종교적 리더십은 영향력 면에서 사우디 왕가 다음이다. 와하브파는 교육과 사회 문제에 대해 직접 통제권을 행사하며 국정은 왕가와 협의한다. 정부는 이슬람 사원 건립 기금, 종교 활동 비용, 종교 지도자들의 임금을 대 준다. 울라마는 종교 활동에 대한 배타적 권한과 국민의 사회 생활에 대한 통제권까지 행사하는 한편 정부는 울라마로부터 충성을 서약받는다.

사우디아라비아는 특이한 국가이다. 전제 국가이자 신권(神權) 국가이기 때문이다. 과거 사우디 왕가는 와하브파를 일종의 정치 보험으로 간주했다. 사우디 정부는 시민 단체 설립을 금했다. 그리고 국민의 사회와 문화 생활을 감시하고 조정하는 역할은 와하브파에 일임했다. 흥미로운 것은 국민들에게 표현의 자유가 금지돼 있기 때문에 서로 자유롭게 모여 의견을 교환하고 논쟁할 수 있는 유일한 곳이 이슬람 사원이라는 점이다. 꾹꾹 눌러 온 분노와 고뇌, 특히 젊은 층의 분노와 고뇌가 종교 모임에서 발산된다. 그 결과 최근 몇 년 사이 지역 이슬람 사원의 정치화 경향이 뚜렷해졌다. 지역 종교 기구가 과거 사우디 왕가의 이익을 존속시키는 안전밸브였지만 앞으로는 국가 권위를 전복시키려는 신세대 이슬람 원리주의자들의 온상이 될 가능성도 전혀 배제할 수 없다. 사태의 추이는 사우디아라비아 정부가 지난 수년 동안 유가 하락에서 비롯된 열악한 경제 환경을 제대로 다루느냐 못 다루느냐에 달려 있다.

사우디아라비아는 한 세대 만에 급변을 경험했다. 사회 활동이 엄격한 이슬람 율법으로 묶여 있는 사우디아라비아에서 현대화와 세계화에 대처한다는 것은 매우 힘든 일이다. 불가능하다고 말하는 사람도 있다. 현재 사우디아라비아가 안고 있는 문제들 대부분은 급속한 경제 성장에 이어 찾아온 가파른 경기 침체에서 비롯됐다. 경기의 부침은 유가 탓이었다. 석유는 알라의 선물이면서 동시에 저주였던 것이다.

1970년 사우디아라비아의 인구는 620만 명, GDP는 40억 달러, 1인당 국민 소득은 2800달러에 불과했다. 그러나 지금 사우디아라비아의 인구는 2270만 명으로 그 가운데 43퍼센트가 14세 미만이다. GDP는 1730억 달러, 1인당 국민 소득은 8500달러다.[37)]

30년도 채 안 되는 사이 사우디아라비아의 노동력에 큰 변화가 있었다. 사우디아라비아의 경우 30년 전 농업 부문 종사자는 전체 노동력 가운데 64퍼센트였으나 현재 6퍼센트 미만이며 47퍼센트가 공업, 다른 47퍼센트가 각종 서비스업에 종사하고 있다.[38)] 농촌 지역의 인구 감소는 개발도상국 중 가장 빠른 속도로 진행됐다. 1995년 사우디아라비아 인구의 80퍼센트 정도가 도시 지역에 거주하고 있었다. 다섯 명 가운데 한 명은 인구 100만이 넘는 대도시에서 살았다.[39)]

문맹률은 85퍼센트에서 37퍼센트로 하락했다. 그러나 청소년층 가운데 10퍼센트가 초등학교 4학년 과정에서 학교를 떠나며 중학교 진학률은 남성이 5퍼센트, 여성은 2퍼센트에 불과하다.[40)] 사우디아라비아 학동들이 배우는 내용 중 상당 부분은 종교적 가르침이기 때문에 다양한 경제사회에서 의미 있는 일자리를 얻는 데는 부적합한 실정이다.

자원이라고는 석유밖에 없는 사우디아라비아에서 저학력 노동력은 나쁜 징조로 등장하고 있다. 사우디아라비아 정부가 사회 새내기들을 노동력으로 끌어들일 수 있는 유일한 방법은 공공 부문에 투입하는 것이었다. 1997년 사우디아라비아의 성인 노동력 가운데 반 이상이 정부 임금으로 살아가고 있었다.[41] 오일 붐 당시 사우디아라비아 정부는 공공 부문 노동자들 임금으로 연간 500억 달러 이상을 쏟아 붓고 있었다. 사우디아라비아 정부로서는 원유 수출 수입으로 점증하는 인구의 사회적, 경제적 욕구를 충족시킬 수 없게 됐다. 그 결과 수입보다 지출이 많아지지 않을 수 없었다. 지난 15년 동안 사우디아라비아는 해마다 재정 적자를 면치 못했다.[42]

이런 골칫거리들 말고도 향후 20년 동안 단순히 석유 산업과 경제를 유지한다는 차원에서 정유소, 파이프라인, 공공시설, 운송, 사우디아라비아의 국내 인프라 개선 사업에 3300억 달러가 소요될 판이다. 문제의 심각성이 극명해지고 있는 것이다.[43]

어려움에 처한 사우디아라비아가 현재 안고 있는 문제는 걸프 지역의 다른 산유국들이 직면한 것과 비슷하다. 세계 석유 생산이 절정에 이르기 전 험난한 시기를 어떻게 극복하며, 세계 경제의 마지막 버팀목인 석유 공급원으로 어떻게 재등극하느냐는 것이다.

사우디아라비아 지도부가 걱정하는 것은 교육도 제대로 받지 못해 의미 있는 일자리를 얻을 가능성조차 없는 수백만 명의 젊은이다. 이미 부채에 허덕일 대로 허덕이고 있는 정부가 그들을 보살펴야 한다. 사우디아라비아의 GDP는 1998년에만 7퍼센트 감소한 반면 재정 적자는 130억 달러로 늘었다. 1인당 국민 소득은 연

간 2.9퍼센트씩 계속 하락하는 실정이다.[44)]

민주주의는 어디로

걸프 지역에 '폭발 직전'의 위기감이 고조되고 있다. 밑으로부터 점차 가중되는 압력 대부분은 경제적 요인에서 비롯된 것이다. 그런 압력에는 정치성도 개입돼 있다. 걸프 지역 정부들은 세계에서 가장 억압적이고 전제적인 집단이다. 국제 인권 및 투명성 감시 기구인 세계감사원(WA)이 발표한 경제자유 지표에 따르면 무슬림 국가 대다수는 세계에서 가장 억압적인 집단이다. 사우디아라비아, 이라크, 리비아, 수단, 소말리아는 세계에서 가장 억압적인 8개국 가운데 포함됐다.[45)]

날로 열악해지는 경제 상황에 분노한 청년 무슬림은 정부의 억압 정책을 가만히 두고 볼 태세가 아니다. 한편 걸프 지역 정부들은 현재 직면한 고질적 경제 문제들로 골머리를 앓고 있는 듯하다. 게다가 그들 정부는 표현의 자유 허용과 미래의 대안 제시를 위한 입장 표명도 꺼리는 것 같다.

이슬람 원리주의자들은 국가가 해법을 제시하지 못할 경우 자신들이 직접 제시할 것이라고 공공연히 말한다. 무슬림 청년층은 이슬람 원리주의자들의 메시지에 귀를 쫑긋 세우고 있다. 새로운 '주의', 다시 말해 이슬람주의에 경도되는 청년층이 점차 많아지고 있는 것이다.

무슬림 청년층 사이를 파고드는 인물이 바로 오사마 빈 라덴이다. 무슬림은 빈 라덴이 부패한 지도자들과 정의롭지 못한 사회에 대해 질타하는 것으로 보고 있다. 빈 라덴의 군사적 성공은 청년 무슬림에게 희망을 심어 주고 있다. 온갖 세계 문제를 야기해 온 세력들에 대해 궁극적으로 승리할 수 있다는 희망이 바로 그것이다. 많은 젊은이가 엄격한 와하브파 교육의 산물인 빈 라덴을 위대한 개혁가로, 국내 '위선자들'은 물론 해외 '이교도들'과 기꺼이 대결하는 '진정한' 무슬림으로 간주한다. 빈 라덴은 부유한 사우디 가문에서 태어났지만 특권조차 마다하고 '지하드'〔聖戰〕에 돌입했다는 사실 하나만으로도 중동과 세계 전역의 청년 무슬림에게 강한 인상을 남겼다.

빈 라덴은 사우디아라비아 지도층과 미국 등 서방 열강들이 모두 한통속이라고 신랄하게 비난했다. 그 결과 청년층을 이슬람 원리주의로 끌어들일 수 있는 새롭고 강력한 정치적 동인이 형성됐다. 걸프전 당시 사우디아라비아 정부는 미국 등 서방 병력의 사우디아라비아 주둔을 허용했다. 빈 라덴은 사우디아라비아의 서방 병력 주둔 결정을 이슬람에 대한 도전이라고 못 박은 뒤 사우디아라비아가 "아라비아 반도를 십자군에 개방함으로써 알라의 가르침으로부터 벗어나고 말았다."며 강력히 비난했다.[46] 빈 라덴에 따르면 사우디아라비아는 무슬림이기를 거부한 것이다.

빈곤에 허덕이며 사회로부터 소외된 채 이리저리 방황하는 젊은 무슬림에게 이슬람 원리주의자들의 간단한 메시지가 호소력을 발휘하고 있다. 그들에게 세계는 오로지 두 진영, 다시 말해 진정한 무슬림과 이교도로 나뉘어 있다는 사고 방식이 주입된다. 진정한 무슬림은 마호메트의 길을 따라 걸으며 세계 구원에서 결정적 역할을 담당한다. 인류의 운명을 바꾸기 위해 지하드에 참여한다는 생각이야말로 삶의 기본 조건마저 거부당한 무슬림 청년들에게는 전율이 아닐 수 없다. 지하드에 동참하는 유형 가운데 새로운게 한 가지 있다. 그것은 서방인이 흔히 생각하는 투표, 선거 정치가 아니다. 중동의 청년층 대다수는 서방식 시민 민주주의와 아무 상관도 없다. 그들에게 시민 민주주의는 낯선 개념이다. 그들의 현실 세계를 지배하는 것은 통치권자다. 하지만 그들은 모든 사람이 평등하다고 배웠다. 모든 사람이 나름대로 고유한 가치를 지니고 있는 것이다. 무슬림 청년들은 이슬람 원리주의자들의 대의명분을 받아들임으로써 존엄성이 회복되고 삶에 의미가 있는 세계와 즉각 접하게 된다. 그야말로 신나는 일이 아닐 수 없다.

미국 존스홉킨스 대학교 국제대학원 파우아드 아자미 교수는 저서 『아랍의 곤경』에서 지하드 참여와 관련해 이슬람 원리주의 관점에 내포된 매력을 다음처럼 기술하고 있다.

> 이슬람 원리주의자들의 부르짖음이 호소력을 발휘하고 있다. 많은 무슬림 청년을 지하드로 끌어들이고 있는 것이다. (……) 지하드는 시민들을 방관자로 위축시켜 모든 문제가 통치 계급에 일임되는 정치적 문화와 확연히 다르다. 이슬람 원리주의는 미래가 불확실한 무슬림 청년들을 덜 당혹스런 전통과 연결시켜 준다.[47]

미국 등 서방은 걸프 지역의 진정한 민주주의 확립에서 이중적 태도를 보였다. 이슬람 원리주의자들이 생각하는 현실 참여가 미국 정계에 하나의 저주임은 분명하다. 그러나 미국 정계는 걸프 지역에서 비교적 온화한 민주주의 형태인 선거 정치마저 기피했다. 이슬람 원리주의자들은 자국에서 민주주의를 적극 권장하면서도 중동에서는 독재 정권만 지원하는 미국 정부의 이중 잣대에 대해 비난하곤 한다. 그들의 비난에 근거가 전혀 없는 것은 아니다. 미국 등 서방 동맹국들은 걸프 지역에 민주주의가 확산될 경우 이슬람 원리주의자들이 선거를 통해 집권하지 않을까 우려하고 있다. 또 다른 '이란'이 탄생하지 않을까 신경을 곤두세우는 것이다. 미국이 사우디아라비아 같은 전제 정권을 지지하는 것도 바로 그 때문이다. 소란스런 대의 민주주의로 정치 불안을 야기하느니 차라리 전제 정권을 지지하여 비교적 평온한 상황을 유지하겠다는 속셈이다. 사우디아라비아의 한 전문가가 말했듯 "미국은 무미건조한 제국을 원하고 있다."[48]

뉴욕에 있는 세계무역센터 쌍둥이 빌딩과 워싱턴 소재 미 국방부 청사에 대한 9·11 테러 여파로 미국 관리들은 물론 걸프 지역 지도자들 역시 좋든 싫든 특정 형태의 민주주의가 중동으로 다가서고 있으며 이를 인정해야 한다는 생각이 들었다. 억만장자로 세계 갑부 기업인 가운데 한 사람인 사우디 왕가의 왈리드 빈 탈랄 왕자는 9·11 테러 이후 2개월 만에 금기를 깨뜨렸다. 통치 체제를 바꿔 사우디아라비아에 제한적이나마 민주주의가 도입돼야 한다고 사상 처음 주장한 것이다. 사우디아라비아 청년층 사이에서 고조되고 있는 정치적 불만에 대해 우려한 왈리드 왕자는 민주대의제를 정치적으로 터부시하는 것은 케케묵은 생각이라며 이렇게 덧붙였다. "국민들이 더 자유롭게 발언하고 정치 과정에 더 관여할 경우 불만은 누그러질 수 있다."[49]

왈리드 왕자는 군주제를 폐기하자는 게 아니라 국왕 직속의 기존 위원회를 지명이 아닌 선거로 구성해야 한다는 뜻이라고 분명히 밝혔다. 하지만 그의 발언은 큰 파문을 일으켰다. 상당수 인사들은 사우디아라비아에서 정치적 견해의 자유로운 표출이 용인될 수 있을 만큼 문호가 열린 것인지 의아하게 여길 정도였다.

미국 등 서방국들에 가장 큰 어려움은 중동에서 민주적 표현의 자유가 허용될 경우 이슬람 원리주의 세력이 정권을 장악하는 데 한몫하지 않을까 하는 점이다. 사실 그럴 가능성이 매우 높다. 성적 편견으로부터 자유로운 관대한 세속 정당이 등장하는 것은 권장할 만한 일이다. 하지만 현재 중동에서 대중적 지지를 얻고 있는 정치 운동은 한결같이 서방인들의 생각과 다른 구호로 물들어 있다. 중동 사회와 세계의 이슬람화가 바로 그것이다. 역사학자 캐런 암스트롱은 그 이유에 대해 이해하기 위해서는 서방의 정치 개념과 이슬람의 정치 개념을 구분해야 한다는 주장이다. 서방은 정치를 '국민의, 국민에 의한, 국민을 위한' 정부와 연계시키는 반면 이슬람 세계에서 정부에 합법성을 부여하는 것은 국민이 아니라 신이다. 이슬람 세계에서 신이 아닌 국민이 정부에 권한을 부여한다는 것은 신성 모독이다. 다시 말해 노골적인 '신권 침해'다.[50]

민주 개혁으로 이슬람주의자들이 집권하는 사례도 있다. 그러나 이슬람 극단주의자들은 정권 장악에 일단 성공한 뒤 민주 개혁을 제한하거나 축소하곤 한다. 알제리의 경우를 한번 살펴보자. 1962년 프랑스로부터 독립한 이래 일당 체제로 알제리를 통치해 온 민족해방전선(FLN)은 1989년 헌법까지 개정해 야당 설립을 합법화하였다. 1991년 이슬람 원리주의 정당 이슬람구국전선(FIS)은 1차 총선 투표에서 의회의 다수 의석을 차지했다. FIS는 2차 투표에서도 승리해 정권을 장악할 수 있을 것으로 예상됐다. 바로 그때 군부가 개입하여 총선을 무효화함으로써 FIS의 집권은 무산되고 말았다. FIS가 집권했다면 전통 이슬람 노선에 따라 제도 개혁을 단행했을 것이다. 종교 법정이 민간 법원 대신 들어서고 이슬람 전통 의상 착용이 강요되며 표현의 자유는 이슬람 관습에 부합하는 것만 허용됐을 것이다. FIS와 군부의 충돌로 알제리 내전이 촉발됐다. FIS 지도부에 대한 대대적 검거가 실시되고 알제리 정권은 군부의 손으로 넘어갔다.[51]

알제리에서 발생한 정치적 좌절이 중동의 '민주화' 속도를 늦춘 것은 아니다. 중동 전역의 이슬람 원리주의 운동이 정당 활동으로 변모하면서 선거 개혁에 대한 압력은 거세지고 있다. 이미 의회가 설치돼 있는 쿠웨이트의 경우 지금까지 겨우 쌓아 온 민주 개혁 조처를 이슬람주의자들이 와해시키지 않을까 하는 우려도 제기되고 있다. 쿠웨이트의 민족민주연합(NDU)을 이끌고 있는 온건파 아흐메드 E. 비샤라는 "이슬람주의자들이 의회로 진출할 수 있었던 것은 민주주의 때문"이라면서도 "그러나 의회는 대중의 자유를 제한하는 법률 제정에 들어갈 것"이라고 덧붙였다.[52] 쿠웨이트 의회 내의 이슬람주의자들은 대학에서 남녀를 분리하는 데 찬성한 반면 여성 참정권 확대에는 반대했으며 민법을 이슬람 율법으로 대체하기 위해 애쓰고 있다. 쿠웨이트에서 보수 살라피 운동을 이끌고 있는 이슬람주의자 칼리드 알 에사는 "민주 기구라도 이슬람 색채가 있어야 한다."고 강조했다.[53] 알 에사를 비롯한 이슬람주

의자들에게 이슬람은 민주주의의 '한계 조건'이다.[54)]

중동 지역 국가들의 운명은 여러 면에서 소외된 빈곤층 청년 수백만 명이 이슬람 부활을 더 나은 미래에 대한 실질적이고도 유일한 희망으로 보느냐 안 보느냐에 달려 있다. 청년층이 스스로 알라의 전사라고 여긴다면 그들은 마호메트가 걸은 길을 따라 걸으며 정의롭지 못한 사회의 잘못까지 바로 잡는 통제 불가능한 세력으로 등장할 것이다. 집권 세력이 날로 열악해지는 경제 상황을 개선하지 못하고 전제적 통치와 반대 세력에 대한 마구잡이식 억압만 고수할 경우 향후 10년 사이 이슬람 원리주의 운동으로 현 중동 정권 가운데 상당수가 무너지고 이란과 비슷한 급진 이슬람 국가들이 탄생할 가능성도 있다. 세계 석유 생산이 절정으로 치닫고 있는 지금 과격 이슬람 원리주의 정권의 출현 가능성은 매우 높다. 세계는 이에 대비해야 한다. 지금 같은 막바지 단계에서 많은 사람이 불가피한 것으로 여기는 과격 이슬람 원리주의 정권의 출현을 막을 수 있는 방법은 아마 없을지 모른다.

석유의 정치화

정치 지도자와 전략가들은 중동 석유의 이슬람화에 대해 우려하고 있다. 하지만 OPEC가 지난 수년 사이 깨달았듯 오일 카드를 꺼내는 것이 그리 간단한 일은 아니다. 과거 주요 산유국들이 고유가 유지 차원에서 석유 생산량을 감축한 바 있다. 그 결과 유가가 단기적으로 급등했지만 석유 회사들이 더 싼 공급원을 찾아 나서면서 장기적으로는 시장 점유율과 유가마저 떨어지곤 했다. 이런 현상은 1970년대와 1980년대에 두드러졌다. 1970년대 걸프 지역 산유국들은 서방이 예상치 못한 석유금수와 석유 생산 감축으로 약 10년 동안 엄청난 이익을 챙겼다. 그러나 1980년대 서방 석유 회사들은 다른 공급원을 찾아 나섰다. 그 결과 중동 산유국들은 유가를 내리지 않을 수 없었다. 게다가 세계 석유 시장 점유율도 다소 빼앗기고 말았다.

세계 석유 생산이 절정에 이르면서 전개될 새로운 상황은 지금과 매우 판이할 것이다. 세계 석유 생산이 절정에 이르고 걸프 지역 국가가 생산량은 줄이되 가격을 올린다고 가정해 보자. 그때 부족한 물량을 채워 줄 다른 값싼 원유 공급원은 없을 것이다. 앞서 언급했듯 지질학자들은 세계 석유 생산의 절정기에 대해 서로 다른 의견을 내놓고 있다. 그러나 석유 생산 절정기 이후 남은 세계 석유 매장량 가운데 2/3가 중동 것이라는 점에 대해서는 의견이 일치한다. 따라서 중동의 전제 정부가 권좌를 그대로 유지하든 이슬람 원리주의자가 현 정권을 무너뜨리든 앞으로 몇 년 뒤 중동에 '석유 권력'이 재등장할 것은 뻔하다. 석유 권력이 재등장할 경우 누가 권좌에 오르든 세계 석유 시장을 쥐락펴락하게 될 전망이다. 풍부한 원유를 얻을 수 있는 곳이 중동 지역 말고는 없기 때문이다.

권좌에 계속 머물 구닥다리 인물과 새로 등극할 무장 세력 사이의 유일한 차이는 새로운 지배권으로 상업적 이득을 짜 내느냐 마느냐, 석유 흐름을 정치적으로 고려할 것인가 말 것인가 하는 점이다. 순수 정략적 관점에서 볼 때 유가 급등에도 불구하고 석유 흐름은 그대로 유지해야 한다. 그래야 산유국들이 지금보다 많은 이익을 얻을 수 있기 때문이다. 하지만 이슬람 원리주의 정권이 서방으로부터 온갖 정치적 양보를 이끌어 내기 위해 당분간이나마 석유 흐름마저 차단할 가능성도 배제할 수 없다.

2002년 4월 8일, 이라크의 사담 후세인 대통령이 그런 조처를 단행했다. 이스라엘의 '팔레스타인 영토' 침략에 항의하는 의미로 30일 동안 석유 수출을 전면 중단한다고 발표한 것이다. 이라크는 미국의 여섯 번째 석유 공급원으로 미국의 석유 수입량 가운데 9퍼센트를 제공한다. 이라크는 하루 200만 배럴을 수출한다. 이는 세계 시장에서 거래되는 석유의 4퍼센트에 해당하는 양이다.[55] 그보다 앞서 OPEC 회원국 가운데 두 번째 생산량을 자랑하는 이란의 카말 하라지 외무장관은 다른 아랍 산유국들이 이라크와 같이 행동할 경우 이란도 석유금수 조처에 동의할 것이라고 밝혔다. 리비아는 다른 아랍 국가들이 석유금수 조처에 찬성할 경우 리비아 역시 동참할 것이라고 발표했다.[56]

OPEC 최대 산유국 사우디아라비아는 석유를 무기화하는 데 반대한다며 석유금수 조처가 국가 수입 하락으로 이어져 아랍 산유국들에 해만 입힐 것이라고 지적했다. 현재 많은 걸프 지역 국가가들의 정부 수입 가운데 2/3 이상을 석유 수출에 의존하고 있다.[57]

아랍 산유국들이 이스라엘과 미국에 대한 압력 행사 차원에서 석유 공급을 감축할 가능성은 '매우 낮다'는 게 일반적 관측이다. 그러나 사태가 급변할 수는 있다. 그에 따른 결과가 광범위한 지역에서 심각하게 나타날 가능성도 있다.[58]

러시아, 노르웨이, 캐나다, 멕시코 등 비OPEC 산유국이 석유 흐름을 유지하기 위해 한동안 증산에 나설 수 있지만 OPEC 석유가 세계 시장에서 조금이라도 사라지면 유가는 배럴당 50달러 이상으로 치솟을 것이다. 그럴 경우 세계 경기는 걷잡을 수 없는 침체로 빠져들 것이다.[59)]

석유금수라는 위협과 상관없이 세계 석유 생산이 절정을 이룬다면 유가는 치솟게 마련이다. 중동 산유국들은 유가 급등으로 경제적, 정치적 이득을 얻게 될 전망이다. 미국 같은 산업 강국에서 걸프 지역 산유국들로 이전될 부의 규모는 어마어마할 것이다. 미국은 석유의 높은 대외 의존도로 연간 1000억 달러나 빠져나가면서 그러잖아도 엄청난 무역 적자가 더 가중될 것이다. 이는 2010년 걸프 지역 국가들의 연간 수익이 1600억 달러 증가할 수 있다는 뜻이기도 하다.[60)]

이처럼 단기간 창출된 어마어마한 부로 중동 지역의 정치 판도는 물론 문화에도 극심한 변화가 생길 것이다. 부가 걸프 지역에 일방적으로 집중될 경우 무슬림 국가들과 서방의 지정학적 긴장 관계는 한층 고조될 전망이다. 그 결과 양측 사이에 지금보다 공공연한 충돌과 기나긴 알력이 이어질 듯싶다.

6 녹아 내리는 지구

세계 석유 생산이 곧 절정으로 치달을 시점에서 중동 전역의 국가가 무력으로 전복될 경우 이어질 파장은 석유에 국한되지 않을 것이다. 각국 정부와 에너지업계는 이미 에너지원 다각화를 서두르고 있다. 앞으로 한동안 천연가스 탐사 및 개발이 중시될 것이다. 에너지 및 전력업계는 세계 석유 생산이 절정으로 치달을 즈음 모자라는 석유 대신 천연가스에 지나치게 의존함으로써 제2의 에너지 위기가 도래할지 모른다. 원유 부족에 이은 제2의 에너지 위기는 급진전될 것이며 그 결과 세계 경제가 치명적 타격을 입을 수 있다.

한결같이 더러운 이산화탄소(CO_2)를 방출하는 화석 연료인 중질유, 타르샌드, 석유 혈암(頁巖)에다 석탄 이용까지 늘면 그러잖아도 위험 수위에 오른 지구 온도가 더 높아질 가능성도 배제할 수 없다.

천연가스가 고갈되면서 한층 더러운 연료로 눈을 돌릴 경우 지정학적 이익과 생물권 보호 사이에 정면 충돌이 발생하여, 인간 문명은 물론 지구도 전무후무한 위협을 맞게 될 것이다.

땜질 처방

그나마 다행인 것은 천연가스가 석유나 석탄에 비해 공해 물질 방출량이 적다는 점이다. 에너지 생산 단위당 석유의 CO_2 방출량은 천연가스보다 1/3 많으며 석탄은 2/3나 많다.[1] 지난 몇 년 동안 환경보호 운동가와 정책 입안자들은 위험천만한 온실가스 배출량 감축 차원에서 에너지원을 천연가스로 전환하라고 업계에 촉구해 왔다.

여기서 우려할 만한 것은 세계 석유 생산이 절정에 이른 뒤 천연가스 생산도 곧 절정을 기록하게 되리라는 점이다. 몇몇 전문가는 천연가스 생산의 절정기가 이르면 오는 2020년 도래할 것으로 보고 있다. 더치 셸사(社)는 "2025년 천연가스 부족 사태가 발생할 것"으로 내다봤다.[2] 엎친 데 덮친 격으로 현재 천연가스 매장량 가운데 상당 부분이, 다시 말해 전체 매장량의 40퍼센트 이상이 중동 땅에 묻혀 있다.[3] 북미의 천연가스 생산이 절정으로 치닫고 있는 지금 세계는 오는 2030년 중동의 '공급 조정국들'과 러시아에 더 의존하게 될 전망이다. 그 결과 에너지 선택폭이 줄고 세계 경제의 미래는 위험에 처하게 될 것이다.

천연가스는 석유나 석탄이 대량 매장된 지역에서 종종 발견할 수 있다. 그러나 석유나 석탄이 전혀 없는 지역에서 발견되는 경우도 있다. 과거 천연가스는 난방 연료나 보일러 연료로 사용됐으나 오늘날 발전용과 운송용으로도 널리 보급되고 있다. 천연가스는 새로운 액화 기술 덕에 생산비가 절감되면서 운송 부문에서 가솔린과 경쟁할 수 있는 수준까지 올라섰다.

미국의 경우 천연가스 소비량 가운데 14퍼센트가 발전용이다.[4] 발전용 천연가스의 비중은 앞으로 10년 사이에 급증할 전망이다. 현재 미국에서 건설 중이거나 발주 중인 천연가스 발전소는 272곳에 이른다. 이들 발전소가 10년 뒤 가동되면 북미 발전 시설은 사실상 천연가스에 의존하는 셈이다.[5] 전력업계는 발전용 연료로 석탄, 석유, 우라늄보다 천연가스를 더 선호한다. 자본이 덜 들고 발전소 건설 공기(工期)가 짧은 데다 효율적이며 오염물 배출량도 적기 때문이다.[6]

미국 에너지부는 천연가스 소비량이 1999년 21.4조 입방피트(Tcf)에서 오는 2020년 32.2-36.1입방피트로 증가할 것이라고 내다봤다. 증가분 가운데 57퍼센트가 곧 가동될 발전소 연료로 사용되고 나머지는 가정, 상업, 공업, 운송 부문의 점증하는 수요를 충족시키게 될 것이다.[7]

에너지·인간 연구소의 리처드 덩컨 소장이 북미 천연가스 매장량을 컴퓨터 모델로 조사해 본 결과 부족한 석유 대신 천연가스에 관심을 갖는 것은 잘못된 선택일 수도 있다. 이번 연구 결과 미국의 천연가스 생산은 미국의 원유 생산이 절정에 이른 이듬해인 1971년 22입방피트로 최고를 기록했다. 1971-1999년 미국의 천연가스 생산량은 연 평균 0.50퍼센트 감소했다. 덩컨은 미국의 경우 천연가스 생산이 2007년 20.1입방피트로 제2차 절정을 이룬 뒤 2040년까지 연 평균 1.5퍼센트씩 감소할 것이라고 예상했다.[8] 미국의 천연가스 수요가 2020년까지 62퍼센트 증가하리라는 전망 속에 현재 남아 있는 매장량은 급속히 고갈될 것으로 보인다. 그동안 전력 부문의 천연가스 수요량만 세 배 늘 것으로 예상된다.[9] 캐나다의 천연가스 생산은 2005년 절정에 이른 뒤 이후 35년간 연평균 감소율 4.3퍼센트를 기록하게 될 것이다.[10] 멕시코는 2011년 1.5입방피트로 절정을 이룬 뒤 이후 29년 동안 연 평균 2.7퍼센트씩 떨어질 전망이다.[11]

북미 전역의 천연가스 생산은 이르면 오는 2007년 28.5입방피트로 절정을 기록할 것이다. 이후 2040년까지 연 평균 하락률 2.1퍼센트를 기록하며 51퍼센트 감소할 것으로 보인다.[12] 일부 전문가들은 걱정이 이만저만한 게 아니다. 북미의 많은 발전소가 천연가스를 연료로 사용하는 마당에 천연가스 매장량이 계속 줄면 결과는 뻔하기 때문이다. 덩컨은 2000년 미국 지질학회 정상회담 기조연설에서 미국의 경우 2012년경 천연가스 부족으로 순환 단전 조처가 시행될 것이라고 말했다.[13]

천연가스를 해외에서 수입하는 방법도 있다. 하지만 값이 그리 싸지는 않을 것이다. 천연가스는 대개 육지의 파이프라인으로 운송된다. 천연가스를 냉각하고 액화한 뒤 저온 가스선으로도 운반하지만 부대 비용이 엄청나다. 가스를 저온으로 유지하는 비용도 만만치 않다. 그러나 석유와 천연가스 가격이 상승할 것으로 예상되는 지금 천연가스 수입은 오는 2010년경 가격 경쟁력을 갖추게 될 듯싶다. 미국은 이미 알제리산(産) 천연가스를 수입하고 있으며 일본의 경우 알래스카와 중동에서 들여온다.[14]

현재 많은 지질학자가 천연가스 수입으로 버틸 수 있는 기간은 몇 년에 불과할 것이라고 입을 모은다. 지질학자 콜린 J. 캠벨은 세계 천연가스 생산이 이르면 오는 2020년 절정에 이를 것으로 내다봤다.[15] 이후 세계 경제가 필요한 천연가스를 중동과 옛 소련에 점차 의존하면서 천연가스 가격은 급등할 것이다. 이슬람화를 이룩한 이란에 세계 천연가스 매장량의 16퍼센트가, 카타르와 아랍에미리트연방에 10퍼센트가 묻혀 있다. 이들 국가는 앞으로 세계 에너지 게임에서 큰 영향력을 발휘할 것이다.[16] 다시 말하지만 값싼 석유와 천연가스가 고갈돼 가는 지금 중동이 석유는 물론 천연가스 공급까지 좌우하게 될 전망이다.

2020년으로 접어들 즈음 원유와 천연가스 확보 경쟁은 격화할 것이다. 개발도상국, 그중에서 특히 중국과 인도가 선진산업국처럼 이들 화석 연료에 크게 의존하면서 확보 경쟁은 세계적 현상으로 자리 잡을 것이다. 석유와 천연가스 가격이 계속 올라 세계 경제가 황폐화하면서 초인플레, 경기 침체, 불황 가능성은 더 높아질 전망이다. 석유와 천연가스의 품귀 현상이 모든 경제 활동에 영향을 미칠 것은 뻔하다. 값싼 석유 시대가 사라지면서 인류는 20세기에 경험한 고도 경제 성장을 앞으로 꿈도 꿀 수 없을 것이다. 전력 설비 자체에 손을 대야 할 만큼 에너지가 부족해져 세계적으로 절전과 단전 조치까지 실시된다면 복잡한 세계 경제와 인간 사회의 버팀목인 인프라마저 무너질 수 있다.

중질유와 기온 상승

지질학자와 경제학자들에 따르면 값싼 원유와 천연가스 매장량이 줄어든다고 화석 연료 자체가 부족해지는 것은 아니다. 가격 경쟁력만 확보될 경우 탐사, 채굴, 가공 처리가 가능한 석탄, 타르샌드, 중질유, 석유 혈암은 얼마든지 있다. 석유의 비일반원(非一般源)으로 불리는 이들 화석 연료야말로 최후 보루다. 업계와 공공 부문에서 이들 화석 연료의 상업적 성공 가능성을 이미 가늠하고 있을 정도다. 프랑스 파리 소재 경제협력개발기구(OECD) 산하 국제에너지기구(IEA)는 자체 발간하는「세계 에너지 전망」에서 유가가 상승하면서 소비국들이 석유의 비일반원으로 눈을 돌리기 시작할 것이라고 내다봤다.[17] 상업적 이유에서든 정치적 이유에서든 중동 산유국들이 유가를 터무니없이 올리거나 생산량을 대폭 감축할 경우 비일반원에 대한 관심은 한층 고조될 것이다.

석유 소비국들이 비일반원으로 눈을 돌린다면 사회와 지구 모두 엄청난 대가를 치르게 될 것이다. 비일반원은 일반 석유나 천연가스보다 훨씬 '더럽다'. "전력을 생산하고 자동차를 계속 굴려야 하는 판에 생물권의 장기적 이득이 무슨 대수냐."며 비일반 연료라도 단기적 경제 욕구부터 충족시켜야 한다고 주장하는 이들이 있을지 모른다. 석탄, 중질유, 타르샌드에서 추출한 연료는 대기 중 CO_2 방출량을 증가시킨다. 따라서 지구 기온이 예상보다 크게 올라갈 수 있다. 지구 온난화 모델은 일반유와 천연가스를 현재와 같은 양으로 21세기 중반까지 사용한다는 가정 아래 작성된 것이다. 그러나 비일반 연료 사용이 증가할 경우 지구 온난화

속도에 영향을 미치게 될 것은 뻔하다.

그렇다면 세계는 세계 경제 유지 차원에서 얼마나 많은 비일반유를 소비하게 될 것인가. 점증하는 인류의 점증하는 욕구를 충족시키기 위해 2000년에서 2040년에 에너지 사용량이 배, 2070년까지 세 배, 2100년까지 네 배 증가할 것이다.[18] 다시 말해 CO_2 방출량이 세 배 늘어 대기 중 탄소가 2000년 60억 톤에서 2100년 200억 톤으로 증가한다는 뜻이다.[19] 석유와 천연가스가 귀해지고 에너지 수요도 늘어 비일반유로 전환하는 시기마저 예상했던 2050년에서 2015년으로 앞당겨질 경우 CO_2 방출량이 대폭 증가하면서 기후에 파괴적 영향을 미치게 될 것이다.

석탄 매장량이 가장 많은 나라가 미국이다. 옛 소련 지역에도 미국 못지않은 엄청난 양이 매장돼 있다. 중국, 인도, 독일, 호주, 남아공 모두 각각 세계 매장량의 6-12퍼센트를 보유하고 있다.[20] 미국은 주요 에너지 수요량의 23퍼센트를 석탄에서 얻는다.[21] 현재 미국의 전력 가운데 55퍼센트가 석탄을 연료로 사용하는 발전소에서 생산되고 있다.[22] 석탄업계 분석가들은 석유와 천연가스 가격 상승 덕에 합성 연료를 얻기 위한 석탄액화 사업이 유망한 대안으로 떠올랐으면 하는 바람이다.

중국과 인도의 석유 사용량이 오는 2020년 안에 92퍼센트 이상 증가할 것으로 예상된다. 그런 가운데 세계 석유 생산마저 조기에 절정을 이룬다면 석탄은 많은 산업 국가에서 주요 에너지원으로 재편입될 수 있다.[23] 미국에서 석탄은 이미 르네상스를 맞고 있다. 석탄업계는 미국이 세계 최대 석탄 매장국이며 석탄을 적절히 이용할 경우 석유의 대외 의존도, 특히 중동산 석유에 대한 의존도가 줄어 에너지 독립도 달성할 수 있을 것이라고 선전한다. 업계는 9·11 테러 뒤 걸프 지역 석유에 대한 높은 의존도로 전전긍긍하고 있는 워싱턴 정가에서 상당한 공감대를 이끌어 냈다.

미국의 부시 정부는 이른바 '청정 석탄 기술' 개발과 관련해 연구 지원, 세액 공제, 보조금 명목으로 수십억 달러를 제공하는 법안에 찬성했다.[24] 그러나 일각에서는 새 기술로도 CO_2 방출량을 크게 줄일 수 없을 것이라고 주장한다. 업계 분석가들은 석탄에 대한 관심이 새삼 고조되면서 석탄 소비 증가율도 연 1, 2퍼센트에서 3, 4퍼센트로 올라설 것이라고 내다봤다.[25]

'환상주의자들'의 말마따나 미국이 현재 소비율 기준으로 향후 300년간 공급할 수 있는 석탄을 보유하고 있다고 치자. 그러나 지질학자 크레이그 B. 해트필드에 따르면 석탄 소비 증가율이 4퍼센트까지 올라설 경우 현재 매장량으로 버틸 수 있는 시간은 기껏해야 64년이다. 사실 새로운 연구 결과에 따르면 석탄 매장량은 기존 추정치보다 훨씬 적다. 석탄으로 버틸 수 있는 기간도 고갈될 때까지 똑같은 생산율이 지속된다는 가정을 전제한 것이다.[26] 중요한 것은 석탄 1톤으로 생산할 수 있는 액화연료의 양이다. 현재 석탄 1톤으로 추출할 수 있는 액화연료의 양은 5.5배럴에 불과하다. 1996년 당시 세계 석유 소비량의 10퍼센트를 액화연료로 대체하기 위해서는 지난 10년 동안 미국에서 채취한 석탄 가운데 반이 액화 처리돼야 한다는 뜻이다.[27]

타르샌드와 중질유 역시 원유의 대안으로 간주되고 있다. 지질학자들은 캐나다 앨버타 주 북부에 매장된 타르샌드에서 회수할 수 있는 석유가 자그마치 3000억 배럴일 것으로 추정한다. 베네수엘라에는 회수 가능한 중질유가 3000억 배럴 묻혀 있는 것으로 추정된다. 캐나다와 베네수엘라에서 회수할 수 있는 양을 모두 합할 경우 사우디아라비아에 매장된 일반유보다 배나 많으며 중동 전역의 회수 가능한 일반유 매장량과 거의 맞먹는다.[28]

에스토니아, 호주, 브라질, 미국, 중국에서도 대규모 타르샌드 매장지가 발견됐다.[29] 유엔훈련조사연구소(UNITAR) 산하 중질유·타르샌드 센터는 회수 가능한 세계 중질유 양이 세계 석유 및 천연가스 매장량의 1/3에 해당하며 중질유가 세계 에너지 분포도에서 큰 비중을 차지할 것으로 추산하고 있다.[30] 중질유·타르샌드 센터는 보고서에서 "오는 2020년대 일반유 생산이 절정에 이르고 석유 부족으로 유가마저 들썩이면 세계 전역의 엄청난 타르샌드와 중질유가 상업적으로 생산되기 시작할 것"이라고 결론지었다.[31]

지금까지 중질유 개발은 몹시 지지부진했다. 중질유는 점성이 높고 유황, 금속 성분, 질소가 많이 함유돼 있어 생산, 수송, 정제 비용도 만만치 않기 때문이다.[32] 현재 세계 석유 생산에서 중질유가 차지하는 비율은 3.5퍼센트에 불과하다.[33] 그러나 캐나다와 베네수엘라는 중질유와 타르샌드 탐사 및 생산에 많은 투자를 하고 있다. 세계 석유 생산이 절정에 이를 경우 에너지 공백을 속히 메울 수 있으리라는 생각에서다. 베네수엘라는 2010년까지 국내 석유 생산량의 40퍼센트 이상을 중질유가 차지할 것으로 예상하고 있다. 캐나다 업계 관측통들은 2010년 말 자국 석유 생산량의 75퍼센트가 타르샌드일 것으로 본다.[34] 2010년 캐나다와 베네수엘라에서 하루 생산되는 양은 모두 합해 100만 배럴에 이를 전망이다.[35]

세계 최대 타르샌드 석유 생산 시설을 운영 중인 신크루드 캐나다사(社)에서 이미 캐나다 전체 석유 수요량 가운데 13퍼센트 이상이 생산되고 있다.[36] 셸 캐나다, 셰브런, 웨스턴 오일 샌즈는 최근 캐나다 서북 지방에 23억 5000만 달러 상당의 첨단 타르샌드 처리 시설을 건립했다. 미래의 화석 연료 자원으로 타르샌드에 의존하기 시작한 것이다.[37]

타르샌드에 가격 경쟁력이 갖춰지려면 아직 멀었다. 석유 1배럴을 추출하는 데 타르샌드 2톤이 필요하다. 무게가 수 톤이나 나가는 암석을 노천 채석장에서 캐 내어 잘게 부숴야 한다. 그 뒤 증류나 용매 혹은 열 처리로 타르샌드에서 석유를 추출해야 한다. 추출된 석유를 연료로 전환하기 위해서는 고도의 정제 과정까지 거쳐야 한다.[38] 이런 과정에 많은 돈이 들어간다. 신크루드 캐나다는 석유 1배럴을 생산하는 데 12달러 정도 쓴다. 반면 사우디아라비아는 겨우 1달러를 투여할 뿐이다.[39] 신크루드 캐나다는 유가가 배럴당 21달러에 머문다면 수익을 약간 건질 수 있다고 말한다. 그러나 업계 분석가들에 따르면 타르샌드를 상업적으로 활용할 수 있기 위해서는 유가가 적어도 배럴당 25달러여야 한다. 경제 전문가들은 유가가 배럴당 45달러까지 폭등할 경우 회수 가능한 매장량 가운데 반을 액화연료로 생산할 수 있다고 말한다.[40] 현 기준으로 볼 때 배럴당 45달러라면 매우 높은 가격 같지만 세계 석유 생산이 절정에 이르고 원유가 점차 귀해질 경우 유가는 그보다 높은 수준에서 결정될 수 있다. 타르샌드에 투자할 만한 유가 수준은 배럴당 적어도 45달러다.

타르샌드를 채굴하고 정제하는 과정에서도 많은 오염 물질이 발생한다. 신크루드 캐나다는 하루 이산화황(SO_2) 240톤을 배출한다. 미국 텍사스 주에서 일반 정유소들이 똑같은 양의 석유를 생산할 때 방출하는 것보다 스물다섯 배나 많은 규모다.[41]

타르샌드를 채굴하고 처리하는 과정에 엄청난 물이 필요하다. 이는 농업, 가정, 상업 등 다른 목적에 이용할 물이 줄어든다는 뜻이기도 하다. 게다가 여기에 이용될 물은 가열해야 한다. 최근 연구 결과는 2010년 캐나다 앨버타산(産) 천연가스 가운데 25퍼센트가 역청 용해에 사용될 것으로 전망하고 있다.[42] 최근 몇 년 사이에 물 부족 사태가 첨예한 문제로 대두됐다. 그러나 타르샌드 처리에 더 많은 물이 소비되면서 물 부족 사태는 한층 심각해질 전망이다.

무엇보다 심각한 것은 석유 추출 과정에서 생기는 폐석 현탁액, 다시 말해 '광미(鑛尾) 슬러리'다. 광미에는 탄화수소, 무기염, 중금속이 포함돼 있다. 젤라틴 같은 침전물인 오니(汚泥)는 재생할 수도 없다. 현재 캐나다 타르샌드 채굴 지역에 쌓여만 가는 막대한 양의 오니가 골칫거리로 등장하고 있다. 타르샌드 양대 개발업체 선코 에너지와 신크루드 캐나다는 오는 2020년까지 10억 입방미터가 넘는 광미 늪을 형성하게 될 것이다. 오니가 안전하게 재생될 수 있는 형태로 굳어지려면 100년 이상 걸린다. 따라서 당장 광미 늪을 침식과 침출로부터 보호할 수도 없는 실정이다. 오니 오염 물질이 토양과 지하수로 유입될 경우 환경에 심각한 장기적 문제를 일으킬 수 있다.[43]

타르샌드와 중질유의 채굴 및 정제 과정에서 환경에 야기될 수 있는 위험 요소가 토양과 지하수 오염뿐이라면 그 결과는 심각할

지언정 특정 지역으로 한정될 것이다. 하지만 공급량이 날로 줄고 있는 값싼 원유를 타르샌드와 중질유로 대체할 때 발생하는 더 큰 문제는 CO_2 방출량 증가다. 연료 전환 효율이 낮으면 낮을수록 CO_2 방출량은 늘게 마련이다. 일례로 석유 혈암과 석탄에서 합성 석유를 생산할 경우 CO_2 방출량은 원유에서 뽑아낼 때보다 각각 39퍼센트, 72퍼센트 증가한다.[44] 타르샌드와 중질유를 합성연료로 전환할 때는 그보다 많은 CO_2가 방출된다.

이런 단순한 열역학적 사실이 갖고 있는 중요성을 그냥 간과할 수는 없다. 몇 년 뒤 세계가 중질유와 타르샌드에 얼마나 의존하게 될지 생각해 보면 더욱 그렇다. 셰브런이 10여 년 전 실시한 연구 결과에 따르면 중질유와 역청은 21세기 말 세계 에너지 공급량의 반 이상을 차지할 전망이다.[45] 생산량이 날로 줄어만 가는 값싼 석유의 부족분을 중질유, 타르샌드, 석탄에서 합성한 액화연료가 점차 대신할 경우 기후에 미칠 장기적 영향은 예상보다 심각할 수 있다.

산업 시대의 엔트로피

지구 온난화는 산업 시대의 어두운 면을 대변한다. 지난 수백 년, 특히 지난 20세기 인류는 석탄, 석유, 천연가스라는 막대한 양의 '농축 태양'으로 에너지를 생산해 산업 시대의 생활 방식이 존재할 수 있도록 만들었다. 인류가 지금까지 사용한 에너지 쓰레기는 지구의 대기 중에 축적돼 기후와 생태계에 악영향을 미치기 시작했다. 과거 문명들처럼 산업 사회 역시 자체 에너지 체계의 막바지 단계로 접어들고 있다. 막바지 단계에서 이미 사용된 에너지 쓰레기를 처리하는 데 드는 비용은 지금도 변함 없이 생산되고 소비되는 가용 에너지의 순가치만큼이나 중요한 경제적 요소가 돼가고 있다.

인간 활동이 지구에 끼친 영향만 놓고 볼 때 지금까지 인류가 저지른 가장 부정적인 해악은 지구 온난화일 듯싶다. 인류는 말 그대로 100년도 채 안 되는 사이에 지구의 생화학에 큰 악영향을 미쳤다. 수만 년 뒤 미래 세대가 오늘날을 되돌아볼 때 지질학적 측면에서 우리가 그들에게 물려준 유산이라고는 지구 기후에 미친 '질적 변화' 뿐일 것이다.

지구 온난화는 대기 중에 날로 쌓여만 가는 가스에서 비롯된다. 대기 중에 쌓인 가스들이 지구 복사열을 차단하는 것이다. 이런 '온실 효과'는 햇빛이 대기 속으로 들어와 지면에 닿은 뒤 적외선 에너지와 열로 바뀌면서 시작된다. 열은 대기 중에 이산화탄소 등 온갖 가스를 증가시켜 기체 분자 활성화에 한몫한다. 기체 분자가 일종의 반사경을 형성하면서 열 일부는 지표면으로 되돌아온다. 이렇게 해서 온실 효과가 나타나는 것이다. 이산화탄소와 메탄 등 온실 가스가 대기 중에 일종의 담요를 형성하여, 태양 에너지에서 발생한 많은 열이 대기권 밖으로 빠져나가지 못한다. 그 결과 생명체가 번성하기에 알맞은 조건이 형성된다. 1만 년 전부터 산업 시대에 이르기까지 온실 가스의 균형은 상대적으로 안정돼 있었다. 따라서 지구 기온에 변화가 별로 없었다. 그러나 19, 20세기에 막대한 양의 석탄, 석유, 천연가스가 사용되면서 평형은 깨지고 말았다.

오늘날 대기 중 CO_2 농도는 화석 연료 시대가 도래하기 시작한 1750년에 비해 31퍼센트 증가했다. 유엔 국제기후변화회의(IPCC)에 따르면 지난 42만 년, 아니 지난 2000만 년 동안 대기 중 CO_2 농도로 평형 상태가 깨질 정도는 아니었다. 그러나 최근의 CO_2 농도 증가율은 과거 2만 년을 통틀어 전례 없는 것이었다. 지난 20년 사이 증가한 CO_2 농도 가운데 75퍼센트가 화석 연료 사용에서 비롯됐다. 나머지 25퍼센트는 삼림 황폐화와 토지 이용 변화로 발생한 것이다. CO_2 방출량 가운데 반을 대지와 바다가 흡수하지만 나머지는 대기 중에 그대로 머물게 된다.[46)]

또 다른 온실 가스인 메탄(CH_4) 역시 온실 담요를 두껍게 만들어 지구 복사열이 대기권 밖으로 빠져나가지 못하게 막는다. 대기 중 방출되는 CH_4 가운데 반 이상이 인간 활동, 논, 쓰레기 매립지, 가축의 위장 가스에서 비롯된 것이다. 1750년 이래 대기 중 CH_4 농도는 151퍼센트 증가했다. CO_2와 마찬가지로 CH_4 농도 역시 과거 42만 년에 걸친 지질학적 역사에서 유례가 없던 것이었다.[47)]

제3의 온실 가스 아산화질소(N_2O) 농도도 1750년 이래 17퍼센트 증가했다. 증가분 가운데 1/3은 인간 활동, 가축 사육장, 화학 공장, 무분별한 화학비료 사용 등에서 비롯됐다.[48)]

지구 온난화의 원인 가운데 70퍼센트를 차지하는 것이 CO_2다. CH_4가 24퍼센트, N_2O는 6퍼센트다.[49)]

지구 온난화에 대한 우려가 처음 제기된 것은 1957년 미국 캘리포니아 주 소재 스크립스 해양학 연구소의 한스 수웨스와 로저 러벨이 발간한 논문을 통해서였다. 러벨과 수웨스는 인간의 공업과 농업 관련 활동이 대기 중 CO_2 농도 증가로 이어져 전례 없는 기온 상승을 낳는다고 경고했다.[50)]

지구 온난화에 대한 관심은 1970-1980년대 본격적으로 고조됐다. 이는 석유 위기와 환경에 대한 관심이 부쩍 높아졌기 때문이기도 하다. 당시 다양한 부문의 과학자들이 연구 결과를 내놓았으며 관련 사실, 수치, 자료에 대해 논쟁까지 벌였다. 1980년대 하반기에 유엔은 지구의 기후 변화에 대한 여러 의견을 종합해야 할 필요가 있다고 판단했다. 유엔은 약 열 개가 넘는 분야에서 내로라하는 과학자 수백 명으로 연구 집단까지 구성해 지구 온난화에 대한 본격적인 연구를 당부했다. 연구 결과 약 열 개와 몇몇 중간 보고서가 발표된 뒤 IPCC는 2001년 1월 방대한 분량의 종합 보고서를 발간했다. 전문가들이 내놓은 보고서 내용은 매우 충격적이었다.

IPCC 과학자들은 20세기에 지표면 평균 온도가 화씨 1.08±0.36도 상승했다고 밝혔다. 평균 온도 증가분은 과거 1000년 사이 가장 큰 규모였다.[51)] 과학자들이 사용한 컴퓨터 모델에 따르면 지표면의 평균 기온은 오는 2100년 화씨 2.52-10.44도 높아질 것으로 예상된다.[52)]

과학자들은 예상되는 지표면 온도 증가분에 대해 "고(古)기후학적 자료를 근간으로 판단컨대 적어도 지난 1만 년 사이 유례 없던 것"이라고 밝혔다.[53)] 다시 말해 예상치가 들어맞을 경우 앞으로 100년 사이 나타날 지구의 온도 변화폭은 지난 1000만 년 동안 일어났던 어떤 기후 변화폭보다 클 것이라는 뜻이다. 기후 변화는 지구 생물권에 질적 영향을 미치게 될 것이다. 마지막 빙하 시대에서 오늘날에 이르는 사이 지구의 기온은 화씨 9도 상승했다. 그 결과 지구 북반구 가운데 상당 지역이 수백 미터 얼음층으로부터 모습을 드러내기에 이르렀다.[54)]

기온 상승이 지구 생태계에 부정적 영향을 미치고 있다는 증거는 도처에서 찾아볼 수 있다. 조그만 변화가 엄청난 결과를 몰고 오기도 한다. 최근 북미 서부 지역의 북미 호랑나비 한 종이 서식지를 북쪽으로 96킬로미터나 옮겼다는 보고서가 발표됐다.[55)] 미국 태평양 연안의 연어는 1997-1998년 해수 온도가 화씨 6도 상승하자 급감하고 말았다.[56)] 아프리카 대륙 최고봉인 킬리만자로 산 정상의 만년설 가운데 75퍼센트가 지난 20세기에 녹아 내렸다. 킬리만자로의 만년설은 앞으로 15년 안에 모두 사라질 전망이다.[57)] 캐나다 동북부 허드슨 만(灣) 지역에 서식하는 흰곰 새끼 개체수가 점차 줄고 있다. 얼음이 이른 봄부터 녹기 때문인 것으로 추정된다.[58)] 뎅기열(熱)을 비롯한 각종 열대성 질환이 사상 처음 미국 남부로 올라오고 있다.[59)]

학계는 앞으로 100년 사이 지구 기온이 화씨 2.52-10.44도 상승할 경우 빙하와 북극 지방 얼음의 융해, 해수면 상승, 강수량 및 폭풍 빈도 증가, 기후 급변, 동물 서식지의 불안정 및 상실, 생태계 이동, 바닷물에 의한 담수(淡水) 오염, 삼림 황폐화, 종(種) 멸종의 가속화, 가뭄 빈도 증가 등 지구 생태계에 장기적이고도 엄청난 영향을 미칠 수 있다고 내다봤다. IPCC는 기온 상승이 섬나라와 저지대 침수, 작물 소출 감소, 열대성 질환 확산 등 인간 생활에도 부정적 영향을 미칠 것이라고 경고했다.

현재 일어나고 있는 변화의 규모와 차원은 그야말로 가공할 정도다. 미국 알래스카 주 동남부에 있는 멘던홀 빙하를 예로 들어 보자. 주노 빙원(氷原) 인근에 위치한 알래스카의 명물 멘던홀은 해마다 관광객 30만 명을 끌어들일 정도로 매우 인기 있는 세계적 빙하 가운데 하나다. 기후학자들에 따르면 멘던홀은 이른바 '후퇴하는' 빙하다. 2000년 여름 멘던홀은 100미터 이상 후퇴했다. 그 결과 수백 년 동안 얼음 밑에 감춰져 있던 땅이 드러나고 말았다. 멘던홀은 지난 70년 동안 1킬로미터나 후퇴했다. 알래스카에서 급변하는 멘던홀 빙하를 연구해 온 지질학자 키스 에셜메이어에 따르면 현재의 후퇴 속도로 볼 때 멘던홀은 21세기 말 이전 영원히 사라질지 모른다. 알래스카에 있는 다른 빙하들도 그와 유사한 후퇴 현상을 보이고 있다. 에셜메이어는 그들 빙하 가운데 상당수가 50년 안에 사라질 것으로 내다봤다.[60)]

인공위성으로 수집한 자료에 따르면 1960년대 이래 북반구 중·고위도 지방의 눈이 10퍼센트 감소했다. 또 다른 자료에 따르면 같은 지역에서 강과 호수의 빙결 기간은 2주 짧아졌다.[61)] 최근 수십 년 동안 늦여름과 초가을 사이 북극 바다의 얼음 두께가 40퍼센트 이상 얇아졌다.[62)] 이런 현상은 금세기 내내 가속화할 전망이다.

IPCC는 세계 전역의 해수면이 크게 상승 중이라고 보고했다. 최근 자료에 따르면 지난 20세기 세계 평균 해수면은 0.1-0.2미터 높아졌다. 더 놀라운 것은 컴퓨터 모델로 측정해 본 결과 금세기 말까지 0.09-0.88미터 추가 상승하리라는 점이다.[63)] 빙하와 만년설이 녹는 것도 해수면 상승 원인 가운데 하나지만 가장 큰 원인은 바닷물 온도 상승에서 비롯된 열 팽창이다. 앞으로 500년 사이 해수면이 자그마치 7-13미터 상승할 가능성도 있다.[64] 따뜻해진 대기가 해상(海床)까지 영향을 미치려면 1000년 정도 걸린다. 따라서 21세기에 따뜻해진 지표면은 이후 수백 년 동안 바닷물 온도를 서서히 높이게 될 것이다.[65]

기후학자들이 특히 관심을 보이는 것 가운데 하나가 막 녹기 시작한 그린란드 대빙원이다. 그린란드 기온이 섭씨 2.7도 위로 올라가면 그린란드 대빙원은 사라지고 해수면은 7미터나 높아질 것이다.[66] 기온 변화로 향후 1000년 동안 해수면이 10미터 이상 높아질 경우 미국만한 땅덩어리가 침수될 수 있다. 미국 플로리다주와 동부 연안의 많은 도시는 물에 잠기게 될 것이다. 10억이 넘는 인구가 다른 곳으로 이주해야 하는 데다 많은 옥토는 침수될 것이다.[67]

무엇보다 인도양의 몰디브와 태평양의 마샬 제도 같은 섬나라가 가장 큰 타격을 입게 된다. 그들 지역의 해안선은 해수면이 0.5미터만 높아져도 큰 타격을 입는 데다 담수 저장량도 크게 줄 것이다. 해수면이 3미터 상승할 경우 그들 섬은 물 속에 완전히 잠기게 된다.[68]

현재 인류의 반이 연안 지역에 살고 있다. 해수면이 상승할 경우 상당수가 직접적 피해를 입을 수밖에 없는 것이다. 잦은 홍수로 해마다 골머리를 앓고 있는 저지대 국가 방글라데시는 해수면이 1미터만 올라가도 국토 가운데 7퍼센트가 사라지는 데다 600만 명의 이재민까지 발생한다. 이집트 나일강 삼각주 지역 주민들도 그와 비슷한 운명에 놓일 수 있다.[69]

지구 기온 상승은 강우 패턴에도 영향을 미치게 될 것이다.

IPCC는 20세기 북반구 중·고위도 지역에서 10년 단위로 강수량이 0.5-1.0퍼센트 증가해 왔음을 상기시켰다.[70] 같은 지역에서 폭우 빈도는 2-4퍼센트 증가했다. 최첨단 컴퓨터 모델까지 동원한 몇몇 과학자는 북반구 중위도 지역에 폭우가 잦아질 것이라고 예측했다.[71] IPCC에 따르면 연안 지역에서 폭풍이 잦아질 경우 홍수로 피해를 입는 주민은 일곱 배 늘 것이다.[72]

캐나다 중부 지역이 미국 일리노이 주의 기후로, 뉴욕 시가 플로리다 주 마이애미비치 같은 기후로 변한다고 가정해 보자.[73] 인간은 북쪽으로 이동할 수 있지만 동식물이 기온 변화에 맞춰 신속히 움직일 수는 없다. 기온 변화에 적응하지 못한 많은 생태계는 사라지든지 아니면 새로운 생태계로 대체될 것이다.

IPCC 공동 의장 겸 영국 왕립 환경오염방지위원회 위원장인 존 휴턴 경은 세계 전역의 미생물과 동식물이 특정 기후에 맞게 진화하고 적응해 왔다며 이렇게 덧붙였다. "기후 변화는 많은 종이 서식하고 있는 지역의 지속 가능성과 특정 생태계에서 그들 종이 지닌 경쟁력에도 변화를 주고 있다. 따라서 아무리 작은 기후 변화라도 시간이 흐르면 생태계에 엄청난 변화를 일으키게 마련이다."[74] 물론 휴턴이 말하는 기후 변화란 수천 년에 걸쳐 일어나는 것이다. 그러나 지구 온난화는 100년도 채 못 돼 기후 조건을 바꿔 놓을 태세다. 휴턴은 "대다수 생태계가 변화에 신속히 반응하거나 다른 곳으로 빨리 이동할 수는 없다."고 말했다. 생태계와 기후가 서로 어울리지 못하면 생태계는 질병과 해충의 공격 등에 더 취약해지게 마련이다.[75]

특히 나무가 한곳에 뿌리 박고 번식하기까지 오랜 시간이 걸린다. 그러므로 기온 급변은 숲의 파괴와 불안정으로 이어지기 십상이다. 지표면 중 1/4을 덮고 있는 나무는 많은 동식물에게 안식처가 된다. 따라서 지구 기온에 어떤 변화가 생기면 숲 생태계는 엄청난 영향을 받게 마련이다.[76]

지난 16년 동안 코스타리카에서 연구해 온 전문가들은 그곳 지표면 온도가 꾸준히 상승하는 동안 우림 지대 나무의 성장률이 계속 떨어졌다고 보고했다. 연구자 가운데 한 사람인 미주리 대학교의 데보라 A. 클라크는 "밤 기온이 올라가면서 열대 지역 나무가 점차 스트레스를 받고 있다."고 말했다.[77] 밤 기온이 올라간다는 것은 나무가 전보다 많은 CO_2를 호흡하고 내보낸다는 뜻이다. 매우 우려할 만한 일이 아닐 수 없다. 기온과 나무 성장률의 상관관계에 대해 연구 중인 학자들은 열대 우림이 광합성으로 대기 중 CO_2 가운데 1/3을 흡수한다는 사실도 알아냈다.[78] 나무가 호흡 작용으로 CO_2를 많이 배출해 CO_2 흡수량과 배출량의 균형이 깨진다면 대기 중 축적된 CO_2 때문에 지구 기온은 더 상승할 것이다. 영국 기상청의 피터 콕스는 수십 년 뒤 기온 상승으로 인한 스트레스와 대기 중 발산된 CO_2 수십억 톤 때문에 광대한 아마존 숲이 사라질지 모른다고 경고했다. 영국 기상청의 존 미첼에 따르면 지구에서 가장 큰 CO_2 저장소인 아마존이 사라질 경우 지구 기온은 금세기 동안 화씨 3.6도 더 오를 것이다.[79]

지구 기온 상승에 암울한 면만 있는 것은 아니다. 지구 기온 상승은 중·고위도 지방 나무들 성장에 긍정적 영향을 미치고 있다. 미 항공우주국(NASA) 위성 자료에 따르면 캐나다, 미국 북부, 북유럽, 러시아, 중앙아시아의 녹화(綠化)가 뚜렷이 진행되고 있음을 알 수 있다. 일찍 찾아오는 봄 덕에 식물 생장 시간은 북미가 12일, 유럽과 아시아가 18일 늘어 녹화율이 8-12퍼센트 증가했다.[80] 그러나 CO_2 흡수량과 방출량 균형이라는 측면에서 볼 때 고위도 지방의 식물 생장 증가가 열대 지역의 식물 생장 감소를 보충할 수 있을지 아직은 미지수다.

IPCC는 보고서에서 기후 변화가 "야생 생물의 분포, 개체수, 개체 밀도, 행동에도 중대한 영향을 미칠 것 같다."고 밝혔다. 예를 들어 바닷물 온도 상승은 한류성 어류 서식지의 축소와 난류성 어류 서식지의 확대로 이어질 것이다.[81] 영국 글래스고 대학교와 런던 대학교가 함께 운영하는 해양생물학연구소는 연구보고서에서 매우 까다로운 생존 조건을 지닌 대양의 거대한 산호초가 바닷물 온도 상승으로 발생한 '백화(白化)' 현상 때문에 향후 50년도 못돼 모두 사라질지 모른다고 경고했다. 바닷물 온도가 상승하면 조그만 산호폴립들이 먹고사는 미세 조류는 죽게 마련이다. 미세 조류가 죽으면 산호초도 살 수 없다. 그런 과정이 이미 진행되면서 세계 전역의 산호초들에 영향을 미치고 있다. 해양생물학연구소의 루퍼트 오먼드는 "앞으로 50년 안에 거의 모든 산호초가 사라질 것"이라고 내다봤다.[82]

첨단 컴퓨터 모델을 동원한 연구 결과에 따르면 심각한 가뭄도 두드러진 현상으로 자리 잡고 있다. 영국 노리치 소재 이스트앵글리아 대학교의 틴들 기후변화연구소는 수십 년 뒤 몇몇 국가의 기온이 화씨 9도 상승할 것이라고 전망했다. 특히 위험한 곳이 카자흐스탄, 우즈베키스탄, 타지키스탄, 아프가니스탄, 이란 등 아시아 국가들이다. 에티오피아, 시에라리온, 탄자니아 같은 아프리카

국가도 이미 가뭄으로 황폐화한 상태에서 더욱 극심한 가뭄과 맞닥뜨릴 가능성이 높다.[83)]

지구 온난화의 영향이 가장 극심할 부문은 농업이다. IPCC 보고서 작성에 참여한 미국 펜실베이니아 주립대학교 지리·농경학 교수 빌 이스털링은 고위도 지방의 기온이 조금만 올라가도 작물 소출 역시 늘 것이라고 말했다. 그러나 미국 같은 나라들은 화씨 3도만 높아져도 "작물 소출이 급락할 것"이다.[84)] 농작물이 이미 기온 한계에 도달한 열대 지방과 남반구에서 지구 온난화의 영향은 곧 나타날 것이며 이는 심각한 장기적 결과로 이어질 듯싶다. 인구 증가로 고통받고 있는 남반구 개발도상국들은 국민을 먹여 살리기도 벅찰 것이다. 세계 시장에 내다 팔 곡식은 꿈도 꿀 수 없을 듯하다.[85)]

가장 예측하기 어려운 것은 기온 상승이 질병 이동에 어떤 영향을 미칠까 하는 점이다. IPCC 보고서에 따르면 "말라리아와 뎅기열이 널리 확산될 가능성은 매우 높다."[86)] 모기로 전염되는 말라리아가 창궐하기 가장 좋은 조건은 따뜻하고 습한 기후다. 남반구에서 해마다 3억 5000만 명 이상이 말라리아에 감염되며 그 가운데 200만 명은 사망한다.[87)] 바이러스성 뇌염 같은 질병들이 지구 온난화와 함께 북쪽으로 확산될 가능성도 높다.

가공할 시나리오

지구 온난화와 그로 인한 생태학적, 경제적, 사회적 영향에 대한 예상은 기온이 21세기 내내 비교적 고르게 꾸준히 오른다는 전제를 깐 것이다. 그런 전제는 빗나갈 수도 있다. 미국 국립과학원(NAS)은 2002년 가공할 보고서를 하나 발표했다. 지구 기온이 수 년 만에 갑자기 상승함으로써 새로운 기후가 급조될 수 있다고 경고한 것이다.

NAS 보고서에 따르면 장기적 영향력을 지닌 기후 급변은 지난 10만 년 동안 계속 반복됐다. 일례로 약 1만 1500년 전인 드리아스 신기(新期) 말, "기후는 여러 지역에서 1/3 내지 반 정도 급변했으며 변화상 가운데 상당 부분이 겨우 수년에 걸쳐 일어났다."[88]

NAS 보고서 가운데 이런 내용이 있다. "기후 급변은 기후 체계가 어떤 경계를 넘어 변화 요인보다 빨리 새로운 상황으로 전환해야 할 때 비로소 나타난다."[89] 고기후학 자료에 따르면 "기후 체계를 지배하는 요인들이 변할 때 기후 변화가 가장 급격히 일어난다."[90] 인간 활동, 그중에서 특히 화석 연료 사용으로 금세기 동안 대기 중 CO_2가 배증할 전망이다. 그 결과 세계 전역에서 기후가 갑자기, 다시 말해 수년 사이에 급변할 조건이 마련될 수도 있다. NAS 보고서 내용 가운데 다음과 같은 대목이 있다.

> 현재 기후 상태와 21세기 전망치를 놓고 볼 때 기후의 변이성은 전례 없는 수준에 이를 전망이다. 이로 판단컨대 현재의 기후 체계가 한계를 넘어 새로운 상황으로 치달을 가능성이 높다.[91]

NAS 위원회는 "현 기후 체계가 한계점에 육박했을 때…… 주변 조건에서 약간의 변화만 생겨도, 기후 체계 어딘가에서 조그만 변

동만 생겨도 큰 변화를 일으킬 수 있다는 게 무엇보다 우려할 만한 점"이라고 밝혔다.[92)]

드리아스 신기 말처럼 기후가 급변할 경우 세계의 생태계와 생물종은 엄청난 재앙을 입을 수 있다. 일례로 드리아스 신기 말 뉴잉글랜드 남부 지방에서는 가문비나무, 전나무, 자작나무가 50년도 채 못 되는 사이에 멸종하고 말았다. 당시 북미에서 말, 마스토돈, 매머드, 스밀로돈이 멸종한 사건은 수백만 년 사이에 발생한 어떤 멸종보다 가공할 만한 일이었다.[93)]

NAS 위원회는 예기치 못한 사건 때문에 기후가 한계를 넘어 새로운 체계로 바뀌면서 광범위한 지역이 황폐화하고 파괴되는 악몽 같은 시나리오까지 제시하고 있다. 생태계는 갑자기 무너지고 대형 산불로 숲이 파괴되며 초지가 사라지면서 건조 지대를 형성할 가능성마저 있다. 야생 생물들은 사라지고 콜레라 같은 수인성 질병과 말라리아, 뎅기열, 황열(黃熱) 등 매개성 질병이 걷잡을 수 없이 확산돼 인류의 건강을 위협할지도 모른다.[94)]

NAS는 다음과 같은 무시무시한 경고로 보고서를 마무리하고 있다.

> 고기후학적 기록을 바탕으로 추론컨대 현재 예상되는 것은 온실가스 농도에 비례한 점진적 변화가 아니라 끊임없는 급변이다. 그 결과 광범위한 지역에 엄청난 영향이 미치게 될 것이다. (……) 그런 가능성을 부정하거나 과거 기후 급변 사례를 가볍게 봐 넘긴다면 엄청난 대가에 직면하게 될 것이다.[95)]

❖

최근 몇 년 사이에 화석 연료 시대가 '야누스의 얼굴'을 갖고 있다는 사실이 명백해졌다. 석탄, 석유, 천연가스의 이점은 일일이 열거할 수 없을 정도다. 석탄과 증기 관련 기술이 처음 광범위하게 응용된 시대로부터 오늘날에 이르기까지 유럽, 북미, 일본 등지에서 생활한 인간들은 매우 독특하면서도 재생 불가능한 화석 연료 사용으로 전례 없는 특혜를 누렸다. 인간은 초기 지질 시대의 유기화석을 채굴해 에너지로 사용했다. 그 덕에 물질적 풍요로움을 만끽할 수 있었다. 현재 여러 요인이 위대한 역사적 가치가 있는 획기적 사건을 창출하기 위해 한데 수렴되고 있다. 과거 많은 위대한 문명이 맞닥뜨렸던 결정적 순간에 우리도 직면하게 됐다. 과거 문명들 가운데 결정적 순간을 슬기롭게 극복한 것이 있는 반면 그러지 못한 것도 있다. 문명의 역동성을 유지하는 데 들어간 에너지가 점차 귀해지고 비싸지며, 쌓이고 쌓인 쓰레기와 과거 활동에서 비롯된 엔트로피를 처리하는 데 들어가는 비용이 더 많아질 때, 그때가 바로 결정적 시점이다. 그 시점을 넘어서면 에너지 흐름은 줄고, 많은 사회 하부 체계의 움직임이 둔해지며, 제도적·경제적·사회적 구조가 약화하면서 전반적 운영 체제 역시 외부 위협과 내부 붕괴 모두에 더 취약해진다.

문명이 기존 에너지 체계의 '전환점'에서 어떤 선택을 하느냐에 따라 체제 재정비로 다시 일어서든지 아니면 끊임없는 인프라 노후화와 퇴화로 결국 붕괴되기도 한다. 인류 역사상 가장 성공적인 에너지 체계인 석유 기반 문명이 전환점으로 다가서기까지 이제 수년밖에 남지 않았다. 현재 결정적인 세 요인이 빠르게 한데 수렴되면서 사회로 하여금 미래를 위해 취해야 할 단계가 무엇인지 결정토록 압박하고 있다. 세계 석유 생산이 곧 절정에 이르리라는 점, 남은 석유 매장량 대부분이 정치적·사회적으로 가장 불안한 중동 땅에 집중되리라는 점, 산업 시대에 축적된 엔트로피로 지구 온난화가 끊임없이 가중되고 있다는 점이 바로 그것들이다. 이들 세 요인이 위험천만한 게임을 조장하고 있다. 현재로서는 게임 결과를 종잡기 어렵다.

화석 연료 문명은 현재 곤경에 처해 있다. 그렇다면 앞을 가로막고 있는 세 위협에 어떻게 잘 대응할 수 있을까. 그것은 기존 인프라가 공격, 붕괴, 황폐화를 얼마나 잘 극복할 수 있는가에 달려 있다. 이 점에서 전망은 매우 어두운 실정이다. 한때 우리의 위대한 자산이었던 고에너지 화석 연료 경제를 관리하기 위해 만들어 낸 복잡하고 중앙 집중화한 인프라가 이제 우리의 가장 큰 취약점으로 변모하고 있다. 우리는 안팎에서 동시에 표출되는 위협과 붕괴에 날로 취약해지고 있다. 탈(脫)산업 시대의 역사에서 가장 불확실한 시점이 바로 지금인 것이다.

7 허술한 틈새

2001년 9월 11일, 흔히 구할 수 있는 박스 끈 절단용 칼로 무장한 아랍 테러리스트 열아홉 명이 비행 중인 미국적 여객기 네 대를 납치했다. 피랍 여객기 가운데 두 대가 뉴욕 세계무역센터(WTC) 쌍둥이 빌딩과 충돌했다. 세계에서 세, 네 번째로 높은 빌딩 두 동이 무너지고 말았다. 세 번째 여객기는 워싱턴 소재 미국방부 청사를 들이받았으며 네 번째 여객기는 승객과 납치범들 사이에 격투가 벌어지는 사이 펜실베이니아 주에서 추락했다.

당시 사건은 225년 미국 역사상 미국 안에서 일어난 최악의 테러였다. 9·11 테러로 여객기 탑승객과 빌딩 안에 있던 3000명 이상의 무고한 시민이 목숨을 잃었다. 테러 이후 밝혀진 사실이지만 여객기 납치범 가운데 열다섯 명은 오사마 빈 라덴이 이끄는 과격 이슬람 군사 조직 알 카에다와 연결된 사우디아라비아인들이었다. 일찍이 1993년 WTC 폭탄 테러, 1998년 아프리카 주재 미국 대사관들과 2000년 예멘에 정박 중이던 미 군함 콜 호(號) 테러 사건도 주도한 바 있는 빈 라덴 역시 사우디아라비아 출신이다.

빈 라덴은 1980년대 아프가니스탄에서 아랍 '자유 전사들'과 함께 성전(聖戰)에 참여했다. 무슬림 국가 아프가니스탄에서 소련군을 몰아내기 위함이었다. 그는 1990년대 걸프전 당시 미국에 대해 처음 분노를 나타냈다. 1990년 8월 이라크가 쿠웨이트를 침공했다. 쿠웨이트의 풍부한 유전을 손에 넣기 위해서였다. 미국은 쿠웨이트로부터 이라크군(軍)을 축출하기 위해 다국적 연합군 형성에 나섰다. 50만 미군 병력에 동원령이 내려졌다. 이윽고 1991년 1월 미군은 34개국 16만 연합군 병력의 지원 아래 지상과 공중에서 대규모 공격을 감행했다. 이라크군은 쿠웨이트에서 패퇴하지 않을 수 없었다. 당시 이라크군 병력 10만이 전사했으며 미군 148명도 전투 중 사망했다.[1)]

걸프전 당시 가장 결정적인 사건은 미 정부와 사우디 왕가 사이에 맺어진 협정이었다. 양국 협정에 따라 미군 전투기는 사우디아라비아의 공군 기지와 영공을 이용할 수 있었다. 걸프전 이후에도 미군의 사우디아라비아 주둔은 계속됐다. 앞서 언급했듯 빈 라덴 등 과격 이슬람주의자들은 사우디아라비아 정권이 '이교도들'에게 사우디아라비아 주둔을 계속 허용함으로써 이슬람 성지가 더럽혀졌다고 분노했다. 빈 라덴은 조국 사우디아라비아에서 미군을 몰아내기 위해 지하드(성전)에 돌입할 것이라고 천명했다. 그 뒤 미국 시설에 대한 테러 공격이 잇따랐다.

2001년 9월 11일, 빈 라덴은 미국 내에서 다시 지하드를 전개했다. 이번에는 일반 시민과 군 관계자들을 겨냥한 자살 공격이었다. 그는 예상보다 큰 성공을 거뒀다. 충격에 휩싸인 미국이 즉각 반응했다. 조지 W. 부시 미국 대통령은 대(對)테러 전쟁을 지속적으로 수행하기 위해 국제 사회 규합에 나섰다. 미국은 빈 라덴과 그의 추종 세력에게 은신처까지 제공한 아프가니스탄 탈레반 정권을 공습했다. 미군의 공습 이후 아프간 자유 전사 '북부 동맹'은 탈레반 정권에 대해 지상전을 전개했다. 북부 동맹은 아프가니스탄을 탈레반 통치로부터 해방시키기 위해 이미 수년 동안 지구전에 돌입해 있었다. 2001년 12월, 탈레반 정권은 무너지고 탈레반 병력과 알 카에다 전사 수천 명이 포로로 잡혔다. 알 카에다 전사 가운데 상당수는 파키스탄으로 도주했다. 한편 50개 국가에서 활동 중인 알 카에다 세포 조직들은 각국의 감시 대상으로 떠올랐다. 테러리스트들이 체포되고 그들에게 흘러 들어간 자금을 세탁한 것으로 알려진 여러 조직의 자산은 미국 등 일부 국가에 의해 동결됐다. 그러나 알 카에다는 하마스, 이슬람 지하드, 헤즈볼라 등 다른 과격 무슬림 집단들과 마찬가지로 여전히 활동을 계속하고 있다.

9·11 테러는 걸프전의 연장선상에서 일어난 제반 사건들 가운데 하나다. 그러나 9·11 테러의 뿌리는 아랍 실세들과 손잡은 서방 열강 및 석유 회사들이 값싼 원유를 확보하기 위해 중동에 진출했던 식민 시절까지 거슬러 올라간다.

2차 대전 이래 중동 석유 확보는 미국 외교 정책 목표의 영순위였다. 영국, 프랑스, 독일, 네덜란드 등 유럽 열강은 미국보다 먼저 중동에 발을 들여 놓고 있었다. 미국과 옛 소련은 냉전 기간 거의 내내 석유가 풍부한 걸프 지역에서 우위를 선점하기 위해 서로 경쟁했다.

미국은 중동에서 확보한 석유 이권 보호에 엄청난 군사비를 지출했다. 미군은 반세기 이상 미국과 다른 석유 소비국들로 이어지는 안전한 수송로 확보 차원에서 걸프 지역에 해군 함대와 공군 기지 등 군 시설을 유지해야 했다. 걸프전은 일종의 전환점이었다. 수입 석유의 가치로 볼 때 미국은 중동과 관련된 핵심 이익을 보호하면서 사상 처음 얻는 것보다 쓰는 게 많아지기 시작했다. 쇠퇴기로 접어든 로마 제국이 그랬듯 에너지 흐름을 유지하기 위한 군사 비용은 확보 중인 에너지의 순가치보다 훨씬 많아졌다. 한계 수익이 이미 고정된 상태에서 들어가는 비용은 어마어마해진 것이다.

걸프전 당시 미국은 병력 전개, 군시설 건축, 군작전에 추가 비용 610억에서 710억 달러를 쏟아 부은 것으로 추정된다. 기존 군장비에 이미 들어간 비용을 훨씬 초과한 규모다. 비용 가운데 540억 달러는 연합국들이 충당했다.[2] 이후 미군의 걸프 지역 주둔은 계속됐다. 사우디아라비아를 중심으로 지상에 9000명, 해상에 1만 5000명이 머물렀다. 미군 전투기 수백 대와 전함 수십 척이 걸프 지역을 초계하는 가운데 해마다 미군 병력 5만 명은 합동 군사 훈련에 참가한다.[3] 현재 미국은 중동 석유와 관련해 이권 보호 차원에서 연간 300억에서 600억 달러를 쓰는 것으로 추정된다. 하지만 그보다 적은 200억에서 300억 달러라는 주장도 있다.[4]

9·11 테러로 발생한 경제적 손실 비용이 미군의 중동 주둔 비용과 아프가니스탄 전쟁 당시 들어간 돈보다 많다면 그야말로 불길한 징조다. 경제 전문가들은 9·11 테러 공격으로 인한 물리적 손실과 건물 철거 비용이 300억 달러에 이르리라는 생각이다. 하지만 그것은 빙산의 일각에 불과하다. 뉴욕 시는 테러 공격 이후

12개월 동안 소매판매가 40억-50억 달러 줄고 2003년 말까지 관광 수입이 70억-130억 달러 감소할 것으로 내다봤다.[5] 장기 전망도 여간 어두운 게 아니다. 뉴욕은 이미 미국에서 비즈니스 비용이 가장 비싼 대도시로 알려져 있다. 테러리스트들은 중동 등 세계 전역으로 진출한 미 기업에 타격을 가할 수 있는 테러 최적지가 뉴욕, 그중에서 특히 월스트리트라고 생각한다. 안전 비용과 불편까지 가중되면서 기업들이 뉴욕으로 들어오는 것을 꺼리고 뉴욕에 자리 잡고 있는 기업마저 떠나려 들지 않을까 걱정이다.[6] WTC와 인근에 자리 잡았던 많은 금융 기업은 9·11 테러 여파로 심각한 인력 및 매출 손실을 경험했다. 그들 기업은 '고위험 지대'로 간주되고 있는 뉴욕에서 계속 영업할 가치가 있는 것인지 의문을 품기 시작했다.

테러 공격은 뉴욕 시민의 일상 생활에도 지대한 영향을 미쳤다. 그들은 외부로 이어진 통로가 몇 개의 다리와 터널뿐인 조그만 인구 밀집 섬 도시 뉴욕에 살면서 정신적 스트레스를 겪고 있다. 뉴욕 경기도 날로 악화하는 실정이다. 뉴욕이 수년 동안 경기 침체에서 벗어나지 못하리라는 게 중론이다. 9·11 테러 이후 2개월 만에 항공사, 여행사, 호텔, 음식점, 렌트카 업소에서 일하던 뉴욕 시민 10만 9000명 이상이 일자리를 잃었다. 사실 그들은 경기가 조금만 침체돼도 일자리를 잃었을 것이다.[7]

9·11 테러의 경제적 여파는 뉴욕을 넘어 세계 경제 전반까지 이르렀다. 거시 경제 예측 및 정책 분석 전문업체 매크로이코노믹 어드바이저스는 9·11 테러가 130억 달러 이상의 민간 및 정부 자본 손실로 이어졌다고 밝혔다. 일례로 항공기 제조업체 보잉은 상

용 여객기 신규 주문이 급감할 것으로 예상하여 3만 명 이상의 근로자를 해고했다. 매크로이코노믹 어드바이저스는 9·11 테러로 2001년 3/4분기 경제 활동 규모가 자그마치 240억 달러나 위축된 것으로 보고 있다.[8)]

미국 캘리포니아 주 샌타모니카 소재 경제 연구 집단 밀큰 연구소는 2002년 말까지 테러 공격으로 미국에서만 일자리 180만 개가 사라질 것이라고 보고했다. 밀큰 연구소에 따르면 뉴욕 말고 테러로 인한 손실이 극심할 것으로 예상되는 도시는 로스앤젤레스, 시카고, 라스베이거스 등이다.[9)]

9·11 테러 여파로 가장 큰 손실을 입은 부문은 뭐니 뭐니 해도 여행·관광업계다. 세계에서 둘째가라면 서러울 규모인 여행·관광 업계는 2000년 매출 4조 5000억 달러를 기록했으며 세계 국내총생산(GDP)의 11퍼센트, 세계 일자리의 8.2퍼센트, 다시 말해 2억 706만 2000개나 차지했다.[10)]

세계여행관광협의회(WTTC)는 9·11 테러 이후 12개월 동안 미국 관광업이 10-20퍼센트, 다른 나라들의 경우 그보다 적게 위축될 것이라고 전망했다.[11)] 미국에서 매출 10퍼센트 감소는 480억 달러, 20퍼센트 감소는 960억 달러의 손실을 의미한다.[12)] WTTC는 세계 여행·관광 산업이 10퍼센트 위축될 경우 세계 GDP가 1.7퍼센트 하락하고 일자리 880만 개가 사라진다는 뜻이라고 밝혔다.[13)]

9·11 테러는 미국 납세자들에게도 손실을 안겨 줬다. 아프가니스탄 전비로 다달이 10억 달러가 소요됐다. 미국은 2002년 아프가니스탄 내 군사 활동비로 280억 달러를 책정했다.[14)] 미국은 전쟁으로 찢겨진 아프가니스탄의 재건을 돕기 위해 아프간 새 정부에

3억 달러도 원조할 것이라고 공언했다.[15] 미국 납세자들은 아프가니스탄 등 해외에서 대테러전에 들어가는 군사비 말고도 9·11 테러로 사망한 희생자 유족에게 평균 165만 달러, 총 60억 달러를 지불해야 했다. 미 연방정부는 뉴욕의 재건 지원 차원에서 112억 달러를, 항공 산업 구제 기금으로 150억 달러를 내놓기로 결정했다.[16]

2002년 신설될 국토안보부에 연방기금 190억 달러 이상이 배정되고 2003년에는 370억 달러가 더 할당될 예정이다.[17] 국토안보부가 맡을 임무는 '테러리스트들의 위협이나 공격으로부터 미국을 안전하게 보호할 수 있는 포괄적인 국가 전략 개발 및 조정'이다. 긴급 자금 35억 달러는 빈 라덴과 알 카에다에 대한 군사 작전을 돕기 위해 군 몫으로 돌렸다. 이는 미군의 정기 예산과 별도로 할당된 자금이다.[18] 전미(全美) 주지사협회(NGA)는 9·11 테러 이후 급증한 안보 비용을 충당하기 위해 주(州) 차원에서 40억 달러의 추가 비용이 필요할 것으로 내다봤다.[19]

명심해야 할 것은 그 모든 비용이 칼로 무장한 이슬람 과격분자 열아홉 명의 자살 공격으로 발생한 사망자와 미국, 세계 경제, 납세자가 입은 손실 때문에 들어간 돈이라는 점이다. 이번 테러는 세계 전역에서 담당하고 있는 미국의 역할, 무엇보다 사우디아라비아와 중동 주둔 미군에 대한 뿌리 깊은 증오심이 발단이었다. 여기서 얻을 수 있는 교훈은 뉴욕처럼 인구 밀도가 높고 매우 복잡한 도시 사회에서 몇 안 되는 테러리스트들이 엄청난 파괴와 죽음을 불러올 수도 있다는 것이다.

생물학 테러

WTC와 미 국방부 청사에 대한 테러 공격이 감행된 지 2주 뒤 인구가 조밀한 사회 환경의 취약점을 그대로 드러낸 사건도 있었다. 치명적인 변종 탄저균이 전국망을 갖춘 방송사에 이어 워싱턴 의회 사무실에도 배달되기 시작한 것이다. 화학무기로 사용할 수 있는 흰 가루 형태의 탄저균은 우편망을 통해 희생자들에게 전달됐다. 미국인 열여덟 명이 탄저균 포자에 노출됐다. 그들 가운데 다섯 명은 치명적인 탄저균이 호흡기를 통해 인체로 침투한 결과 사망하고 말았다. 알라를 찬양하고 미국의 정책을 비난한 쪽지들이 발견되기도 했다.

탄저균이 희생자들에게 배달되기 며칠 전 미 연방수사국(FBI)은 9·11 테러를 자행한 여객기 납치범 가운데 일부가 플로리다 주의 한 농약 살포기 격납고에 여러 차례 들른 바 있다고 밝혔다. 농약 살포기 소유주들은 여객기 납치범들이 농약 살포기의 적재 용량, 비행 거리, 조종술 등에 대해 물었다고 말했다. 그 뒤 FBI는 개인이 소유하고 있는 미국 내 농약 살포기 3500대의 비행을 금지시켰다. 한편 미시간 대학, 펜실베이니아 주립 대학, 클렘슨 대학, 앨라배마 대학도 미식축구 경기 중 비행기의 경기장 상공 비행을 금했다. 생물학 테러 공격에 대한 우려 때문이었다.[20] 워싱턴 정가는 허둥지둥 항생제와 백신 확보 자금을 할당하고 병원의 비상 체계 수준도 한 단계 높였다. 고조되는 시민들의 불안감을 가라앉히기 위해서였다.

연방 당국은 우편물을 통한 탄저균 테러와 알 카에다 조직의 연관성에 대해 아직 확인하지 못했다. 빈 라덴의 테러 조직이 생물학 물질을 취득해 대량 생산하고 첨단 생명공학 데이터베이스로 살상도를 높이며 광범위한 지역으로 살포할 수 있는 방법 등 관련 정보 취합에 적극 나서고 있다는 사실만 파악했을 뿐이다.

탄저균 테러를 계기로 미국은 물론 세계 전체가 생물학 공격에 얼마나 무방비한 상태인지, 인구 밀집 도시 지역이 치명적인 생물학 무기에 얼마나 취약한지 드러났다. 미국 시민들이 그러잖아도 9·11 테러로 떨고 있는 상황에서 탄저균 테러까지 발생하자 정계, 군사 전문가, 언론은 생물학 테러를 둘러싼 새로운 공포의 핵심이랄 수 있는 골치 아픈 현실에 대해서는 외면하고 말았다. 사실 농축산업, 제약업 부문에서 상용(商用) 유전공학에 응용되는 새로운 게놈 정보가 동식물과 인간을 공격할 수 있는 새 병원균 개발로 전용될 가능성이 있는 것이다.

핵폭탄과 달리 생물학 무기 제조에 필요한 물질과 장비는 쉽게 구할 수 있는 데다 값도 싸다. 생물학 무기를 '가난한 자의 핵폭탄'이라고 부르는 것도 바로 그 때문이다. 1만 달러 상당의 장비만 갖추면 첨단 생물학 연구소를 만들 수 있다. 공간도 0.42평이면 충분하다. 필요한 것은 맥주 발효조, 단백질 배양 조직, 합성 섬유로 만든 방호복, 가스 마스크뿐이다. 놀라운 것은 세계 전역의 많은 연구소에서 활동 중인 분자생물학자, 대학원생 수천 명도 생물학 무기를 고안하고 대량 생산할 수 있는 재조합형 DNA 사용법과 복제 기술에 대해 많이 알고 있다는 점이다.

생물학전에는 살아 있는 유기체도 사용된다. 생물학 무기로 바이러스, 박테리아, 균류, 리케차, 원생 동물이 이용될 수 있다.

생물학 물질들은 변이, 복제, 증식이 가능하며 바람, 물, 곤충, 동물, 인간을 매개로 광범위한 지역에 퍼질 수 있다. 많은 병원균은 일단 살포되면 생존 영역을 스스로 개발해 환경 속에 끝없이 머물 수 있다.

지금까지 생물학 무기가 광범위하게 사용된 적은 없다. 엄청난 양의 독성 물질을 처리하고 저장하는 데 수반되는 위험과 비용, 생물학 물질 살포 지점을 정확히 겨냥하기가 매우 어렵다는 점 때문이다. 그러나 지난 10여 년에 걸친 유전공학 기술의 발달로 생물학전 수행이 사상 처음 가능해졌다.

마음대로 주무를 수 있는 재조합형 DNA 무기는 여러 방식으로 만들어진다. 항생제에 대한 내성(耐性), 독성, 환경 안정성을 높이기 위해 감염성 미생물 속에 유전자를 주입하는 새로운 기술이 개발돼 있다. 감정, 행동, 체온을 관장하는 유기체 유전자에 주입하는 방법도 있다. 유전적으로 특정 질병에 노출되기 쉬운 어떤 민족이나 인종을 제거하기 위해 선택적 독성도 복제할 수 있을지 모른다. 한 나라의 경제를 무력화시키기 위해 유전공학으로 특정 작물이나 가축까지 사멸시킬 수 있다.

첨단 유전공학 덕에 테러 공격과 게릴라 소탕 작전에서부터 특정 인구 전체를 겨냥한 대규모 전쟁까지 다양한 목적으로 활용할 수 있는 유연한 무기가 등장한 것이다.

군사 전문가들은 혁신적인 유전공학 기술이 테러리스트 손에 들어가지 못하도록 막을 수 있다고는 생각지 않는다. 유전자 무기는 대량 파괴의 한 도구로 핵무기에 버금가며 적은 비용으로도 개발할 수 있다. 이런 두 요소만 놓고 볼 때 유전자 기술은 미래의 이상적인 무기가 아닐 수 없다.

걸프전 당시 이라크가 막대한 양의 세균전 물질을 이미 축적해 놓고 사용할 태세였다는 사실이 밝혀졌다. 미 국방부는 치열해질 것으로 예상되는 생물학 무기 개발 경쟁을 위해 국방 연구에 새삼 관심을 갖게 됐다. 이라크의 사담 후세인 정권은 이른바 '위대한 평형 장치'를 개발했다. 여기서 말하는 위대한 평형 장치란 치명적인 보툴리누스 독소와 탄저균 등 생물학 물질 5톤 이상을 탑재할 수 있는 미사일 탄두 25기(基)다. 이라크는 공중에서 투하하기 위해 세균 15톤을 폭탄에 탑재하기도 했다.[21] 세균전 물질이 살포됐다면 인류는 1945년 원폭 투하로 폐허가 된 일본의 히로시마(廣島)와 나가사키(長崎)처럼 가공할 참상을 경험했을 것이다.[22] 세균전의 가공할 파괴력을 가늠하기 위해 미국 정부는 1993년 한 연구에 나섰다. 당시 연구 결과를 이라크의 세균전 물질에 적용해 보니 워싱턴 상공에서 탄저균 포자 100킬로그램만 살포해도 300만 명이 사망할 수 있는 것으로 나타났다.[23]

신세대 생물학 무기 개발에 관심을 갖고 있는 나라는 이라크뿐이 아니다. 1995년 미 중앙정보국(CIA)은 이라크, 이란, 리비아, 시리아, 북한, 대만, 이스라엘, 이집트, 베트남, 라오스, 쿠바, 불가리아, 인도, 남아공, 중국, 러시아 등 열일곱 개 국가들이 세균전 물질을 연구 또는 비축 중인 것으로 추정된다고 밝혔다.[24] 이른바 '불량 국가'와 손잡은 테러리스트들이 자신들 요구를 관철시키기 위해 새로운 유전학 무기로 공포감과 혼란을 조장할 가능성도 있다.

미국의 톰 리지 국토안보국장은 미국인 안전 보호 차원에서 생물학 테러 예방을 영순위로 삼을 것이라고 공언했다. 그의 임무가 실현 불가능한 것은 아니지만 매우 어려운 일임에는 틀림없다. 안전판이 마련된다 해도 테러리스트가 안전판을 뚫고 치명적인 병원균 살포에 성공할 수 있기 때문이다. 수천, 심지어 수백만 명의 희생자가 발생하지 않도록 예방할 수 있는 방법은 거의 없다는 뜻이다. 9·11 테러범들은 평범한 칼로 세계 최대 도시 뉴욕을 며칠 동안이나마 굴복시켰다. 치명적인 탄저균 등 병원균 살포 방법에 대해 약간이나마 알고 있는 테러리스트라면 미국의 안보와 세계 경제를 약화시킬 수 있다. 이슬람 전사들이 해독제도 없는 천연두 변종을 만들어 세계 곳곳에서 동시에 공격한다면 어떻게 할 것인가. 이런 가공할 시나리오는 거의 상상할 수도 없다. 하지만 그런 공격이 현실화할 경우 수백만 명의 사망자가 발생하고 그로 인한 경제적, 사회적 충격은 오래 지속될 것이다.

빈 라덴과 알 카에다 지도부가 사살 혹은 체포되고 그들의 조직이 수사망에 걸려든다고 테러들이 사라지는 것은 아니다. 세계 전역에서 더 많은 무슬림 청년들이 테러에 가담하는 지금 대다수 관측통은 폭력 확산을 우려하고 있다. 미국 등 여러 나라는 중동에 대한 자국(自國)의 핵심 이해 관계와 국내 안전까지 수호하기 위해 추가 대응책을 마련해야 할 것이다. 앞으로 10여 년 뒤 세계 석유 생산이 절정에 이르면서 대응책 마련 과정은 가속화할 전망이다. 한편 폭력 사태가 날로 격화하고 중동산 석유 수송로 안전 확보를 위한 군사비도 점증하면서 미국 등 세계 선진 산업국들에 돌아가는 이득은 계속 줄 것이다.

취약점

미국인들은 자국 내에서 테러 행위가 자행되자 미국이 인프라와 인구를 겨냥한 위협에 얼마나 취약한지 처음 깨닫게 됐다. 미 백악관, 의회, 국방부는 시민 안전에 심각한 위협이 되고 있는 숱한 취약점으로 관심을 돌렸다. 그 결과 화석 연료 인프라가 여러 결정적 지점에서 혼란과 붕괴에 쉽게 노출될 수 있다는 사실을 발견했다. 이들 지점에서 에너지 처리가 장기간 심각한 장애를 겪는다면 시스템 전반이 무력해질 수도 있다.

현재 역사상 그 어느 때보다 취약성이 두드러지게 나타날 수 있는 것은 세 가지 발전 때문이다. 첫째, 화석 연료로부터 만든 비료와 농약 덕에 식량 생산의 질적 도약이 이뤄지고 석유를 연료로 사용하는 기계가 인간 노동 대신 자리 잡으면서 인구 수백만이 농촌에서 도시 지역으로 이주할 수 있었다. 둘째, 20세기 들어 현대식 농경으로 막대한 잉여 농산물이 생산되면서 사상 최대의 인구 폭증을 기록했다. 셋째, 고도로 조직화한 상호 의존형 사회 구조 속의 수백만 인구를 서로 이어 주는 고에너지 운송 체계와 송전 시설 설립이 화석 연료 에너지 덕에 가능해졌다. 이들 시설은 인간 생존에 필수적인 기능을 담당한다. 현대 사회 구조에서 결정적 지점은 석유화학 기반 농업 체계, 사람들로 북적거리는 도시, 농촌과 교외는 물론 대륙과 대양 사이로 인간과 화물을 신속히 이동시키는 석유 기반 운송 체제, 그리고 동력, 빛, 열, 통신망을 제공하는 '중추 신경계', 다시 말해 송전 시설 등이다. 이들 지점이 존재할 수 있는 것은 석유, 천연가스, 석탄의 끊임없는 흐름 때문이다. 이들 지점은 산업정보 시대의 경제 구조로 간주되는 초(超) 유기체를 구성한다.

고갈돼 가는 값싼 원유에 대한 관심이 고개를 들 때마다 흔히들 자동차 연료가 모자라지 않을까 우려한다. 석유 부족으로 승용차, 트럭, 버스, 비행기 운행 횟수가 줄거나 운행이 아예 중단되지 않을까. 생각만 해도 끔찍한 일이다. 그런 상상은 경제와 사회에 악영향을 미칠 게 분명하다. 그러나 종종 간과되는 것은 석유, 천연가스가 식량 생산과 동력, 빛, 열을 제공하는 전력 체계 유지에도 매우 중요하다는 점이다. 이들 시스템이 붕괴될 경우 사회 조직 전체가 무너질 것이다.

석유가 농사를 짓다

농업은 산업 사회 전반이 비평형 상태로 유지되는 데 필요한 핵심 에너지를 제공한다. 현대 농업이 석유에 전적으로 의존하고 있다 해도 과언은 아니다. 석유가 귀해지고 비싸져 결국 손에 넣을 수 없게 된다면 현대 생활의 모든 면은 위축되고 말 것이다.

모든 경제 활동은 식량 생산 때문에 가능하다. 막대한 잉여 식량과 농업 노동으로부터 해방된 노동력이 20세기의 제조업 혁명과 이후 등장한 서비스와 정보 경제를 가능하게 만들었다. 지난 반세기 동안 농산물이 상품화하고 식량 가격은 비교적 저렴하게 안정됐지만 세계 석유 생산의 절정과 더불어 유가가 급등할 경우 사태는 건잡을 수 없게 될 것이다.

현재 미국에서 소비되는 에너지 가운데 4퍼센트가 식량 생산에 쓰이고 있다. 미국의 에너지 소비량 가운데 10-13퍼센트는 식량을 슈퍼마켓까지 운송, 처리, 포장, 배달하는 데 들어간다. 미국에서 사용되는 모든 에너지 중 17퍼센트 이상은 식량을 일반 가정의 식탁 위에 올려놓는 데 쓰인다.[25]

많은 인류학자는 농산물 소출 확대야말로 현대의 유일한 업적이라고 생각한다. 농산물 소출 확대가 가능했던 것은 인간 노동이 석유에 기반한 기계 노동으로 대체되고 석유화학 제품인 비료와 농약 사용도 증가했기 때문이다.

가솔린을 연료로 사용하는 트랙터가 처음 제작된 것은 1892년 존 프뢸리히에 의해서다. 1910년 2만 5000대의 트랙터가 미국 농장에서 사용되고 있었다. 헨리 포드가 싸고 믿을 수 있는 모델 포드슨을 선보이면서 트랙터 판매고는 급증했다.[26] 트랙터는 2차 대전 직전까지 160만 대가 사용되고 있었으며 1960년대에 이르러 470만 대로 증가했다.[27] 트럭 사용도 크게 늘었다. 1915년 농장에서 사용하던 트럭은 2만 5000대에 불과했다. 그러나 1980년 350만 대의 트럭이 이용되고 있었다.[28] 트랙터, 트럭, 수확기에 장착된 가솔린 엔진은 100년도 못 돼 농장의 주요 동력원으로 인간 노동, 말, 노새, 소를 대체했다.

20세기 전반 기계 혁명에 이어 후반에는 화학 혁명이 일어났다. 무기질소 비료 사용량이 1950년 1400만톤에서 1989년 1억 4300만톤으로 늘었다.[29] 농약 사용량은 1950년 9톤에서 1986년 29억 톤으로 증가했다.[30]

첨단 영농 기법, 다수확 단일 재배 작물 도입 및 농업의 기계화, 질소비료와 농약 사용으로 20세기 내내 식량 생산량이 급증한 반면 농업에 필요한 인간 노동은 줄었다. 1850년 미국의 노동력 가운데 60퍼센트가 농업에 종사하고 있었다. 그러나 오늘날 농업과 직결된 미국인 노동자는 2.7퍼센트도 채 안 된다.[31] 반면 농업 소출량은 천정부지로 치솟았다. 1850년 농가당 네 명을 부양할 수 있는 식량이 생산됐다. 그러나 1982년 농가당 일흔여덟 명을 먹여 살릴 수 있는 식량이 생산됐다.[32] 농업 생산성은 1940년대 25퍼센트, 1950년대 20퍼센트, 1960년대 17퍼센트, 1980년대 28퍼센트 이상 증가했다.[33]

농업 생산량과 생산성 증가 과정에 사용된 석유는 점차 많아졌다. 열역학적 관점에서 볼 때 현대 영농법은 역사상 생산성이 가장 낮은 방식이다. 이는 에너지 출력 단위당 에너지 입력량이 과거보다 훨씬 많아졌다는 뜻이다. 한 농민이 소요 칼로리당 10칼로리 정도를 생산하는 게 보통이다. 최첨단 영농 기술까지 동원한 아이오와 주의 한 농민이 인간 노동 1칼로리로 6000칼로리를 생산해 낼 수 있지만 에너지 순익 생산에 들어간 에너지량으로 볼 때 6000칼로리가 그리 대단한 것은 아니다. 270칼로리짜리 옥수수 한 통을 생산하기 위해 농민은 기계 가동 및 화학비료와 농약 살포에 최고 2790칼로리나 소비한다. 첨단 기술로 무장한 농가가 생산 에너지 1칼로리당 10칼로리의 에너지를 쏟아 붓는 셈이다.[34]

에너지 흐름의 증가는 주변 환경에 엔트로피가 더 쌓이는 결과로 이어졌다. 근권토양(根圈土壤)이 집약 영농으로 고갈되고 침식되자 소출량을 유지하기 위해 더 많은 화학비료가 사용됐다. 현재 화학비료 살포로 인한 질산염 오염이 수질 오염 중 반, 고형 폐기물 오염 가운데 2/3를 차지한다.[35] 광활한 땅에 한 작물만 경작하는 이른바 '단일 재배' 관행은 '규모의 경제'를 낳고 생산성과 수익도 증가시켰다. 그러나 농약을 더 써야 하는 폐단으로 이어지기도 했다. 다양한 작물을 한데 심는 것이 전통 영농법이다. 그럴 경우 각종 곤충을 불러들일 수 있다. 그들 곤충 가운데 일부가 해충의 천적임은 말할 필요도 없다. 복합 재배를 팽개치고 단일 재배로 돌아서면서 논밭에서 이로운 곤충이 사라졌다. 그 결과 작물이 병충해에 더 취약해지자 농약 사용량만 자꾸 늘었다. 살포 농약 가운데 많은 양이 녹아 지하수에 유입되면서 주요 수질 오염원으로 등장하게 됐다.

농약은 남아 있는 토양마저 파괴한다. 토양에는 지렁이와 절지동물은 물론 수백만 마리의 박테리아, 균류, 조류(藻類), 원생 동물이 살고 있다. 토양의 비옥도와 구조를 유지하는 게 바로 이들 유기체다. 하지만 농약은 유기체와 그들의 복잡한 서식지까지 파괴함으로써 토양 고갈과 침식을 부채질한다. 미국의 경우 해마다 40억 톤이 넘는 표토(表土)가 사라진다. 표토의 상실 원인 가운데 대부분이 지난 반세기에 걸쳐 도입된 첨단 영농 기법이다.[36] 1970년대 미국은 농경지 표토 가운데 1/3 이상을 상실했다.[37] 그 결과 농작물 소출을 그대로 유지하기 위해 점차 많은 화학비료가 사용됐다. 한계수익은 고착되고 말았다. 농업에 점점 많은 에너지가 소요되는 반면 에너지 순익은 줄고 있다. 1945-1970년 미국의 옥수수 재배농들이 에너지 투입량을 400퍼센트 늘렸지만 소출 증가율은 138퍼센트에 불과했다. 2차 대전 이후 20여 년 동안 석유화학 기반 집약영농으로 농업의 에너지 소비량이 70퍼센트 늘었지만 식량 생산량은 30퍼센트 증가에 그쳤다.[38] 게다가 지구 온난화의 주요 원인 가운데 하나가 고에너지 농업이다. 농업의 기계화는 더 많은 가솔린 소비를 의미했다. 따라서 대기 중 이산화탄소(CO_2) 방출량은 증가했다. 한편 화학비료에 대한 의존도가 높아지면서 제3의 온실 가스인 아산화질소(N_2O) 방출량도 늘었다.

기술적으로 매우 복잡한 고에너지 농업의 유지비가 많아지면서 대다수 소농(小農)은 설자리를 잃게 됐다. 새 영농법은 규모의 경제와 막대한 자본 투자를 필요로 한다. 미국의 경우 3만 2000개도 채 안 되는 대농장이 농산물 판매고 가운데 38퍼센트 이상을 차지하고 있다.[39]

미국과 유럽의 화학 혁명은 1960년대 개발도상국으로 확산됐다. 그것이 이른바 '녹색 혁명'이다. 오랫동안 경작 가능한 땅이라면 한 뙈기도 남기지 않고 모두 일궈 온 아시아 국가들은 인구 급증으로 큰 타격을 입었다. 과학자들은 점증하는 인구에 맞춰 밀과 쌀의 슈퍼 변종을 만들어 냈다. 그 결과 평당 소출이 크게 늘었다. 이런 다수확 품종 덕에 인도와 파키스탄 같은 나라에서는 10년도 못 되는 사이 소출이 배로 늘었다. 대신 엄청난 양의 화학비료와 농약을 살포해야 했다. 국내 소비용이 아니라 대부분 세계 시장에 내다 팔 목적으로 경작한 단일재배 작물들은 규모의 경제 아래 잘도 자랐다. 하지만 규모의 경제는 자본 비용을 증가시켜 겨우겨우 입에 풀칠이나 하는 농민들마저 땅에서 몰아내 대농장만 키우고 말았다. 제3세계 전역에서 빈곤에 허덕이던 농민들은 대도시로 이주하지 않을 수 없었다. 땅을 잃은 농민들 가운데 상당수는 대도시에서 공공 보조로 살아가거나 빈털터리가 돼 거리를 배

회한다.

우리는 지금까지 세계 전역에 화석 연료로 움직이는 농업 인프라를 건설해 왔다. 단기적 소출 증대로 도시 인구뿐 아니라 인구 자체가 증가했다. 오는 2020년경 세계 석유 생산이 절정으로 치닫고 유가가 급등할 판에 점증하는 인구를 어떻게 21-22세기로 이끌 것인가. 아직은 비교적 저렴한 석유가 넘쳐나는 데다 농산물 소출도 많지만 영양 부족으로 고통받는 인구는 10억에 이른다.[40] 이런 상황에서 세계 석유 생산이 절정에 이르러 유가가 걷잡을 수 없이 치솟을 경우 어찌할 것인가.

생명과학업계는 새로운 유전자 변형 작물들을 해법으로 제시한다. 그러나 유전자 변형 작물 역시 막대한 에너지, 특히 화학비료라는 형태의 에너지를 필요로 한다. 과학자들은 토양이 아닌 대기로부터 질소를 흡수하는 작물 창조에 아직 성공하지 못했다. 게다가 소출 면에서 부정적인 연구 결과가 많이 나타났다. 지표면 가운데 11퍼센트가 이미 식량 생산에 활용되고 있어 더 이상 농사지을 땅이 별로 없다는 점을 감안할 때 농업의 미래는 암울한 듯하다.[41] 사람들은 아마존 등지의 광활한 열대 우림을 파괴하고 경작지로 일구기 시작했다. 우림 지대가 파괴되면서 지구에 남아 있는 많은 동식물 종의 값진 서식지마저 점차 사라지고 있다. 근권 토양 자체는 층이 너무 얇아 식량을 수년 이상 생산해 낼 수 없다. 그 결과 토양 침식 확산으로 인간이나 동식물이 살기에 부적합한 메마른 땅만 확대되고 있다.

엎친 데 덮친 격으로 세계 농경지 가운데 1/3이 인간을 위한 작물 경작지에서 가축을 위한 사료용 작물 경작지로 전환돼 왔다.

에너지 소비가 많은 인간 활동이 바로 축산업이다. 미국의 경우 곡물로 사육한 소에서 고기 1파운드(약 454그램)를 얻는 데 가솔린 1갤런(약 3.79리터)에 상당하는 에너지가 들어간다.[42] 4인 가족 기준 연간 쇠고기 소비량을 제대로 공급하기 위해서는 가솔린 260갤런 이상이 연기로 사라져야 한다. 가솔린 260갤런을 태우면 이산화탄소 2.5톤이 대기 중으로 방출된다. 이는 일반 자동차 한 대가 6개월 동안 정상 운행할 때 방출되는 양과 비슷한 수준이다.[43]

서방 등지의 부유한 소비자들이 육류 위주 식단에서 먹이 연쇄 아래 단계에 있는 채식 위주 식단으로 바꾼다면 귀한 경작지가 수백만 인구를 먹여 살리는 데 전용될 수 있을 것이다. 그러나 서방이 식생활 습관을 바꾼다고 문제가 해결되는 것은 아니다. 남반구는 토지 개혁 등 구조적 혁신으로 빈곤층이 가족과 공동체를 위해 다시 경작할 수 있도록 만들어야 한다.

정치가, 경제학자, 소비자들은 자동차 연료인 가솔린이 고갈돼 간다는 생각만 해도 괴롭기 그지없다. 그러나 더 큰 문제는 석유 생산이 '종형 곡선'의 정점으로 치달으면서 작물 경작비마저 치솟아 수억, 아니 수십억 인구가 자신은 물론 가족을 먹여 살릴 식량조차 살 수 없게 되리라는 점이다. 승용차와 트럭을 굴릴 수 있는 대체 에너지원은 이미 존재한다. (이 점에 대해서는 8장에서 자세히 논할 예정이다.) 하지만 화학비료를 대체할 만한 것은 없다. 다시 말해 자동차를 굴리기 위해 가솔린 1갤런이 소비될 때마다 식량 생산에 들어갈 가솔린 1갤런이 사라진다는 뜻이다. 흥정은 언제나 골치 아프게 마련이다. 가솔린 1갤런당 30마일(약 50킬로미터)을 달리는 자동차가 있다고 치자. 주행 거리 6마일마다 빵 한 덩어리를 만들 수 있는 가솔린이 소비된다.[44] 앞으로 우리는 개인의 이동과 먹을거리 사이에서 달갑지 않은 흥정을 해야 할지도 모른다. 하지만 놀랍게도 석유와 화석 연료 시대의 미래를 둘러싼 각종 토론에서 세계 지도자 가운데 이런 미래상에 대해 공개적으로 거론한 사람은 없었다.

지난 150년 사이 화석 연료 에너지의 급증은 인구 폭발로 이어졌다. 인류 역사 이래 인구가 처음 10억을 기록한 것은 1825년이었다. 석탄 혁명의 시작, 에너지 처리량의 급증과 더불어 그 뒤 한 세기도 안 돼 인구는 배인 20억으로 늘었다. 석유 시대의 탄생과 함께 1925-1960년 10억이 더 늘었다. 1960-1975년 세계 인구는 40억으로, 12년 뒤인 1987년 50억으로 증가했다.[45]

영양 및 위생 상태 개선과 함께 인구가 급증하면서 이른바 '적극적 환류positive feedback'[46] 효과도 나타났다. 과거보다 복잡한 사회 조직을 더 많은 사람이 원한 것이다. 이는 제도적 합의 유지 차원에서 더 많은 가용 에너지를 쓴다는 뜻이다. 민족국가야말로 현재 운용되는 에너지 과정의 주요 본보기다. 당시 철도와 전신으로 상거래 활동과 무역 범위가 확대됐다. 확대된 상거래 및 무역 활동은 민족국가라는 새로운 정치 단위를 낳았다. 민족국가란 광범위한 지역에 산재해 있는 자원들을 확보하고 다양한 노동력을 한데 결집시키며 대규모 소비 시장을 조정할 수 있는 팽창주의적 통치 합의체다. 사회역사학자 찰스 틸리는 16세기 초 유럽이 도시국가, 공국(公國), 왕국 등 500개 이상의 소규모 자치 정부로 구성돼 있었다고 주장했다. 1975년 통치 단위는 서른다섯 개로 줄었다.[47] 21세기 들어 더 빨라진 육상, 항공 교통과 광속 통신으로 물리적 거리에다 시간까지 단축되면서 유럽은 급속히 단일 통치체가 돼 가고 있다. 2002년 유럽연합(EU)은 유럽 각국이 사용하던 통화들을 단일통화 '유로'로 대체했다. EU는 현재 열다섯 개인 회원국을 수년 안에 스물일곱 개로 늘려 대서양 연안에서 옛 소련 지역까지 아우르는 대륙 규모의 단일 통치체가 될 전망이다.

인상적인 것은 화석 연료 시대에 고에너지 대도시가 괄목할 만큼 성장했다는 점이다. 이전 도시들은 규모에서 지금보다 훨씬 작았다. 고대 바빌론의 전성기에도 인구는 10만뿐이었다. 아테네 인구는 5만도 채 안 됐다. 1820년경 런던은 화석 연료 시대 최초로 인구 100만을 기록했다. 그로부터 100년 뒤 세계에서 인구 100만을 넘는 도시는 11개였다. 그러나 1950년 75개, 1976년에는 191개로 늘었다.[48] 오늘날 인구 100만을 웃도는 도시는 숱하다. 도쿄(東京), 멕시코시티, 뭄바이, 상파울루, 상하이(上海), 뉴욕 등 19개 도시는 인구 1000만에서 2500만에 이르는 초대형 도시다.[49]

두 세기 전만 해도 대다수 인류는 농촌이나 작은 마을, 소도시에서 살았다. 그러나 오늘날 인류 가운데 반 이상이 인구 밀도가 높은 도시 지역에 거주한다. 이들 도시와 교외 지역이 존재할 수 있는 것은 주변 환경으로부터 막대한 양의 가용 에너지를 흡수하기 때문이다. 대도시를 유지하고 부양하기 위해서는 식량, 에너지, 물, 광물 자원이 계속 공급돼야 한다. 인구 100만의 도시는 스스로를 유지하는 데 하루 식량 1810톤, 담수 62만 5000톤, 연료 9500톤 이상이 필요하다. 이런 물자 가운데 대부분은 먼 곳에서 운송해 와야 한다. 도시의 인프라 역시 엄청난 에너지를 소비한다. 일례로 미국 일리노이 주 시카고 소재 초고층 빌딩 시어스 타

워는 하루에 인구 15만의 도시보다 많은 에너지를 소비한다.[50)]

도시와 농촌, 교외와 도심이 원활한 운송망으로 상호 연결돼 있다는 점도 도시가 존재할 수 있는 또 하나의 이유다. 농산물을 수천 킬로미터 떨어진 산지에서 도시까지 실어 나를 수 있는 것은 철도, 트럭, 현대식 냉장 보존 기술 덕이다. 이 모든 과정의 동력원이 바로 석유다.

여기서 유념해야 할 것은 석유 덕에 농업 소출과 생산성이 증가되지 않았다면 인류의 반인 도시민을 부양할 수 없었으리라는 점이다. 도시는 취약한 농업 기반 위에 똬리를 틀고 있는 불안정한 존재다. 도시가 계속 존재하기 위해서는 농업 생산이 이를 뒷받침해야만 한다.

전기가 끊긴다면

흔히들 석유가 우리 가족을 부양하는 데 매우 중요하다는 점에 대해 종종 망각하곤 한다. 시간과 공간이라는 면에서 식량 생산은 도시 생활과 동떨어져 있기 때문이다. 우리의 일상 생활이 전적으로 의존하고 있는 전기도 마찬가지다. 송전망은 인구 밀도가 높은 도시를 통합하는 중추 신경계다. 전력이 없으면 도시 생활은 존재할 수 없다. 정보 시대도 까마득한 옛 기억으로 남고 산업 생산은 중단될 것이다. 현대 사회의 붕괴에 대해 가장 빨리 이해할 수 있는 방법은 전기, 전자 기기 플러그를 모두 뽑아 보는 것이다. 그러면 빛, 열, 동력 모두 사라진다. 현대 문명이 종말을 고하게 되는 것이다.

전기가 에너지원으로 사용되기 시작한 것은 한 세기도 채 못 됐지만 전기 없는 생활이란 상상할 수 없을 정도다. 우리의 증조부 세대만 해도 전기 없는 세상에 태어났다. 그러나 오늘날 우리는 전기를 당연한 존재로 생각한다. 식량과 마찬가지로 충분히 얻을 수 있기 때문이다. 우리는 전기가 어디서 생기는지, 우리에게 어떻게 도달되는지 생각해 본 적이 거의 없다. 전기는 그야말로 스텔스기(機)와 같다.[51] 전기가 흐르는 전선은 땅 속이나 벽 안에 매설된다. 색깔과 냄새도 없는 전기는 보이지 않지만 우리 일상 생활에 없어서는 안 될 존재다.

우리 가운데 발전소를 방문해 전기가 어떻게 생산되는지 견학해 본 사람이 과연 몇이나 될까. 흔히들 전기가 주요 에너지원이라고 생각하지만 전기 가운데 대부분이 석탄, 석유, 천연가스로 생산된다는 사실에 대해서는 생각지 않는다.

전기가 당분간이 아닌 장기간 나가 버린다면 어떻게 될까. 공교롭게도 미국의 송전망은 테러리스트나 에너지 부족에 의해 붕괴될 위험이 높아 가고 있다. 9·11 테러 이전에도 미 당국은 발전소, 송전선, 통신 인프라가 테러의 표적이 될 수 있다고 우려한 바 있다. 1997년 백악관 핵심인프라보호위원회(CCIP)는 사이버 테러리스트가 다음 공격 목표로 정한 것이 미 전역에 전기를 공급하는 전원 공급 센터의 컴퓨터 프로그램일지 모른다고 밝혔다. 송전망 붕괴는 미국의 경제, 사회 인프라에 엄청난 혼란을 몰고 올 수 있다. 조지 W. 부시 정부의 사이버 안보 담당 책임자인 리처드 A. 클라크 백악관 특별보좌관은 이른바 '디지털 진주만 공습'에 대해 경고했다. 뉴햄프셔 주 하노버 소재 다트머스 대학교 산하 보안기술연구소(ISTS)는 9·11 테러 직후 발표한 보고서에서 미국이 알카에다 조직과 아프가니스탄의 탈레반 정권에 군사적으로 보복할 경우 테러리스트들은 미 전력 인프라를 파괴하려 들 것이라고 경고했다. 미 국가안보위원회(NSC)에서 핵심 인프라 보호 업무를 담당한 뒤 현재 카네기 멜론 대학 하인츠 공공정책경영학 대학원장으로 있는 제프리 헝커는 미국이 "사이버 시한폭탄 위에 앉아 있다."고 표현했다.[52]

미국 정부는 최근 국가인프라보호센터(IPC)를 설립했다. IPC는 지역, 주, 연방 차원에서 미 전자인프라를 붕괴시키려는 사이버 범죄에 대처하기 위한 공안 당국들 사이의 협력체다. 그러나 디지털 안보 분야의 많은 전문가는 송전망 보호 가능성에 대해 회의를 나타내고 있다. CCIP는 보고서에서 2001년 미국의 전력 체계에 사소한 장애를 일으킬 수 있는 컴퓨터 기술 습득자가 세계적으로 1900만 명이 넘을 것이며, 130만 명 정도는 전문 지식까지 갖추고 있어 마음만 먹으면 막대한 피해를 입힐 수 있을 것으로 내다봤다.[53]

지난 37년 동안 미국의 송전망은 여러 차례 심각한 고장을 일으켰다. 그때마다 공포감이 조성된 것은 물론 정전 사태가 잦아지고 정전 시간이 길어질 경우 어떤 상황으로 치달을지 생각케 만드는 계기도 됐다. 미국 사상 처음 심각한 정전 사태가 발생한 것은 1965년 11월 9일이었다. 당시 캐나다의 한 중계소에서 오작동이 발생하자 연쇄 정전 사태가 일어나면서 미 동북부 지방 대부분은 암흑 지대로 변했다. 3000만을 웃도는 미국인이 열두 시간 이상 정전으로 고통받아야 했다. 뉴욕 주, 코네티컷 주, 매사추세츠 주, 버몬트 주, 메인 주 모두 정전에 시달렸다. 일부 뉴욕 시민은 엘리베이터에 갇히고, 대도시 전역의 교통 신호등이 작동되지 않자 차량들끼리 엉켜 그야말로 수라장을 이뤘다. 모든 지역에서 동력과 빛이 사라진 것은 물론 전화까지 불통이었다. 뉴욕 시와 미 동북부 전역에 기괴한 정적이 감돌았다. 전기로 돌아가는 세계에 익숙해져 있던 수백만 명이 갑자기 무력감을 갖게 된 데다 의지할 곳도 없게 됐다. 일상 생활의 많은 편의 시설이 꿈쩍도 하지 않았다. 시민들이 거리로 쏟아져 나와 이방인에서 이웃으로 변한 이들로부터 정보와 위안을 얻었다. 뉴욕의 살벌한 거리에 전원 생활이 찾아온 듯했다. 당시 경찰은 뉴욕 시 사상 처음 범죄가 줄었다고 밝혔다. 우스갯소리이지만 뉴욕 보건 당국은 그로부터 9개월 뒤 신생아가 급증했다고 발표했다. 텔레비전을 볼 수 없게 된 많은 시민이 전통 오락거리(?)로 회귀했던 듯하다.[54]

그렇다고 시민들이 분노하지 않을 리 없었다. 정전 사태와 관련해 조사가 진행되고 권고안이 만들어졌다. 정전 사태가 다신 발생하지 않도록 관련 조처도 시행됐다. 그러나 당국의 공언에도 불구하고 정전 사태는 다시 일어나고 말았다. 1977년 7월 13일 저녁, 뉴욕 북쪽 웨스트체스터 카운티에 있는 한 탑과 두 개의 단락 고압선이 번개를 맞아 뉴욕은 물론 뉴욕 인근까지 망라하는 송전 체계가 폐쇄된 것이다. 당시 정전으로 900만 명이 고통받아야 했다. 정전 사태는 열다섯 시간 이상 지속됐다. 선선한 11월 어느 저녁 발생한 1965년 사태와 달리 1977년 사태는 습하고 무더운 어느 날 저녁 9시 34분에 일어났다. 에어컨이 꺼지고 시민들의 감정은 극도로 들끓었다. 폭도들이 거리로 쏟아져 나와 건물에 방화하고 상점을 약탈했다. 그 와중에 시민 4000명 이상이 체포되고 경찰 일흔여덟 명이 부상당했다. 뉴욕은 물론 인근 교외까지 전기를 공급하던 전력 회사 컨솔러데이티드 에디슨의 이사장은 당시 정전 사태에 대해 '신의 행동'이라고 표현했다. 하지만 뉴욕 브루클린 부시위크 지구에서 발생한 약탈 피해 상황을 조사한 로마 가톨릭 교회의 한 성직자는 달리 표현했다. "지금 우리에게 신은 없다."고 말한 것이다.[55]

미국 서부 연안 지역도 그와 비슷한 대규모 정전 사태를 경험한 바 있다. 사상 초유의 대규모 정전 사태는 1996년 8월 10일 오후 3시 45분에 발생했다. 오리건 주에서 멕시코 국경까지 이르는 광활한 지역에 전기 공급이 중단됐다. 기온이 섭씨 45도에 이르는 무더운 여름날 정전 사태로 고통받은 주는 아홉 개였다. 캘리포니아 주민 500만에 전력 공급이 끊겼다. 당시 정전은 무더위로 내려앉은 전선이 원인이었다. 축 늘어진 전선이 울창한 나무들과 닿으면서 정전 사태가 발생한 것이다. 당시 사태는 연쇄 반응으로 이어져 서부 연안 전역을 차례차례 무력화시키고 말았다.[56]

2001년 3월 정전 사태가 캘리포니아 주를 다시 강타하면서 오리건 주에서 서던캘리포니아 오렌지카운티에 이르기까지 주민 80만 명이 고통받아야 했다. 정전 원인은 전례 없이 더운 봄 날씨로 에너지 수요가 급증했음에도 불구하고 전력이 제대로 공급되지 않았다는 점이다.[57] 미 동북부 지방을 강타한 이전 사태와 달리 서부 연안 사태의 경우 해당 지역 전체에 걸쳐 상업용 컴퓨터 시스템이 붕괴되면서 상거래 활동도 크게 흔들렸다. 지난 25년 사이 미국에서는 정보 교환, 데이터 저장, 상거래 활동, 금융, 기타 핵심 서비스를 위해 컴퓨터, 인터넷, 인트라넷에 대한 의존도가 높아져 왔다. 따라서 몇 분이라도 정전 사태가 발생할 경우 그로 인한 연쇄 효과는 일상 생활에서 컴퓨터와 소프트웨어의 역할이 상대적으로 미미했던 과거 어느 때보다 심각하게 마련이다.

정전으로 미국의 정보 고속도로가 심하게 붕괴되는 사이 컴퓨터 사용이 급증하면 미국은 물론 다른 나라들의 송전망에도 부담을 주면서 전력 부족 사태는 빈번해질 것이다. 컴퓨터 마이크로프로세서의 효율성이 더 향상되고 적은 전하(電荷)로 많은 정보를 순식간에 처리할 수 있는 것은 사실이지만 컴퓨터 효율성이 높으면 높을수록 전력 수요는 급증하게 마련이다. 가상 공간 애널리스트 피터 W. 휴버는 "2메가바이트의 데이터를 제작, 저장, 전송하는 데만" 석탄 1파운드가 필요하다고 말했다.[58] 그 결과 개인용 컴퓨터(PC) 구동에 필요한 마력(馬力)은 수년마다 배로 증가한다. 휴버는 "컴퓨터 칩이 더 뜨거워지고 팬이 더 빨리 돌며 디스크 드라이브와 모니터의 전력 소비량이 점차 늘고 있다."는 사실에 대해서는 흔히들 별로 신경 쓰지 않는다고 말했다.[59]

애초 사이버 혁명을 열렬히 지지하고 나섰던 이들은 가상 현실에서 비즈니스 활동과 사회 생활이 빈번해지면서 운송 및 사업 유지에 들어가는 엄청난 양의 에너지가 절감될 것이라고 떠벌렸다. 가상 공간으로 이주하면서 전력 소비량이 급증한다는 것은 최근에야 깨달았다. 휴버는 연간 생산되는 500억 개의 집적회로와 2000억 개의 마이크로프로세서 모두 전기로 작동한다는 사실을 지적했다. 칩은 고전력 밀도를 필요로 한다. 휴버에 따르면 일반 PC는 전력

1000와트를 소비한다. 기술 관련 마케팅 연구 조사업체 인텔리퀘스트는 인터넷 이용자가 일주일에 평균 열두 시간 정도 인터넷에 접속하여 한 시간에 1000킬로와트 이상의 전력을 소비하는 것으로 추정했다. 미국의 경우 이를 가정용 PC 5000만 대, 기업용 PC 1억 5000만 대, 해마다 2000만 명씩 증가하는 인터넷 이용자에 적용한다면 미 송전 시설이 직면한 위기 수준은 명확해진다. 휴버는 "노후한 열전기 복합발전소들을 놓고 볼 때 상황이 매우 심각하다."고 말했다.[60] 게다가 지금은 사이버 혁명의 초기 단계에 불과하다. 무선망은 더 많은 전력을 필요로 한다. 무선 신호는 광케이블을 통해 한 방향으로 흐르는 게 아니라 사방으로 발산되기 때문이다. 무선 기술 관련 업계는 향후 수년 안에 무선기지 7만 개가 설립될 것이며 10년 사이 배로 증가하리라는 생각이다. 게다가 무선 기지마다 수킬로와트의 전력을 소비하게 될 것이다.[61]

위기에 처한 국가

1970년 석유수출국기구(OPEC) 회원국들의 석유 금수와 그에 이은 세계 에너지 부족 사태로 미 국방부 산하 민방위국(DCPA)은 미국 에너지 체계가 안고 있는 취약점을 평가하고 연구하기 시작했다. 1981년 11월 13일 미 연방비상관리청(FEMA)이 발표한 최종 보고서는 당시 별로 주목받지 못했지만 미국 에너지 체계의 많은 취약점을 담고 있었다. 보고서에서 미국의 에너지 체계가 매우 복잡하고 상호 의존적이며 약한 나머지 테러 위협, 기술적 붕괴, 파손, 자연 재해, 에너지 부족에 매우 취약한 것으로 드러났다.

최종 보고서에 미국 에너지 체계의 모든 면이 실질적으로 담겨 있지만 무엇보다 중요한 것은 송전 시설의 단점을 분석한 부분이다. 보고서에서 집중 조명한 문제들은 대부분 아직까지 고쳐지지 않아 미국 경제와 안보에 큰 위협이 되고 있다. 현재 세계 원유와 천연가스 생산이 절정으로 치닫고 있는 데다, 미국 인프라를 겨냥한 중동 이슬람 과격분자들의 테러 위협이 날로 고조되고, 화석 연료 사용으로 지구 온난화가 가중되고 있기 때문이다. 당시 보고서를 작성한 콜로라도 주 스노매스 소재 로키마운틴연구소의 에너지 분석가 애모리 로빈스와 헌터 로빈스는 주요 조사 결과 몇 가지에 대해 아래처럼 대략 설명한 바 있다.

미국의 송전 시설 가동에 사용되는 에너지는 최종 소비자와 동떨어져 있다. 미국 내 유정에서 채취한 석유는 최종 목적지까지 1000－1300킬로미터를 움직여야 한다. 게다가 많은 발전소가 소비자들로부터 멀리 떨어져 있다. 전기는 발전소에서 소비자에게 이르기까지 평균 354킬로미터를 움직인다.[62] 이는 에너지와 전기가 기후 문제와 파괴 행위에 노출될 수도 있다는 뜻이다.

발전소 신축에 많은 자본 비용이 들어간다. 발전소 가동까지 걸리는 준비 기간은 매우 길다. 몇몇 발전소는 가동에 들어간 지 이미 수십 년이 지났다. 이처럼 발전소의 장기 예상 수명으로 발전 시설 차제는 비교적 유연성이 없으며 에너지 공급의 단기 중단, 과다 혹은 과소 수요, 가용 에너지 고갈 등 예기치 못한 변화에 쉽게 혹은 신속하게 대처할 수 없다.[63] 앞서 언급했듯 미국의 대다수 전력업체는 차세대 천연가스 발전소에 막대한 투자를 해 왔다. 그러나 지질학자들의 몇몇 새로운 연구 결과가 맞는다면, 2020년경 세계 석유 생산이 절정에 이른 직후 천연가스 생산마저 절정을 기록한다면, 미 발전 시설은 천연가스 공급 부족으로 발전량을 줄여야 할 것이다. 그 결과 경제와 사회 전반에 심각한 혼란이 야기될 수 있다.

전기는 다른 주요 에너지 형태와 달리 실질적으로 저장이 불가능하다. 전기는 끊임없이 흘러야 한다. 발전소에서 생산되는 순간 송전선을 타고 최종 소비자에게 전달돼야 한다. 저장 용기가 없기 때문에 송전선 가운데 어느 한 지점이라도 붕괴되면 잃어 버린 전기를 보충할 수 없게 된다.[64]

송전망이 와해될 경우 특정 지역에서 전기에 의존하는 모든 것은 영향을 받게 마련이다. 정전이란 전기로 작동하는 모든 것이 가동을 멈춘다는 뜻이다. 정전 사태는 광범위한 지역을 망라하기 때문에 재앙으로 이어질 가능성이 높다. 전기에 의존하는 어떤 활동도 예외일 수 없다. 병원 응급실이나 공항 관제탑에 전기를 계속 공급하는 것이 가정용 냉장고에 공급하는 일보다 중요하지만 송전망은 이것저것 구분할 수 없다. 정전은 시스템 전반에 발생하는 것이다. 특수 서비스와 활동 지역에서 비상 발전기에 의존하는 경향이 강해지는 것도 바로 그 때문이다.[65]

정전은 다른 주요 에너지원의 흐름에도 영향을 미친다. 가정용 보일러는 석유나 천연가스를 연료로 사용한다. 하지만 보일러를 켜고 연료를 공급하며 열을 골고루 순환시키기 위해서는 전기가 있어야 한다. 주유소의 가솔린 펌프도 전기로 작동한다. 도시의 상하수도 처리 시설 역시 전기로 구동된다. 정유 시설은 물론 석

유를 퍼 올리는 장비도 전기가 있어야 작동한다.[66]

정유소와 발전소를 잇는 석유와 천연가스 파이프라인은 너무 복잡하게 얽히고설켜 첨단 컴퓨터 프로그램으로 운영되며 숙련된 전문 인력이 관리한다. 사이버 테러리스트가 이들 프로그램에 침투해 시스템을 한동안 다운시킬 수도 있다. 그럴 경우 관리 업체는 파이프라인을 수동으로 작동시켜야 한다. 그에 따른 위험과 비용도 만만치 않다.[67]

오늘날 발전소 규모는 엄청나다. 발전 설비 부품은 특수하고 비싼 것들이어서 자잘한 부품만 재고로 보관된다. 주요 부품이 망가지면 특별 주문해야 하는 경우가 있다. 부품을 만드는 데 1년 이상 걸릴 수도 있다. 일례로 1977년 뉴욕 정전 사태 이후 컨솔러데이티드 에디슨은 위상조절변압기를 여분으로 하나 주문했다. 당시 위상조절변압기 부품이 없어 정전 사태가 길어졌던 것이다. 위상조절변압기 제작에 1년 이상이 걸렸다.[68] 게다가 발전 과정 대부분이 자동화돼 있는 데다 매우 복잡해 고장을 수리하려면 특수 협력 업체와 계약해야 한다. 테러 공격이나 자연 재해로 미 전역의 발전소에서 각종 고장이 발생할 경우 제때 고칠 수 있는 숙련 기술 인력조차 모자랄지 모른다.[69]

에너지 체계에서 가장 취약한 부분이 정유소와 발전소를 잇는 석유와 천연가스 파이프라인이다. 1981년 미 국방부 보고서는 미국 내 주요 파이프라인이 테러로 파손될 경우 발생할 수 있는 결과에 대해 관심을 불러일으켰다. 그로부터 20여 년이 지난 지금 의회, 국방부, 에너지업계는 당시 보고서를 재검토하며 이론으로만 존재했던 1세대 전의 위협이 현실화할 가능성에 대해 우려하고 있다.

장장 3200킬로미터에 이르는 컬로니얼 파이프라인 시스템을 한 번 살펴보자. 컬로니얼 파이프라인은 세 줄의 대형 파이프로 석유를 텍사스 주에서 뉴저지 주까지 12일 만에 운송하는 시스템이다. 컬로니얼 파이프라인은 여든네 개 펌프장으로 연결돼 있어 석유 수송에 막대한 전력을 소비한다. 컬로니얼 파이프라인의 보안 문제를 둘러싼 한 연구 보고서는 다음과 같이 결론 내리고 있다.

> 컬로니얼 파이프라인은 석유의 흐름을 방해하려 들지도 모르는…… 불순분자의 소행에 대해 거의 고려하지 않은 상태에서 건설됐다. 컬로니얼 파이프라인은 숱한 지점에서 무방비 상태로 노출돼 있어 누구든 쉽게 접근할 수 있다. (……) 미국에서 가장 중요한 에너지 수송 체계인 파이프라인이 이처럼 취약하다는 것은 국가 안보에 큰 위협이다. (……) 모든 에너지 수송 체계가 어느 정도 보안 문제에 취약하지만 특히 심각한 것이 파이프라인인 듯싶다. 막대한 양의 에너지를 먼 곳까지 끊임없이 운송하는 시스템은 파이프라인뿐이다. 파이프라인은 에너지를 계속 공급해 준다는 점에서 매우 중요하다.[70]

발전소와 송전선은 테러 공격에 특히 취약하다. 30년 전 미 상하 양원 합동 방위산업위원회는 주요 도시에 전력을 공급하는 대규모 발전소가 "파괴분자나 테러리스트의 집중 표적"이 될 수 있다고 경고했다.[71] 발전소에 대한 공격 위협은 단순한 억측이 아니다. 발전소 공격은 아프가니스탄, 엘살바도르, 키프로스는 물론

이탈리아, 영국 같은 선진 7개국(G7)에서도 테러전과 게릴라전의 기본이 됐다.[72)]

9·11 테러 이후 미 국토안보국은 핵발전소 주변의 보안에 대해 신경을 곤두세웠다. 냉각탑, 방사능 차폐 시설은 수년 전 건설 당시 경비행기와 충돌해도 끄떡없도록 설계됐다. 그러나 테러리스트들이 747 점보비행기로 핵시설과 충돌할 경우 어떤 결과가 나타날지 정확히 알고 있는 사람은 없다. 테러리스트들이 핵발전소 저장 시설에 비교적 허술하게 방치돼 있는 방사성 핵폐기물을 표적으로 삼을지 모른다는 우려도 제기되고 있다. 핵발전소에서 엄청난 방사능 누출 사고가 발생할 경우 6만 명이 암으로 서서히 죽어 가고 선천성 기형아 6만 명이 태어나며 45만 명이 갑상선결절(甲狀腺結節)로 고통받고 8500평방킬로미터의 땅이 방사능에 오염되는 것은 물론 장기적으로 수천억 달러 상당의 재산 손실이 발생할 수 있다.[73)]

송전선도 테러리스트들의 공격 목표로 떠오르고 있다. 40년 전 미 내무부 전력수호국은 다음과 같이 경고한 바 있다.

> 주요 송전선을 파괴 행위로부터 보호하기란 매우 어렵다. 각 주로 널리 분포해 있는 데다 인적 없는 외진 황무지에 수천 킬로미터나 뻗어 있기 때문이다. 송전 시설에 대한 순찰이 정기적으로 이뤄지고 있지만 불순분자가 마음만 먹으면 언제든 파괴시킬 수 있다.[74)]

미 당국, 그중에서 특히 국방부, 에너지부, 내무부 모두 취약성에 대해서는 잘 알고 있지만 딱히 어떤 조처를 내려야 할지 막막

한 실정이다. 대안 에너지 체계를 어떻게 창출할지, 지금과 근본적으로 다른 전력 시설을 어떻게 건설할지, 도무지 종잡을 수 없는 것이다. 우리는 새로운 에너지 비전도 없이 앞으로 수년 동안 테러 공격에 점차 노출될 것이다. 한 당국자는 문제의 심각성을 이런 말로 대신했다. "소규모 집단이라도 죽음조차 두려워하지 않는 데다 상당한 지식까지 갖췄다면…… 미국 어디서든 전력 공급을 차단할 수 있을 것이다."[75)]

❖

우리의 화석 연료 문명이 너무 많은 부분에서 상당한 약점을 안고 있기 때문에 몇몇 관측통은 문명 시스템 붕괴가 이제 더 이상 허구일 수 없다고 말한다. 앞으로 20여 년 안에 세계 석유 생산이, 곧 이어 천연가스 생산이 절정을 이루게 될지 모른다. 석유와 천연가스 매장량이 가장 풍부한 중동에서는 청년층 이슬람 전사가 전제주의 통치자와 독재 정부에 항거하면서 정치 불안을 가중시키고 있다. 무슬림 테러리스트들은 미국 등 G7의 국내 안보에 심각한 위협을 가할 것이다. 따라서 줄어만 가는 걸프 지역 석유와 천연가스 매장량을 안전하게 지키는 데 필요한 군사 비용은 날로 증가할 것이다. 한편 값싼 원유 공급이 줄고 유가가 급등할 것으로 예상되는 가운데 에너지업계는 과거 개발하지 않고 방치했던 타르샌드 및 중질유와 석탄에도 다시 눈을 돌리기 시작했다. 날로 부족해지는 원유와 천연가스의 대용으로 많은 합성연료를 만들어 내고자 하는 바람에서다. 그러나 에너지원을 더러운 연료로 전환할 경우 대기 중 CO_2 방출량이 늘고 기온의 상승도 촉진될 것이다.

우리는 지금 완숙한 에너지 체계의 막바지 단계에 살면서 그에 수반되는 온갖 문제를 끌어안고 있다. 에너지 비축량은 점차 줄고 엔트로피는 쌓여만 간다. 석유를 이용하기 위해 만든 방대한 에너지 인프라는 점차 노후화해 파괴와 붕괴에 노출되고 있다. 에너지 순익이 점차 줄어드는 가운데 우리는 기존 인프라 유지에 더 많은 대가를 지불한다. 고에너지 화석 연료 체계와 함께 등장한 모든 경제, 사회 제도도 위협받고 있다. 무엇보다 취약한 것은 인류의 반이 넘는 비농업 인구와 도시 생활양식을 떠받치는 석유화학 기반 농업이다. 세계 석유 생산이 절정에 이르면서 가장 먼저 타격받을 것으로 예상되는 부문은 농업이다. 날로 줄어만 가는 석유 매장량과 하루가 다르게 치솟는 유가는 세계 농업 생산을 위축시켜 농업 위에 구축된 제조, 서비스, 정보, 엔터테인먼트 경제의 붕괴로 이어질 수 있다.

앞으로 수년 안에 에너지 비축량이 고갈되면서 정전 사태가 일어날지 모른다. 특히 세계 주요 대도시에서 정전 사태가 발생하면서 생활 방식에 큰 혼란을 몰고 올 가능성이 있다. 송전망 붕괴에 따라 대도시에서 농촌으로 일부 인구가 역류하는 현상도 일어날 전망이다.

많은 회의론자는 익히 들어 온 얘기라고 말할 것이다. 비관론자들은 지난 1970년대와 1980년대 초반 석유가 곧 바닥날 것처럼 마구 떠벌렸다. 하지만 그들의 예언은 빗나갔다. 그렇다면 새로운 예측이 더 큰 신빙성을 갖춰야 하는 까닭은 과연 무엇일까. 회의론자들의 생각에 일리가 없는 것도 아니다. 적어도 가까운 장래에 값싼 원유가 고갈되는 일은 없을지 모른다. 지구 온난화를 둘러싼 예측 역시 빗나갈 가능성이 있다. 무슬림 세계의 과격화, 미국과 중동 산유국 등 부국(富國)을 겨냥한 테러 격화가 과장된 것일 수 있다. 테러가 격화한다 해도 곧 실패로 돌아갈 가능성이 있다. 복잡한 고에너지 인프라와 더불어 모습을 드러낸 중앙 집중식 경제 인프라가 외부 위협과 내부 붕괴에 그리 취약하지 않을 수도 있다.

우리는 논란의 양면에서 신뢰할 만한 주장을 취합해야 한다. 그러나 실례와 통계학적 증거들은 석유 에너지 체계가 막바지 단계로 접어들었다는 주장에 무게를 실어 주고 있다. 여러 징후를 아예 무시할 수는 없다. 그동안 한계수익은 이미 고정됐다. 엔트로피의 대가는 엄청나게 급증하고 있다. 인프라 자체에 대한 압력도 점증하는 추세다. 시스템 전반이 온갖 붕괴에 점차 취약해지고 있는 것이다.

인류가 몇십 년 남지 않은 석유 시대의 마지막 단계로 접어들고 있음을 가장 잘 나타내는 증거는 1인당 에너지 생산과 관련된 통계치다. 석유 회사 브리티시 페트롤륨(BP)은 물론 로버트 로머, 존 기번스, 리처드 덩컨 같은 많은 과학자 역시 1인당 세계 에너지 생산의 종형곡선을 작성해 왔다. 그들이 알아낸 결과는 대동소이하며, 석유 시대가 가파른 곡선을 올라왔듯 가파른 내리막길로 치닫고 있다는 확실한 증거다.

BP는 1인당 세계 석유 생산이 1979년 절정에 이른 뒤 계속 하향곡선을 그려 왔다고 밝혔다. 그동안 석유 생산이 증가했지만 인구 증가 속도가 상대적으로 더 빨랐기 때문이다.[76]

낙관론자들도 1인당 석유 생산의 장기적 감소에 대해 딱 부러지게 설명할 수 없다. 눈에 확 띄는 시나리오는 없다. 천연가스, 석탄, 중질유, 타르샌드, 원자력이 석유 생산의 장기적 감소 현상을 역전시킬 수는 없다. 1979년 정점 이전으로 돌아갈 만큼 충분한 1인당 에너지를 공급할 수도 없다. 1인당 에너지에 관한 한, 인류는 석유 시대의 종형 곡선에서 내리막길로 치닫고 있는 것이다. 그게 현실이라면 현재 인류 문명이 맞닥뜨린 가장 중요한 문제는 새 에너지 체계를 찾아 화석 연료 대신 이용하면서 점증하는 21세기 인구의 욕구까지 충족시키느냐 못하느냐 하는 점이다.

8 수소 경제의 새벽

1874년 프랑스의 공상과학 소설가 쥘 베른은 흥미진진한 소설 『신비의 섬』을 발표했다. 『신비의 섬』은 미국 남북전쟁 당시 기구(氣球)로 남군 진영에서 탈출하다 길을 잃은 북부 사람 다섯 명이 겪는 모험 이야기다. 그들은 결국 남군 진영으로부터 1만 1200킬로미터나 떨어진 작은 섬에 착륙했다. 그들은 어느 날 북군의 앞날에 대해 진지한 대화를 나누고 있었다. 그들 가운데 뱃사람 펜크로프트가 기술자 사이러스 하딩에게 아메리카 대륙의 석탄이 고갈될 경우 상공업에 어떤 영향을 미칠 것으로 생각하느냐며 "석탄 대신 무얼 때지?"라고 물었다. 하딩이 답했다. "물이지, 뭐." 그의 말에 모두들 놀라고 말았다. 하딩의 설명은 계속됐다.

> 물은 전기에 의해 기본 원소들로 분해되지. 분해된 원소들은 인간이 사용할 수 있는 강한 동력원으로 작용할걸세. (……) 여보게들, 수소와 산소로 이뤄진 물은 언젠가 연료가 될 거야. 수소와 산소를 따로 쓰든 함께 쓰든 석탄에 비할 수 없을 만큼 강력하고 고갈되지

않는 에너지원이 될 게야. (……) 물은 미래의 석탄이란 말일세.[1)]

베른은 문명에 필요한 모든 에너지를 물로부터 추출한 수소에서 얻는 날이 올 것이라고 예언했다. 그로부터 127년 뒤, 로열 더치 셸사(社)의 필 와츠 회장은 유엔개발계획(UNDP)이 후원한 어느 포럼에서 미래 에너지에 대해 연설했다. 세계무역센터(WTC)가 테러로 붕괴된 지 3주밖에 안 된 뉴욕에서였다. 당시 맨해튼 거리는 폐허의 현장에서 피어오르는 독한 연기로 여전히 매캐했다. 와츠는 연설 중에 에너지의 미래로 화제를 돌렸다. 그는 셸이 '탄화수소의 종말'에 대비 중이라고 밝혔다. 그는 석탄, 석유, 천연가스 등 화석 연료가 세계를 산업 시대로 이끈 위대한 에너지였다고 말했다. 그러나 21세기 들어 화석 연료는 수소를 기반으로 한 혁명적인 새 에너지 체계로 대체될 것이라고 주장했다. 그에 따르면 셸은 재생 가능한 자원 경제로 이행하는 데 최고 10억 달러를 투자할 계획이다.[2)]

수소에 대한 베른의 통찰력은 내로라하는 세계적 에너지, 자동차, 전력 회사의 이사진, 선진 산업국과 제3세계 정책 입안자, 점증하는 비정부기구(NGO)들 사이에서 뜨거운 관심사로 떠오르고 있다.

탈(脫)탄소화

수소는 우주에서 가장 풍부한 원소다. 수소는 우주 질량의 75퍼센트, 우주 분자의 90퍼센트를 구성한다.[3] 수소를 동력으로 효율성 있게 사용할 경우 무한한 에너지원, 연금술사와 화학자들 모두 오랫동안 찾아 헤매다 결국 못 찾은 에너지 연금약(鍊金藥)이 인류에게 생기는 셈이다. 베른의 영감은 19세기 4/4분기에 현실로 나타났다. 100년도 채 안 되는 사이 나무 연료가 석탄에 자리를 내주고 석탄은 새로 등장한 석유로부터 도전받고 있었다. 에너지의 '탈탄소화'가 이미 진행 중이었던 것이다. 에너지의 탈탄소화는 수소 미래로 이어지게 마련이다.

탈탄소화란 석탄, 석유, 천연가스 순으로 단위 질량당 탄소의 수가 적어지는 것을 말한다. 인류 역사상 거의 대부분 주연료로 사용돼 온 나무는 수소 대 탄소 원자 비율이 가장 높다. 나무 연료는 수소 원자 한 개당 탄소 원자 열 개로 이뤄진다. 화석 연료 가운데 수소 대 탄소 원자의 비율이 가장 높은 것은 석탄으로 수소 원자 한 개당 탄소 원자 한두 개가 결합한다. 석유는 수소 원자 두 개와 탄소 원자 한 개로 구성된다. 천연가스의 경우 수소 원자 네 개에 탄소 원자 한 개가 결합한다. 다시 말해 에너지원의 변화로 이산화탄소(CO_2) 방출량이 적어졌다는 뜻이다. 오스트리아 빈 소재 국제응용시스템분석연구소(IIASA)에서 신기술 변화를 연구 중인 네보이사 나키체노비치는 지난 140년 동안 주요 에너지 단위당 탄소 방출량이 연 평균 0.3퍼센트씩 감소한 것으로 추정하고 있다.[4]

그동안 지표면 온도가 높아진 것은 연료로 사용되는 석탄과 석유의 양이 엄청나게 증가한 결과 대기 중 CO_2 방출량도 크게 늘었기 때문이다. 지금처럼 석탄과 석유에서 천연가스로 전환할 경우 연소 에너지당 CO_2 방출량은 훨씬 줄어들 것이다. 다만 천연가스 사용량으로 볼 때 전체 CO_2 방출량이 늘면서 지구 온도는 계속 높아질 전망이다. 그러나 석탄이나 석유에 주로 의존할 때보다 상승속도는 덜할 것이다. 미국 뉴욕 소재 록펠러 대학교의 환경학자 제시 H. 오수벨은 세계가 지금까지 달려온 에너지 도정에 담겨 있는 역사적 중요성을 다음과 같이 표현했다.

> 놀랍게도 에너지 연구에서 얻을 수 있는 가장 중요하고 다행스런 사실은 지난 200년 동안 세계가 점진적으로 탄소 원자보다 수소 원자를 선호해 왔다는 점이다. (……) '탈탄소화' 경향은 에너지 체계의 진화를 이해하는 데 가장 중요한 요소다.[5)]

탈탄소화 여정 끝에 수소가 있다. 수소에 탄소 원자는 전혀 포함되지 않는다. 수소가 미래의 주요 에너지원으로 등장한다는 것은 인류 역사를 오랫동안 지배해 온 탄화수소 에너지의 종말이나 마찬가지다. 태양 에너지원인 수소가 태양 질량 중 30퍼센트나 차지하는 데서 알 수 있듯 수소는 인류의 끊임없는 발전을 위한 위대한 희망이다.[6)] 수소는 모든 유형의 에너지 가운데 가장 가볍고 가장 비물질적인 것으로 연소 효율도 가장 뛰어나다.

에너지 형태가 무거운 것에서 가벼운 것으로, 물질적인 것에서 비물질적인 것으로 꾸준히 진보하면서 산업 활동의 무게도 가벼워졌다. 산업 자본주의 초기에 증기 기관 시대의 육중한 기계에서 21세기 정보 시대의 가벼운 기계로 발전해 온 것이다. 에너지와 경제 활동의 탈물질화는 항상 나란히 진행돼 왔다. 탈탄소화는 수소 원자에 대한 탄소 원자의 비율이 꾸준히 줄면서 에너지의 탈물질화도 병행돼 왔다는 뜻이다. 에너지 형태가 석탄 같은 고체에서 석유 같은 액체로, 그리고 천연가스와 수소 등 기체로 변해 왔다는 말이다. 에너지 형태가 고체에서 액체로, 다시 기체로 탈바꿈할 경우 에너지 처리 속도는 빨라지고 효율이 높아진다. 석유는 철로로 운송되는 석탄보다 파이프라인을 통해 더 신속히 움직이며, 가스는 액체인 석유보다 훨씬 가볍고 빠르게 이동한다. 에너지 형태가 고체에서 액체로, 다시 기체로 탈바꿈하는 동안 점차 빠르고 효율적이며 가볍고 비물질적인 관련 기술, 상품, 서비스까지 등장했다.

2001년 4월, 프랭크 잉그리셀리 텍사코사(社) 이사는 미 하원 과학위원회에서 증언하는 가운데 세계 경제·사회의 엄청난 변화와 수소 시대의 새벽에 대해 언급했다. 그는 "환경에 대한 관심, 혁신, 시장의 힘이 미래를 만들어 나아가면서 기업은 수소 에너지로 내몰리고 있다."며 "수소 에너지를 외면하는 기업은 반드시 후회하게 될 것"이라고 말했다.[7]

수소는 지구 어디서든 존재한다. 수소는 물, 화석 연료, 살아 있는 모든 생명체 속에 들어 있다. 수소는 지표면의 70퍼센트를 구성한다.[8] 그러나 석탄, 석유, 천연가스와 달리 따로 자유롭게 떠다니는 것은 아니다. 수소는 일종의 에너지 운반체다. 전기처럼 만들어 내야 하는 제2의 에너지 형태다.

수소를 처음 발견한 사람은 영국의 과학자 헨리 캐번디시다. 캐번디시는 1776년 영국 왕립학회에서 하나의 실험에 대해 보고했다. 그는 전기 불꽃으로 수소와 산소를 결합하여 물 생성에 성공했던 것이다. 당시까지만 해도 물 성분들 이름이 정해지지 않은 터라 캐번디시는 하나를 '생명 유지 기체', 다른 하나를 '가연성 기체'라고 불렀다.[9] 프랑스 출신 화학자 앙투안 로랑 라부아지에는 1785년 캐번디시의 실험을 재현하는 데 성공한 뒤 '생명 유지 기체'를 산소로, '가연성 기체'를 수소로 명명했다.[10]

수소가 사상 처음 실제로 이용된 것은 전장에서였다. 이는 그리 놀랄 일도 아니다. 프랑스 혁명이 진행 중이던 1793년 바스티유 감옥 습격 이후 공안위원회 위원이자 화학자인 기통 드 노르보가 수소를 대량 생산하자고 제안했다. 수소로 정찰 기구를 띄우자는 것이었다. 이듬해인 1794년 파리 외곽의 군 진영에 사상 처음 수소 발생기가 설치됐다.[11]

수소가 상업용으로 생산된 것은 1920년대 유럽과 북미에서였다. 상업용 수소 생산에 앞장선 것은 캐나다의 일렉트롤라이저사(社)다. 애초 스튜어트 옥시전이라는 이름으로 출범한 일렉트롤라이저는 사상 처음 상업용 전해조(電解槽)를 생산해 1920년 미국 샌프란시스코의 한 업체에 판매했다. 전해조는 물을 수소와 산소로 분리하는 장치다. 현재 일렉트롤라이저는 세계 굴지의 전해수소 발생기 생산업체다.[12]

수소의 잠재력을 간파한 과학자로 주목할 만한 인물이 바로 존

버든 샌더슨 홀데인이다. 훗날 20세기 저명 유전학자로 우뚝 선 홀데인은 이십대에 불과했던 1923년 케임브리지 대학교에서 강연 중 수소 에너지를 미래의 에너지라고 예언했다. 그 뒤 홀데인은 한 논문에서 수소의 생산, 보관, 이용 방법을 간략히 소개했다. 당시 그의 가설은 너무 혁명적이었기 때문에 학계에서 인정받지 못했다. 하지만 그의 논문은 수소 이용법에 관한 한 실제 청사진과 다름없었다.

홀데인은 다른 어떤 형태의 에너지보다 수소가 낫다는 점을 적극 주장하기 시작했다. 그는 "액화수소가 지금까지 알려진 에너지 보관법 가운데 가장 효율적인 것"이라며 "액화수소 1킬로그램에서 석유 1킬로그램이 제공하는 열의 세 배를 얻을 수 있다."고 말했다.[13] 그 뒤 홀데인은 수소 생성법으로 관심을 돌렸다. 그는 향후 4세기 동안 영국이 필요로 할 에너지를 다음과 같은 방법으로 얻을 수 있을 것이라고 예언했다.

> 많은 금속 풍차로 발전기를 돌리면 발전기에서 고압 전류가 생산된다. 적절한 거리를 두고 대규모 발전소들이 들어선다. 바람 부는 날 발전소에서 잉여 전기로 물을 전해한다. 물 전해로 얻은 산소와 수소를 액화 처리해 거대한 지하 진공 탱크에 저장한다. (……) 바람 한 점 없는 날 산소와 수소를 발전기 내연 기관이나 산화전지에서 재결합하면 전기 에너지가 다시 생성된다. 이처럼 대형 액화 가스 저장 용기로 풍력을 저장했다가 산업, 운송, 난방, 조명 등 원하는 부문에 사용할 수 있다.[14]

홀데인은 수소 에너지 체계로 전환할 때 생길 수 있는 걸림돌과 그에 수반할 광범위한 사회적, 환경적 결과까지 예측했다. 그는 "초기 투자 비용이 엄청나지만 이후 현 시스템보다 적게 들 것"이라고 말했다. 수소 에너지 체계의 사회적 이점은 "에너지를 어디서든 저렴하게 얻을 수 있기 때문에 산업이 크게 분산되리라는 것"이다.[15] 홀데인은 "매연이나 쓰레기가 전혀 배출되지 않아 환경에도 득이 될 것"이라고 지적했다.[16]

수소가 항공 연료로 처음 사용된 것은 1920-1930년대의 일이다. 독일 엔지니어들은 대서양 정기 항로에 투입된 상용 체펠린 비행선의 추진연료 가운데 하나로 수소를 사용했다. 체펠린의 주 연료는 벤젠과 가솔린을 혼합한 것이었다.[17] 1930-1940년대 독일과 영국은 수소를 실험용 자동차, 기차는 물론 잠수함과 항적(航跡)이 없는 어뢰의 연료로도 사용했다.

오늘날 세계에서 생산되는 수소의 양은 4000억 입방미터에 이른다. 이는 1999년 세계 석유 생산량의 10퍼센트에 해당한다.[18] 생산된 수소 중 상당량이 암모니아 비료 생산과 콩, 어류, 땅콩, 옥수수 식용유의 경화 처리에 이용된다. 수소는 액상(液狀) 기름을 마가린으로 만든다. 게다가 폴리프로필렌 제조 과정은 물론 발전기, 모터 냉각에도 사용된다.[19]

수소는 다양한 제품의 정제 과정에서 원료로 폭넓게 사용돼 왔다. 1920-1930년대 항공 및 육상 운송 실험의 성공에도 불구하고 2차 대전 이후 수소의 연료 가치는 대부분 무시됐다. 그러던 중 1973년 석유 위기 이후 과학자, 엔지니어, 정책 입안자들이 수소를 만능 에너지로 다시 바라보게 됐다. 그 해 수소에 관한 첫 국제 회의가 미국 플로리다 주 마이애미비치에서 열리고 월간 전문지 《인터내셔널 저널 오브 하이드로진 에너지》 발간과 함께 국제수소에너지협회(IAHE)까지 창설됐다. '수소 낭만주의자'라고 자처한 수소 예찬론자들은 에너지업계를 대상으로 선전에 나섰다. 업계가 수소로 눈을 돌렸으면 하는 바람에서다. IAHE 회장 겸 수소 낭만주의자들 모임의 일원이기도 한 T. 네자트 베지로글루는 수소가 "일반 연료 고갈과 지구 환경 문제에 대한 영구 해결책이었다."며 당시 열기를 전해 줬다.[20]

그 뒤 몇 년 동안 미국 등 일부 국가가 수소 연구에 공공 기금을 약간 투자하기 시작했다. 미국의 연구 기금은 2400만 달러를 결코 넘지 않았다.[21] 1970년대 유럽경제공동체(EEC)는 수소 연구에 7200만에서 8400만 달러를 투자했다. 그러나 1980년대 에너지 위기가 누그러지고 유가가 다시 떨어지면서 각국의 연구 투자는 급감했다.

화석 연료 사용으로 대기 중 이산화탄소 농도가 증가하면서 지표면 온도도 올라가 지구 생물권에 심각한 위협을 주고 있다는 경악할 연구 결과들이 발표됐다. 1990년대 수소에 대한 관심이 다시 살아나기 시작한 것도 바로 그 때문이다. 많은 과학자가 지구 온난화에 대처하기 위해서는 탄화수소 연료에서 수소 에너지로 전환해야 한다고 촉구했다. 탈탄소화는 지질학자, 기후학자, 환경 보호론자들의 화두로 등장했다. 한편 학계와 업계는 수소 미래의 기술적 기반을 다지기 시작했다.

1988년 소련은 제트 여객기 한 대를 개조해 액화수소 연료도 사용할 수 있도록 만들었다. 같은 해 미국인 윌리엄 콘래드는 액화

수소 연료 전용 비행기를 조종한 최초의 비행사가 됐다. 1992년 독일 프라운호퍼 태양 에너지 시스템 연구소는 에너지를 수소로 장기 보관할 수 있는 태양열 가옥 건축에 성공했다. 이듬해 일본은 수소 에너지 장려 차원에서 30년 간 20억 달러를 투자할 계획이라고 밝혔다. 1994년 수소 연료 버스가 벨기에 헬 거리에 사상 처음 등장했다. 그로부터 1년 뒤 미국 시카고 시 교통 당국은 수소 연료 버스들을 시범적으로 운행하기 시작했다. 1998년 로열 더치/셸 그룹은 수소 시대로 시험적인 첫 발을 내디뎠다. 사업 가능성 타진 차원에서 '수소팀'을 구성했다가 1년 뒤 아예 수소 전담 부서로 신설한 것이다.

이처럼 지난 세기의 기념비적 사건들과 숱한 노력 덕에 수소를 바라보는 시선이 다소 달라졌다. 그러나 수소 에너지의 잠재적 가능성이 극명히 드러난 것은 1999년이었다. 1999년 2월, 아이슬란드가 세계 최초의 수소 경제 국가로 우뚝 서기 위해 야심차고도 과감한 장기 계획을 발표하고 나선 것이다.[22]

세 개 다국적 기업 로열 더치/셸 그룹, 다임러-크라이슬러, 노르스크 하이드로와 레이캬네스 지열발전소, 레이캬비크 도시전력, 한 비료업체, 아이슬란드 대학교, 아이슬란드 연구소, 뉴 비즈니스 벤처 펀드 등 여섯 개 아이슬란드 기관으로 이뤄진 합작업체 '아이슬란드 뉴 에너지'가 장기 계획을 책임질 것이다. 아이슬란드의 여섯 개 기관이 컨소시엄 지분 51.01퍼센트를 보유하게 된다.[23]

레이캬비크 소재 아이슬란드 대학교의 물리학과 교수이자 아이슬란드 뉴 에너지의 회장인 토르스타인 지그푸손은 20년 안에 아이슬란드 경제 전체를 수소 기반으로 바꿔 아이슬란드에서 화석 연료 에너지가 추방됐으면 하는 바람이라고 말했다. 아이슬란드가 추진 중인 계획의 목표는 승용차, 버스, 트럭, 트롤선 연료를 수소로 전환한 뒤 곧 이어 수소로 전기도 생산하고 공장, 사무실, 가정에 열, 빛, 동력까지 제공하는 것이다. 아이슬란드는 벌써 '북구의 바레인'으로 불리고 있다. 아이슬란드에서는 궁극적으로 유럽에 수소를 수출해 최초의 수소 수출국이 되겠다는 말까지 나돌 정도다.[24)]

그와 유사한 프로젝트가 미국 하와이 주에서도 진행되고 있다. 하와이는 주로 아시아와 알래스카에서 엄청난 양의 석유를 들여오고 있다. 하와이는 풍부한 지열과 태양열을 수소 연료로 전환해 에너지 자급에 성공했으면 하는 바람이다. 하와이 주의회는 2001년 4월 수소 에너지 이용과 관련한 민관 제휴에 한몫하기 위해 약간의 자금을 승인했다. 하와이 대학은 수소 사업 진척을 위해 국방부로부터 추가 지원금 200만 달러도 받았다. 주 하원 에너지 · 환경 보호위원회의 민주당 소속 허미나 모리타 위원장에 따르면 하와이가 추진 중인 장기 목표는 "남는 수소를 캘리포니아 주로 보내는 것"이다.[25)] 주 하원 에너지 · 환경 보호위원회는 원래 하와이의 석유 의존도를 줄이기 위해 구성된 조직이다.

'수소 경제'라는 말을 처음 사용한 것은 세계 최대 자동차 제조업체 제너럴 모터스(GM)다.[26)] 1970년 GM의 엔지니어들은 수소가 미래 에너지원으로 등장할 가능성에 대해 고려하기 시작했다. 이후 GM은 수소 미래의 생존력을 확보하기 위해 선봉에서 숱하게 노력해 왔다. 이윽고 2000년 5월, 첨단 기술 자동차 개발 담당 로버트 퍼셀 전무이사는 전미(全美) 석유화학 · 정유협회(NPRA) 연

례 모임에서 GM의 장기적 전망이 "수소 경제와 연관돼 있다."고 밝혔다.[27]

수소 에너지 생산

앞서 언급했듯 수소는 도처에 널려 있지만 자연 상태에서 단독으로 존재하는 경우란 거의 없다. 수소는 물, 화석 연료, 살아 있는 모든 생명체에 내재하며 에너지 형태로 사용하기 위해서는 추출해야 한다.

수소를 생산하는 방법은 여러 가지다. 오늘날 수소 가운데 반 정도가 수증기 개질(改質) 공정을 거쳐 천연가스로부터 추출된다. 이때 천연가스는 촉매 변환 장치에서 수증기와 반응한다. 수증기 개질 공정에서 수소 원자들이 떨어져 나옴으로써 부산물 CO_2가 생성된다. 가스화 공정으로 석탄에서도 수소를 뽑아낼 수 있다. 그러나 천연가스를 사용할 때보다 비용이 많이 든다. 수소는 석유나 가스화한 바이오매스에서도 추출할 수 있다. 바이오매스란 열자원으로 활용할 수 있는 동식물성 폐기물을 말한다.

아직까지 수증기 개질 공정이 가장 저렴한 수소 생산법이지만 천연가스는 탄화수소체이기 때문에 수증기 개질 공정에서 CO_2가 부산물로 생성된다. 수증기 개질 공정 옹호론자들은 앞으로 공정상 발생하는 CO_2를 따로 분리해 이미 고갈된 석유 및 천연가스 매장지와 석탄층 등 지하 깊은 곳에 격리시킬 수 있을 것이라고 주장한다. 그럴 경우 수소 생산비가 증가할 것은 뻔하다. CO_2 격리 기술이 실용화할지도 의문이다. 수증기 개질 공정 옹호론자들조차 공정이 상용화하려면 아직 적어도 10년은 더 기다려야 할 것으로 보고 있다.[28]

업계 분석가 대다수는 가까운 장래에 천연가스를 비롯한 화석연료들이 수소의 주요 생산원으로 등장하리라는 생각이다. 그러나 전문가들 분석은 점증하는 수소의 일반 수요뿐 아니라 전력업계의 수요까지 충족시킬 수 있을 만큼 부존 천연가스가 충분하다는 위험천만한 가정을 전제로 한 것이다. 사실 천연가스를 연료로 한 신세대 발전소가 속속 가동에 들어가고 있다. 미국의 경우 앞으로 수십 년 안에 천연가스 발전소가 전력 공급량 가운데 상당 부분을 차지할 전망이다. 그러나 일부 지질학자의 예상대로 오는 2020년경 세계 천연가스 생산이 절정에 이를 경우 수소 생산 방법을 달리 강구해야 한다. 미 전력업계의 비영리 연구 집단 전력 연구소(EPRI)는 내부 보고서에서 수소 생산용 천연가스 급증은 둘째 치고 현재 예상되는 향후 전력 수요만 놓고 보더라도 천연가스를 발전 연료로 싸게 사용하는 것조차 불가능하게 될지 모른다고 밝혔다. EPRI에 따르면 앞으로 20년 동안 천연가스 발전소 수백 기(基)가 증설될 경우 천연가스 발전 용량이 전체 용량에서 차지하는 비율은 현재의 15퍼센트에서 60퍼센트로 늘 것이다. EPRI의 고든 헤스터 박사는 전력업체들이 천연가스 발전소에 엄청나게 투자했지만 "전력 생산에서 천연가스 의존도가 크게 높아지는 일은 당분간 없을 것"이라고 말했다.[29] EPRI에 따르면 전력 수요가 늘 경우 천연가스 가격도 올라 온실 가스 방출량이 적은 값싼 연료로 전환하게 될 것이다. 따라서 발전용 천연가스 소비는 2025년 이후

급감할 듯싶다.[30)]

20년 뒤 천연가스가 전력업계의 수요를 충족시킬 수 없을 만큼 부족해진다면 수소 생산원으로 천연가스에 의존하는 것은 잘못된 발상처럼 보인다. 그러나 화석 연료가 없어도 수소를 생산할 수는 있다. 앞서 언급했듯 전기 분해법은 물을 수소와 산소 원자로 분리시킨다. 전기 분해는 100년 훨씬 전부터 이용돼 왔다. 물 전기 분해의 원리를 간단히 소개하면 다음과 같다. 두 전극, 다시 말해 플러스 전극과 마이너스 전극을 순수한 물 속에 집어넣는다. 이때 물에 전해질을 첨가하면 전도성이 좋아진다. 전극에 전기, 즉 직류를 흘리면 음극에서 수소가, 양극에서 산소가 발생한다.

현재 많은 국가에 산업용 전기 분해 시설이 들어서 있다. 전기 분해 시설은 전해조(電解槽), 교류를 직류로 바꾸는 변류기, 격실(隔室)로부터 산소와 수소를 각각 빼낼 수 있는 파이프, 분리된 산소와 수소를 건조시키는 장비로 구성된다.[31)]

현재 수소의 연간 생산량 가운데 4퍼센트만 물전해로 얻어지는 데서 알 수 있듯 전기 분해는 그리 널리 활용되지 못했다. 전기료 때문에 천연가스 수증기 개질 공정보다 경쟁력이 떨어지는 것이다. 물전해로 소모되는 전력 비용이 수증기 개질 공정 비용의 서너 배에 이를 수 있다.[32)] 중요한 것은 바로 그 점이다. 많은 관측통은 중앙 집중식 대규모 발전소의 전력 생산 비용과 비교할 때 전해 과정에 상대적으로 많은 돈이 들어가는 데다 효율도 낮다고 생각했다. 미국의 비영리 에너지·환경 연구 단체 가스기술연구소(IGT)는 이렇게 보고한 바 있다. "오늘날 대다수 상업용 전해조의 수소 생산 효율이 75퍼센트를 웃돌지만 자본 비용의 잠재력은 일반 발전소보다 훨씬 적다."[33]

그렇다면 진짜 문제는 태양광, 풍력, 수력, 지열 등 무탄소 재생 가능 에너지로 생산한 전력을 물 전기 분해에 활용할 수 있는가 하는 점이다. 그럴 수 있다고 답하는 에너지 전문가가 점차 늘고 있다. 하지만 무엇보다 천연가스 수증기 개질 공법과 경쟁하려면 재생 가능 에너지 활용 비용이 크게 떨어져야 한다. 세계적인 환경 연구 기관 월드워치연구소(WWI)의 세스 던은 "태양광과 풍력을 기반으로 한 전기 분해 비용이 여전히 엄청나지만 10년 안에 반으로 떨어질 것"이라고 지적했다.[34] 천연가스 생산의 절정에 따라 천연가스 가격이 급등하면 재생 가능 에너지원으로 전기 분해용 전력을 생산하는 데 드는 비용은 지금보다 훨씬 줄 것이다.

햇빛을 유용 에너지로 직접 변환하는 것은 과학자와 엔지니어의 오랜 꿈이었다. 햇빛에서 얻을 수 있는 에너지량은 무궁무진하다. 영국 왕립 환경오염방지위원회 위원장인 존 휴턴 경은 "40분 동안 지구에 쏟아진 태양 에너지만으로도 인류가 1년간 살아갈 수 있다."고 말했다.[35] 100년 전만 해도 태양 에너지 활용은 꿈에 불과했다. 그러나 지금은 다르다. 태양광 설비에서 햇빛을 전기로 변환하는 데 반도체 물질이 이용된다. 현재 태양광 발전 시설이 세계 전역에 설치되고 있다. 설치 비용은 아직 비싸지만 점차 하락하는 추세다. 일례로 태양 전지 가격은 1970년대 이래 95퍼센트 하락했다.[36]

태양광 발전기는 이미 전자 시계와 전자 계산기의 전원으로 활용되고 있다. 우주선은 '태양 전지판'이나 광전지 집합체인 '태양 집광판'으로 전력을 얻는다. 태양광 발전 설비의 효율은 10-20퍼

센트다. 25센티미터짜리 태양 전지판으로 100-200와트의 전력을 생산할 수 있다.[37)]

태양 에너지로 대규모 발전에 처음 성공한 것은 1980년대의 일이다. 거울 집광판을 활용한 아홉 개 태양열 발전소가 미국 캘리포니아 주 라스베이거스와 로스앤젤레스 사이의 모하비 사막에 건립된 것이다. 이들 태양열 발전소는 354메가와트의 전력을 인근 가정과 공장에 공급하고 있다.[38)]

최근 몇 년 사이에 남반구 개발도상국들 사이에서도 태양광이 인기를 누렸다. 영국의 BP 솔라사(社)는 세계 전역에서 사용되는 광전지 가운데 10퍼센트를 생산한다. BP 솔라는 필리핀 민다나오 섬에서 4800만 달러 상당의 태양 에너지 프로젝트를 수행 중이다. 태양 에너지에 관한 한 세계 최대 규모인 BP 솔라의 프로젝트가 완결될 경우 가난한 150개 마을 주민 40만 명에게 전기를 공급할 수 있게 된다. 그곳 69개 관개 시설과 97개 상수도 시설, 수십 개 학교와 병원에도 전력이 공급될 것이다.[39)]

태양광 전력은 화석 연료로 생산되는 기존 전력보다 두 배에서 다섯 배 비싸다. 그러나 새로운 기술 혁신과 규모의 경제로 태양광 전기 생산비는 계속 떨어지고 있다. 1998년 태양광 전력 가격이 사상 처음 와트당 4달러 밑으로 하락했다.[40)]

1995년 9월 26일, 미 캘리포니아 주 엘세건도에서 태양 에너지를 이용한 수소 생산 시설이 사상 처음 가동에 들어갔다. 캘리포니아 주 환경보호 단체 '클린 에어 나우(CAN)'와 제록스사(社)가 공동으로 참여한 그 프로젝트의 규모는 250만 달러 정도다. 프로젝트에서는 캘리포니아 주 소재 첨단기술업체 솔라 엔지니어링 애플리케이션스가 설계한 태양광 시스템으로 햇빛을 전기로 변환한 뒤 일렉트롤라이저의 전해조 가동에 활용한다. 전해조는 하루 43-57입방미터의 수소를 생산한다. 잉여 수증기가 제거된 뒤 수소를 1평방인치당 5000파운드로 압축, 건조, 저장한다. 이렇게 만들어진 수소는 탈탄소화 에너지를 쓸 수 있도록 개조한 포드 레인저 트럭의 연료로 사용된다.[41]

오늘날 로열 더치/셸과 브리티시 페트롤륨(BP) 같은 몇몇 기업이 태양 에너지 등 재생 가능 에너지 기술에 수십억 달러를 투자하고 있다. 화석 연료의 점진적 고갈을 염두에 둔 것이다. 셸은 오는 2050년 재생 가능 에너지가 새 전력 시장 가운데 1/3 이상을 점유하여 세계 판매고는 최고 1500억 달러에 이를 것으로 보고 있다.[42] 셸은 최근 독일 지멘스사(社)와 손잡고 세계 4위의 태양 에너지업체를 미국에 설립했다.[43] BP의 존 브라운 최고경영자(CEO)는 한 술 더 떠 2050년 세계 에너지 수요 중 50퍼센트가 재생 가능 에너지로 충족될 것이라고 내다봤다.[44]

태양 에너지의 2퍼센트는 대기 순환에 의해 풍력 에너지로 전환된다.[45] 현재 재생 가능 에너지 가운데 비용 효율이 가장 높은 것은 풍력이다. 풍력 발전기는 날개 두세 개가 달린 지름 50미터 정도의 프로펠러로 구성된다. 평균 풍속이 초속 7.5미터에 이르는 지역에서 프로펠러로 생산할 수 있는 전력은 250킬로와트이다. 미 풍력에너지협회(AWEA)에 따르면 풍력으로 한 시간당 전력 1킬로와트를 생산하는 데 드는 비용은 1980년대 초반 50센트에서 현재 5센트가 채 안 되며 3센트로 하락한 지역도 있다. 미 에너지부는 일부 지역의 경우 풍력이 매우 싸고 효율적이어서 천연가스 발전소와 경쟁할 수 있을 정도라고 밝혔다.[46] 바람을 이용한 전력 생산비가 몇 년 안에 킬로와트시당 1.5센트까지 떨어진다면 풍력으로 만든 수소는 가솔린과 경쟁할 수 있을 것이다.[47]

최근 몇 년 사이 세계의 풍력 발전 용량은 연 평균 27.75퍼센트씩 증가해 왔다.[48] 유럽풍력협회(EWA)는 오는 2020년 풍력 에너지로 세계 전력의 10퍼센트를 생산할 수 있으리라 예측했다.[49] 세계 시장에서 급성장하고 있는 부문 가운데 하나가 풍력 산업이다. 시장 조사업체 얼라이드 비즈니스 인텔리전스의 애널리스트 마이클 쿠자와는 2010년 풍력 발전 터빈 판매 규모가 2000억 달러를 웃돌 것으로 전망했다.[50] 풍력 에너지로 나아가는 길을 선도하고 있는 것은 유럽이다. 현재 세계의 풍력 발전 용량 15기가와트 가운데 10기가와트를 유럽이 차지하고 있다.[51] 덴마크의 경우 전체 발전 용량 가운데 14퍼센트가 풍력에서 비롯된다.[52] 독일 북부 지방 일부에서는 풍력이 전력 생산의 15퍼센트를 점유하고 있다.[53] 영국 서해안의 거센 바람은 영국으로 하여금 향후 에너지 체계에서 풍력을 많이 활용하게 만들 것이다. 가까운 장래에 영국의 전력 수요 가운데 10퍼센트 이상을 풍력 에너지로 충족시킬 수 있으리라는 견해도 있다.[54] 독일 선급협회와 풍력 에너지 컨설팅업체 개러드 하산은 발트 해와 북해 연안 지역의 풍력 발전 잠재력이 유럽 전체의 전력 수요를 망라할 수 있을 정도라고 평가했다.[55]

개발도상국들도 풍력 발전 용량을 늘리고 있다. 세계 5대 풍력 에너지 생산국 가운데 하나인 인도는 이미 1기가와트급으로 증설했다. 오는 2030년 인도는 풍력으로 10기가와트의 전력을 생산할 수 있을 것이다. 이는 현재 인도 전력 수요의 25퍼센트에 해당하

는 양이다.[56)]

미국 텍사스 주에서 노스다코타 주와 사우스다코타 주에 이르는 대평원도 주요 풍력 발전 지역으로 간주되고 있다. 텍사스 주에서는 이미 풍력 발전소가 건설되고 있으며 완공 후 13만 9000가구에 전기를 공급하게 된다.[57)]

수력도 수소를 공급할 수 있는 재생 가능 에너지원이다. 태양 에너지의 20퍼센트는 지표면에서 물을 증기화하는 데 소모된다. 강우 현상으로 수증기가 응결해 떨어져야 수력이 가능해진다.[58)] 현재 수력은 미국 전력 생산의 10퍼센트, 세계 전력 생산의 19퍼센트를 차지한다.[59)] 던은 브라질, 캐나다, 노르웨이, 스웨덴, 아이슬란드 같은 값싼 수력 보유국들이 전기 분해를 대규모로 활용할 첫 국가가 될지 모른다고 말했다.[60)]

아직 널리 활용되지 못하고 있는 지열 에너지는 현재 세계 에너지 소비량의 0.1퍼센트에 불과하지만 재생 가능 에너지원으로 충분한 잠재력을 지니고 있다.[61)] 화산암, 간헐천, 온천 등 지하 깊은 곳에 존재하는 뜨거운 물과 증기도 전기를 만들어 낼 수 있다. 미국에만도 지열 자원이 존재하는 곳은 7000만 개가 넘는다.[62)] 그 정도면 인류가 수십만 년 동안 쓰고도 남을 에너지를 얻을 수 있다. 수소 경제로 나아가기 위해 애쓰는 아이슬란드와 미국 하와이 주는 지열에 점차 의존할 계획이다. 물 전기 분해에 필요한 전력을 생산하기 위해서다. '지열 지대'는 태평양 연안, 인도, 동남아, 중국과 일본 해안, 캐나다 · 미국 · 남미 연안, 지중해 · 러시아 · 동아프리카 일부 지역에 존재한다.[63)]

동식물성 폐기물 바이오매스도 전력 생산에 활용할 수 있다. 영국에서는 고형 폐기물이 연간 3000만 톤이나 쏟아져 나온다. 이런 고형 폐기물을 발전용으로 연소시키면 영국에 필요한 전력 가운데 5퍼센트는 충분히 생산할 수 있다.[64] 미 에너지부에 따르면 신세대 첨단 터빈으로 바이오매스를 가스화할 경우 수년 뒤 킬로와트시 당 전력 생산비가 4.5센트로 떨어질 가능성이 있다.[65] 셸은 2010년까지 바이오매스 가스화로 얻은 에너지가 세계 에너지 수요량의 5퍼센트를 공급할 수 있으리라 보고 있다.[66] 바이오매스 가스화 과정에서 CO_2가 방출되지만 식물 성장으로 흡수돼 탄소 평형을 이루게 마련이다.

수소 생산에 재생 가능 에너지원을 활용할 때 가장 중요한 것은 태양광, 풍력, 수력, 지열 에너지가 '저장' 에너지, 다시 말해 농축 형태로 전환돼 필요할 때면 언제, 어디서든 이용할 수 있는 데다 CO_2 방출도 전혀 없다는 점이다. 이 점을 특히 유념해야 한다. 수소를 에너지 저장 수단으로 사용하지 않는다 해도 재생 가능 에너지의 미래 실현이 전혀 불가능한 것은 아니다. 하지만 매우 어려울 것이다. 어떤 에너지로 전기를 생산할 경우 전기는 즉각 흐르고 만다. 따라서 태양이 구름에 가려지거나 바람이 불지 않는다면, 물이 흐르지 않는다면, 화석 연료를 더 이상 얻을 수 없다면, 전기 생산은 불가능하고 그 결과 경제 활동도 멈추게 될 것이다. 사회에 지속적으로 전력을 공급할 수 있는 가장 확실한 에너지 저장 수단이 바로 수소다.

수소 저장용 인프라 구축에 추가 비용 발생이라는 문제가 걸려 있다. 재생 에너지 및 수소 옹호론자들은 공장, 사무실, 소매점, 가정, 자동차에서 사용할 수 있는 미니 발전소, 다시 말해 작은 설치형 · 이동형 연료전지 개발과 급성장 중인 시장의 돌파구에 희망을 걸고 있다.

연료전지는 미니 발전소

연료전지는 새 발명품이 아니다. 연료전지의 역사는 내연 기관보다 오래됐다. 하지만 상업상 큰 관심을 불러일으킨 것은 1960년대 미 항공우주국(NASA)이 우주 프로그램에서 우주선 전력 공급용으로 연료전지에 눈을 돌린 뒤부터다. 달나라 탐험에 나선 아폴로호(號)는 유나이티드 에어크래프트 사(社)로 합병된 전(前) 프랫 앤드 휘트니 사의 연료전지를 이용했다. 훗날 유나이티드 테크놀로지스로 개명한 유나이티드 에어크래프트는 우주왕복선 프로그램에도 연료전지를 공급했다.[67)]

연료전지와 배터리는 서로 비슷하지만 큰 차이점이 한 가지 있다. 배터리는 저장된 화학 에너지를 전기로 변환한다. 따라서 화학 에너지가 고갈되면 배터리는 버려진다. 반면 연료전지는 화학 에너지를 저장하지 않는다. 대신 전지에 주입되는 연료의 화학 에너지로 전기를 생산한다. 연료전지는 재충전할 필요가 없다. 외부로부터 연료와 산화제가 공급되는 한 계속 전기를 생산한다.

연료전지는 수소 연료를 필요로 한다. 그러나 탄화수소 연료는 너무 '더러워' 주연료로 사용할 수 없다. 연료전지는 음극과 양극으로 구성돼 있다. 중간에는 알칼리나 연한 산성 수용액 혹은 플라스틱 막으로 형성된 전해질층이 가로 놓여 있다. 전하(電荷)를 띤 수소 원자는 양극에서 음극으로 이동한다. 상용(商用) 연료전지는 겹겹이 쌓인 많은 전지로 구성된다. 전지의 양극에 주입된 수소가 화학 반응을 일으키면서 수소 원자는 양자와 전자로 나뉜다. 유리된 전자는 직류 전기로 외부 회로를 통해 빠져나간다. 수소이온(양자)은 전해질층을 통과해 음극으로 이동한다. 이때 전자는 음극으로 돌아간다. 음극에서 전자가 수소이온 및 대기 중 산소와 반응하면 물이 생성된다.[68] 이처럼 연료전지의 작동 원리는 전기 분해 과정과 반대다. 연료전지에는 움직이는 부품이 없어 소음도 없는 데다 효율은 내연 기관보다 최고 2.5배 높다.[69] 연료전지에서 방출되는 것은 전기, 열, 순수 증류수뿐이다.

수소 연료전지로 인류가 까마득한 미래까지 쓰고도 남을 전기를 생산해 낼 수 있다. 그러나 화석 연료 시대를 뛰어넘는다는 것이 그리 쉬운 일은 아니다. 지금도 수소 생산에 많은 비용이 들어간다. 게다가 현재 대다수 연료전지는 천연가스 등 화석 연료를 이용한다. 앞서 언급했듯 이미 수소가 소량으로 생산되고 있다. 물에서 수소를 분리하는 데 필요한 전기는 태양광, 풍력, 지열 등 재생 가능 에너지로부터 얻을 수 있다. 최근 몇 년 사이 태양광과 풍력 에너지를 이용한 전기 분해 시스템이 독일, 이탈리아, 스페인, 스위스, 핀란드, 미국은 물론 사우디아라비아에서도 건설됐다.[70] 하지만 전기 분해는 탄화수소 연료의 수증기 개질 공정보다 훨씬 비싸게 먹힌다.

연료전지는 비싸다. 연료전지는 생산 단위당 비용을 크게 줄일 수 있을 규모의 경제 문턱에도 아직 이르지 못했다. 그러나 세계 굴지의 몇몇 다국적 기업과 신생 기업 수십 개가 수소 경제를 선도하겠다며 연료전지 분야에 뛰어들고 있다. 캐나다 브리티시컬럼비아 주 버너비 소재 밸러드 파워 시스템스 사(社)와 미국 뉴욕주 레이섬 소재 플러그 파워 사는 야심 찬 마케팅 계획을 출범시켰다. 그들 업체는 기업과 가정에 설치형 연료전지 발전소를 공급할 생각이다. 가정용은 1-15킬로와트급이고 기업용은 60-250킬로와트급이다. 플러그 파워는 제너럴 일렉트릭(GE)과 제휴하여 2002년 하반기 가정용 연료전지 수천 대를 시장에 선보일 계획이다.[71)]

분산전원

새로운 에너지 게임에 뛰어든 모든 참여자들이 '분산전원'이라는 혁신적 송전 방식으로 눈을 돌리고 있다. 비용 문제에 대처하고 새 에너지 시대로 나아가는 길을 닦고 있는 것이다. 분산전원은 전통 송전 방식의 논리를 아예 뒤집고 있다. 지난 20세기 내내 전력은 대규모 발전소에서 생산돼 송전선을 타고 멀리 떨어진 최종 소비자들에게 향했다. 중앙 집중화한 전력은 규모의 경제를 낳았다. 규모의 경제 덕에 전기 생산과 분배 비용이 비교적 싸게 먹혔다. 초대형 발전소와 방대한 송전망 건립에 들어간 엄청난 자본 비용은 전력 회사가 지역 시장 전체를 통제하도록 허용함으로써만 손실이 보전될 수 있었다. 미국 등 세계 전역의 전력업체는 정부로부터 규제를 받는 자연 독점 사기업이나 공기업이 됐다.

비판론자들은 1970-1980년대 중앙 집중화한 전력 생산 인프라가 거대한 몸집 때문에 일련의 새 도전으로부터 자유로울 수 없다고 맹공격했다. 아랍의 석유금수 조처에서 비롯된 에너지 비용 급등, 석유수출국기구(OPEC)의 기습적인 유가 인상, 환경 및 공중 보건을 위협하는 이산화탄소 등 오염 물질 배출 문제가 그들이 말하는 '도전'이었다. 미 의회는 에너지 보존 방식을 새로 물색해야 한다는 대중의 압력으로 1978년 '공익사업규제정책법'(PURPA) 시행에 들어갔다. PURPA에는 발전시 생기는 폐열을 공장과 사무실의 난방용이나 동력원으로 재생하는 이른바 '열병합 발전' 장려 목적도 있었다. PURPA는 신생 기업들이 에너지 부문에 진출해 시장 경쟁을 촉발하는 계기가 되기도 했다.

천연가스를 둘러싼 규제 철폐로 천연가스 가격이 떨어지고 천연가스 발전 사업에도 새 돌파구가 마련됐다. 100메가와트급 신형 가스 터빈은 비용 면에서 매우 효율적이었다. 기존 1000메가와트급 석탄과 핵 발전소보다 선행 자본 투자도 훨씬 적게 들었다. 가스 발전소는 건설 공기(工期)가 짧은 데다 관리하기도 쉬웠다. 기존 전력업체들은 오래전부터 전력 생산 및 배분에 많은 자본 비용이 소요되므로 '자연 독점' 지위를 인정받아야 한다고 주장했다. 그러나 신세대 독립 에너지업체들은 기존 업체의 자연 독점 지위를 철폐하라고 촉구했다. 기술 혁신 덕에 전력 생산비가 줄고 융통성도 갖춰진 나머지 기존 업체의 논거는 설득력을 잃었다는 것이다.

전력업계는 다른 문제들도 안고 있었다. 그 결과 업계는 물론 민간으로부터 새로운 형태의 경쟁과 새로운 전력 배분 방식에 문호를 개방해야 한다는 압력이 점차 불거졌다. 1960-1970년대 전력업계는 핵 발전소에 엄청난 돈을 쏟아 부었다. 1980년대 일부 지역에서는 막대한 초과 비용과 가동 중단에 따른 부담을 전기료 인상이라는 형태로 소비자에게 전가하고 있었다. 미국의 많은 대형 발전소는 자금이 바닥 나자 산업용 및 가정용 전력 수요 증가에 제대로 부응할 수 없었다. 정전이 잦아지면서 일반 소비자는 물론 정전에 따른 손실을 감내해야 했던 기업들도 분노하고 말았다. 불편을 참을 수 없었던 것이다. 당시 독립 전력업체들은 기존 업체의 고객을 빼앗아 가기 위해 부심하고 있었다. 바로 그때 자연 독점 업체들은 자신들의 기득권 옹호에 한몫했던 아군조차 점점 줄고 있음을 알게 됐다.

미국의 로널드 레이건과 조지 부시 대통령, 영국의 마거릿 대처 총리, 독일의 헬무트 콜 총리 재임시 절정을 이룬 규제 철폐 열기가 모든 산업 부문에 휘몰아쳤다. 무엇보다 큰 변화를 겪은 부문이 에너지 산업이다. 1992년 미국은 '에너지정책법'(EPA)으로 전력 산업의 자유 경쟁을 허용했다. 독립 업체들은 틈새 시장을 파고들 수 있는 소규모 기술로 기존 매머드 업체에 도전하기 시작했다. 분산전원 시대의 동이 튼 것이다.

일반적으로 '분산전원'이란 공장, 기업, 공공건물, 주거지 등 최종 소비자가 머무는 지역이나 인근에 위치한 집합 혹은 단독 소형 발전소를 일컫는다.[72]

오늘날 가장 대중적인 소형 발전기는 디젤이나 천연가스를 연료로 사용하는 이른바 '왕복 기관'이다. 화석 연료를 사용하는 가스 터빈과 소형 터빈도 소형 발전 시장에서 광범위하게 쓰이고 있다. 그러나 결국 수소 구동 연료전지가 지배권을 장악하고 분산전원 시장의 선두주자로 나서리라는 게 중론이다. 연료전지는 발전 효율이 내연 기관보다 좋고 공해 물질 배출량이 적으며 융통성은 크다. 연료전지는 단독으로 존재한다. 따라서 최종 소비자는 연료전지를 필요량에 맞게 사용할 수 있다. 더 많은 용량이 필요할 경우 적은 추가 비용으로 또 다른 연료전지만 덧붙이면 된다.[73)]

연료전지에서 만들어 내는 전기는 킬로와트당 3000-4000달러가 소요되는 반면 가스를 연료로 사용하는 일반 발전소에서 생산하는 전기는 500-1000달러밖에 안 든다.[74)] 물론 연료전지를 이용한 발전 비용은 연료전지의 판매 증가와 더불어 계속 떨어질 것이다. 그럴 경우 규모의 경제와 더 많은 혁신이 촉진될 것은 뻔하다. 업계 분석가들은 연료전지와 분산전원 시장의 잠재력을 낙관한다. 그들은 기존 발전 시설이 중앙 집중식 체계에서 최종 소비자 인근의 분산 체계로 이행할 수밖에 없는 여러 이유를 제시하고 있다.

무엇보다 상공업계, 그 가운데 특히 하이테크 전자, 컴퓨터, 소프트웨어 부문에서 정전에 대한 우려가 점차 높아지고 있다. 업계는 지금 '프리미엄 전력'의 필요성을 논의 중이다. 인터넷과 인트라넷으로 원활히 흐르는 전자 정보, 핵심 소프트웨어 데이터베이스, 온갖 디지털 장비에 좌우되는 제조, 금융, 통신 부문에서 정전은 결정적 지식 기반 자산은 물론 생산과 분배에도 큰 손실을 가져올 수 있다.

수천 분의 1초만 전기가 나가도 재앙을 불러일으킬 수 있다. 1997년 미국 네브래스카 주 국립 오마하 은행에서 정전 사고가 잠시 발생한 적이 있다. 그 결과 은행의 신용카드 거래를 관장하는 컴퓨터 시스템이 붕괴됐다. 오마하 은행은 한 시간 정전에 600만 달러 이상의 매출 손실이 발생한 것으로 추정했다. 그 뒤 오마하 은행은 자체 기술 센터에 200킬로와트급 연료전지를 설치했다. 정전으로 다시 피해를 입는 일이 없도록 예방하기 위해서였다.[75)]

일부 제조업은 한순간 전기가 깜빡이기만 해도 설비 가동 중단으로 수백만 달러의 손실을 입을 수 있다. 휴렛 패커드는 자사(自社)의 한 칩 제조 공장에서 15분간 발생한 정전으로 3000만 달러를 손해 봤다고 밝혔다. 이는 그 공장의 연간 전력 예산 중 반에 해당하는 액수다.[76)] 미국 재계는 정전으로 해마다 120억-260억 달러를 손해 보고 있다. 상거래에서 온갖 디지털 기술, 컴퓨터 소프트웨어, 전자 네트워크에 의존하는 기업이 더 늘면서 손실 규모도 한층 증가할 전망이다.[77)]

대형 상업용 빌딩들도 과거 뉴욕을 무기력하게 만들었던 것과 같은 정전 사태에 노출되지 않기 위해 부심하고 있다. 따라서 그들 빌딩에 연료전지가 속속 설치되고 있다. 최근 뉴욕 타임스 스퀘어에 들어선 한 빌딩은 200킬로와트급 연료전지로 온수를 공급하고 빌딩 정면 조명을 밝히며 주전원의 대체 전력을 공급하고 있다.[78)]

북미에서 프리미엄 전력은 대개 백업 발전 형태로 연간 70억에서 100억 달러 규모의 시장을 형성하고 있다.[79)] 프리미엄 전력 시장이 급팽창할 가능성은 매우 높다. 기업이 중앙 집중식 송전망의 빈번한 정전 사태에 계속 시달리고 전기료 부담까지 늘 경우 주전원을 백업 분산 발전소로 바꿀 수도 있다.

핵심 공공 서비스 역시 중앙 집중식 송전망의 정전 사태에 날로 취약해지고 있다. 병원, 경찰서, 상수도 펌프장은 이미 현장에 대체 발전기를 설치해 놓았다. 뉴욕 경찰국은 센트럴 파크 지서(支署)에 연료전지 한 대를 설치했다. 공원에 전선을 매설하는 것보다 연료전지 설치가 훨씬 싸게 먹혔기 때문이다.[80)]

일반 가정도 정전을 우려하고 있다. 1998년 6월 뉴욕 주 올버니 소재 한 목장주의 저택에 일반 가정으로서는 사상 처음 연료전지가 설치됐다.[81)] 냉장고만한 연료전지 한 대로 최고 50킬로와트의 전기를 가정에 공급할 수 있다.[82)] 분산전원은 주택 시장에서 붐을 일으킬 수 있을 것이다. 현재 인터넷을 사용하는 재택 근무자가 수백만 명에 이른다. 그들에게 백업 발전이 필수 사업비 항목으로 등장할지 모른다. 일반 주택 소유주도 정전으로 난방 기구, 에어컨, 냉장고의 가동이 중단되는 사태에 넌더리를 치고 있다. 따라서 소형 발전기로 정전에 대비하려 들지 모른다. 집 안에서 생명 유지 장치와 온갖 의료 서비스에 의존해 살아야 하는 노인들도 대체 발전기를 설치할 가능성이 있다. 기존 전력 회사가 아무 사고 없이 전기를 공급해 줄 수 있을지 의문이기 때문이다. 안전에 관심이 많은 시민들은 범죄와 테러를 우려해 곧 백업 발전 설비까지 구입할 것이다. 현재 연간 100만이 넘는 가구주가 이런저런 백업 전력 시스템을 구입하는 것으로 알려져 있다. 연료전지는 가격이 날로 떨어지고 있는 데다 설치 및 이용하기가 간편하기 때문에 매우 인기 있는 선택 사양으로 등장할 전망이다.[83)]

분산전원이 인기를 끄는 이유가 또 있다. 지구 온난화에 대한 우려로 CO_2 방출량 감축 차원에서 더 효율적인 에너지를 사용했으면 하는 바람 때문이다. 최종 소비자들은 미니 발전소 설치로 폐열을 난방이나 추가 전력 생산에 전용할 수 있다. 열병합 발전은 연료 사용량을 최고 50퍼센트나 줄임으로써 효율성이 크게 향상되고 있다. CO_2 방출량도 50퍼센트 감축시킨다. 전기와 열 에너지를 따로 생산할 필요가 없기 때문이다.[84)]

화석 연료 에너지를 사용하는 중앙 집중식 발전 시스템에서 분산전원에 근거한 수소 구동 연료전지로, 그 가운데 특히 태양광, 풍력, 수력, 지열 에너지에 기반한 연료전지로 대거 전환할 경우 현재 추진 중인 어떤 프로그램보다 CO_2 방출량이 크게 줄 것이다. UNDP, 유엔경제사회국(UNDESA), 세계에너지위원회(WEC)가 합동 발간한 세계에너지평가(WEA) 보고서는 다음과 같은 결론으로 끝나고 있다. "공해 물질 배출이 거의 없는 수소 에너지 체계는 장기적으로 CO_2 배출량을 크게 줄여…… 기후 변화에 대한 우려마저 불식시킬 것이다. 그에 따라 대기 중 CO_2 농도는 산업시대 이전 수준의 배 정도로 묶일 것이다."[85)]

고객들은 분산전원을 이른바 '피크부하' 때 이용한다. 전기료는 수요, 발전 효용에 따라 시간마다 다르다. 기저부하, 피크부하, 중간부하처럼 계절별, 시간별 요금으로 정산된다. 수요가 많은 피크부하 때 전력 회사는 효율성이 떨어지는 노후 시설까지 가동한다. 그에 따른 추가 비용은 전기 요금으로 소비자에게 전가된다. 하지만 분산전원 소비자라면 피크부하에서 일반 전기는 차단하고 대신 분산전원을 가동시킬 수 있다. 그만큼 전기료가 절감되는 것이다.

기술과 환경을 전문으로 다루는 자유 기고가 피터 페얼리는 《테크놀로지 리뷰》에서 연료전지가 인터넷이나 전기 자체에 포함된 디지털 신호로 전기료를 확인하는 날이 올 것이라고 주장했다. 연료전지는 천연가스와 전력 가격 정보를 실시간으로 분석한다. 이때 분산전원을 이용하는 게 싸다고 판단될 경우 스위치가 자동으로 바뀔 것이다. 대다수 기업과 가정은 복잡한 에너지 체계에 문외한이기 일쑤다. 미국 오클라호마 주 털사 소재 에너지업체 윌리엄스 인터내셔널은 에너지 관련 서비스를 모두 제공할 계획이다. 미국 내에 공급되는 천연가스 가운데 20퍼센트가 윌리엄스 인터내셔널이 소유한 파이프라인을 통해 움직인다. 윌리엄스 인터내셔널은 "소비자에게 소형 발전기 구매 자금을 빌려주고 송전망으로부터 전력을 제공하며 피크부하를 피할 수 있도록 도와 주는 등 완벽한 에너지 서비스에 나서고 있다."고 말했다.[86)]

흥미로운 것은 기존 전력업체들이 최근까지만 해도 분산전원을 못마땅하게 여겼지만 현재 분산전원 확산에 기여하고 있다는 점이다. 분산전원은 최종 소비자의 특별한 에너지 욕구를 겨냥하고 있다. 따라서 중앙 집중식 전원에 의지하는 것보다 훨씬 싸고 효율적이다. 전력 회사가 3메가와트 소비자에게 전선 10킬로미터를 깔아 주기 위해서는 킬로와트시당 365-1100달러나 써야 한다. 그러나 분산전원 시스템이면 400-500달러로 충분하다.[87)] 전력이 최종 소비자가 위치한 곳에서 생산될 경우 전력 생산에 들어가는 에너지량을 줄일 수 있다. 긴 전선을 따라 운송되는 전기 에너지 가운데 5-8퍼센트가 도중에 사라져 버리기 때문이다.[88)]

미국의 전력업체들은 대규모 투자를 피하기 위해 애쓰고 있다. 새로 마련된 공익사업 구조 조정 관련법에 따라 미 전력업체들은 이제 더 이상 새 설비 투자 비용을 고객에게 전가할 수 없다. 게다가 전력업계의 경쟁이 매우 치열하기 때문에 새로운 설비 투자를 꺼리는 실정이다. 그 결과 기존 설비의 한계를 벗어난 운전으로 정전 사태가 잦아지고 있다. 많은 전력업체가 점증하는 산업용, 가정용 수요를 충족시키기 위해 재무 부담은 피하면서 분산전원에 눈을 돌리는 게 바로 그 때문이다. 기존 전력업체의 입장에서 볼 때 가장 결정적 요인은 분산전원을 통제하고 분산전원이 "전력업계 이익에 거스르지 않고 부합하도록" 유도하는 것이다.[89]

앤 체임버스는 저서 『분산전원』에서 전력업체들에 권장할만한 '자산 통제' 전략 두 가지를 소개했다. 전력업체는 자체 송전 시스템에 분산전원을 덧붙일 수 있을 것이다. 최종 소비자에게 연료전지를 대여하거나 특정 지역에 소형 발전소를 건립해 피크부하 때 고객이 주전원에서 연료전지로 전환하여, 송전 시스템 전체의 대규모 정전 사태를 예방한다는 협정도 고객과 맺을 수 있다.[90] 그럴 경우 소비자는 전기료 할인 혜택을 받게 된다.

전력 회사와 최종 소비자 모두에게 돌아가는 분산전원의 이점이 매우 인상적이다. 컨설팅업체 아서 D. 리틀은 분산전원의 이점을 둘러싸고 1999년 작성한 백서에서 이렇게 결론지었다. "분산전원은 기존 송전망의 보완 시스템이나 대안으로 기능할 가능성이 있다. (……) 분산전원 기술의 범위, 규모, 성과, 적응력에서 엿보이는 유연성은 분산전원이 많은 공업, 상업, 주거 환경에 전력 공급 솔루션을 제공할 수 있다는 뜻이다."[91] 다소 보수적인 업계 분석가들도 분산전원이 향후 미국의 신규 발전량 가운데 최고 30퍼센트를 차지할 것으로 보고 있다.[92]

수소 에너지망

역사상 진정 위대한 경제 혁명은 새로운 통신 기술이 새로운 에너지 체계와 맞물려 새로운 경제 패러다임을 창출할 때 일어났다. 1400년대 인쇄기가 처음 선보이면서 새 형태의 통신 방식이 등장했다. 당시 등장한 통신 형태는 훗날 석탄 및 증기 관련 기술과 맞물리면서 산업 혁명을 낳았다. 인쇄기는 증기로 움직이는 세계를 조정하기에 충분할 만큼 기민하고 신속한 통신 형태까지 제공했다. 인쇄기가 없었다면 증기 덕에 가능해진 상업, 사회 생활의 속도, 흐름, 밀도, 상호 작용 증가를 조정하는 데 문서나 구두 통신 같은 것은 기대할 수 없었을 것이다. 석탄 생산이 절정으로 치달으면서 탄화수소, 원유가 서서히 석탄의 자리를 대신했다. 이때 전신, 전화도 더욱 빨라진 상업, 사회 생활의 속도를 조화시키기에 충분할 만큼 신속한 통신 형태로 자리 잡았다.

오늘날 수소 그리고 새로운 연료전지 분산전원 기술이 컴퓨터 및 통신 혁명과 맞물려 새 경제 시대를 열기 시작했다. 점차 열기가 뜨거워지는 분산전원 혁명의 바탕인 연료전지들이 첨단 컴퓨터 소프트웨어, 디지털 기술, 인터넷 덕에 서로 연결되면서 분산 에너지망을 처음 형성하고 있다. 최종 소비자들은 이제 곧 스스로 전기를 생산하고 자신이 만든 전기를 다른 이들과 공유함으로써 뿌리 깊게 자리 잡은 일방적 상의하달식 세계 에너지 체계에 도전하게 될 것이다. 《와이어드》의 객원기자 스티브 실버맨은 "수동적이었던 에너지 소비자가 자유 에너지 생산자로 탈바꿈하는 현상이 월드 와이드 웹을 이용한 쌍방향 미디어, 개인 간 파일 공유, 자율과 맞물려 진행되고 있다."고 말했다.[93] 소형 연료전지 발전소들이 하나의 에너지 공유 네트워크로 서로 연결되면 1990년대 웹처럼 광범위하고 심오한 결과를 낳을 것이다.

EPRI는 웹이 낳은 상황과 분산전원 덕에 현재 진행 중인 상황 사이의 뚜렷하고도 많은 유사점을 주목했다. EPRI는 최근 「미래에 대한 전망」이라는 보고서에서 다음과 같이 결론 내렸다.

> 분산전원은 컴퓨터 산업의 발전 과정과 똑같은 길을 걷게 될 것이다. 대형 컴퓨터는 지리적으로 분산된 소형 데스크톱과 랩톱 컴퓨터에 자리를 내줬다. 소형 컴퓨터들은 유연한 통합 네트워크로 한데 연결돼 있다. 전력 산업에서 중앙 집중식 발전소가 앞으로도 변함 없이 주요 역할을 담당하리라는 것은 분명하다. 그러나 이제 더 작고 깨끗한 분산 발전기가 필요하다. (……) 에너지 저장 기술이 소형 발전기들을 뒷받침하게 될 것이다. 이런 시스템에 기본적으로 필요한 것은 첨단 전자식 제어다. 전자식 제어는 복잡하게 얽히고설킨 시스템에 수반될 엄청난 정보량과 전력을 관리하는 데 필수적 요소다.[94]

웹 발전으로 이어진 동기와 관심사 중 상당수가 걸음마 단계의 HEW 발전에 그대로 작용하고 있다. 인터넷의 모태가 창조된 것은 1960년대 후반 미 국방부에 의해서다. 당시 국방부는 고가의 신형 슈퍼 컴퓨터를 대학과 협력 방위산업체 연구진에 제공하고 있었지만 비용이 만만치 않았다. 국방부는 멀리 떨어진 사람들끼리 컴퓨터를 공유할 수 있는 방법에 대해 모색하기 시작했다. 미군 당국은 중앙 통제식 통신 체계에 대한 공격과 교란 행위 가능성도 걱정이었다. 미군은 새로운 유형의 분산 통신 매체를 물색했다. 일부 시스템이 붕괴 혹은 파괴돼도 기능은 계속 이어지는 가운데 모든 정보가 변함 없이 서로 오갈 수 있는 통신 매체를 원한 것이다. 해법은 알파넷(ARPANET)라는 형태로 나타났다. ARPANET을 개발한 것은 국방부 고등연구계획국(ARPA)이다. 1969년 ARPANET 최초의 주컴퓨터가 가동에 들어갔다. 1988년 6만 개 이상의 주컴퓨터가 ARPANET에 연결됐다. 곧 이어 미 국립과학재단(NSF)이 대학 연구진들을 서로 연결하기 위해 NSF넷 구축에 나섰다. 1990년 ARPANET이 폐쇄되면서 NSF넷은 컴퓨터를 서로 연결하는 주요 매개체가 됐다. 이윽고 NSF넷이 인터넷으로 변신했다.[95]

미국 콜로라도 주 덴버 소재 두 업체 엔코프와 설레리티는 상업, 산업 부지에 위치한 대형 분산 발전기 다섯 대를 소규모 에너지망으로 한데 연결 중이다. 다섯 대가 모두 연결될 경우 최고 5메가와트의 전력을 생산할 수 있다. 또 다른 소형 에너지망이 설레리티와 미국 뉴멕시코 주 앨버커키 소재 식스스 디멘션 사(社)에 의해 구축되고 있다. 발전기 열두 대를 서로 연결하는 이번 작업이 완료되면 전력 생산 용량 25메가와트가 갖춰진다.[96] 연료전지 수천 개가 '가상 발전소'로 한데 연결될 경우 오늘날의 중앙 집중식 발전소 용량과 맞먹는 1000메가와트를 생산할 수 있을 것이다.

미국 서른 개 주의 전력 회사들은 고객에게 스스로 생산한 전력을 기존 송전망에 되팔 수 있도록 허용했다.[97] 2001년 소비자가 재생가능 에너지에 기반한 소형 발전기로 생산한 전력을 되팔 수 있도록 허용하는 법안이 미 상원에 제출된 바 있다.[98]

대다수 분산전원 발전소는 지금도 기존 송전망의 백업 시스템으로 이용되며 정전시 비상 사태에만 가동된다. 이는 분산전원이 대부분 가동되지 않는다는 뜻이다. 여러 분산전원 발전소가 주요 송전망과 효율적으로 통합된다면 하나의 생산 자산이 새로 탄생하는 셈이며 피크부하 때 밀려드는 수요를 감당하지 못해 허덕이는 전력 회사들에 잉여 전력까지 공급할 수 있다.

에너지망으로 한데 연결된 최종 소비자들의 전력 생산량은 결국 전력업체들의 생산량을 웃돌 것이다. 그런 일이 현실로 나타날 경우 에너지의 생산과 분배 방식에 일대 혁명을 몰고 올 듯싶다. 최종 소비자인 고객이 에너지 생산자이자 공급자로 변신한다면 전력업체들은 살아남기 위해 경영 방침을 바꾸지 않을 수 없을 것이다. 몇몇 전력업체는 이미 패키지형 에너지 서비스 업체로, 현재 구축 중인 에너지망에서 일어나는 변화를 조율하는 업체로 탈바꿈하기 시작했다. 기존 전력업체는 새로운 기획 아래 최종 소비자를 서로 연결하고 그들이 잉여 에너지를 효율적으로 유리하게 공유할 수 있도록 도와 줄 것이다. 일종의 '가상 공익업체'로 변모하는 셈이다. 분산전원 시대 전력업체의 주요 업무는 콘텐츠 생산이 아니라 조율이다. 아메리카 온라인(AOL)이야말로 전력업체들의 좋은 비즈니스 모델이다.

HEW가 완전 실현되기 전 HEW에 쉽게 접근하고 HEW에서 에너지 서비스 흐름이 원활할 수 있도록 기존 송전망부터 개선해야 한다. 수천, 수백만 개의 연료전지가 주요 송전망에 연결되려면 피크부하와 기저부하 때 에너지 흐름을 바꿀 수 있는 첨단 전송 및 제어 메커니즘이 필요하다. 엔코프는 원격 감시 통제용 소프트웨어를 개발했다. 엔코프의 소프트웨어는 많은 보조 에너지가 필요한 피크부하 때 독립된 발전기들을 주요 송전망에 자동으로 연결시킨다. 기존 설비를 고쳐 쓴다면 킬로와트시당 100달러 정도로 운영할 수 있다. 용량 증설보다 훨씬 싸게 먹히는 셈이다.[99]

기존 송전망이 안고 있는 문제는 에너지가 중앙 전원에서 최종 소비자에게 일방적으로 흐른다는 점이다. 최근 EPRI의 커트 이거 소장은 "말만 달리던 길이 자동차에 맞지 않듯 현 전력 인프라는 미래에 맞지 않는다."고 말했다.[100] 그의 발언에 그리 놀랄 필요는 없다. 현 송전망의 상황은 여러 면에서 웹 등장 이전 텔레비전 방송업계의 상황과 흡사하다. 웹 탄생 이전 텔레비전 방송 콘텐츠는 방송국에서 시청자에게 일방적으로 흘렀다.

송전망을 수천, 수백만 소규모 공급자와 이용자의 쌍방향 네트워크로 변환한다는 것은 그리 만만한 일이 아니다. 오늘날 기존 송전망으로는 특정 에너지량을 특정 부분에 직접 전달할 수 없다. 따라서 전력은 송전망에서 종종 병목 현상을 일으키거나 없어지곤 한다. 전력업체는 EPRI가 개발한 신기술 '유연송전방식'(FACTS)으로 "특정 양을 특정 지역에 보낼 수 있다."[101] 실버맨은 《와이어드》에서 FACTS 제어기를 '에너지망의 라우터'로 비유했다.[102] 미 전력업체 아메리칸 일렉트릭 파워(AEP)는 1998년 FACTS를 처음 구매해 켄터키 주 송전망에 적용했다. 현재 FACTS를 사용 중인 전력업체는 아홉 개에 이른다.[103]

첨단 컴퓨터 소프트웨어와 하드웨어의 통합 덕에 중앙 집중식 송전망이 지능형 쌍방향 에너지망으로 변하고 있다. 시스템 전반에 탑재된 센서 등 지능형 기기들은 에너지 현황의 실시간 정보를 제공하여 전류가 가장 싼 가격대에서 필요할 때 필요한 곳으로 정확히 흐르도록 도와 준다. 세이지 시스템스 사(社)는 송전 시스템이 피크부하나 한계점에 이르렀을 때 "인터넷에서 간단한 명령으로 고객 천여 명의 온도 조절 장치를 2도 낮춰 부하가 즉각 줄도록 만들어 주는" 프로그램 생산업체다.[104] 세이지 시스템스의 또 다른 신제품 '알라딘'은 웹 브라우저로 가전제품, 전등, 에어컨 등에 소모되는 에너지를 점검하고 조절할 수 있다.

냉장고, 에어컨, 세탁기, 경보 장치 등 모든 전기 기기에 센서가 곧 부착되면 온도 및 조도(照度)를 비롯한 환경 여건뿐 아니라 실시간 에너지 가격 정보까지 얻을 수 있다. 따라서 공장, 사무실, 가정, 지역은 끊임없이 그때그때 상황에 맞게, 시스템 전반의 부하에 맞게 필요 에너지량을 자동으로 조절할 수 있을 것이다.

미 에너지부가 외부에 의뢰해 2000년 발표한 연구 보고서 「접속」은 쌍방향 에너지망 창출의 가장 큰 걸림돌이 "전력 독점 공급과 낡은 규제 정책 및 인센티브"라고 결론지었다. 보고서에는 다음과 같은 사실이 명시되기도 했다.

> 전력업체들은 기존 규제 환경에서 분산전력을 독려할 만한 동기가 거의, 아니 전혀 없는 실정이다. 전력업체는 오히려 규제 때문에 독점을 옹호한다. 분산전력 기술의 시장 진입이 난항을 겪는 것도 바로 그 때문이다.[105]

보고서가 발표된 지 2년 만에 상황은 바뀌기 시작했다. 앞서 언급했듯 전력업계는 분산전원으로 얻을 수 있는 이점이 송전망 독점 유지로부터 얻을 수 있는 이점보다 많다는 결론에 이르렀다. 이제 많은 전력업체가 분산전원 발전기의 소유주 및 운영자들과 협력해 쌍방향 에너지망을 창출하기 시작했다.

발등의 불 가운데 하나가 분산전원 소유주도 기존 송전망에 동등하게 접근할 수 있도록 만들어 줄 단일 표준을 확립하는 것이다. 미 에너지부, 미 전기전자기술자협회(IEEE), 전력업계, 연료전지 생산업체, 분산전원 기술 개발업체, 최종 소비자들은 분산전원 시스템이 공정하고 동등하게 기존 송전망에 접근하는 것을 가로막고 있는 규제 장벽, 일부 전력업체의 반(反)경쟁 관행과 씨름하고 있다.

분산전원에 지능까지 접목되면서 에너지 방정식이 변하고 있다. 바야흐로 에너지에 대한 기존의 상의하달식 접근법이 하의상달식 접근법으로 대체될 듯싶다. 그것이 이른바 '에너지의 민주화'다. 에너지 민주화가 실현될 경우 누구든 에너지 소비자이자 판매자로 탈바꿈할 수 있다.

분산전원, 지역 에너지망 구축, 더 나아가 세계 에너지망 창출은 세계 통신망 건설에 뒤따르는 당연한 결과다. 쌍방향 통신과 쌍방향 에너지 공유는 서로 득이 된다. 쌍방향 통신과 쌍방향 에너지 공유라는 두 기술 혁명이 계속 융합하면서 새로운 유형의 경제, 사회 기반을 다지고 있다. 새 경제, 사회에서 에너지 흐름의 증가는 적어도 이론적으로나마 내용상 분산적이고 형식상 진짜 민주주의적인 새 복잡성을 낳을 가능성이 있다.

자동차를 발전소로

몇 년 뒤 연료전지로 움직이는 승용차, 트럭, 버스가 선보이면서 분산전원 혁명이 본격적으로 전개될 듯싶다. 세계 굴지의 자동차 메이커들이 연료전지 구동 자동차 제조 계획을 발표했다. 1997년 다임러-벤츠 사(社)는 연료전지 개발에서 선두주자로 나선 캐나다 업체 밸러드 파워 시스템스와 3억 5000만 달러 상당의 합작기업을 공동으로 출범시켰다. 수소 연료전지 엔진을 제작하기 위해서다. 다임러-벤츠는 오는 2010년 말 연료전지 자동차 10만 대를 생산하게 될 것이라고 밝혔다. 이는 현재 생산 대수의 1/7에 해당한다. 그 뒤 포드 자동차가 다임러-크라이슬러와 밸러드 파워 시스템스의 계획에 동참하면서 공동 투자 규모는 10억 달러를 웃돌았다.[106] 도요타도 2010년 안에 연료전지 자동차를 선보였으면 하는 바람이다. GM은 2010년까지 연료전지 자동차를 시장에 내놓겠다고 공언했다. 닛산, 혼다, 미쓰비시도 수소 구동 연료전지 자동차를 생산할 계획이라며 10억 달러를 추가하여 공동 출자에 나섰다.[107]

일반 대중은 수소 연료 자동차에 대해 거의, 혹은 전혀 듣지도 못했을지 모른다. 하지만 세계 유수의 자동차 제조업체들은 100년 전 내연 기관 등장 이래 동력 이용법에서 가장 중요한 혁명을 일으키기 위해 소리 없는 열띤 경쟁에 나서고 있다. 헨리 포드의 증손자로 포드 자동차 회장인 빌 포드는 "연료전지가 100년 동안 군림해 온 내연 기관에 종지부를 찍게 될 것"이라고 말했을 정도다.[108]

대표적인 몇몇 세계 에너지 기업의 열정도 자동차 메이커들에 못지않다. 영국 런던 소재 셸 UK의 CEO 크리스 페이는 "수소 연료전지 구동 자동차가 2005년까지 미국과 유럽 자동차 시장에서 주요 부분을 차지하게 될 것"이라며 "이런 추세로 인해 에너지업체들로서는 새 제품과 기술을 개발하고 향후 변화에 대비하며 이를 고객에게 알려 주지 않을 수 없는 게 현실"이라고 덧붙였다.[109]

이런 변화가 의미하는 바는 엄청나다. 현재 세계 전역에서 7억 5000만 대의 각종 자동차가 질주하고 있으며 앞으로 20년 안에 그 수치는 배증할 전망이다.[110] 그들 자동차가 쓰고 있는 것이 화석 연료다.[111] 미국만 해도 연간 석유 소비량의 54퍼센트를 운송 부문이 차지한다.[112] 세계 주요 에너지의 20퍼센트 이상이 운송 부문에서 소비된다.[113] 국제에너지기구(IEA)에 따르면 세계 CO_2 방출량 가운데 17퍼센트가 운송으로 연소되는 석유에서 비롯되고 있다.[114]

업계 관측통들은 세계의 모든 승용차, 트럭, 버스가 내연 엔진이 아닌 수소 연료전지로 굴러가는 것을 가정해 보라고 말한다. 물론 수소는 처음 수증기 개질 메탄올로 생산해야 할 것이다. 불행히도 일부 자동차 메이커는 가솔린을 쓰고 싶어 한다. 그러나 결국 태양광, 풍력, 수력, 지열, 바이오매스 등 재생 가능 에너지원이 물을 싸고 효율적으로 전기 분해하는 데 사용되고, 분리해 낸 수소가 직접 연료로 쓰이면서 수소원으로서 화석 연료는 기피하게 될 전망이다. 수소 연료전지는 지구 온난화 가스를 전혀 배출하지 않는다. 부산물이라고 해 봐야 열과 순수한 물뿐이다. 수소 연료전지가 동력원으로 사용될 경우 오랫동안 군림해 왔던 탄화수소 에너지는 종언을 고하고 동시에 탄소연료 연소시 방출되는 CO_2라는 엔트로피의 증가도 막을 내릴 것이다. 지구 온난화 속도가 급격히 줄어 산업 시대 이전 수준에 머물고 지구 기온 상승이라는 장기적 환경 위기도 누그러질 수 있다.

새로운 수소 연료전지 시대에 자동차 자체가 20킬로와트의 발전 용량을 지닌 '바퀴 달린 발전소'라는 점도 중요하다.[115] 일반적으로 자동차는 폐차될 때까지 수명 기간 중 96퍼센트 동안 멈춰 있게 마련이다. 따라서 주차 중 가정과 사무실의 전선이나 쌍방향 전력 네트워크로 연결해 생산되는 프리미엄 전기를 송전망에 돌려줄 수 있다. 에너지를 되팔아 얻은 수익으로 자동차 임대료 지불이나 구입비 상환에 보탤 수도 있을 것이다. 일부 운전자만이라도 자동차에서 생산한 에너지를 전력업체에 되판다면 미국의 대다수 발전소가 문을 닫게 될 것이다. 수소 연료전지 구동 자동차 2억 대라면 미국의 전체 발전 시설보다 네 배 많은 발전 용량을 지니기 때문이다.[116] 수소 연료전지 자동차로 전환할 경우 얻을 수 있는 잠재적 에너지는 상상을 초월한다. 다국적 발전 설비 제조업체 아세아 브라운 보베리의 베르트랑 뒤세이예에 따르면 연간 생산되는 모든 자동차가 갖고 있는 정격 전력 용량은 세계 모든 발전소들이 지닌 용량보다 많다.[117]

자동차업계가 수소 연료전지 구동 자동차로 전환하는 동안 맞닥뜨릴 가장 중요한 문제는 가솔린과 충분히 경쟁할 수 있을 만큼 어떻게 수소를 싸게 생산, 분배, 저장하느냐는 것이다. 수소를 대량으로 생산하고 분배하기 위한 국가 인프라 구축에 1000억 달러 이상이 소요될 듯싶다. '수소를 둘러싼 문제'는 "닭이 먼저냐 달걀이 먼저냐"라는 오랜 의문이나 다를 바 없다. 자동차 제조업계는 에너지업계가 수천 개의 수소 충전소를 설치하지 않으리라 우려하고 있다. 자동차업계가 수소 연료전지 자동차 생산을 꺼리는 것도 바로 그 때문이다. 대신 자동차 메이커들은 가솔린과 천연가스를 수소로 바꾸는 개질기(改質機)가 장착된 연료전지 자동차 개발에 관심이 많다. 위험을 분산시키겠다는 생각에서다. 반면 에너지업체들은 수소 충전소 인프라 구축에 수십억 달러나 쏟아 부었다가 수소 연료전지 자동차가 대량으로 생산되고 판매되지 않을 경우 낭패를 보는 게 아닌가 하는 생각이다.

자동차 제조업체들이 연료개질기, 다시 말해 이동식 열화학 발전기가 장착된 연료전지 자동차 생산을 공약할 경우 앞으로 1조 달러 이상 소요될 수 있는 불필요한 장기 전략에 얽매이고 말 것이라는 주장도 일각에서 제기되고 있다.[118]

연료전지 기술을 자문하는 디렉티드 테크놀로지스 사(社)에 몸담은 바 있는 C. E. 샌디 토머스와 그의 동료들은《인터내셔널 저널 오브 하이드로진 에너지》에서 연료개질기 이용과 직접적인 수소 이용을 면밀히 비교하고 분석한 결과 후자가 훨씬 싸게 먹힌다고 주장했다. 업계가 산정한 모든 수치에서는 수소 관련 비용이 높게 나온다. 업계가 주도한 연구 결과는 천연가스 파이프라인과 흡사한 대규모 수소 파이프라인 시스템 건설에 수백억 달러를 투자해야 한다고 전제하기 때문이다. 그러나 포드 자동차와 미 에너지부가 외부에 의뢰한 연구 보고서의 결론은 다르다. "지역 충전소 등에 설치된 소형 개질기나 전해조로 수소를 싸게 주입할 수 있다."는 것이다. 그렇다면 대규모 수소 파이프라인을 가설할 필요조차 없게 된다.[119] 자동차업계가 수소 연료전지 구동 자동차로 전환하는 동안 "점증하는 연료전지 자동차(FCV)들이 필요로 하게 될 수소 양을 언제 어디서든 생산할 수 있다. 따라서 적정 투자 수익이 발생하기에 충분할 정도로 많은 FCV가 선보이기 전 수십 억 달러나 미리 쏟아 부을 필요도 적어진다."[120] 게다가 변환 과정에서 수소 생산에 필요한 천연가스를 기존 천연가스 파이프라인으로부터 얻든가 아니면 송전망과 연결해 물 전기 분해로 수소를 생산하게 될 것이다.

전문가들이 자동차의 메탄올, 가솔린 개질기 이용과 기존 충전소의 소형 개질기, 전해조 이용 방법에 대해 비교해 본 결과 비용 면에서 후자가 더 싸게 먹혔다. 수소를 연료로 직접 사용하는 자동차가 메탄올이나 가솔린 개질기를 장착한 자동차보다 제조 비용 면에서도 더 유리할 것이다. 연구 보고서에 따르면 메탄올 FCV는 수소 연료전지 자동차보다 550-1600달러, 가솔린 FCV는 1600-4500달러가 더 들어간다.[121]

결국 문제는 수소를 자동차에 쉽게 주입할 수 있는가 하는 점이다. 일찍이 캘리포니아 주 환경보호청 산하 캘리포니아 대기자원위원회(CARB)의 연구 보고서는 압축수소가 가솔린 및 메탄올 탱크보다 더 큰 부피를 차지해 좌석과 트렁크 공간까지 잠식하기 때문에 자동차 연료로 부적합할 것이라고 결론지었다. 하지만 소형 수소 발전기 제작업체 H2진의 토머스 사장은 포드 자동차가 문제를 이미 해결했다고 밝혔다. 포드 자동차는 수소 탱크가 알맞게 자리 잡고 한 번 충전으로 600킬로미터 이상 달릴 수 있도록 차량을 재설계했다.[122]

미 에너지부 수소기술자문위원회(HTAP)의 1999년 보고서는 토머스가 《인터내셔널 저널 오브 하이드로진 에너지》에 기고한 내용과 일치했다. 적절한 수소 탱크 용적 확보 문제를 둘러싸고 HTAP는 "수소 저장 기술에 어떤 돌파구도 필요치 않다."며 "좌석이나 짐칸이 좁혀지지 않고 1회 충전시 주행 거리도 떨어지지 않는 가운데 충분한 양의 압축 가스나 액체를 충전할 수 있다."고 결론지은 것이다.[123]

HTAP는 이렇게 주장하기도 했다. "차량 제조비는 물론 각 차량에 장착된 일부 연료 공급 인프라까지 포함한 대당 비용을 근거로, 수소 연료전지 자동차와 개질기 장착 FCV 제작비는 차량 대수가 각각 재충전율 비용과 상계될 수 있을 만큼 많아졌을 때 비교 가능하다."[124]

HTAP는 자동차 산업이 10여 년 안에 수소 연료전지 차량 제작으로 전환하는 데 경제적 무리가 없도록 많은 차량을 판매하겠다는 생각에서 차량 장착 개질기라는 중간 전략부터 추구한다면 "수십 년 뒤에도 수소 연료전지 자동차 생산은 불가능할 것이며 수소 연료전지 자동차로부터 얻을 수 있는 장기적 이점도 사라지게 될 것"이라고 우려했다. 수소 연료전지 자동차의 이점 가운데는 이산화탄소 배출이 전혀 없다는 것, 대외 석유 의존도를 줄일 수 있다는 것도 포함된다.[125] HTAP의 요지는 초기 전환 단계에서 소형 수소 발전기, 천연가스 파이프라인으로 연결된 연료개질기, 기존 송전망으로 이어진 전해조를 지역 충전소에 설치해야 한다는 토머스의 주장과 같은 것이다. HTAP는 연료전지 자동차 수가 점차 늘면 수소 파이프라인 구축도 가능해질 것이라고 시사했다. 소형 발전기로 현장에서 수소를 직접 생산하는 방식이 수요에 계속 부합할 수도 있다고 밝혔다.[126]

독일은 유럽 국가 가운데 처음으로 1999년 1월 13일 함부르크에 상업용 수소 충전소를 개설했다. 개장식에서 오르트빈 룬데 함부르크 시장은 수소 구동 운송 체계가 함부르크 같은 도시의 삶에 무엇을 안겨 줄지 상상해 보라며 이렇게 말했다.

> 거리는 조용할 것이다. 자동차가 지나갈 때 배기관의 굉음 대신 타이어와 바람 소리만 들릴 것이다. 도시는 깨끗할 것이다. 배기가스가 전혀 없기 때문이다. 보행자들이 코를 틀어막는 일도 없을 것이다. 거리의 악취를 피해 카페 안으로 달아나는 일도 없다. 해가 진 뒤 카페 밖에서도 술잔을 기울일 수 있을 것이다.[127)]

비영리 연구 집단 로키마운틴연구소의 애모리 B. 로빈스와 브렛 D. 윌리엄스는 연료전지에서 직접 수소를 얻는 것에 대해 조금 다른 접근법으로 나섰다. 수소 자동차로 전환하는 초기 단계에서 가정과 사무실에 설치한 연료전지 발전소로부터 수소를 얻어 내자는 것이다. 로빈스와 윌리엄스는 앞으로 더 많은 빌딩이 설치형 연료전지 발전소를 마련할 것이라고 말했다. 그들은 기저부하 때 가정과 사무실의 연료전지 발전소로 수소를 생산해야 한다는 주장이다. "직장이나 가정에서 연료전지 자동차를 주차할 때 기존 송전망은 물론 건물에 설치된 연료전지로 이어진 개폐식 잉여수소 연료선과도 연결해 놓아야 한다."는 것이다.[128)]

수소 연료와 관련해 거론돼야 할 문제가 또 하나 있다. 수소가 위험할지 모른다는 통념이 바로 그것이다. 수소에 대해 일반 대중이 갖고 있는 우려 가운데 상당 부분은 1937년 일어난 사건에서 비롯됐다. 당시 독일의 비행선 힌덴베르크가 미 뉴저지 주 레이크허스트에서 착륙 시도 중 화염에 휩싸이며 승객 서른여섯 명이 사망했다. 그러나 일반인들의 생각과 달리 힌덴베르크는 폭발한 것이 아니다. 화재의 원인은 수소가 아니었던 것이다. 1997년 케네디우주센터에서 수소 프로그램을 이끈 애디슨 베인은 10여 년간 당시 사고에 대해 연구한 바 있다. 그의 연구 결과에 따르면 화인(火因)은 정전기 스파크가 비행선을 감싼 면직물로 튀면서 일어난 불이었던 것으로 추정된다. 화재 확산으로 수소에 불이 댕겨진 것이지 수소 자체가 화인은 아니었다.[129)]

수년간에 걸친 연구 결과 수소가 다른 연료보다 위험한 것은 아니라는 결론이 나왔다. 어떤 상황에서는 수소가 더 안전할지 모른다. 수소가 외부로 유출될 경우 가솔린과 달리 바닥에 깔리지 않고 곧장 증발하기 때문이다. 1993년 독일 의회 연방기술영향평가국(TAB)은 "생산에서 이용에 이르기까지 수소 에너지 시스템의 잠재적 위험 요소는 모두 근본적으로 통제 가능한 것처럼 보인다."고 결론 내렸다.[130)] 현재 스위스 제네바 소재 국제표준화기구(ISO)가 수소의 안전한 생산, 저장, 운송, 이용과 관련해 국제 표준을 마련하고 있다.

그동안 많은 토론, 논쟁, 적잖은 시행 착오가 있을 수 있지만 오는 2010년 안에 내연 기관의 종말과 수소 구동 연료전지 자동차의 새벽을 목격하게 되리라는 게 중론이다. GM은 2002년 1월 미국 미시간 주 디트로이트의 '2002 북미 국제 오토쇼'에서 수소 연료전지 자동차 '오토노미'로 찬사를 자아 냈다. 몇 년 뒤 생산에 들어가 거리를 질주하게 될 수소 연료 자동차의 새로운 전형 오토노미는 자동차 설계에서 혁명적 제품으로 평가받고 있다. 우주 시대의 매끄러운 차체는 조립이 가능해 소비자가 원하면 언제든 외형과 스타일을 바꿀 수 있다. 섀시는 20년 이상 견딜 수 있도록 설계됐다. 오토노미는 소프트웨어로 작동되며 엔진, 고정 조향축, 브레이크 페달, 클러치, 액셀러레이터, 변속 레버 등 기존 자동차에서 볼 수 있는 역학 구조도 없다. 이런 역학 구조들이 맡고 있던 기능 모두 컴퓨터 소프트웨어가 관리한다. 운전자는 컴퓨터 게임기의 조이스틱 같은 도구로 소프트웨어를 구동하면 그만이다. 신형 수소 연료전지 자동차에 장착되는 부품이 별로 없어 차량 가격은 지금보다 훨씬 싸질 것이며 내연 엔진 자동차보다 안전하게 운전할 수도 있다.[131)]

GM이 수소 구동 연료전지 자동차의 새 전형을 선보인 그 주, 미 에너지부는 고연비 가솔린 자동차를 개발하기 위해 GM, 포드, 다임러-크라이슬러와 체결한 15억 달러 상당의 8개년 공동 프로젝트 대신 수소 연료전지 자동차 개발 지원에 나서기로 결정했다고 밝혔다. 스펜서 에이브러햄 에너지부 장관에 따르면 '프리덤카'라고 명명된 "새 프로젝트는 미국의 대외 석유 의존도 감축 차원에서 조지 W. 부시 대통령이 2001년 5월 발표한 '국가에너지계획'(NEP)을 바탕으로 마련된 것이다."[132)]

2002년 4월, 존 엥글러 미시간 주지사가 장기 경제개발계획을 발표했다. 연료전지의 개발, 제조, 마케팅 및 수소 기반 기술, 상품, 서비스 분야에서 미시간 주를 세계 선두주자로 만들기 위한 프로젝트다. 엥글러의 목표는 디트로이트, 더 나아가 미시간 주가 세계 자동차 제조업계의 수도로서 명성을 계속 유지할 수 있도록 자동차 메이커들과 협력하는 것이다. '넥스트 에너지'로 명명된 장기 경제개발계획에는 수소 에너지의 기술·정보 센터가 될 넥스트 에너지 센터 건립, 수소 혁명을 위한 첨단 기지인 88만 평의 넥스트 에너지존 설립이 포함된다. 넥스트 에너지존은 세계 기업들의 수소 연구개발 센터를 유치하기 위해 면세 구역으로 설정됐다. 넥스트 에너지존 입주 기업들은 일자리 창출에 따른 감세 혜택도 받게 된다.[133]

당국은 미시간 주 교육 시스템과 긴밀히 협력해 교육 과정을 마련하고 다음 세대로 하여금 첨단 연구 개발 및 수소 관련 기술, 제품, 서비스의 생산과 마케팅 노하우까지 축적할 수 있도록 돕는다.

넥스트 에너지에는 연방정부로부터 일부 지원금을 받는 '국가 대체 에너지 프로그램' 창설도 포함된다. 국가 대체 에너지 프로그램은 업계 표준과 인증 체계를 위한 실험실로 기능하게 될 것이다.

엥글러는 설치형 연료전지와 자동차 연료전지 기술을 구입하는 개인 및 기관에 판매 및 사용세도 면제해 줄 계획이라고 밝혔다. 관련 기술의 확산을 장려하고 수소 경제로 전환할 것을 촉구하기 위함이다. 그는 수소전기의 편리함을 과시하기 위해 전력업계와 공동으로 소규모 수소 에너지 송전망도 건설할 계획이라고 덧붙였다.

엥글러는 미시간 주의 야심 찬 계획을 지난 20세기 소프트웨어 혁명을 이끌었던 실리콘밸리 건설에 비유했다.

엥글러는 오는 2010년 수소 경제가 1000억 달러 규모로 성장하고 일자리 수십만 개를 창출할 것이라고 주장했다. 그는 수소 시대로 전환하는 시점에서 미시간 주가 세계의 중심이 될 수 있기를 희망한다고 밝혔다.

오하이오와 캘리포니아 등 다른 주들도 떠오르는 수소 에너지 시장을 장악하기 위해 나름대로 기획 중이다.[134]

❖

이제 수소 경제가 가시권으로 진입했다. 우리는 수소 경제권으로 얼마나 빨리 도달할 수 있을까. 그것은 석유를 비롯한 화석 연료로부터 벗어나겠다는 우리의 열의가 얼마나 뜨거운가에 달려 있다. 21세기 중반까지 우리의 욕구를 충족시킬 수 있을 만큼 값싼 석유가 아직 많이 남아 있다는 생각에 미적거리기만 한다면 몇 년 뒤 세계 석유 생산이 절정으로 치달았을 때 수소 경제는 아예 꿈도 꾸지 못할 수 있다. 성숙한 수소 경제를 뒷받침하기 위한 새 인프라 구축은 매우 복잡한 데다 자금도 많이 들 것이다. 그러나 상업적 열의만 있다면 수소 경제 인프라 건설은 10년 안에 가능하다. 적어도 선진국에서는 인터넷 경제와 웹 인프라가 10년도 채 안 돼 자리 잡으면서 사업 및 통신 방식에 근본적 변화를 몰고 왔다. 유력 경제 전문지 가운데 상당수는 수소 경제와 세계 에너지망이 위대한 차세대 상업 혁명을 일으킬 것이라고 내다봤다. 그러나 이런 전망이 현실화하기 위해서는 재계는 물론 일반 대중도 수소 경제로 나아가는 방법을 둘러싸고 수소 미래와 현실적 비전에 대해 확신하고 있어야 한다.

인류 역사상 처음으로 우리는 어디서든 구할 수 있는 에너지 형태, 일각에서 말하는 '영구 연료'를 손에 넣을 수 있는 문턱까지 이르렀다. 컴퓨터, 휴대폰, 휴대용정보단말기(PDA)처럼 수소 가격도 결국 저렴해질 것이다. 그럴 경우 진정한 에너지 민주화의 길이 열리면서 모든 인류가 수소를 에너지로 사용할 수 있을 것이다.

9 아래로부터의 세계화 재편

우리의 미래는 수소에 달려 있다. 하지만 '영구 연료' 수소를 과연 누가 통제할 것인가. 수소가 보편화되어 결국 에너지 민주화가 이뤄지고 모든 인류에게 권한이 골고루 부여될지 모른다. 그러나 기회는 있지만 모든 이가 수소를 공정하고 공평하게 공유하리라는 보장은 사실 없다. 수소의 공유 여부는 우리가 수소를 어떻게 평가하는가에 달려 있다. 우리는 수소를 햇빛이나 공기처럼 공유 자원으로 간주할까. 아니면 시장에서 팔고 사는 상품? 그것도 아니면 그 중간의 무엇?

월드 와이드 웹으로부터 얻을 수 있는 교훈

수소의 '지위'를 어떻게 정하느냐에 따라 수소 경제의 미래가 결정되고, 이는 수소라는 새로운 에너지 체계와 더불어 성장할 정치, 사회 기구에도 근본적 영향을 미치게 될 것이다. 수소의 지위에 대한 의문은 인터넷으로 유통되는 '정보'의 지위를 둘러싼 의문과 많은 공통점이 있다. 인터넷과 웹을 처음부터 예찬하고 나선 이들은 "정보가 자유롭게 유통돼야 한다."고 강력히 주장했다. 새 통신 매체의 구조 자체가 자유로운 정보 공유에 걸맞다는 것이다. 웹은 결국 특정 개인이 아니라 만인의 소유물이다. 컴퓨터 이용자들은 상호 연결된 웹의 세계로 들어가 대화에 참여한다. 사이버 공간 이론가 존 페리 발로에 따르면 "미래의 경제는 소유가 아닌 관계를 기반으로 삼게 될 것"이다.[1] 사람들 사이의 대화와 정보 교환이 통제되거나 각종 접속료, 라이선스, 허가에 묶여서는 안 된다. 순수주의자들은 인터넷에서 음악을 무료로 다운받아 복사한 뒤 다른 사람들과 공유하는 게 무슨 잘못이냐고 따진다. 글이나 기사를 복사해 거기에 자신의 생각까지 덧붙인 뒤 다른 이들에게 무료로 전송하는 게 무슨 잘못인가. 그렇다면 무료 정보는 무엇이고 저작권 소유자나 시스템 관리자에게 사용료를 지불해야 할 정보는 과연 무엇인가. 이는 새로운 쌍방향 통신 매체 시대와 더불어 핵심적인 논란거리로 등장했다.

인터넷에서 정보 유통이 가능한 한 무료로 이뤄져야 한다고 주장하는 이들은 웹 운영에 대한 몇몇 핵심 전제를 내세운다. 첫째, 웹은 모든 이용자가 언제든 콘텐츠 공급자로 탈바꿈할 수 있도록 고안됐다. 웹은 구닥다리 중앙 집중식 대중 매체의 수직 체계를 거부한다. 과거 통신은 종적 체계 때문에 대형 콘텐츠 공급업체에서 개인 소비자에게 일방적으로 흐르기만 했다. 둘째, 웹은 일종의 네트워크다. 접속자는 누구든 1대 1이나 다대다(多對多) 상호 작용에 참여할 수 있다. 말 그대로 누구든 다른 사람과 접촉할 수 있다는 뜻이다. 이런 종류의 통신은 인류 역사상 유례가 없는 일이다. 어느 날 갑자기 누구든 다른 사람과 접촉할 수 있게 됐다. 그야말로 통신의 민주화가 하루아침에 이뤄진 것이다. 웹은 중앙 통제실이 없는 분산 통신망이기에 이론적으로는 그 누구도 시스템을 통제하지 않는다. 권한이 모든 이에게 고루 부여돼 있는 것이다. 각종 아이디어, 메시지, 정보를 다른 사람과 주고받기 위해서는 중앙이나 시스템 관리자로부터 허락받아야 하는 게 네트워크의 본질이었다. 그러나 누구든 중앙이 될 수 있는 매체가 갑자기 등장했다. 네트워크의 모든 접속점은 창조성을 공유하는 무대가 됐다. 요컨대 인터넷 구조 덕에 누구에게든 주고받는 정보를 스스로 통제할 수 있는 엄청난 잠재력이 생긴 것이다. 따라서 검열 당국, 저작권 소유자, 시스템 관리자가 표현의 자유를 가로막는다면 인터넷 예찬론자들이 얼마나 질색하고 분노할지 능히 상상할 수 있을 것이다.

인터넷에 교두보를 확보하려는 상업적 이해 관계들로 인터넷의 엄청난 잠재력은 모든 단계마다 조금씩 위축됐다. 마이크로소프트(MS)와 AOL-타임워너 같은 기업은 웹을 길들이고, 웹을 통신 및 정보의 자유로운 공개 통로에서 정보에 대한 로그온, 접근, 다운로드, 송신 모두 유료인 소유 영역으로 탈바꿈시키기 위해 눈이 벌겠다. 냅스터 등 신생업체가 수백만 네티즌으로 하여금 인터넷에서 음악을 무료로 다운받아 다른 사람들과 공유할 수 있게 만들자 메이저 음반업체들이 제소하고 나섰다. 음악에 저작권이 있으니 사용료를 내야 한다는 것이었다. 법정은 이들 음반업체들에게 손을 들어 줬다. 패소한 냅스터는 상업 매체로 변신했다. 이제 소비자는 한 달 이용료를 내야 방대한 베르텔스만 냅스터 음악 라이브러리에 접근할 수 있다. 이용 요금 가운데 일부는 저작권료로 음반업체와 아티스트에게 돌아간다. 그러나 이에 반기를 든 업체들이 속속 나타나고 있다. 그들 업체는 음악이 자유롭게 유통돼야 한다며 법에 저촉되지 않는 한도에서 음악 파일을 자유롭게 공유할 수 있는 새 소프트웨어까지 선보이고 있다.

무료 접속과 정보 공유를 주장하는 사이버 운동가들과 사이버 공간을 사유화하고 상품화하려는 기업들 사이의 다툼은 지금도 계속되고 있다. 그중에서 이용자들 간의 코드 공유, 이른바 '공개 소스 운동'을 둘러싼 다툼이 가장 치열하다. 리눅스 운영 체제(OS)는 누구든 무료로 사용할 수 있다. 누구든 리눅스 소스 자체를 시험하고 수정할 수 있다. 리눅스 개발자는 자신의 작업을 다른 사람들과 공유한다. 그리고 모든 이용자에게 리눅스가 안고 있는 문제들을 같이 해결하고 새 코드도 만들자고 권한다. 리눅스 이용자는 풀지 못한 의문이나 문제가 있으면 관련 웹 페이지에 질문 내용을 올려놓는다. 그러면 몇 분도 안 돼 다른 이용자가 해결책을 제시하거나 문제 해결에 도움을 준다. 현재 리눅스 이용자는 1000만에서 2000만에 이른다. 리눅스는 세계에서 가장 빠르게 성장하는 OS다.[2] 몇몇 관측통은 리눅스가 언젠가 MS의 OS 사업 아성에 도전장을 내밀 것으로 내다봤다.

최근 몇 년 사이 인터넷의 콘텐츠를 둘러싼 전쟁이 업계에 유리한 쪽으로 전개됐지만 전쟁은 결코 끝난 게 아니다. 무엇이 유료 콘텐츠이고 무엇이 무료 콘텐츠인가. 이 문제는 앞으로도 인터넷이라는 새 매체를 계속 따라다니게 될 것이다. 모든 사람이 콘텐츠 소비자이자 잠재적 생산자다. 그리고 모든 사람이 네트워크에 접근할 수 있다. 곧 세계 인구 여섯 명 가운데 한 명 꼴로 접속하게 될 분산 네트워크에서 정보가 자유롭게 오고 가야 한다고 주장하는 이들과 이용료를 부과해야 한다는 기업들 간의 밀고 당기기는 더 치열해질 전망이다.

수소 에너지망(HEW)을 둘러싸고 그와 비슷한 다툼이 벌어진다고 가정해 보자. 인터넷에서 정보가 자유롭게 유통돼야 하듯 수소도 누구나 자유롭게 얻어 공유해야 한다고 주장할 수 있다. 결국 수소는 우주에서 가장 기본적이고 보편적인 원소가 아닌가.

수소 공유

인간의 사고나 우주의 기본 에너지를 자유롭게 공유할 수 있는 자원으로 간주할 것인가 아니면 소유권이 있는 상품으로 생각할 것인가. 이는 인류가 역사 전체를 통틀어 붙들고 씨름해 온 한 근원적 문제로 이어진다. 생명을 구성하는 모든 요소는 과연 누구의 소유물일까.

중세 말기, 시간은 신(神)의 선물이니 무료라는 주장과 시간은 소유 대상으로 거기에 이자를 붙일 수 있다는 주장이 팽팽히 맞섰다. 교회와 상인 계급 사이에 뜨거운 논쟁이 벌어진 것이다. 상인들은 "시간이 돈"이라며 일정 기간 빌려준 돈에 대해 이자를 물리는 게 당연한 보상이라고 주장했다. 반면 교회는 고리로 돈을 빌려주는 것이야말로 지옥에 떨어질 대죄라고 주장했다. 하지만 고리대금업이 근본적으로 착취적 성격을 띠고 있기 때문에 그렇게 주장한 것은 아니었다. 교회가 문제삼은 것은 돈을 빌려주는 행동 그 자체였다. 교회는 시간이란 상인이 아니라 신에 속한 것이라고 전제한 뒤, 시간은 신이 구원에 대비할 수 있도록 인간에게 선사한 것인데 어떻게 시간으로 이득을 챙길 수 있느냐고 반박했다. 신학자 토머스 초밤은 이렇게 말했다.

> 고리대금업자는 자기 것도 아닌 시간을 다른 사람에게 판다. 하나님께 속한 시간을 파는 것이다. 다른 이의 재산으로 이득을 남길 수는 없다.[3)]

16세기 영국에서는 무엇을 공유 재산으로 보고 무엇을 사유 재산으로 간주할지 또 한 차례 격론이 벌어졌다. 중세 유럽에서 땅은 신이 인간에게 위탁한 재산으로 간주됐다. 신이 인간에게 일궈 경작하도록 위임했다는 것이다. 봉건 지주가 토지에 대해 재산권을 행사하며 소작 계약 아래 농민들에게 임대했지만 토지 자체는 분할해 팔거나 살 수 없었다. 게다가 많은 토지가 공유로 농민들의 집단 관리 아래 놓여 있었다. 그러던 중 1500년대 튜더 왕조 당시 지주에게 공유지를 사유화할 수 있도록 허용한 법령이 의회에서 통과됐다. 법령에 따라 지주가 공유지를 사유 재산으로 구입하게 되자 소작농들의 과거 권리는 모두 사라지고 말았다. 영국에서 유럽 전역으로 확산된 토지 사유화, 다시 말해 대규모 '인클로저' 운동은 농민들을 땅에 묶어 놓았던 600년 봉건 시대의 조종(弔鐘)이었다. 이후 방대한 봉토는 사유 부동산으로 분할돼 지방

귀족과 부농들의 소유가 됐다. 공유 재산이었던 토지가 사유 재산으로 시장에서 거래되기 시작한 것이다.

18세기 들어 해안에서 3해리까지 떨어진 연해에 대해 영해권을 주장하고 나서는 나라들이 등장하기 시작했다. 3해리는 당시 대포의 사정 거리였다.[4] 2차 대전 이후 해리 트루먼 미국 대통령의 선언과 더불어 공해 국유화가 훨씬 공격적으로 전개됐다. 트루먼은 연안해역 개념에 대륙붕의 가스, 석유, 광물을 둘러싼 '관할권과 통제권'까지 포함한다고 발표했다. 이어 다른 나라들도 영해권 확대를 주장하고 나섰다. '자국(自國)' 대륙붕과 연안 어업 수역까지 영해에 포함시킨다는 것이었다. 급기야 1970년대 초반 열일곱 개 국가가 200해리 영해를 주장하고 나섰다.[5]

1982년 유엔해양법협약이 마련됐다. 협약 조인국들에는 12해리 영해권과 200해리의 배타적 경제 수역이 보장됐다. 조인국들은 배타적 경제 수역에서 "생물 및 비생물 자원의 탐사, 개발, 보전, 관리에 관한 주권"을 행사할 수 있게 됐다.[6] 엄청난 해양 약탈 행위로 개발 가능한 어족 가운데 90퍼센트가, 대륙붕 석유 중 87퍼센트를 품고 있는 지구 해양의 36퍼센트가 각국 관할권 아래 놓이게 됐다. 많은 나라가 유엔해양법협약을 아직 비준하지 않고 있다. 그러나 유엔해양법협약을 계기로 국가의 주권 범위가 넓어지면서 공해 가운데 상당 부분이 각 나라의 영해에 편입됐다.[7]

20세기 초반 자국 상공을 이른바 '공중 회랑' 안에 포함시켜 영공으로 설정하는 나라들이 나타났다. 이들 국가는 민간 항공기에 공중 회랑 사용료를 부과한다. 각국은 민간업체에 자국 상공의 '공중권'을 사고 팔 수 있도록 허용함으로써 공공(公空)까지 잠식했다. 전자기파 스펙트럼의 무선 주파수대는 국유 재산으로 방송국에 임대되고 있다. 미국에서는 지난 수년 동안 무선 주파수대를 민간기업에 매각해 사고 팔 수 있는 사유 '전자 부동산'으로 탈바꿈시켜야 할지 말아야 할지 논란이 분분했다.

또 다른 격론이 현재 진행중이다. 이번 논란은 수백만 년에 걸친 생물 진화의 유산으로 오랫동안 공유 재산처럼 여겨져 왔던 유전자 풀을 둘러싼 것이다. 쟁점은 유전자 풀을 생명과학업체의 지적 사유 재산에 포함시키느냐 마느냐 하는 것이다. 미국과 유럽은 지금까지 살아 있는 세포, 조직, 기관, 배(胚), 종(種)뿐 아니라 생명과학업체들이 유전 암호를 해독한 유전자와 단백질도 특허 대상이라고 주장해 왔다. 그러나 유전자 풀은 본질상 '공유 재산'이지 정치적 재산이나 상업적 재산으로 축소할 수 없다고 주장하는 나라와 비정부기구(NGO)도 많다.

그렇다면 인간의 사고는 어떤가. 인간의 생각을 사고 팔아야 하는가 아니면 자유롭게 공유해야 하는가. 근대 이전에는 생각을 소유한다거나 자기 생각을 다른 사람이 이용했다고 사용료까지 청구했을 경우 얼토당토않은 일로 받아들여졌을 것이다. 구전 문화의 경우 어떤 아이디어와 이야기가 사람들 입에서 입으로 전해지는 동안 윤색되고 변형됐기 때문에 누구도 배타적 소유권을 주장할 수 없었다. 그러나 인쇄물의 등장과 더불어 아이디어 소유권은 물론 재산권도 쉽게 주장할 수 있게 됐다. 오늘날 일각에서는 컴퓨터, 소프트웨어, 웹 등 신기술로 통신이 구전 문화와 유사해졌다고 주장한다. 신기술로 인해 인쇄물과 대중 매체가 판쳤을 때보다 아이디어와 사고 공유에 집단적으로 참여할 수 있기 때문이다.

HEW를 통한 수소 이용은 또 어떤가. 수소를 공유 재산으로 간주해야 하는가 아니면 수익성 사유 자산으로 봐야 하는가. 이도 저도 아니면 양면을 결합한 그 무엇? 물론 자연 어디에든 존재하는 수소가 돈 한 푼 들이지 않고 즉각 이용할 수 있는 것이라면 공유 재산으로 간주해야 마땅하다. 하지만 수소가 쉽게 이용할 수 있는 형태로 존재하는 것은 아니다. 화석 연료, 바이오매스, 물 등 자연으로부터 추출해 연료전지에 주입한 뒤 전기로 변환시켜야 한다.

수소는 도처에 존재한다. 따라서 희귀 자원은 아니다. 그러나 주변에서 수소를 추출해 전력 생산에 이용하려면 인간의 독창성이 뒤따라야 한다. 수소의 추출, 저장, 이용에 시간, 노동, 자본이 들어간다. 하지만 수소 에너지 생산비가 계속 떨어지면서 공유 재산으로서 수소의 지위는 날로 높아질 것이다. 수소는 화석 연료와 달리 세계에 골고루 분포해 있는 데다 공급량도 무한하다. 앞으로 100년 안에 무한한 양의 수소를 생산하는 데 드는 비용이 거의 없는 시대가 도래할 수도 있다. 재생 불가능한 화석 에너지원들은 '허버트의 종형(鐘形) 곡선'을 그대로 따른다. 다시 말해 화석 연료 에너지 처리비가 처음에는 많이 들지만 관련 기술이 더 정교해지고 비용도 줄면서 처리비 역시 감소한다. 그러나 결국 매장량이 점차 고갈되면서 처리비는 다시 늘게 마련이다. 수소는 다르다. 수소가 많이 생산되면 생산될수록 처리비는 싸진다. 한동안 들어갈 실제 비용이라고 해 봐야 세계 전역에 걸친 첨단 에너지망을 유지하고 개선하는 데 필요한 자금뿐이다.

수소 생산비가 점차 저렴해져 결국 '무료'에 가깝게 될 것이다.

하지만 수소 운송용 첨단 에너지망을 구축하고 유지하는 데 많은 비용이 든다면 어찌할 것인가. 수소 시대 초기부터 수소 에너지원의 특성이 가장 잘 반영된 제도적 틀을 어떻게 짤 것인지 심사숙고해야 한다. HEW와 거기에서 비롯될 수소 경제에는 전혀 색다른 구조적 설계가 필요하다. 다시 말해 민영이든 공영이든, 영리든 비영리든, 새 에너지 체계의 사유와 공유 측면 모두가 반영된 공생 관계로 사업 방식을 이끌어 갈 설계여야 한다.

에너지의 민주화

웹 탄생 초기에 정보의 흐름을 민주화하기 위한 온갖 노력이 더러 성공하긴 했지만 앞서 언급했듯 AOL 같은 기업들 때문에 많이 퇴색하고 말았다. 미국의 경우 1980년대 후반에서 1990년대 전반에 공동체 삶에 대한 참여를 장려하기 위해 '커뮤니티 네트워크화 운동'이 확산됐다. 공동체 참여를 유도하기 위해 등장한 커뮤니티 네트워크들은 무료 접속 서비스에 나섰다. 네트워크는 영리가 목적이 아니기 때문에 광고를 게재하지 않았으며 가입비도 받지 않았다. 네트워크는 인터넷에 대한 관심을 증대시킨 데다 새내기 네티즌들도 온라인으로 대거 끌어들였다. 접속이 무료였기 때문이다. 그러나 커뮤니티 네트워크에 콘텐츠가 별로 없고 대개 재미도 없어 이용자들의 관심을 붙들어 놓는 데 실패했다. AOL 같은 업체들이 흥미진진한 콘텐츠에다 저렴하고 손쉬운 접속법까지 제공함으로써 공백을 메워 나아갔다. 수백 개에 달했던 인터넷 기반

커뮤니티 네트워크 가운데 거의 모두가 운영이 중단됐다. 그러나 지금도 100개 이상의 네트워크가 몇몇 지역 사회에서 큰 성공을 거두며 계속 운영되고 있다.[8)]

오늘날 지리적 의미의 공동체가 아니라 같은 이해 관계를 지녔다는 의미의 공동체들이 웹에서 만발하기 시작했다. 시민사회단체(CSO)는 농업 개혁, 동물권(動物權), 사회 정의, 인권, 경제 개혁, 여성 문제, 공중 보건, 예술 등 다양한 부문에서 인터넷을 조직화 도구로 활용한다. 관심사가 같은 이들을 인터넷으로 한데 규합하는 것이다. 이런 커뮤니티들이 사회 문제 해결, 사회 자본 구축 차원에서 아이디어, 과업, 목표를 공유하면서 '정보의 민주화'가 웹에 뿌리 내리고 있다. 흥미로운 것은 웹이 더러 상업적 이해 관계에 희생되고 기업의 지배권 아래 놓였음에도 불구하고 강력한 세계 포럼으로 등장해 커뮤니티를 구축하고 있다는 점이다. 사실 웹은 복합 통신 매체로 상업적, 사회적 성격을 동시에 지니고 있다. 따라서 부분적으로는 상품화, 사유화했지만 아이디어와 관심사를 자유롭게 공유할 수 있는 방대한 사회 자산이기도 하다.

분산전원과 HEW는 1980년대 후반 인터넷처럼 현재 걸음마 단계에 놓여 있다. 향후 5년간의 도약 단계에서 분산전원이 어떻게 구축되느냐에 따라 10년 혹은 15년 뒤 진화와 성숙의 단계로 접어들 에너지 인프라가 결정될 것이다.

명심해야 할 것은 모든 가정, 기업, 지역 사회, 공동체들이 분산전원 덕에 수소와 전기의 생산자이자 소비자이자 판매자가 될 수 있다는 점이다. 연료전지는 수소와 전기가 생산되고 부분적으로 소비까지 이뤄지는 현장에 위치한다. 따라서 잉여 수소는 연료로 팔고, 남은 전기는 송전망으로 돌릴 수 있다. 생산자이자 소비자를 집단으로 한데 묶는 것이야말로 에너지 통제권 부여와 에너지 민주화에 매우 결정적인 요소다.

분산전원 통합은 20세기 초 노동조합 운동에서 노동자를 결집시켰던 작업과 흡사하다. 당시 관리 계급과 노동 계약 조건을 협상할 때 공업에 종사하는 노동자들만으로는 역부족이었다. 모든 산업계를 하나로 묶어야 협상에 필요한 힘이 생길 수 있었다. 집단 '파업'은 노동 시간 단축, 노동 조건 개선, 임금 인상, 복지 증진에서 노동자의 강력한 수단으로 등장했다.

분산전원 운영자들은 분산전원협회(DGA)로 한데 결집해야 연료전지 공급업체와 연료전지 임대 및 구매 등 여러 계약 조건을 체결할 때 유리한 위치에 설 수 있다. 개별 연료전지를 확대 발전소로 통합하는 DGA의 능력은 상업용, 민수용 종합 에너지 서비스업체와 DGA 자체에 도움이 된다. 종합 에너지 서비스업체는 에너지망에서 잠재적 소비자들에게 향하는 수소와 전력의 흐름을 제어하고 조절하는 데 큰 도움이 될 것이다.

DGA가 연료전지와 분산전원에 수반되는 장비의 개발, 생산, 마케팅으로 뛰어들 가능성은 없다. 하지만 합작 사업 참여, 주식 매입, 이사직 확보 가능성은 얼마든지 있다. 국지적 또는 세계적 HEW를 구축하는 초기 단계에서 DGA는 기존 전력업체와 제휴하게 될 것이다. 이유는 두 가지다. 전력업체와 송전업체들이 기존 인프라를 장악하고 있으며, 그들 업체가 '가상 발전소'로 네트워크에서 진행되는 에너지의 흐름 및 서비스를 조절하는 데 필요한 전문 기술까지 보유하고 있기 때문이다.

수백만에 이르는 지역 연료전지 운영자가 오늘날의 대형 발전소들보다 많은 전력을 싸게 생산할 수 있을 것이다. 최종 소비자들 역시 에너지 생산자로 변신하게 된다. 이때 기존 전력업체가 맡을 수 있는 유일한 역할이 '가상 발전소'다. 연료전지를 제조하고 판매하고 각종 에너지 관련 서비스도 제공하며 기존 송전망으로 흐르는 에너지까지 조절하는 것이다.

이론과 실천

기존 조직 모델 가운데 DGA 설립에 도움이 될 만한 것은 많다. 미국의 경우 지역사회개발공사(CDC), 신용조합, 공기업을 예로 들 수 있다. 미국 등 여러 나라에서 협동조합이야말로 DGA 설립에 가장 적합한 모델일 듯싶다. 개발도상국에서는 소액 신용대출 은행과 함께 손잡은 농어촌 협동조합이 DGA를 설립할 수 있을 것이다. 정부로부터 보조금, 융자, 개발 원조를 받는 이런 모델들은 회원에 대해 책임지는 비영리 기관이거나 공공법인, 시민에 대해 책임지는 공기업이다. 수소 경제는 DGA 설립에 비영리 기구를 활용함으로써 새 에너지 체계의 시발점에서부터 반(半)공익성 수소 전력, 분산전원 네트워크와 걸맞게 출범할 수 있다.

21, 22세기에 걸맞은 DGA와 새로운 에너지 인프라를 창출하기 위해 기존 비영리 기구들이 모델로 등장할 경우 또 다른 효과가 기대된다. DGA는 새 에너지 체계에 적합한 하의상달식 분산 기구를 창출하게 된다. 하의상달식 분산 기구는 수소 경제에 뒤따르

는 다른 경제, 사회, 문화 기구들의 토대로 기능할 수 있다.

미국의 경우 CDC는 30년 훨씬 전부터 존재해 온 것으로 DGA 설립에 활용할 수 있는 많은 모델 가운데 하나다. CDC는 비영리 조직으로 도시 지역에도 존재하지만 대개 가난한 농어촌 지역이 주요 활동 무대다. CDC의 임무는 지역 경제 개발을 촉진하고 더 많은 통제력과 권한 확보로 지역 주민에 봉사하는 것이다. 고(故) 로버트 케네디 상원의원은 1967년 뉴욕 브루클린 베드퍼드스타이브슨 구역에 CDC를 설립하는 데 관여했다. 그는 CDC에 대해 "지역 사회 활동의 최선을 민간기업 체제의 최선과 접목시킬 수 있는 매개체"라고 주장했다.[9] 현재 미국에서 운영되고 있는 CDC는 3000개 내지 4000개다.[10] 이들 CDC는 연방, 주(州), 지방 정부와 민간 재단, 기업들로부터 보조금을 받는다. CDC는 지역 주민들로 구성된 이사회의 통제를 받는다.

CDC는 애초 주택 건설 사업에 주력했다. 그 결과 50만 채 이상의 주택을 지을 수 있었다.[11] 오늘날 CDC는 활동 범위를 기업의 영역까지 확대했다. 일례로 뉴저지 주 뉴어크 소재 뉴커뮤니티 코퍼레이션은 패스마크 슈퍼마켓 체인 하나, 그리고 한 쇼핑센터의 지분 2/3를 보유하고 있는 데다 탁아소, 요양원, 노인 주간 보호 의료 시설, 음식점, 신문사, 신용조합도 운영한다. 뉴커뮤니티 코퍼레이션이 보유한 부동산만도 5억 달러에 상당한다. 뉴커뮤니티 코퍼레이션의 연간 매출 규모는 2억 달러다. 뉴커뮤니티 코퍼레이션은 뉴어크 시민을 가장 많이 고용한 기업이기도 하다.[12]

미국 133대(大) 도시 모두 적어도 CDC 하나씩은 보유하고 있다. 일부 빈곤 지역의 경우 CDC가 거주지와 상업 지대에 깊이 뿌리 박고 있어 가옥주와 기업들로 하여금 분산전원 시스템을 임대 혹은 구입하고 DGA까지 설립하도록 촉구할 수 있는 입장이다.

가정용, 기업용 연료전지 임대나 구매 자금은 지역사회개발신용조합(CDCU)이 일부 빌려줄 수도 있다. 현재 미국에서 활동 중인 연방정부 보증 CDCU는 1500개 정도다.[13] CDCU는 비영리 기관으로 예금주가 조합원이다. 이처럼 지역 사회를 기반으로 한 기관들은 개인 담보대출, 주택 개량 사업, 자동차 구입 자금 대출에다 일반예금, 당좌예금 계정 등 전통적인 금융 서비스까지 제공한다. CDCU는 저임금 노동자들에게 적합한 신용대출을 제공하고 빈곤지역에서 금융 서비스를 계속 유지하며 조합원의 예치금이 지역 사회로 다시 흐를 수 있도록 돕는다. 연료전지 구입용 대출도 지역 사회자본 확충이라는 CDCU의 목적에 부합하는 일이 될 것이다.

공공 소유 비영리 전력업체(POU) 역시 DGA 설립을 주도할 수 있다. 미국에서 POU가 처음 설립된 것은 지금으로부터 100년 훨씬 전의 일이다. POU는 투자 자금을 회수할 수 있을 만큼 충분한 시장이 형성되지 못해 민영 전력업체로부터 외면당한 농어촌 지역의 전화(電化) 차원에서 주로 설립됐다. 오늘날 미국인 일곱 명 가운데 한 명 꼴로, 다시 말해 4000만이 농어촌과 도시 지역 사회에서 영업 중인 2000개 POU 중 하나로부터 전력을 끌어 쓰고 있다.[14] POU는 미국의 총 발전 용량 가운데 12퍼센트를 차지한다.[15] POU 중 3/4이 1만 명도 채 안 되는 소규모 지역 사회에 이바지하는 한편 캘리포니아 주의 로스앤젤레스와 새크라멘토, 텍사스 주의 샌안토니오, 테네시 주의 내슈빌, 플로리다 주의 잭슨빌,

테네시 주의 멤피스 등 몇몇 대도시는 시유(市有) 발전 시설에서 전력을 얻고 있다. POU는 공공 소유의 비영리 기관이기 때문에 으레 상업용 발전소보다 저렴하고 좋은 서비스를 제공해 왔다. 가정에서 일반 전력업체로부터 전기를 끌어다 쓸 경우 전기료는 POU보다 평균 30퍼센트 비싸다. 상업용, 가정용을 합산하면 9퍼센트 비싼 셈이다. 공공 전력의 이점 가운데 20퍼센트는 비과세 때문이고 나머지가 건전한 경영과 고효율에서 비롯된다.[16]

쇠퇴의 길로 접어든 POU는 최근 몇 년 사이 가정과 기업 고객들이 정전 및 치솟는 전기료에 몸서리 치면서 조용한 부흥기를 맞고 있다. 지난 20여 년 동안 도시 POU 시스템 마흔다섯 개가 신설됐다. 그 가운데 스물세 개는 민영 전력업체로부터 전기를 공급받던 지역에 자리 잡았다.[17]

POU는 지역 사회에 봉사하는 비영리 기관이다. 따라서 기존 고객 기반을 분산전원 네트워크로 속히 규합할 수 있을 것이다. 분산전원 네트워크는 처음에 기존 전력 시스템의 보조 혹은 백업 시스템으로 기능하다 점차 주요 전력원으로 탈바꿈할 것이다. POU는 연료전지를 구매해 가정과 직장에 '무료로' 설치해 줄 수 있다. 대신 연료전지의 지역 운영자는 전기료 할인 조건으로 기저부하 때 생산한 잉여 전력을 송전망에 돌려주면 된다. POU는 잉여 에너지를 다른 지역으로 팔아 고객에게 설치해 준 연료전지 값 상환 및 에너지망 유지에 보탤 수 있다.

분산전원 구축과 전국적 에너지망 기반 다지기에서 주요 역할을 할 수 있는 미국만의 독특한 집단이 하나 있다. 공동주거단지(CID)가 바로 그것이다. 오늘날 미국 인구 가운데 12퍼센트인

3000만 명이 약 15만 개의 CID에 거주한다.[18] CID 거주자들은 자신만의 거주 공간을 소유한다. 그러나 잔디밭, 공원, 도로, 주차장, 테니스장, 수영장, 레크리에이션 센터 등 '공동 구역'만은 공유한다. 모든 가옥주가 회원제 조합원이며 공동 구역 관리와 유지 비용은 월이나 연 단위로 납부한다.

미국에서는 해마다 4000개에서 5000개의 CID가 새로 구성된다.[19] 미 내무부의 경제 전문가 로버트 H. 넬슨에 따르면 현 성장세가 계속 이어질 경우 CID는 시(市) 정부와 맞먹는 권한을 갖게 될 전망이다.[20] CID는 향후 20년 동안 급증세를 나타낼 것으로 예상된다.

CID 개발업체는 CID 건설 전 전력업체와 협의해 각 가정이나 특정 공간에 연료전지를 무료로 설치해 줄 수 있다. 그 뒤 연료전지에서 생산된 잉여 전력을 할인 가격이나 무료로 송전망에 돌려줘 전력업체의 연료전지 시스템 제공 및 송전망 관리 비용과 상계할 수 있다. 아니면 제3의 가상 발전소가 연료전지의 구입과 설치 비용을 부담하되 송전망으로 돌아오는 잉여 에너지는 가상 발전소의 관리 아래 둔다고 합의할 수도 있다. 기존 CID는 정전 사태에 대비해 조합원 연회비로 연료전지를 점차 설치하면 된다. 이런 식으로 연료전지와 관련 장비 설치비가 해결된 뒤 피크부하 때 잉여 에너지를 전력업체에 돈을 받고 팔 수 있다.

세계적으로 DGA 설립에 가장 적합한 모델은 협동조합이 아닐까 싶다. 협동조합 설립 운동이 시작된 것은 19세기부터다. 당시 잉글랜드 로치데일의 직조공 스물여덟 명은 지역 상인들이 멋대로 정한 물가에 격분한 나머지 식료품을 싸게 대량 구입한 뒤 소매가

보다 싼 가격으로 조합원들에게 되팔았다. '로치데일 공정개척자 협회'라는 이름 아래 한데 뭉친 그들은 훗날 '로치데일 원칙'으로 불리게 되는 조직 및 업무 규범을 마련했다. 그 뒤 적절히 수정된 로치데일 원칙을 세계 전역의 협동조합들이 아직 원용하고 있다.[21] 협동조합 원칙에는 개방 회원제, 민주적 참여, 자원의 공정 분배, 자율, 교육, 조합들 간의 협력, 지역 사회에 대한 관심 등이 포함된다. 스위스 제네바 소재 국제협동조합연맹(ICA)은 100개국 75만 개 상거래 및 소비자 단체로 이뤄진 230개 기관에다 조합원 7억 3000만 명을 거느리고 있다.[22]

미국 재계는 민간기업이 경제를 거의 움직인다고 생각한다. 하지만 그것은 완전히 잘못된 생각이다. 미국에는 현재 4만 8000개가 넘는 협동조합이 있으며 이들 협동조합은 연간 경제 활동에서 1250억 달러 이상을 차지한다.[23] 전미(全美) 협동조합업협회(NCBA)는 미국인 7500만 이상이 협동신용조합에 예금하고 있으며 5000만이 협동조합과 직접, 간접적으로 연결된 보험에 가입했고 3400만이 지역 전력협동조합에서 원가로 전기를 끌어 쓴다고 밝혔다. 농업 생산물 가운데 30퍼센트가 협동조합을 통해 거래된다. 협동조합들은 조합원 140만 명에게 건강보험 혜택도 제공하고 있다. 그리고 협동조합에 속한 가구만 100만이 넘는다.[24] 에이스 하드웨어, 랜드 올레이크스, 숍라이트, 오션 스프레이, 선키스트, REI 같은 미 전국 규모의 브랜드 모두 협동조합이다.[25]

협동조합이 인기를 얻고 있는 것은 생산자나 소비자가 한데 뭉쳐야 더 효과적으로 공급자와 흥정할 수 있기 때문이다. 그중에서 특히 생산자가 협동조합에 끌리는 것은 자금과 위험을 통합 관리할 수 있는 데다 운송 및 마케팅 통로도 효율적으로 구축할 수 있기 때문이다. 게다가 협동조합은 조합원들에게 직접 참가와 조합에 대한 직접 통제라는 의식을 불어 넣어준다. 일반 기업의 경우 주식 보유량에 따라 주주 의결권이 다른 반면 협동조합은 '1조합원 1표 행사'를 아직 고수하고 있다.

많은 나라에서 비영리 협동조합은 강력한 대기업군에 속한다. 스페인의 몬드라곤 협동조합은 몇몇 나라까지 진출한 160개 기업으로 이뤄져 있으며 1999년 연간 판매고 50억 달러, 자산 규모 100억 달러를 웃돌았다.[26] 이탈리아에는 중소 규모의 동업조합과 기업들로 이뤄진 비영리 노동자협동조합 25만 개가 있다.[27] 영국의 코퍼러티브 그룹에는 1100개가 넘는 식료품점, 협동조합 은행, 보험 협동조합, 농장 관리 협동조합, 영국 최대 장의업체, 자체 브랜드를 생산하고 1900개 이상의 소매점까지 관리하는 소매 협동조합, 영국에서 네 번째로 큰 여행사, 57개 안과 의원이 소속돼 있다.[28] 일본 생활협동조합연합회는 1900만 명의 회원을 거느리고 있다. 이는 일본 가구 중 20퍼센트에 해당한다.[29]

협동조합들은 100개 국가에서 7억 3000만 명의 조합원을 거느리고 있다. 협동조합은 수천 개 지역 사회에 DGA를 설립함으로써 수소 시대로 나아가는 데 이바지할 수 있다. 이미 지리적 기반을 갖춘 협동조합은 개별 생산자나 소비자로 구성돼 있는 데다 회원제 조직이기 때문에 결집력도 강해 분산전원 에너지망 구축의 전제 조건과 잘 맞는다. 협동조합은 분산 에너지 인프라와 더불어 하의상달식 조직 체계는 물론 새로운 수소 시대에 에너지 민주화를 더 용이하게 만들 민주적 관리 형태까지 제공한다.

미국 39개 주 1600만 고객에게 전력을 공급하고 있는 터치스톤 에너지는 전력 협동조합 550개로 구성돼 있다. 터치스톤 에너지는 모든 전력 협동조합을 한데 잇는 전국 네트워크 구축에 사상 처음 성공했다. 터치스톤 에너지의 새 네트워크는 텔레비전과 인쇄 매체에 광고를 싣기도 한다. 터치스톤 에너지는 회원 협동조합에 결산서 통합 및 에너지 관리 프로그램을 제공한다. 회원 협동조합들이 자원을 항상 공유하고 고객에게 24시간 서비스할 수 있도록 돕는 것이다. 이런 전국 네트워크는 일반 대중으로부터 분산전원에 대한 지지를 이끌어 내고 미 전역을 HEW로 한데 엮는 데 도움이 될 것이다.[30]

캘리포니아 에너지위원회(CEC)가 최근 가동한 에너지협동조합 개발프로그램(ECDP)은 DGA 설립에 도움이 될 만한 몇몇 새로운 기관의 전형 가운데 하나다. ECDP의 목표는 소비자들을 일단 에너지 협동조합으로 한데 묶는 것이다. 그 뒤 지역적, 더 나아가 전국적 협동조합 에너지망으로 확대할 계획이다. 에너지 협동조합으로 한데 묶을 1순위 대상은 소기업, 소규모 영농업체, 중·저임금 지역 주민, 계절적 영농자, 소작인, 고정 수입으로 살아가는 노인, 아메리카 원주민, 영어 외의 기타 언어를 주로 사용하는 소수 민족들이다.[31]

두 전력소비자협동조합, 다시 말해 '전선 없는 전력 시설들'이 캘리포니아 주와 뉴욕에 들어섰다. 캘리포니아 전력소비자협동조합은 애리조나 주 피닉스 소재 뉴웨스트 에너지와 전력 공급 풀 서비스 계약을 맺은 열여덟 개 농업협동조합의 연합체다.[32] 이번 같은 계약은 에너지업계에 처음 있는 일이다. 미 대도시에서 처음 탄생한 전력소비자협동조합은 뉴욕의 퍼스트 로치데일 코퍼러티브 그룹이다.[33] 1990년대 중반 뉴욕의 전기료가 미국에서 가장 비싸지면서 주택 협동조합 예산 중 무시 못할 항목으로 자리 잡았다. 전력업계의 구조 조정으로 독립업체에도 기회가 왔다고 판단한 퍼스트 로치데일은 전미 농어촌전력협동조합협회(NRECA)로부터 전문 기술을 빌리고 이해 관계들이 맞아떨어지는 부분에서 서로 협력했다. 퍼스트 로치데일은 에너지를 대량으로 구입해 뉴욕의 5만 가구 아파트에 공급한다. 그만큼 에너지 비용을 줄이는 것이다. 뉴욕의 50만 협동조합 아파트 가구 가운데 상당수가 퍼스트 로치데일에 가입할 경우 퍼스트 로치데일이 미 전력업계에서 강력한 실체로 떠오르는 것은 물론 비슷한 다른 지역 프로그램에도 본보기를 제공할 수 있을 것이다.[34] 퍼스트 로치데일은 분산전원과 에너지망 구축에 이미 첫 발을 내디뎠다. 퍼스트 로치데일은 '그린 애플'이라는 참신한 유인책으로 지속 가능한 에너지와 분산전원 사용을 적극 장려하고 있다.

일리노이 주 시카고 소재 신설 지역사회에너지협동조합(CEC)은 미 전력업계의 비영리 연구 집단 전력연구소(EPRI)와 손잡고 한 시범 프로젝트를 출범시켰다. 시카고 지역 일부 가정에 설치될 소형 연료전지 발전소로 주민들에게 필요한 전기를 생산해 내기 위해서다. EPRI의 시카고 지역 분산 에너지원 책임자 댄 레스틀러에 따르면 이번 프로젝트는 "분산 미니 송전망을 향한 첫 걸음"이며 "지역 사회는 분산 미니 송전망으로 주거형이나 그보다 더 큰 분산전원으로부터 전력을 일부 공급받게 될 것"이다.[35]

CEC는 지속 가능한 지역 사회 건설을 위해 애쓰고 있는 시카고 소재 비영리 단체 지역사회기술센터(CNT)의 작품이다. CEC는 대형 전력업체 가운데 하나인 시카고 소재 컴에드의 도움 아래 출범했다. 컴에드는 CEC가 순조롭게 출범할 수 있도록 3년에 걸쳐 보조금을 제공했다. CEC는 피크부하 때 조합원들과 협력해 에너지 사용량을 줄이고 컴에드는 CEC에 대가를 지불한다. CEC는 대가 가운데 일부로 조합원들에게 에너지 효율이 높은 기기와 기술을 구입할 경우 할인해 준다. CEC는 가까운 장래에 조합원들의 연료전지 발전소의 구입, 임차, 설치도 할인 대상으로 포함시킬 계획이다. 컴에드로부터 받는 대가 가운데 나머지는 청소년 프로그램, 운동장, 노인정 등 지역 사회 프로젝트를 후원하는 데 사용할 생각이다. CEC는 2003년 말까지 에너지 수익 중 100만 달러 이상을 시카고 지역 사회에 투자할 것으로 예상된다.[36)]

CEC, 컴에드, EPRI가 함께 추진 중인 프로그램은 앞으로 협동조합을 비롯한 지역 사회 기반 비영리 단체와 전력업체 사이에 형성될 동반 관계의 좋은 본보기다. 퍼스트 로치데일과 CEC가 추구하는 노선대로 협동조합을 설립하려는 계획들이 워싱턴, 필라델피아 등 주요 도시에서 활발히 진행되고 있다.[37)]

HEW의 생존력을 확보하는 데 필요한 구조적 요소 가운데 상당수가 이미 미국 등 여러 나라에 자리 잡았다. 정전 사태가 잦아지고 전기료는 계속 오를 경우 비영리 협동조합, 지자체의 전력 시설, 지역 사회 연합회, CDC, 지역사회신용조합, CID 등이 새로운 에너지 주도 세력으로 난국에 대처할 듯싶다. 이들 신세력은 서로 혹은 영리업체와 손잡고 DGA 설립 및 HEW 구축에 나서기 시작할 것이다.

빈곤층에 힘을

세계 인구 가운데 65퍼센트가 평생 한 번도 전화를 걸어 본 적이 없다. 세계 인구 중 1/3은 전력 등 상업용 에너지를 전혀 접할 수 없는 처지다.[38] 현재 전력을 접할 수 있는 '연결자'와 그렇지 못한 '비연결자'의 골은 매우 깊다. 세계 인구는 현재 62억에서 반세기 후 90억으로 증가할 전망이다. 그 사이 연결자와 비연결자의 불균형은 더 심화할 듯싶다.[39] 인구 증가는 가난한 개발도상국에서 두드러질 것이다.

부유한 미국인 상당수가 과학과 기술의 꾸준한 혁신으로 세계 빈부 격차는 줄 것이라고 생각하지만 현실은 정반대다. 현재 100개국 이상의 16억 인구가 경제적 몰락을 경험하고 있다. 89개 국가의 1인당 국민 소득은 10년 전보다 떨어졌다. 아프리카의 경우 25년 전에 비해 가구당 실질 소비가 20퍼센트나 줄었다.[40] 한편 국제노동기구(ILO)는 현재 세계 30억 노동자 가운데 1/3이 실업이나 불완전 고용 상태에 놓여 있는 것으로 추정하고 있다.[41]

세계의 많은 지역에서 절망적 빈곤은 언제나 존재해 왔다. 현재 6억 인구가 집이 아예 없거나 불안한 주거 환경 속에 살고 있다. 세계은행은 오는 2010년 14억 인구가 깨끗한 식수나 위생 시설도 없이 살아가게 될 것으로 예상하고 있다.[42] 세계 고소득자 중 상위 20퍼센트가 개인 소비의 86퍼센트를 차지하는 반면 빈곤층 최하위 20퍼센트는 세계 경제 생산 가운데 1.3퍼센트도 소비하지 못하고 있다.[43] 더욱이 유엔개발계획(UNDP)의 연구 보고서에 따르면 세계 갑부 358명이 세계 인구 가운데 반의 연간 수입보다 더

많은 자산을 보유하고 있다.[44]

세계 전역에서 빈곤이 지속되는 주요 원인 가운데 하나가 에너지, 그중에서 특히 전기에 접할 수 없다는 점이다. 에너지에 대한 접근은 더 많은 경제적 기회를 의미한다. 남아프리카 공화국의 경우 100가구에 전기가 들어갈 때마다 10-20가구는 새 사업을 시작한다.[45] 전력은 인간을 일상의 생존 노동으로부터 해방시킨다. 자원이 부족한 나라에서 주택 난방이나 조리용 땔나무, 가축 분뇨를 찾아 헤매는 데만 날마다 몇 시간씩 걸린다. 전력이 있어야 농기구를 가동하고 소규모 공장과 작업장을 운영하며 가정, 학교, 기업의 전등을 밝힐 수 있다.

앞서 언급했듯 역사를 통틀어 인류가 단순한 생존 차원 너머로 진보할 수 있는 역량의 잣대는 1인당 에너지 소비량이다. 오늘날 개도국 전역의 1인당 에너지 소비량은 미국의 1/15에 불과하다. 세계 평균 1인당 에너지 소비량은 미국의 1/5이다.[46]

EPRI의 촌시 스타 명예소장은 사회적 범주와 전력 이용에 관한 연구에서 1인당 연간 수입과 에너지 소비량의 임계 한계선 밑에 놓여 있는 인류는 하루 거의 내내 오로지 '생존'을 위해 보내야 한다고 말했다. 하루 종일 일시 숙소, 식량, 식수를 찾는 데만 급급하다는 것이다. 그러나 최소한의 일거리와 전력이 일단 확보되면 글 공부, 더 나은 위생, 물리적 안전, 예상 수명 연장 등 '삶의 기본적 질'을 추구하게 된다. 1인당 연간 수입과 전력 소비량이 증가하면 교육, 레크리에이션, 미래를 위한 투자 등 '문화적' 생활 방식으로 나아갈 수 있다. 사회 범주의 최상위, 스타의 말마따나 '국제적 협력' 단계에 올라 있는 사람들은 전력을 무제한 접하는 데다 그야말로 국제적 규모의 이해 관계 공동체도 창출할 수 있다.[47] 문제는 향후 반세기 동안 세계 인구의 90퍼센트 이상이 사회 범주 가운데 '생존'이나 '삶의 기본적 질' 단계에서 태어나리라는 점이다.[48]

현재 세계 인구 가운데 1/3이 전력을 전혀 접하지 못하고 있다. 그들의 상황은 과거와 별로 다를 게 없다. 오늘날 인류의 반이 1인당 연간 수백 킬로와트시 미만으로 살아간다. 그 정도로는 삶의 질에 큰 변화를 일으킬 수 없다.[49] 많은 국제개발기구가 오는 2050년까지 완전한 세계 전화를 목표로 정해 놓고 있다. 이런 목표를 달성하기 위해서는 해마다 1억 인구가 전화 대상에 포함돼야 한다. 이는 현재 전화 대상에 새로 포함되고 있는 연간 인구의 2.5배를 넘는 수치다. 1950년 미국인들이 누렸던 1인당 평균 전력 소비량을 해마다 1억 인구에 제공하려면 2050년까지 세계적으로 1000만 메가와트의 용량이 새로 가설돼야 한다. 이는 현재 전력 소비량의 네 배에 해당한다.[50] EPRI는 이런 목표를 달성하기 위해 향후 50년 동안 48시간마다 1000메가와트급 발전소가 하나씩 신설돼야 할 것으로 추정하고 있다.[51] EPRI는 그것도 모자란 듯 국제 환경 기준에 부합하기 위해 신설 전력 용량 가운데 50퍼센트가 탄소와 무관한 것이어야 한다고 덧붙였다. EPRI의 목표를 달성하기 위해서는 연간 1000억-1500억 달러가 필요할 것이다.[52] 국제에너지기구(IEA)는 1995-2020년 개도국에서만 새 전력을 생산하는 데 1조 7000억 달러 정도가 필요할 것으로 보고 있다.[53]

문제는 1인당 세계 에너지가 이미 절정에 이른 뒤 종형 곡선의 내리막길로 미끄러지고 있는 데다 세계 석유와 천연가스 생산도

2020년 전 절정을 기록할 것으로 예상되는 가운데 완벽한 전화 사업이 과연 가능할까 하는 점이다. EPRI조차 "쉽지 않을 것"이라고 인정했다.[54] 미국 등 여러 나라가 전기를 생산하기 위해 현재 너나 할 것 없이 천연가스로 돌아서고 있어 천연가스로는 2030년 이후 부하를 제대로 감당할 수 없기 때문이다. 앞서 언급했듯 EPRI는 천연가스에 대한 의존도가 높아지고 천연가스가 점차 고갈되면서 천연가스 가격이 자그마치 50퍼센트나 급등할 가능성도 있는 것으로 보고 있다.[55] EPRI에 따르면 2030년 이후 다른 전략을 모색해야 할 것이다. 그나마 남아 있는 유일한 전략은 수소 에너지 체계를 창출하기 위해 재생 가능 에너지원으로 눈을 돌리는 것이다.

재생 가능 에너지원 사용도 그리 쉬운 일은 아니다. 지구 온난화 가스 방출량을 줄이면서 모든 인간이 품위 있는 삶의 질을 유지하는 데 필요한 에너지도 충분히 공급하려면 생산성 성장률은 연 평균 2퍼센트가 돼야 한다. 미국이 지난 20세기 생산성 증가율 2퍼센트, 다시 말해 세계 평균보다 배를 달성할 수 있었던 것은 막대한 양의 값싼 원유에 접근할 수 있었기 때문이다. 이런 점을 감안할 때 앞으로 연 평균 생산성 성장률 2퍼센트 달성이 매우 어려우리라는 것은 능히 짐작할 수 있다.[56]

수소를 생산하기 위해 재생 가능 에너지와 기술을 사용하면서 수소 에너지 체계로 전환하고 세계 전역의 지역 사회를 한데 잇는 분산전원 에너지망까지 구축하는 것이야말로 수십억 인구가 빈곤으로부터 벗어날 수 있는 유일한 방법이다. 가진 자와 못 가진 자의 격차를 줄인다는 것은 무엇보다 전력에 접근이 가능한 자와 그렇지 못한 자의 골을 메워 나아간다는 뜻이다.

연료전지와 관련 기기들은 새로운 혁신 그리고 규모의 경제로 가격이 계속 떨어지면서 세계 전역에 널리 보급될 것이다. 이는 과거 트랜지스터 라디오, 컴퓨터, 휴대폰도 마찬가지였다. 개도국의 모든 지역 사회와 농어촌에 설치형 연료전지를 공급하는 것이 우선 목표가 돼야 한다. 농어촌은 태양광, 풍력, 바이오매스 등 재생 가능 에너지 기술로 일단 전기를 생산한다. 이어 생산한 전기를 물 전기 분해에 이용하면 거기서 수소가 발생한다. 이렇게 얻은 수소를 저장했다 연료전지에 충전할 수 있다. 전선 연결비가 너무 많이 들어 전화 사업이 아직 이뤄지지 않은 농어촌에 독립 연료전지들을 설치할 경우 에너지는 싸고 신속하게 공급될 것이다. 임대나 구입을 통해 충분한 연료전지가 설치되면 미니 에너지망으로 도시와 농어촌이 한데 이어질 수 있다. 분산전원이 더 확산되면 HEW를 유기적으로 구축하고 확대할 수 있다. 수소 연료전지가 더 확산될 경우 깨끗한 식수를 덤으로 얻을 수도 있다. 깨끗한 물에 대한 접근이 최대 관심사인 세계 전역의 농어촌 지역에서 이를 대수롭게 봐 넘길 일은 아니다.

앞으로 제3세계는 원유의 흐름에 의존할 필요가 없을 것이다. 1970년대 석유수출국기구(OPEC)의 갑작스런 유가 인상으로 산업 선진국보다 가난한 나라들에 훨씬 더 부정적인 영향이 미쳤다는 점을 상기해야 한다. 1973년 OPEC의 석유금수 조처로 유가가 배럴당 3달러에서 네 배 이상 껑충 뛰면서 개도국에 황폐화 현상을 몰고 왔다. 제3세계 국가들은 서방 은행과 세계은행 및 국제통화기금(IMF) 같은 국제 기구에 차관을 구걸하지 않을 수 없었다. 치솟는 유가를 감당할 수 없었기 때문이다. 하지만 석유가 없었다면 당시 제3세계의 경제 개발 프로젝트는 진퇴양난에 빠졌을 것이다. 1973-1980년 제3세계에 대한 일반 은행의 차관 규모는 550퍼센트 증가했다.[57)]

제2차 석유 파동의 여파로 1979년 세계 경기가 침체되고 상품 가격이 떨어지면서 빚에 허덕이던 개도국들은 더 휘청거리게 됐다. 세계 시장에서 자국의 상품 가격이 하락하고 석유 수입 비용은 천정부지로 치솟자 더 많은 돈을 빌려 와야 했다. 차관 대부분은 석유를 구입하고 과거 부채에 대한 이자까지 갚는 데 사용됐다. 1985년 제3세계의 부채는 1조 달러를 웃돌았다.[58)] 제3세계가 들여 온 차관 대부분이 석유 구입 및 과거 차관 상환에 쓰여 정작 경제 개발로 전용할 돈은 거의 남아나지 않았다. 그 결과 제3세계는 경제적 활력을 잃고 더 깊은 빈곤의 나락으로 추락하고 말았다. 상업차관과 기관차관이 고갈되기 시작하자 제3세계 국가들의 경제적 악순환은 도를 더해 갔다. 1988년 많은 개도국이 금전 순손실을 경험하고 있었다.[59)]

최근 들어 상황은 더 나빠지기만 했다. 개도국들이 확대 중인 제조업 부문에 전력을, 점증하는 도시 인구에게 빛과 열을, 규모가 점차 커지는 운송 부문에 연료를 공급하느라 석유 수입은 더 늘었기 때문이다. 1970년대 개도국들은 세계 석유 수요 가운데 겨우 26퍼센트를 차지했지만 오늘날 40퍼센트로 증가했다. 개도국들의 세계 석유 수요 점유율은 앞으로도 계속 증가할 전망이다.[60)] 2000년 인도는 유가 상승으로 석유 수입 비용이 60억 달러 늘었다. 2000년 브라질의 석유 수입 비용은 전년 대비 150퍼센트 증가했다. 중국의 경우 증가율은 250퍼센트였다.[61)] 많은 나라에서 석유 확보와 관련된 비용 증가로 국제개발원조의 혜택은 반감됐다. 석유 수입과 관련된 추가 비용은 중국과 태국 같은 나라에 해외 원조로 지급된 자금의 2.5배를 기록했다.[62)]

코피 아난 유엔 사무총장은 최근 대다수 개도국의 경우 몇 년 뒤 "고유가가 국제금리 상승으로 이어지면 부채 관련 비용이 크게 늘 것"이라고 경고했다.[63)] 세계 석유 생산이 아직 절정에 이르기도 전 제3세계의 부채는 위험 수위로 올라섰다. 1999년 말 11억 인구를 거느린 마흔일곱 개 국가의 대외 부채 규모는 4220억 달러였다. 이들 나라의 국민 1인당 평균 부채는 380달러로 1인당 국민총생산(GNP)과 맞먹는 수준이었다.[64)] 국민 1인당 국내총생산(GDP)이 885달러도 채 안 되는 그들 빈국에 더 치명적인 것은 신규 차관으로 끌어들인 1달러당 0.83달러가 과거 빚을 상환하는 데 쓰인다는 점이다. 따라서 경제 개발을 촉진하거나 생활 수준을 향상시킬 수 있을 만한 자금은 별로 남지 않게 된다.[65)] 인간적 차원에서 볼 때 부채 위기는 그야말로 가공할 정도다. 현재 빈국 가운데 많은 나라가 국내 세입보다 많은 돈을 기본 의료, 교육, 사회복지 사업이 아닌 대외 부채 상환에 쏟아 붓고 있다.[66)]

각종 세계 개발 포럼에서 세계화에 반대하는 시위자들이 제3세계의 부채 탕감 문제를 구호로 들고 나오는 것도 그리 놀랄 일은 아니다. 채권 기관들이 날로 늘어만 가는 제3세계 부채 일부를 탕감한다는 데 합의했다. 그러나 일부 탕감으로는 계속 악화하는 대다수 제3세계 국가의 경제적 곤경을 뒤바꿔 놓는 데 턱없이 부족하다는 비난이 일각에서 제기되고 있다.[67)] 제3세계 국가들이 해외 석유 및 가스 수입에 대한 의존으로부터 해방돼야 경제적 질곡에서 벗어나 국민들의 경제적 상황을 호전시킬 수 있다.

개도국들이 DGA를 설립해야 하는 것도 바로 그 때문이다. CSO, 협동조합, 소액 대출 기관, 지방정부는 분산전원 에너지망을 지속 가능한 자급 공동체 건설의 핵심 전략으로 간주해야 한다. 이런 점에서 '힘을 부여한다'는 표현에는 이중적 의미가 있다. 빈곤 국가의 주민들이 에너지, 특히 전기에 접근할 수 없다면 자기 운명도 스스로 통제할 수 없다. 의존과 절망의 순환 고리를 끊는 것, 정녕 '힘'을 부여받는 것은 에너지에 대한 접근과 통제로부터 시작된다.

수소 에너지 인프라 구축 차원에서 재정 및 물류 지원을 제공하라고 정부와 세계 차관 기관에 촉구해야 한다. 그에 못지않게 중요한 것은 분산전원 채택을 좀 더 용이하게 만들 수 있는 새로운 법이 시행돼야 한다는 점이다. 분산전원 운영자의 송전망 접근은 물론 에너지를 되팔거나 다른 서비스와 맞바꿀 수 있는 권리도 보장해야 한다.

화석 연료 시대와 더불어 고도로 중앙 집중화한 에너지 인프라, 그에 걸맞은 경제 인프라도 등장했다. 그러나 두 인프라는 다수에 대한 소수의 지배를 택했다. 지난 20세기 내내 가진 자와 못 가진 자, 전력에 접근이 가능한 자와 그렇지 못한 자 사이에서 날로 벌어져 온 격차가 화석 연료 에너지 체계의 본질로부터 비롯됐다고 말해도 과언은 아니다.

수소 시대의 문턱으로 들어선 지금 분산 에너지 인프라에 대해 상상해 볼 수 있을 것이다. 분산 에너지 인프라는 개인, 지역 사회, 국가들이 각기 독립된 가운데 상호 의존성에 대한 책임도 수용함으로써 에너지 민주화를 이룩할 수 있도록 뒷받침할 것이다.

1990년대 초반 인터넷 시대가 동틀 무렵, 정보와 통신에 대한 '보편적 접근'은 사회 운동가, 소비자, 시민, 대중 지도자들의 슬로건으로 등장했다. 수소 시대가 막 밝아 오기 시작하는 오늘날 에너지에 대한 보편적 접근 요구로 지속 가능한 지역 사회의 초석을 다지는 데 한몫해야 한다. 그럴 경우 과거와 전혀 다른 새 노선으로 권력의 세계화 재편에 나설 수 있을 것이다. 이번에는 권력이 가정에서 가정으로, 이웃에서 이웃으로, 지역 사회에서 지역 사회로 흘러 방대한 분산 에너지 인프라를 건설함으로써 자급과 상호 의존의 두 가치 모두 고양될 것이다.

세계의 모든 개인과 지역 사회들이 에너지 생산자로 탈바꿈할 경우 권력 형태에 극적 변화가 생길 것이다. 이제 권력이 위에서 아래로 흐르는 게 아니라 아래에서 위로 흐르게 되는 것이다. 지역 주민은 자신들로부터 멀리 떨어진 권력 핵심부에 덜 종속될 것이다. 지역 사회는 많은 상품과 서비스를 자체적으로 생산하고 자체 노동의 결실을 스스로 소비할 수 있을 것이다. 하지만 세계 전역으로 뻗어 있는 통신망과 에너지망을 통해 서로 이어지기 때문에 그들만의 독특한 상업적 기술, 산물, 서비스도 다른 지역 사회와 공유할 수 있게 된다. 이런 경제적 자급은 상거래에서 세계 상호 의존의 시발점이 된다. 게다가 이런 자급은 지역 주민들이 외부의 강한 세력에 굴복하고 의존했던 과거 식민 체계와 전혀 다른 경제적 실체다.

경제적으로 지속 가능한 지역 사회는 물질적 풍요로움 그 이상을 가능케 만든다. 지역 사회가 힘을 갖게 될 경우 인류의 풍요롭고 다양한 문화 보전에도 한몫한다. 경제적 자급은 주민들이 사회적 응집력을 유지하고 문화를 보전하는 데 필요한 물질적 안정까지 제공한다. 게다가 지금보다 규모가 큰 세계적 통신, 에너지 네트워크에 주민들이 동참하면서 지리적으로 동떨어진 집단에서 흔히 볼 수 있었던 외국인 혐오증은 사라지게 된다. 새로운 맥락 속에서 지역 문화는 수호해야 할 것이 적어지는 반면 세계와 공유해야 할 선물은 더 많아진다. 문화 교류는 더 활발해져 상거래처럼 강력한 인간 상호 작용의 한 표현이 될 것이다. 사회 자본은 시장 자본과 함께 넘쳐나고 정치 권력은 재계나 정계의 영역으로부터가 아니라 문화의 깊은 내면으로부터 비롯될 것이다.

사물의 새로운 틀 속에서 세계화는 모든 인간에게 부여되는 완벽한 권한과 함께 시작돼 가족, 지역 사회, 국가, 상업적 이해 관계로 이뤄진 네트워크, 그리고 결국 생물권 자체까지 스며든다. 지구의 혜택을 진정 공평하게 공유할 수 있는 조건 확립은 모든 이에게 권력이 재분배됨으로써 가능해진다. 이것이야말로 하의상달식 세계화 재편 정치학의 요체다.

안전에 대해 다시 생각하다

수소 경제와 더불어 존재의 사회학을 둘러싼 새로운 사고 방식이 등장할 것이다. 그것은 화석 연료 시대에도 마찬가지였다. 역사 전체를 통틀어 에너지 체계의 위대한 변화는 언제나 인간 존재의 가장 기본적인 범주에 대해 다시 생각하게 만들었다. 농경 사회와 산업 사회가 그랬듯 사냥 및 채집 문화 모두 각기 독특한 성격을 지니고 있었지만 정신만은 어느 정도 공유하고 있었다. 인간이 특정 에너지 형태를 획득하고 변화시키며 이용하는 방법은 개인과 집단의 안전에 대한 관념 속에도 각인된다. 야생 동식물, 경작물, 노예, 기계 연료로 사용된 석탄, 석유, 천연가스 등 에너지 형태가 무엇이든 상관없다.

중세 말기 기독교인들이 갖고 있던 안전에 대한 개념과 20세기 산업 자본주의 시대의 부르주아지가 지니고 있던 안전에 대한 개념을 한번 생각해 보자. 각기 다른 두 개념은 인간이 생존 차원에서 의존했던 에너지 체계의 판이한 두 본질에 대해 많은 것을 말해 준다.

중세 유럽은 제왕, 군주, 영주 등 지역 군벌들과 조화를 이루며 가톨릭 교회의 보호 아래 느슨한 체계로 짜여져 있었다. 중세 사회는 신의 위대한 창조를 그대로 옮겨 놓은 축소판으로 인식됐다. 최상층에 신이 자리 잡은 거대한 사닥다리나 사슬 형태로 하늘에서 내려온 것이다. 신 밑에는 신의 사자(使者)인 교황과 사제들이 있었다. 그 밑에 제왕, 영주, 기사, 농민, 소작인, 농노 등이 존재했다. 그리고 맨 밑에는 "땅 위의 모든 기어 다니는 생물"에 이르기까지 인간과 함께 창조된 피조물들이 놓여 있었다. 13세기 위대한 신학자 성(聖) 토마스 아퀴나스에 따르면 성스러운 사닥다리의 모든 단계마다 피조물이 자리 잡고 있었다. 그리고 모든 단계가 꽉 차 있어 신의 원대한 계획에 혁신, 깜짝 놀랄 일, 변화들이 들어설 여지라고는 전혀 없었다. 교회가 생각한 세계는 철저한 계급과 상호 의무를 관장하는 상세한 계율의 교리문답으로 촘촘히 짜여진 구조였다. 안전은 신이 정한 임무를 수행하고 자연적 계급 구조 안에서 맡은 역할과 책임까지 받아들이는 인간에게 달려 있었다. 중세의 인간은 그들에게 주어진 책임과 의무를 충실히 완수해야 이 세상에서 약간의 안전이 확보되고 내세에서 영생도 얻을 수 있었다.

중세의 틀 속에서 안전을 규정짓는 데 특히 중요했던 것이 땅이다. 땅은 인간이 신의 청지기로 복무하는 장소였다. 농업이 주된 에너지 체계였던 중세에 안전은 자연적으로 땅에서 비롯됐다. 무엇보다 유감스러운 것은 공간 개념이었다. 중세의 질서 속에서 인간이 땅에 속해 있었지 땅이 인간에 속해 있었던 것은 아니다. 안전은 조상 전래의 고향에 대한 소속감과 함께 이 세상에서 시작되는 종적인 문제였다. 인간은 조상 전래의 고향에서 태어나 저 세상으로 올라간 뒤 영생을 선사받았다.

안전 방정식을 근본적으로 바꿔 놓은 것이 석탄 경제다. 증기로 작동되는 기계들이 인간 노예와 동물들을 대신했다. 새로운 기계 노예는 '인간'으로 하여금 안녕이 신과 자연의 힘에 덜 좌우된다는 생각을 갖게 만들었다. 자율이 성스러운 평결을 점차 대체했다. 역사학자 아널드 토인비가 말한 '산업 혁명'을 통제하고 그것으로부터 득까지 본 이들에게는 적어도 그랬다.

석탄 경제는 인간 생활의 속도, 흐름, 밀도, 강도를 한층 드높이기도 했다. 중세에 집으로부터 하루 동안 걸어갈 수 있는 거리 너머로 나아가는 사람은 별로 없었다. 하지만 19세기 말 증기선이나 기차를 타고 며칠 만에 대양과 대륙까지 가로지르는 사람이 수백만 명이었다. 철로와 전신은 거리와 시간을 단축시키고 인간 생활에 '이동성'이라는 새로운 차원도 부여했다. 조상 전래의 땅과 봉건적 예속으로부터 벗어난 수백만 농민이 확대일로를 걷고 있던 부산한 도시로 이주했다. 도시에 유입된 농민들은 '자유 노동자'로 기계들과 함께 공장에서 일했다. 활력과 끊임없는 변화가 새로운 도시 시대의 특징으로 점차 자리 잡았다. 혁신은 산업 경제의 특징으로 등장했다. '전위'를 의미하는 근대화란 새로운 아이디어, 풍조, 생활 양식을 끊임없이 실험하는 것이었다. 신세대는 기성 세대를 '구닥다리'라고 몰아세웠다.

자립에 대한 점증하는 의식과 빨라진 생활 속도가 새 시대의 특징으로 자리 잡으면서 안전을 둘러싼 개념 역시 바뀌었다. 현세에서 땅에 예속되고 내세에서 구원받는다는 중세의 안전관은 자율과 이동성으로부터 비롯한 새 개념으로 서서히 대체됐다. 자율과 이동성이라는 두 가치는 모든 산업 국가에서 신흥 부르주아 계급의 주요 덕목으로 자리 잡게 된다.

자율은 자유와 동의어가 됐다. 자율이란 자신의 운명을 스스로 통제하며 남에게 의존하지 않는 것이었다. 자율 획득에서 핵심은 부(富)의 축적이었다. 정부의 새 역할은 시장을 보호하고 확대해 모든 이에게 축재권(蓄財權)도 보장해 주는 것이었다. 그럼으로써 누구든 자율을 획득하고 정녕 자유로울 수 있게 됐다.

새 시대에 이동성이란 안전한 여행 그 이상을 의미했다. 이동성을 갖춘다는 것은 언제나 새로운 선택과 대안이 있다는 뜻이었다. 자율이 자유와 동의어가 됐듯 이동성은 기회와 같은 뜻으로 통했다. 화석 연료 시대는 인간을 농경 시대의 느린 계절적 리듬으로부터, 자연의 구속력과 성스러운 개입에 대한 의존으로부터 해방시켰다. 근대성으로 돌아서는 이들에게는 한결같이 프로메테우스의 정신이 주어졌다. 자율과 이동성으로 무장한 인간은 작은 신이 돼 속세에서 자신만의 조그만 낙원을 확보할 수 있었다.

안전에 대한 의식이 자율 및 이동성과 밀접히 연결돼 있던 20세기, 중산층은 '자동차'라는 궁극적 애정 대상을 발견했다. 가솔린으로 움직이는 자동차는 단숨에 자율과 이동성의 완벽한 개념을 제공했다. 자동차가 20세기의 핵심 메타포이자 산업 경제의 중심으로 급부상한 것도 그릴 놀랄 일은 아니다. 자동차 왕 헨리 포드는 자동차를 "바퀴 달린 거실"로 간주해야 한다고 말했다. 운전석에 앉아 핸들을 잡고 액셀러레이터를 밟는 첫 순간 자유와 기회가 물 밀 듯 밀려오는 것 같지 않은가. 자동차를 끌고 거리로 나서면 자율과 이동성뿐 아니라 안전까지 느끼게 된다. 그 모든 것은 화석 연료의 이용 때문에 가능하다.

안전에 대한 근대적 사고 방식은 개인뿐 아니라 국가에도 하나의 틀을 제공했다. 1882년 독일인 지리학 교수 프리드리히 라첼이 처음 소개한 새로운 '과학' 지정학은 새로운 부르주아적 감성을 거꾸로 반영한 것이었다.[68] 라첼은 종의 기원과 진화에 대한 찰스 다윈의 이론을 많이 원용했다. 그는 부족한 공간과 자원을 두고 벌어지는 치열한 생물학적 경쟁에 대해 강조했다. 민족국가가 상업적 기회와 군사적 통치를 확대하려 드는 것에 대해서는 민족국가의 생물학적 운명일 뿐이라고 주장했다. 민족은 끊임없는 영역 확장으로 자율을 확보하려 든다. 민족의 성공 여부는 이동성에 달려 있다. 라첼은 대양을 장악해야 이동성이 극대화할 수 있다고 생각했다. 그는 독일이 "세계적 임무를 완수하려면 해상 강국으로

떠올라야 한다."고 주장했다.[69]

영국인 지리학자 핼퍼드 매킨더 경은 어떤 나라든 지표면 가운데 9/20나 차지하는 대양을 장악할 경우 외부 침략으로부터 스스로 방어하는 데 필요한 이동성뿐 아니라 팽창 계획도 확보할 수 있다며 라첼의 의견에 동의했다. 2차 대전 이후 지정학자들은 사고 대상에 상공의 이동성까지 포함시켰다.[70]

새로운 지정학 설계자들은 곧 석탄, 석유, 철, 기타 광물의 중요성을 강조했다. 그것들이 없었다면 근대전은 상상할 수 없었으며 산업 시대의 생활 방식도 진전되지 못했을 것이다. 20세기 초반 대표적 지정학자 가운데 한 사람이었던 니콜라스 스파이크맨은 대외 정책 입안에서 중요한 요소 중 하나가 천연자원 장악이라고 쓴 바 있다.[71] 앞서 살펴봤듯 두 차례 대전을 치르는 동안 양 진영의 정치 및 군사 지도자들은 석유 등 필수 자원 확보가 자율, 이동성, 승리에 얼마나 중요한지 절실히 깨닫게 됐다.

안전과 지정학을 둘러싼 근대적 개념은 직선형 시간, 팽창하는 공간 세계에 부합하는 것이었다. 시공간적 마당은 여전히 넓어 자율과 이동성을 중시하는 게 정당화될 수 있었다.

첨단 기술 덕에 광속(光速)으로 대화하고 상거래와 사회 생활도 광속으로 영위해 나아가는 지금 모든 것이 거의 동시에 이뤄지며 지리적 거리마저 거의 사라지고 있다. 지구는 만남의 장소다운 의미를 다소 잃은 대신 떼려야 뗄 수 없는 하나의 실재라는 특성을 더해 가고 있다. 새로운 현실이 그야말로 처음 현실화한 것은 1945년의 일이다. 당시 미군은 일본의 나가사키(長崎)와 히로시마(廣島)에 원폭을 투하했다. 인류에게는 스스로를 파괴시킬 수 있는 힘이 있었던 것이다. 사람들은 사상 처음 모든 이의 안전이 공동으로 확보되지 않을 경우 사라지고 말 한 세상에 함께 살고 있다는 것을 깨닫게 됐다. 핵무기가 등장한 판에 개인이나 국가의 자율을 어떻게든 확보할 수 있다는 생각은 이상하고 순진하기 이를 데 없는 것처럼 느껴졌다.

1960년대 우주에서 처음 촬영한 지구 사진들이 안전에 대한 생각을 바꿔 놓는 데 한몫했다. 거대한 우주 어딘가에 있는 작은 별 주위를 공전 중인 '작은 공' 지구에서 함께 사는 인간들의 모습이 보였다. 자율은 일대다(一對多)를 전제로 하고 이동성은 광활한 공간을 전제로 한다. 그러나 우주에서 바라본 지구의 새 모습은 인간에게 매우 좁은 지구라는 공동체밖에 없음을 시사하고 있었다.

인간으로 하여금 안전에 대한 기존 개념을 다시 생각하게 만든 가장 강력한 새 계기는 화석 연료 연소에서 비롯된 지구 기온 상승이다. 인간은 화석 연료 시대 중 상당 기간 동안 지구 생태계를 상업적 계약 영역으로 몰아넣었다. 그 결과 자율과 이동성에 대한 개인적, 집단적 개념을 향상시킬 수 있었다. 현재 지구는 인류를 이미 써 버린 에너지 안으로 몰아 대고 있다. 이미 써 버린 에너지, 다시 말해 엔트로피는 인류가 근대부터 필사적으로 추구해 온 자율과 이동성 모두를 서서히 손상시키고 있다.

인간은 지금 이론상 인류 전체와 다른 피조물들을 단일 존재망으로 연결할 수 있는 새로운 과학적, 기술적, 상업적 혁명에 맞닥뜨려 있다. 그러나 안전에 대한 개념은 모든 유기체가 이동성을 극대화하고 자율을 확보하는 데만 골몰한 서로 동떨어진 섬이라는 협의의 다원주의 시대로부터 아직 벗어나지 못하고 있다.

비디오 게임, 컴퓨터, 휴대용정보단말기(PDA), 휴대폰과 더불어 성장하는 가운데 인터넷, 월드 와이드 웹에서 정보를 공유하며 사는 첫 세대가 등장했다. 그들은 안전에 대한 관념을 지금과 전혀 다르게 발전시킬지 모른다. 그들 닷컴 세대에게 부모 세대의 안전 개념에 영향을 미친 자율이 인터넷으로 서로 연결된 세상에서 자신들 욕구와 전혀 무관하지는 않지만 미심쩍은 것임은 분명하다. 이전 세대들은 자유를 자율과 배타성이라는 말로 정의했지만 웹 세대는 기성 세대와 전혀 다른 기술 환경 속에서 성장했다. 웹 세대가 경험한 기술 환경에서 자율은 고립과 죽음으로 간주되며 자유는 다양한 관계 속에 포함될 수 있는 권리로 여겨지는 듯하다. 웹 세대의 정체성은 그들을 서로 연결한 네트워크와 깊은 관계가 있다. 웹 세대에게 시간은 동시 발생적이며 물리적 거리는 별 문제될 게 없다. 그들은 모든 것을 포함하려 드는 전지구적 전자 기반 중추 신경계를 통해 점차 다른 사람 또는 사물과 연결되고 있다. 게다가 그들은 하루가 다르게 지금보다 큰 사회 유기체에 점점 깊이 빠져든다. 그들의 사회 유기체에서 자율 개념은 사리에 별로 맞지 않으며 무한한 이동성은 모든 이를 끈끈하게 한데 묶는 순수 밀도와 상호 작용으로 정의된다.

화석 연료 에너지 체계, 산업 시대의 생활 방식과 나란히 등장한 종적 상거래 네트워크는 근대의 안전 개념에 따라 설계된 것이다. 탄화수소 시대 막바지 단계로 접어든 지금 세계 경제에 군림하고 있는 기업들은 한층 높은 자율과 이동성을 추구할 때 비로소 제도적 안전이 가장 나아진다는 사고 방식의 산물이다.

현재 세계적 통신망과 미래의 HEW가 상업 활동 재조직을 가능케 만들고 있다. 분산 명령 및 통제 메커니즘과 민주적 통신 및 에너지 활용 가능성의 새 시대에, 모든 이가 광속으로 다른 사람 또는 사물과 다양한 참여 네트워크로 점차 연결되는 새 시대에, 우리는 안전 개념을 다시 생각해 볼 수 있을 것이다.

지정학에서 생물권 정치학으로

지구는 과연 어떻게 기능할까. 이와 관련해 새로 밝혀진 과학적 사실들이 수소 시대의 안전 문제를 다시 생각할 수 있는 단일 틀까지 제공한다. 지구를 '살아 있는 유기체'로 처음 간주한 과학자는 러시아인 블라디미르 베르나드스키다. 1926년 베르나드스키는 저서 『생물권』에서 지구화학적, 생물학적 과정이 공생 관계로 함께 진화한다는 가설을 내세웠다. 그의 가설은 지구화학적 과정이 먼저 진화한 뒤 살아 있는 유기체가 등장할 수 있는 대기 환경을 조성한다고 주장한 다윈의 이론에 배치된다. 베르나드스키는 지구의 비활성 물질 순환이 생명체의 질과 양에 영향받으며 생명체 역시 지구 전역에서 순환되는 비활성 화학 물질들의 질과 양에 영향받는다고 생각했다.[72]

생물권은 깊은 바닷속으로부터 성층권계면(成層圈界面)에 이르는 48-80킬로미터의 얇은 덮개다. 이런 좁은 띠 안에서 생명체와 지구화학적 과정이 생명을 유지하기 위해 서로 작용한다는 것이다.

1970년대 영국인 과학자 제임스 러블록과 미국인 생물학자 린 마걸리스는 가이아 가설로 베르나드스키의 주제를 상설하고 부연

했다. 러블록과 마걸리스는 지구가 살아 있는 자율 유기체처럼 기능한다고 주장했다. 특정 지역의 모든 생물 종, 다시 말해 생물상(生物相)과 대기 중 지구화학적 성분이 지구 기후를 생명체에 유리한 안정 상태로 유지하기 위해 공생 관계 속에서 움직인다는 것이다.

러블록은 생명체와 지구화학 성분 순환의 인공두뇌학적 과정이 지구 기후 체계를 균형 있게 유지하기 위해 어떻게 전개되는지 보여 주는 가장 좋은 예가 산소와 메탄의 조화라고 말했다. 그는 지구의 산소 수준이 최소한도로 유지돼야 한다고 지적했다. 지구에서 산소 수준이 1퍼센트만 증가해도 화재 발생 가능성은 70퍼센트 높아진다. 4퍼센트 증가할 경우 지구 전체가 화염에 휩싸여 지표면의 모든 생명체는 완전히 파괴될 것이다.[73] 산소 생산은 광합성 작용에 의해 유지된다. 식물 세포 내의 엽록체는 태양 에너지를 화학 에너지로 변환해 식물 생장에 이용한다. 그 과정에서 이산화탄소와 물이 산소로 바뀐다. 동물은 산소로 생명을 유지하고 호흡 과정에서 이산화탄소가 대기 중으로 방출된다. 이어 많은 이산화탄소가 자연을 거쳐 다시 순환하는 과정이 되풀이된다.

과학자들은 산소와 이산화탄소 순환이 서로 어떻게 작용하는지 알고 있었다. 하지만 태양 에너지와 지구 생명체의 종류와 수에 큰 변화가 생김에도 불구하고 산소 수준이 어떻게 고정되는지 전혀 밝혀 내지 못했다. 산소 수준이 21퍼센트에 머무는 이유를 이해하기 위해서는 산소가 다른 대기 가스들과 어떻게 상호 작용하는지부터 알아야 한다. 러블록은 부분적으로나마 그 과정에 대해 설명하고자 메탄을 이용했다.[74]

메탄이 죽은 식물 등 유기물 발효로 생산되는 생물학적 부산물임을 알게 된 것은 30년 전의 일이다. 반추동물, 흰개미, 늪 바닥 이토(泥土) 속에 살고 있는 미생물은 연간 10억 톤 이상의 메탄을 생산한다.[75] 미생물이 생산한 메탄은 대기 중으로 방출돼 일종의 조정자로서 대기에 산소를 첨가하고 대기에서 산소를 빼앗기도 한다. 메탄이 성층권에 이르면 산화해 이산화탄소와 수증기로 분리된다. 이때 물은 다시 산소와 수소로 나뉜다. 산소는 지표면에 내려오는 반면 수소는 대기권 밖으로 빠져나간다. 메탄은 대기권 상층부의 기존 산소 수준을 높일 수 있다. 대기권 하층부에서 메탄이 산화하면서 산소를 소비한다. 이때 소비되는 산소가 연간 1000메가톤에 이른다. 러블록은 "'겨우' 2만 4000년 동안 메탄이 생산되지 않는 상황에서 산소 농도가 '자그마치' 1퍼센트 짙어진다면 이는 매우 위험한 변화이며 지질학적 시간으로 볼 때 급변"이라고 지적했다.[76]

러블록과 마걸리스는 대기 중 산소 수준이 한계에서 벗어날 경우 모종의 경고 신호가 미생물에 의한 메탄 생산을 촉발하는 것으로 믿고 있다. 이렇게 증가한 메탄은 대기 중으로 방출돼 산소 농도를 안정 상태까지 낮춘다. 생물체와 지구화학 성분의 끊임없는 상호 작용, 피드백, 주기는 유기적으로 움직이며 지구의 기후와 환경을 유지하고 생명까지 보전한다.

> 바다, 호수, 연못 바닥 이토 속에 살고 있는 이들 혐기성(嫌氣性) 미생물의 도움이 없다면 (……) 대기 중 산소 농도는 대재앙을 불러일으킬 만큼 엄청나게 진해지고 그 결과 이토 속의 미생물은

물론 지상의 생명체도 살아남을 수 없을 것이다.[77]

생물권 구성 요소 가운데 상당수가 생명체에서 비롯되거나 생명체에 의해 조절된다. 러블록은 대기 중 산소와 질소가 식물 및 미생물로부터 직접 생산된다고 지적했다. 백악(白堊)과 석회암은 과거 존재했던 해양 동물들의 껍데기나 뼈로 이뤄진 것이다. 산호초와 많은 섬은 무수한 미세 동물들의 무덤에 불과하다. 러블록은 이런저런 예를 들어 가며 생명이 "과거 화학적, 물리학적 작용에 의해 안정적으로 결정된 비활성 물질 세계로 단순히 덧붙여지는 것은 아니다."라고 지적했다. 그에 따르면 "암석과 대기의 진화, 생물상의 진화는 떼려야 뗄 수 없는 관계다."[78]

그렇다면 지구는 살아 있는 생명체, 스스로를 생명 지속에 도움이 되는 안정 상태로 유지하는 자율 유기체라고 말할 수 있다. 가이아 가설에 따르면 개별 생명체의 적응과 진화는 그보다 더 큰 과정인 지구 자체의 적응과 진화 가운데 일부다. 지구의 적응 및 진화 과정은 모든 생명체와 지구화학적 과정의 끊임없는 공생 관계로 지구라는 유기체에서, 지구 생물권에서 살고 있는 개별 종들의 생존을 책임진다.

많은 과학자가 가이아 논쟁에 뛰어들어 러블록과 마걸리스의 이론을 가다듬고 보완하고 확대했다. 지난 20여 년 동안 지구가 살아 있는 유기체로 기능한다는 가설은 생물학 및 화학과 지질학의 관계를 재고하는 결정적 출발점이 됐다.

사실 지구가 살아 있는 유기체라면 그 유기체의 생화학적 작용을 방해하는 인간 활동으로 인간과 생물권 전체가 크게 영향받을 수 있다. 세계적으로 벌어지고 있는 인간 활동 가운데 가장 좋은 예가 화석 연료 에너지의 대량 소비다. 화석 연료 연소로 지구 기후에 급격한 변화가 예상되는 데다 모든 생명체를 떠받치는 생물권도 위태롭게 흔들리고 있다.

지구가 살아 있는 유기체로 기능한다는 것을 비로소 알게 된 우리는 안전의 개념에 대해 다시 생각하지 않을 수 없다. 모든 인간, 종이 생명을 지속시키는 지구과학과 다양하고 복잡하게 얽혀 있다면 우리 각자, 그리고 모두 전체 유기체의 건강에 대해 책임져야 할 것이다. 책임진다는 것은 우리가 지역 사회에서 생물권의 보편적 안녕을 증진시키는 방식으로 살아가야 한다는 뜻이다.

프랑스의 과학자 르네 뒤보스는 "세계적으로 생각하되 국지적으로 행동하라."고 촉구했다. 우리는 인터넷 덕에 전자 기반 '중추 신경계'로 생물권 내에서 모든 사람, 모든 사물과 연결돼 인류사상 처음 진짜 세계적으로 생각하고 국지적으로 행동할 수 있게 됐다. 게다가 HEW 덕에 지구 온난화 가스가 전혀 배출되지 않는 새로운 에너지 체계로 에너지를 분산하고 민주화함으로써 모든 인간이 작고 쾌적한 지역 사회에서 살며 생물권에도 스트레스를 덜 줄 수 있게 됐다. 농어촌 주민이 인구 수백만에 이르는 거대 도시로 마구 밀려드는 현상은 화석 연료 시대의 사회적 특성이다. 열역학적 관점에서 볼 때 그런 현상은 바람직하지 못하다. 수소 에너지는 도처에 널려 있다. 연료전지 발전소를 어디든 설치해 광범위한 에너지망으로 서로 연결할 수 있다. 석유 시대의 종적인 중앙 집중식 구조를 비켜갈 수 있다는 말이다. 수소 경제에서는 생태학적으로 좀 더 지속 가능한 방식에 따라 상공업 활동이 확산되면서 거주 지역의 밀도가 균형을 이루게 될 것이다.

수소의 보편성은 물론 분산전원 기술의 가벼움, 유연성, 저렴한 가격으로 볼 때 결국 기존 정치 제도와 정치적 경계에 대해 재고해야 하는 게 아니냐는 의문을 갖지 않을 수 없다. 민족국가는 화석 연료 시대의 독특한 산물이었다. 석탄을 연료로 한 기차와 전신 서비스가 선보이면서 광범위한 지역의 상거래 및 사회 활동이 서로 연결됐다. 그 결과 광활한 지역을 통치할 수 있는 '규모의 정치', 다시 말해 민족국가가 탄생한 것이다. 그러나 불행히도 정치적 경계선을 다시 그어 민족국가로 나눈 것은 생태계의 역동성과 무관했다. 주민들이 지속 가능한 방식으로 살아가기 힘들었던 것도 바로 그 때문이다.

탈(脫)중앙화, 민주화한 에너지망이 갖춰진 수소 경제에서 많은 지구 생화학적 공동체의 정주 양태를 반영해 생물, 생태, 지질 지역에 따라 인간의 정주 양태도 확립할 수 있을 것이다. 인간 공동체를 생물 공동체로 편입시킬 경우 지구의 건강 및 안녕과 떼려야 뗄 수 없는 심오하고 새로운 안전 개념이 탄생하게 된다.

우리는 지구의 다양한 생리학이 집약된 경제, 사회 구조를 창출함으로써 본질상 생명에 긍정적인 세계로 나아갈 수 있다. 오랫동안 군림해 온 잔인한 지정학에 결국 종지부를 찍고 생물권 정치학으로 영구히 대체하기 위한 새로운 순례길로 나설 수 있다.

❖

특정 세대에 인간 상호 관계와 주변 세계를 재정비할 수 있는 기회가 주어진 경우는 매우 드물다. 지금이 바로 그런 때다. 우리에게는 태양 에너지가 있다. 수소는 인류의 미래를 보장하는 약속어음이다. 그 약속이 실패한 모험이나 잃어 버린 기회로 무효화되느냐, 아니면 인류와 모든 생물종을 위해 지혜롭게 활용되느냐는 전적으로 우리에게 달려 있다.

감사의 말

먼저 자료 조사를 맡아 준 로링 캐터월라에게 감사한다. 캐터월라는 이 책의 주제를 꿰뚫고 비상한 능력으로 찾아내기 힘든 정보까지 발굴하여 집필에 큰 도움이 되곤 했다. 특히 석유 산업에 대한 그녀의 조사 능력은 가위 일품이었다. 여러 사건, 인물, 통계자료를 다루면서 세세한 부분까지 일일이 신경 써 준 그녀의 노고는 값으로 따질 수 없는 것이었다. 필자는 그녀의 열정과 헌신 덕에 즐거운 마음으로 이 책을 집필할 수 있었다.

콜린 J. 캠벨, 장 라에레르, 버즈 아이반호, 짐 매켄지, 존 에드워즈, 리처드 덩컨, 조엘 스워셔, 세스 던, 브렛 윌리엄스는 필자에게 유익한 아이디어를 제공한 데다 초고의 많은 부분에 대해 과학적, 기술적 비평도 아끼지 않았다. 그들의 비평과 아이디어 상당수가 퇴고 과정에 반영됐다.

초고를 읽고 조언해 준 테드 하워드, 데이비드 헬바그, 마티 테이텔에게도 감사한다.

집필 기간 동안 몇 시간이고 필자와 대화하며 필자의 막연한 구상이 구체화하는 데 큰 도움을 준 가족에게도 감사하지 않을 수 없다.

초고 편집은 물론 해외 출판 섭외에서 탁월한 역량을 보인 스테파니 우드하우스에게 감사한다.

최종 편집을 맡은 알렉시아 로빈슨, 조사 자료 취합에 도움을 준 클라라 맥에게도 감사한다. 슈레이아 램바, 키어 렝 츠아워, 다라 사난다지, 브렛 윌슨, 팻 고튼, 니콜 루소, 팀 에멧, 재릿 카사니티도 감사의 대상에서 빼 놓을 수 없는 사람들이다.

집필 구상에 큰 도움이 된 타처/퍼트넘 출판사의 조엘 포티노스, 케이시 폭스, 켄 시먼에게도 심심한 감사를 표하고 싶다. 독특한 출판 포럼으로 필자의 아이디어를 공유할 수 있도록 배려해 준 오랜 친구 제러미 타처에게 감사한다. 그는 필자의 집필 작업에 오랫동안 관심을 기울였다. 필자는 지난 수년 동안 타처 덕에 많은 독자를 확보할 수 있었다. 그에게 거듭 고맙다는 말을 전하고 싶다.

이 책이 탄생하기까지 줄곧 필자와 머리를 맞댄 타처/퍼트넘 출판사의 미츠 호로위츠 주간에게도 심심한 사의를 표한다. 호로위츠와 필자는 수개월에 걸쳐 세세한 부분까지 일일이 검토해 나아갔다. 편집 과정에서 그가 제시한 아이디어는 이 책의 방향을 결정짓는 데 큰 도움이 됐다. 독자는 그의 땀이 이 책 이곳저곳에 배어 있음을 느끼게 될 것이다.

주(註)

1 두 개의 현실 사이에서

1) 제러미 리프킨, 『노동의 종말 *The End of Work*』(New York: Tarcher/Putnam, 1995년).
2) 리프킨, 『바이오테크 시대 *The Biotech Century*』(New York: Tarcher/Putnam, 1998년).
3) 리프킨, 『소유의 종말 *The Age of Access*』(New York: Tarcher/Putnam, 2000년).
4) 대니얼 L. 올브리튼 외, 「2001년 기후 변화」, IPPC, 2001년, 13쪽, www.earth.usgcrp.gov/ipcc/wg1spm.pdf.
5) 피터 호프먼, 『영구 연료 *The Forever Fuel: The Story of Hydrogen*』(Boulder, CO : Westview Press, 1981년).

2 미끄러지는 허버트의 종형 곡선

1) 에드 크룩스, 데이비드 버컨, 「엉터리 계산법」, 《파이낸셜 타임스》, 2002년 3월 16-17일자.
2) 콜린 J. 캠벨, 장 H. 라에레르, 「값싼 석유의 종말」, 《사이언티픽 아메리칸》, 1998년 3월호, 80쪽. L. F. 아이반호, 「또 다른 오일 쇼크에 대비하라!」, 《퓨처리스트》, 1997년 1-2월호, 23쪽. 크레이그 B. 해트필드, 「석유 공급 증가, 얼마나 지속될 수 있을까」, 《허버트 센터 뉴스레터》, 2001년 8월 21일자,

www.hubbert.mines.edu/news/v97n4/mkh-news5.html. 제임스 J. 매켄지, 「유한 자원, 석유」, 2000년 3월, www.wri.org/wri/climate/jm_oil_000.html. 하워드 뱅크스, 「값싼 석유, 고갈될 때까지 맘껏 써라!」, 《포브스》, 1998년 6월 15일자, 86쪽.

3) 캠벨, 「석유 생성 및 고갈 예측에 관한 입문」, 1998년 3월 31일, www.oilcrisis.com/cambell/guide.htm.

4) 「석유: 원유의 원천」, 온라인 브리태니카 백과사전.

5) 캠벨, 「석유 생성 및 고갈 예측에 관한 입문」.

6) 캠벨(2002년 2월 27일), 라에레르(2002년 2월 22일)와 직접 회견.

7) 아이반호, 「미래의 석유 공급」, 《월드 오일》, 1995년 10월호, www.users.knsi.com/~tbender/ivanhoe.html.

8) 아이반호, 같은 글. 월터 영퀴스트, 『지구의 운명 *GeoDestinies: The Inevitable Control of Earth Resources over Nations and Individuals*』(Portland, OR : National Book Company, 1997년), 167쪽.

9) 라에레르, 「세계 석유 매장량, 도대체 어떤 자료를 믿어야 하는가」, 《OPEC 회보》, 1995년 2월호, 9-13쪽.

10) 영퀴스트, 앞의 책, 171쪽.

11) 같은 쪽.

12) 캠벨과 직접 회견(2002년 2월 27일). 영국 런던 소재 석유고갈분석연구소(ODAC)의 연구 모델이 2002년 발표됐다.

13) 캠벨과 직접 회견(2002년 2월 27일). 《월드 오일》과 《오일 앤드 가스 저널》에 실린 미국의 석유 매장량 통계치는 근본적으로 동일하다. 《월드 오일》은 미국에 아직 남아 있는 매장량을 210억 3300만 배럴, 《오일 앤드 가스 저널》은 220억 500만 배럴로 발표했다. 그러나 《월드 오일》과 《오일 앤드 가스 저널》에 게재된 것은 각국 정부가 제공한 공식 수치일 뿐이다. 사우디아라비아의 경우 《월드 오일》은 남은 매장량을 2630억 배럴로 잡고 있는 반면 《오일 앤드 가스 저널》은 2592억 5000만 배럴로 발표했다. 두 수치 모두 캠벨이 산정한 것과 엄청난 차이를 보인다. 「1999-2000년 세계 석유 매장량 추정치」, 《월드 오일》, 2001년 8월, 통권 222호 참조. 《오일 앤드 가스 저널》, 2001년 12월 24일자, 126-127쪽 참조.

14) 라에레르, 「세계 석유 매장량, 도대체 어떤 자료를 믿어야 하는가」.

15) 캠벨과 직접 회견(2002년 2월 27일). ODAC의 연구 모델이 2002년 발표됐다. 「장기적인 세계 석유 공급」, 미 에너지부 산하 에너지정보국(EIA), 2001년.

16) 같은 글.

17) 캠벨, 라에레르, 「값싼 석유의 종말」, 79쪽.

18) 같은 글, 80쪽.
19) 같은 쪽.
20) 뱅크스, 「값싼 석유, 고갈될 때까지 맘껏 써라!」, 84쪽.
21) 캠벨, 라에레르, 「값싼 석유의 종말」, 80쪽.
22) 캠벨, 「석유 생산의 절정」, 독일 클라우스탈 공대 강연, 2000년 12월, www.oilcrisis.com/de/lecture.html.
23) 「최종적으로 회수 가능한 석유」, 『유한 자원, 석유』, 세계자원연구소(WRI), www.wri.org/wri/climate/finitoil/oil-eur.html. 매켄지, 「유한 자원, 석유」.
24) 캠벨, 라에레르, 「값싼 석유의 종말」, 80쪽.
25) 아이반호, 「또 다른 오일 쇼크에 대비하라!」, 22쪽.
26) 캠벨, 라에레르, 「값싼 석유의 종말」, 80쪽. 캠벨, 「석유 생산의 절정」.
27) 아이반호, 「또 다른 오일 쇼크에 대비하라!」, 20쪽.
28) 「최종적으로 회수 가능한 석유」.
29) 같은 글.
30) 아이반호, 「미래의 석유 공급」. 캠벨, 「석유 생성 및 고갈 예측에 관한 입문」. 아이반호(2002년 3월 4일), 캠벨(2002년 3월 15일), 라에레르(2002년 2월 22일)와 직접 회견.
31) 캠벨, 「다가올 유가 파동」, 《에너지 탐사 및 개발》, Vol. 13, No. 1, 1995년, 36쪽.
32) 찰스 D. 매스터스 외, 「세계 석유 매장량에 대한 산정과 분석」, 『제14차 세계석유회의(WPC) 의사록 *Proceedings of the 14th World Petroleum Congress*』(John Wiley & Sons, 1994년), 537쪽. 「최종적으로 회수 가능한 석유」.
33) 라에레르와 직접 회견(2002년 2월 22일).
34) 라에레르와 직접 회견(2002년 2월 22일). 지질학자들 사이의 산정치는 약간씩 다르다. 일례로 미국 콜로라도 대학교의 존 D. 에드워즈는 연간 생산되는 원유량이 250억 배럴인 반면 심해를 포함해 해마다 발견되는 회수 가능한 석유는 70억 배럴로 생산량 대 발견량의 비율이 3.5 대 1이다. 에드워즈와 직접 회견(2002년 3월 14일).
35) 「북해산 석유 생산, 2002년 말 최고조 기록할 듯」, 《주간 석유 정보》, 2002년 2월 4일자, 4쪽.
36) 캠벨, 라에레르, 「값싼 석유의 종말」, 82쪽.
37) 아이반호, 「미래의 석유 공급」.
38) 커틀러 J. 클리블랜드, 로버트 K. 카우프만, 「부시 정부의 석유 정책이 실패할 수밖에 없는 이유」, 2001년 10월 5일, www.oilanalytics.org. 「북극권 국립 야생 생물 보호 지역(ANWR) 연안의 석유 생산량 추정치」, EIA, 2000년 5월.

「1998년 ANWR 1002 구역의 예상 석유 매장량과 경제적 분석」, 미국 지질조사연구소(USGS), 2001년 4월.
39) 뱅크스, 「값싼 석유, 고갈될 때까지 맘껏 써라!」, 84쪽.
40) 같은 쪽.
41) 「1950-2050년 연간 추정 세계 인구」, 미 인구통계국 국제데이터베이스(IDB), 2000년 5월 10일.
42) 영퀴스트, 앞의 책, 198쪽.
43) 조지프 롬, 찰스 B. 커티스, 「중동 석유는 영원한가」, 《애틀랜틱 먼슬리》, 1996년 4월호, 57-73쪽에서 인용. EIA에 따르면 2000년 세계 석유 수요량은 하루 7447만-7662만 배럴이었다. 「1997-2001년 세계 석유 수요」, EIA, www.eia.doc.gov/emeu/ispr/t24/txt 참조.
44) 에드워드 카, 「에너지」, 《이코노미스트》, 1994년 6월 18일자, 3-18쪽.
45) 「세계 석유 시장」, 『2001년 세계 에너지 전망 *International Energy Outlook 2001*』, EIA. 리처드 리즈, 「석유와 미래」, 1997년 5월 31일, 26쪽, www.unipri.it/~deyoung/oil_and_the_future.html. 세스 보렌스테인, 「석유는 충분하지만 찾아내는 데 드는 비용은 만만치 않을 것」, 《애크런 비컨 저널》, 2000년 9월 26일, www.ohio.com/bj/business/2000/September/26/docs/028918.html.
46) 영퀴스트, 앞의 책, 204쪽. 「장기적인 세계 석유 공급」, EIA, 2001년.
47) 「EUR」, WRI. 「2000년 USGS의 석유 매장량 추산치」, USGS 세계 에너지 매장량 산출팀.
48) 에드워즈, 「21세기의 에너지」, 콜로라도 대학교 지질학과 에너지광물응용연구소(EMARC), 2001년 4월. 에드워즈와 직접 회견(2002년 3월 14일).
49) 같은 글.
50) 매켄지, 「유한 자원, 석유」.
51) M. 킹 허버트, 「지구의 에너지 자원」, 《사이언티픽 아메리칸》, 1971년 9월호, 60-70쪽. 허버트의 종형 곡선에 대해 좀 더 자세한 정보를 알고 싶은 독자는 아이반호가 설립한 콜로라도 광업대학교 M. 킹 허버트 석유 공급연구소로 문의할 것. www.hubbert.mines.com.
52) 캠벨, 라에레르, 「값싼 석유의 종말」, 80쪽.
53) 영퀴스트, 앞의 책, 203쪽.
54) 캠벨, 라에레르, 「값싼 석유의 종말」, 80쪽.
55) 아이반호와 직접 회견(2002년 3월 4일).
56) 아이반호, 「또 다른 오일 쇼크에 대비하라!」, 23쪽.
57) 해트필드, 「석유 공급 증가, 얼마나 지속될 수 있을까」.

58) 같은 글.
59) 매켄지, 「유한 자원, 석유」.
60) 뱅크스, 「값싼 석유, 고갈될 때까지 맘껏 써라!」, 84쪽.
61) 케니스 S. 디페이예스, 『허버트의 정점 *Hubbert's Peak: The Impending World Oil Shortage*』(Princeton, NJ.: Princeton University Press, 2001년), 146, 149쪽.
62) 같은 책, 149쪽.
63) 같은 쪽.
64) 「화석 연료 사용과 함께 탄소 방출량 계속 증가할 듯, 국제에너지기구(IEA), 기후 변화 방지법 여럿 제시」, IEA 보도자료, 2000년 11월 21일자. 「세계 에너지 전망」, IEA, 1998년.
65) 로저 N. 앤더슨, 「21세기의 석유 생산」, 《사이언티픽 아메리칸》, 통권 278호, 1998년 3월호, 86-91쪽. 마이클 C. 린치, 「'값싼 석유의 종말'을 둘러싼 논쟁 종식」, www.sepwww.stanford.edu/sep/jon/world-oil.dir/lynch2.html.
66) 매켄지, 「유한 자원, 석유」. 「2000년 USGS의 석유 매장량 추산치」, USGS 세계 에너지 매장량 산출팀.
67) 캠벨, 「길조인가 흉조인가」, 《페트롤리엄 이코노미스트》, 1995년 10월호.
68) 캠벨, 라에레르, 「값싼 석유의 종말」, 80쪽.
69) 「EUR」, WRI.
70) 리처드 A. 커, 「코앞에 다가온 엄청난 석유 파동」, 《사이언스 매거진》, 1998년 8월호, 1128-1131쪽에서 인용.
71) 린치, 「'값싼 석유의 종말'을 둘러싼 논쟁 종식」.
72) 앤더슨, 「21세기의 석유 생산」, 87쪽.
73) 같은 글, 87쪽.
74) 같은 글, 88쪽.
75) 캠벨, 라에레르, 「값싼 석유의 종말」, 82쪽. 앤더슨, 「21세기의 석유 생산」, 88쪽.
76) 커, 「코앞에 다가온 엄청난 석유 파동」에서 인용.
77) 같은 글에서 인용.
78) 앤더슨, 「21세기의 석유 생산」, 86-91쪽.
79) 리즈, 「석유와 미래」에서 인용.
80) 영퀴스트, 앞의 책, 173쪽.
81) 같은 책, 172쪽. 「2000년 1월 1일 현재 세계의 원유 및 천연가스 매장량」, EIA, 2001년 2월 5일 자료 경신, www.eia.doe/gov/emeu/iea/tables81.html. 「1990년-현재 세계 석유 공급」, EIA, www.eia.doe.gov/emue/ispr/t14.txt.

「1997−2001년 세계 석유 수요」, EIA, www.eia.doc.gov/emeu/ispr/t24/txt.

82) 「1996년 석유 문제와 동향」, EIA, 68쪽. 영퀴스트, 앞의 책, 111쪽. 「재계 현황」, 미국 상무부 경제분석국, 2001년 1월, 60쪽.

83) 넬슨 D. 슈워츠, 제시카 쑹, 「OPEC의 장악력 깨뜨리기」, 《포춘》(다우 존스 퍼블리케이션 라이브러리, 2001년).

84) 사브리나 태버니즈, 「러시아 6월 석유 수출 제한할 듯」, 《뉴욕 타임스》, 2002년 3월 21일자.

85) 마이클 와인스, 태버리즈, 「러시아 석유 생산 여전히 급증」, 《뉴욕 타임스》, 2001년 11월 21일자.

86) 같은 글.

87) 영퀴스트, 앞의 책, 188쪽.

88) 같은 책, 188쪽.

89) 같은 책, 180쪽.

90) 같은 책, 190쪽.

91) 롬, 커티스, 「중동 석유는 영원한가」. 영퀴스트, 앞의 책, 1203쪽.

92) 캠벨, 「석유 여분량에 관한 신화」, 《오일 앤드 가스 저널》, 2000년 3월 20일자, 21쪽.

93) 캠벨, 「석유의 고갈 양태를 알면 일반유 생산의 변화가 보인다」, 《오일 앤드 가스 저널》, 1997년 12월 29일자, 37쪽.

94) 영퀴스트, 앞의 책, 189쪽.

95) 매켄지, 「유한 자원, 석유」.

96) 조지프 P. 리바, 「2000년 이후 세계 석유 생산, 평범한 사업인가 아니면 위기인가」, 미 의회조사국, 미 의회도서관, 95-925, 1995년.

3 에너지와 문명의 흥망성쇠

1) 레슬리 A. 화이트, 『문화의 진화 *The Evolution of Culture*』(McGraw Hill Company, 1959년), 33쪽.

2) 하워드 T. 오덤, 『환경, 동력 그리고 사회 *Environment, Power, and Society*』(New York : Wiley-Interscience, 1971년), 49쪽.

3) 같은 책, 26쪽.

4) 화이트, 『문화 과학 *The Science of Culture: A Study of Man and Civilization*』(New York : Farrar, Straus, and Company, 1949년), 371쪽.

5) 조지 그랜트 매커디, 『인류의 기원 *Human Origins: A Manual of Prehistory*』

(New York : D. Appleton and Company, 1949년), 371쪽.

6) 화이트, 앞의 책, 376쪽.

7) 오덤, 앞의 책, 27쪽.

8) 화이트, 앞의 책, 368쪽.

9) 같은 책, 368-369쪽.

10) 같은 책, 374쪽.

11) 화이트, 앞의 책, 376쪽. 화이트, 『문화의 진화』, 41-42쪽.

12) 클라이브 폰팅, 『녹색 세계사 *A Green History of the World: The Environment and the Collapse of Great Civilizations*』(New York : Penguin Books, 1991년), 269쪽.

13) 같은 책, 270쪽.

14) 같은 쪽.

15) 앨프레드 노스 화이트헤드, 『과학과 근대 세계 *Science and Modern World*』(New York : New American Library, 1925년), 50쪽.

16) G. 타일러 밀러 2세, 『에너지역할론, 동역학 그리고 생명 *Energetics, Kinetics and Life*』(Belmont, California : Wadsworth, 1971년), 46쪽에서 재인용.

17) 아이작 아시모프, 「에너지와 열역학 게임에서 비긴다는 건 있을 수 없다」, 《스미스소니언》, 1970년 8월호, 9쪽.

18) 프레드릭 소디, 『물질과 에너지 *Matter and Energy*』(London : Oxford University, 1912년), 245쪽.

19) 해럴드 F. 블럼, 『시간의 화살과 진화 *Time's Arrow and Evolution*』(Princeton, NJ. : Princeton University Press, 1968년), 94쪽.

20) 에르빈 슈뢰딩거, 『생명이란 무엇인가 *What Is Life?*』(New York : Macmillan, 1947년), 72, 75쪽.

21) 화이트, 「도구, 기술 그리고 에너지」, D. 해먼드 엮음, 『문화사회인류학 *Cultural and Social Anthropology*』(New York : Macmillan, 1964년), 28쪽.

22) 밀러, 앞의 책, 291쪽.

23) 같은 쪽.

24) 화이트, 「도구, 기술 그리고 에너지」, 28쪽에서 재인용.

25) 앨프레드 J. 로트카, 「진화의 에너지역할론에 관한 논문」, 『미 국립과학원 의사록 *Proceedings of the National Academy of Science*』(1922년), 8:149. 로트카, 「마르크스주의 원리로 살펴본 진화 법칙」, 《휴먼 바이올로지》, 1945년 9월 17일자, 186쪽.

26) 『세계의 자원 *World Resources: A Guide to the Global Environment*』

(Oxford University Press, 1996년), World Resources Institute, Nation Environment Programme, United Nations Development Programme, World Bank의 보고서.

27) 월터 영퀴스트, 『지구의 운명 *GeoDestinies: The Inevitable Control of Earth Resources over Nations and Individuals*』(Portland, OR.: National Book Company, 1997년), 22쪽.

28) 같은 쪽.

29) 같은 쪽.

30) 같은 책, 32쪽.

31) 『세계의 자원』. 「기후 변화와 에너지」, 세계자원연구소(WRI), 2002년 2월. 「1인당 온실가스 배출량」, 미 환경보호청(EPA) 지구 온난화 사이트, www.epa.gov/globalwarming/emissions/individual/index.html.

32) (옮긴이) 오염의 배출 경로를 알 수 있는 경우의 오염원을 '점오염원 point source'이라 하고, 반대로 홍수철에 공장 폐수가 무단으로 방류되는 경우처럼 배출 경로를 알 수 없는 경우의 오염원을 '비점오염원 non-point source'이라 한다.

33) 「미국의 인프라 재개발」, 미 토목학회(ASCE), 2001년, 3쪽, 6-7쪽.

34) 존 로크, 「제2서한」, 피터 레슬레트 엮음, 『존 로크, 정부에 관한 두 가지 논문 *John Locke, Two Treatises of Government*』(Cambridge University Press, 1967년), 315쪽.

35) 같은 책, 312쪽.

36) 프랑스 경제학자 세 J. B. Say는 "공급은 스스로 수요를 창출한다."는 시장 법칙을 전개한 것으로 유명하다.

37) 매튜 멜코, 『문명의 본질 *The Nature of Civilizations*』(Boston: Porter Sargent, 1969년), 16-17쪽.

38) 오스발트 슈펭글러, 찰스 프랜시스 애트킨슨 옮김, 『서구의 몰락 *The Decline of the West*』(New York: Modern Library, 1962년), 16-17쪽.

39) 같은 책, 73쪽.

40) 조지프 A. 테인터, 『문명의 붕괴 *The Collapse of Complex Societies*』(Cambridge: Cambridge University Press, 1988년), 79-80쪽.

41) 러시턴 쿨본, 「문명 사회 흥망성쇠의 구조 및 과정」, 《사회·역사 비교 연구 *Comparative Studies in Society and History*》, Vol. 8, 1966년, 415쪽.

42) 테인터, 앞의 책.

43) 장 필리프 르비, 존 G. 바이램 옮김, 『고대 세계의 경제 생활 *The Economic Life of the Ancient World*』(University of Chicago Press, 1967년), 62-65쪽.

44) A. H. M. 존스, 『후기 로마 제국 *The Later Rome Empire, 284-602: A Social, Economic and Administrative Survey*』(Norman: University of Oklahoma Press, 1964년), 114-115쪽. 테니 프랭크, 『고대 로마의 경제 연구 *An Economic Survey of Ancient Rome*』(Baltimore: Johns Hopkins Press, 1940년), 7-9쪽.
45) 에드워드 기번, 『로마 제국 쇠망사 *The Decline and Fall of the Roman Empire*』(New York: Modern Library, 1776-1788년), 142쪽. 프랭크, 앞의 책, 7쪽.
46) 르비, 앞의 책, 69, 77쪽.
47) A. H. M. 존스, 『로마의 경제 *The Roman Economy: Studies in Ancient Economic and Administrative History*』(Oxford: Basil Blackwell, 1974년), 116, 127쪽. 메이슨 해먼드, 「초기: 로마 제국의 경기 침체」, 《경제사 저널 Journal of Economic History》, 부록 6권, 75-76쪽.
48) 테인터, 앞의 책, 133쪽.
49) 같은 책, 142쪽.
50) 같은 책, 145쪽.
51) 블라디미르 G. 심코비치, 「로마의 몰락에 대한 재고찰」, 《계간 정치학 Political Science Quarterly》, 통권 23권, 1916년 6월, 226쪽.
52) 윌리엄 H. 맥닐, 『전염병과 인류의 역사 *Plagues and Peoples*』(Garden City, NY.: Anchor/Doubleday, 1976년), 116쪽. 도널드 J. 휴스, 『고대 문명의 생태학 *Ecology in Ancient Civilizations*』(Albuquerque: University of New Mexico Press, 1975년), 131쪽.
53) 테인터, 앞의 책, 144쪽.
54) 같은 쪽.
55) 심코비치, 「로마의 몰락에 대한 재고찰」.
56) 테인터, 앞의 책, 150쪽.
57) 같은 쪽.
58) 「고대 로마」, 인카타 온라인 백과사전, 2001년. 케니스 할, 「중세 초기 및 비잔틴 문명」, www.tulane.edu/~august/H303/handouts/Population.html.

4 화석 연료 시대

1) G. 타일러 밀러 2세, 『환경 속에서 산다는 것 *Living in the Environment, Willard*』(OH: Brooks/Cole Publishing Co., 2001년). 짐 H. 매켄지, M. P.

월시, 『자동차와 에너지 *Driving Forces: Motor Vehicle Trends and Their Implications for Global Warming, Energy Strategies, and Transportation Planning*』, 세계자원연구소(WRI), 1990년. 레스터 R. 브라운, 「도로로 포장되는 지구」, 《지구환경백서》, 월드워치연구소, 2001년, 2월 14일자.

2) 「미국의 항공기, 자동차, 선박 및 기타 운송 수단 보유 대수」, 미 교통부 교통통계국. 「지역별 제트 항공기」, 《플라이트 인터내셔널》, 1997년 10월호. 「국적별 세계 20대 해운사」, 미 교통부 해양청, 2002년 2월 8일자. 페투르스도티르, 구드룬, 올라푸르 한니발손, 제러미 M. M. 터너, 「수산업 재난 현황」, 『해상 안전 *Safety at Sea As an Integral Part of Fisheries Management*』, 유엔 식량농업국(FAO), 2001년.

3) 제임스 J. 매켄지, 「유한 자원, 석유」, 2000년 3월, www.wri.org/wri/climate/jm_oil_000.html.

4) 같은 글.

5) 월터 영퀴스트, 『지구의 운명 *GeoDestinies: The Inevitable Control of Earth Resources over Nations and Individuals*』(Portland, OR.: National Book Company, 1997년), 197쪽.

6) 샘 H. 슈어, 브루스 C. 넷셔트, 『1850-1975년 미국 경제의 에너지 *Energy in the American Economy 1850-1975: An Economic Study of Its History and Prospects*』(Baltimore: Johns Hopkins Press, 1960년), 31쪽.

7) 클라이브 폰팅, 『녹색 세계사 *A Green History of the World: The Environment and the Collapse of Great Civilizations*』(New York: Penguin Books, 1991년), 287-288쪽.

8) 「1990-1999년 특정 국가 집단별 1차 에너지 소비」, 미 에너지부 산하 에너지정보국(EIA), 2001년 2월 1일 자료 경신, www.eia.doe.gov/emeu/iea/table18.html.

9) 윌리엄 H. 맥닐, 『전염병과 인류의 역사 *Plagues and Peoples*』(Garden City, NY.: Anchor/Doubleday, 1976년), 147쪽.

10) 루이스 멈퍼드, 『기술과 문명 *Technics and Civilization*』(New York: Harcourt, Brace, 1934년), 119-120쪽.

11) 같은 책, 120쪽.

12) 제러미 리프킨, 『엔트로피 *Entropy: Into the Greenhouse World*』(New York: Bantam Books, 1989년), 88쪽.

13) 어드먼드 하우스 엮음, 『스토 연보 *Stow's Annals*』(London, 1631년). W. H. G. 아미티지, 『엔지니어링의 사회사 *A Social History of Engineering*』(London, 1961년)에서 재인용.

14) 리프킨, 앞의 책, 89쪽.
15) 리처드 윌킨슨, 『빈곤과 진보 *Poverty and Progress*』(New York: Praeger, 1973년), 90, 102쪽.
16) 폰팅, 앞의 책, 292쪽.
17) 로버트 앤더슨, 『석유 산업의 기본 요소 *Fundamentals of the Petroleum Industry*』(Norman: University of Oklahoma Press, 1984년), 2쪽.
18) 같은 책, 9, 15, 19쪽.
19) 같은 책, 20쪽.
20) 같은 쪽.
21) 같은 책 20-22쪽, 29-30쪽. 대니얼 예르긴, 『황금의 샘 *The Prize*』(New York: Simon and Schuster, 1992년), 210쪽.
22) 존 B. 레이, 「바퀴 위에 탑재한 내연 기관」, 멜빈 크랜즈버그, 캐럴 W. 퍼셀 2세 엮음, 『서구 문명의 기술 *Technology in Western Civilization*』(London: Oxford University Press, 1967년), 120쪽.
23) 앤더슨, 앞의 책, 22쪽.
24) 예르긴, 앞의 책, 208쪽.
25) A. Q. 모브레이, 『파멸로 치닫는 길 *Road to Ruin*』(Philadelphia: Lippincott, 1969년), 15쪽.
26) 케니스 R. 슈나이더, 『자동차와 인간 *Autokind v. Mankind*』(New York: Schocken, 1972년), 123쪽.
27) 「석유가 세계에 미친 영향」, 《오리건 포커스》, 1993년 1월호, 10-11쪽.
28) 랜돌프 S. 처칠, 『윈스턴 S. 처칠 전기 *Winston S. Churchill*』(Boston: Houghton Mifflin, 1967년), 2권, 545-547쪽.
29) 존 아버스넛 피셔, 아서 J. 마더 엮음, 『피셔 제독 서한집 *Fear God and Dread Nought: The Correspondence of Admiral of the Fleet Lord Fisher of Kilverstone*』(Cambridge: Harvard University Press, 1952년), 404쪽.
30) 처칠, 앞의 책, 1964쪽.
31) 배질 리델 하트, 『세계대전사 *A History of the World War, 1914-1918*』(London: Faber and Faber, 1934년).
32) 예르긴, 앞의 책, 183쪽.
33) 뉘른베르크 국제군사재판소, 『전범 재판 *Trials of War Criminals*』(Washington D. C.: 미 정부간행물 출판국(GPO), 1953년), 7권, 793-803쪽.
34) 예르긴, 앞의 책, 333쪽.
35) 미 전략폭격조사단(USSBS), 『최종 보고서 *Final Report*』(Washington D. C.: USSBS, 1947년).

36) 마이클 이코노마이즈, 로널드 올리그니, 『컬러 오브 오일 *The Color of oil: The History, the Money and the Politics of the World's Biggest Business*』(Katy, Texas: Round Oak Publishing, 2000년), 75쪽.
37) 예르긴, 앞의 책, 337쪽.
38) 이코노마이즈, 올리그니, 앞의 책, 76쪽. 예르긴, 앞의 책, 377쪽.
39) 영퀴스트, 앞의 책, 48쪽.
40) 이코노마이즈, 올리그니, 앞의 책, 100쪽.
41) 앤더슨, 앞의 책, ix쪽.
42) 앤 지머맨, 「월마트, 이익 92% 상승」, 《월 스트리트 저널》, 2002년 2월 20일자.
43) 「세계 굴지 석유업체 순위」, 에너지 인텔리전스 그룹(EIG), 2001년, 5쪽.
44) 타이슨 슬로컴, 「경쟁은 없다」, 시민의 임계질량 에너지 및 환경 프로그램, 2001년 5월 31일자, i쪽.
45) 같은 글.
46) 같은 글.
47) 같은 글.
48) 이코노마이즈, 올리그니, 앞의 책, 183쪽.
49) 같은 책, 84쪽.
50) 같은 책, 85쪽.
51) 같은 책, 86쪽.
52) 같은 책, 89쪽.
53) 앤더슨, 앞의 책, 271쪽.
54) 영퀴스트, 앞의 책, 165–166쪽.
55) 앤더슨, 앞의 책, 271–277쪽.
56) 같은 책, 279, 286, 289쪽.
57) 앨프레드 D. 챈들러 2세, 『보이는 손 *The Visible Hand*』(Cambridge: Belknap Press of Harvard University Press, 1977년), 83쪽.
58) 같은 책, 86쪽.
59) 스탠리 레저봇, 「미국의 운송 및 외형」, 《경제사 저널》, 26권, 1966년 12월, 444–446쪽.
60) 챈들러, 앞의 책, 91쪽.
61) 같은 책, 107–109쪽.
62) 같은 책, 120쪽.
63) 같은 책, 204–205쪽.
64) 같은 책, 89쪽.
65) 스티븐 컨, 『시간과 공간의 문화 *The Culture of Time and Space 1880-1918*』

(Cambridge: Harvard University Press, 1983년), 12쪽.
66) 데이비드 S. 랜즈, 『시간 혁명 *Revolution in Time*』(Cambridge : Harvard University Press, 1983년), 285-286쪽.
67) 프레데릭 테일러, 『과학적 관리법 *The Principles of Scientific Management*』(New York: W. W. Norton, 1947년), 235-236쪽.
68) 같은 책, 39, 63쪽.
69) 대니얼 벨, 「시간에 얽매인 미국 노동자들」, 《타임》, 1963년 9월 8일자, 55쪽.
70) 「기업 합병」, 미 연방공정거래위원회(FTC), 1963년, 176쪽.
71) 마이클 레너, 「기업 합병 폭증」, 『바이탈 사인 *Vital Signs*』(Washington D. C. : 월드워치연구소, 2000년), www.globalpolicy.org.
72) 솔 핸셀, 「아메리카 온라인, 1650억 달러에 타임워너 매입키로」, 《뉴욕 타임스》, 2000년 1월 1일자.
73) 레너, 「기업 합병 폭증」.
74) 새러 앤더슨, 존 캐버너, 「세계 200대 기업 프로필」, 지구자원연구소(IRC), 1996년, 3쪽.

5 이슬람의 '와일드 카드'

1) 대니얼 파이프스, 『알라의 길을 따라 *In the Path of God: Islam and Political Power*』(New York : Basic Books, 1983년), 288쪽.
2) 닐라 바네르지, 「세계의 석유 현황」, 《뉴욕 타임스》, 2001년 10월 14일자.
3) 『브리태니커 세계 연감』(Chicago : Encyclopaedia Britannica Inc., 1999년). 『2001년 세계 국가 편람 *The World Factbook 2001*』, 미 중앙정보국. 「이슬람에 관한 진실」, 하버드 이슬람협회, www.digitas.harvard.edu/~facts.html.
4) 마틴 울프, 「이슬람의 경제적 실패」, 《파이낸셜 타임스》, 2001년 9월 26일자.
5) 같은 글.
6) 파이프스, 같은 책, 281쪽에서 재인용.
7) 데니스 오버바이, 「이슬람 과학의 흥망성쇠」, 《인터내셔널 해럴드 트리뷴》, 2001년 11월 1일자.
8) 같은 글.
9) 존 허먼 랜들, 『근대 정신의 형성 *The Making of the Modern Mind*』(Boston: Houghton Mifflin, 1940년), 223쪽에서 재인용.
10) 프랜시스 베이컨, 『노붐 오르가눔 *Novum Organum*』, 1권, 금언 71.

11) 베이컨, 같은 책. 『프렌시스 베이컨 저작집 *The Works of Francis Bacon*』(London : J. Rivington and Sons, 1778년), 4권, 114, 246, 320, 325쪽.
12) 마리 마르키 드 콩도르세, 『인간 정신 진보의 역사적 개관 초고 *Outlines of an Historical View of the Progress of the Human Mind*』(London: J. Johnson, 1795년), 4-5쪽.
13) 로렌스 데이비드슨, 『이슬람 원리주의 *Islamic Fundamentalism*』(Westport, Connecticut: Greenwood Press, 1998년), 12-13쪽.
14) 파이프스, 앞의 책, 285쪽.
15) 「유가의 역사와 그에 대한 분석」, 《에너지 경제 뉴스레터》, WTRG 이코노믹스, www.wtrg.com/prices.html. 파이프스, 앞의 책, 290쪽.
16) 파이프스, 앞의 책, 290쪽.
17) 같은 책, 290쪽.
18) 같은 책, 294쪽.
19) 대니얼 예르긴, 『황금의 샘 *The Prize*』(New York: Simon and Schuster, 1992년), 605-606쪽.
20) 같은 책, 608쪽.
21) 같은 책, 614쪽.
22) 같은 쪽.
23) 같은 책, 625쪽.
24) 같은 책, 628쪽.
25) 같은 쪽.
26) 같은 책, 635쪽.
27) 우도 슈타인바흐, 「사우디아라비아, 근동에서 새 역할」, 《아우센폴리티크 25》, 1974년, 210쪽.
28) 앤서니 H. 코즈먼, 「중동의 지정학과 에너지」, 1999년 9월, vi쪽, www.csis.org.mideast/reports/Meenergy.html.
29) F. 그레고리 거즈 3세, 『석유 왕국 *Oil Monarchies: Domestic and Security Challenges in the Arab Gulf States*』(New York: Council on Foreign Relations Press, 1994년), 45쪽.
30) 같은 책, 58-59쪽.
31) 같은 책, 69쪽.
32) 코즈먼, 「중동의 지정학과 에너지」, 13쪽.
33) 같은 쪽.
34) 같은 쪽.
35) 월터 영퀴스트, 『지구의 운명 *GeoDestinies: The Inevitable Control of Earth*

Resources over Nations and Individuals』(Portland, OR.: National Book Company, 1997년), 119쪽.
36) 같은 책, 133-135쪽.
37) 『국제금융 통계』, 국제통화기금(IMF), 2000년. 「사우디아라비아」, 『2001년 세계 국가 편람』, 미 중앙정보국.
38) 코즈먼, 「중동의 지정학과 에너지」, 28쪽. 「사우디아라비아」, 『2001년 세계 국가 편람』, 미 중앙정보국.
39) 코즈먼, 「중동의 지정학과 에너지」, 29쪽.
40) 같은 글, 29-31쪽. 「사우디아라비아」, 『2001년 세계 국가 편람』, 미 중앙정보국.
41) 코즈먼, 「중동의 지정학과 에너지」, 31쪽.
42) 같은 쪽.
43) 같은 쪽.
44) 같은 글, xi, 30쪽.
45) 울프, 「이슬람의 경제적 실패」.
46) 로버트 워스, 「이슬람 테러의 지적 뿌리」, 《뉴욕 타임스》, 2001년 10월 13일자.
47) 파리드 자카리아, 「그들은 왜 미국을 증오하는가」, 《뉴스위크》, 2001년 10월 15일자, 33쪽에서 재인용.
48) 피터 월드먼, 휴 포프, 「'십자군' 발언으로 무슬림에 대한 테러전 우려 고조」, 《월 스트리트 저널》, 2001년 9월 21일자.
49) 더글러스 질, 「어느 사우디 왕자의 참신한 발상」, 《뉴욕 타임스》, 2001년 11월 28일자.
50) 캐런 암스트롱, 『이슬람 약사 *Islam: A Short History*』(New York: The Modern Library, 2000년), 160쪽.
51) 데이비드슨, 앞의 책, 14-15쪽.
52) 질, 「이슬람 세계의 힘겨운 민주주의 여정」, 《뉴욕 타임스》, 2001년 11월 23일자.
53) 같은 글.
54) 같은 글.
55) 톰 애시비, 「이라크의 석유 수출 중단 결정으로 세계 유가 급등」, 《로이터》, 2002년 4월 8일자. 하산 하피드, 「이라크, 석유 수출 중단으로 팔레스타인 지지」, 《로이터》, 2002년 4월 8일자.
56) 나질라 파티, 「이란, 무슬림 국가들에 석유 무기화 촉구」, 《뉴욕 타임스》, 2002년 4월 6일자. 하피드, 「이라크, 석유 수출 중단으로 팔레스타인 지지」.
57) 워드 핀커스, 「걸프 지역 당국자들, "대미(對美) 석유 금수 비현실적"」,

《AP》, 2002년 4월 3일자.
58) 같은 글.
59) 같은 글.
60) 조지프 롬, 찰스 B. 커티스, 「중동 석유는 영원한가」, 《애틀랜틱 온라인》, 1996년 4월, www.theatlantic.com//issues/96apr/oil/oil.html.

6 녹아 내리는 지구

1) 제시 H. 오수벨, 「에너지와 환경」, 『에너지 시스템과 정책 *Energy Systems and Policy: The Light Path*』, 15권(1991년), www.phe.rockefeller.edu/light_path/.
2) 「에너지 수요와 선택 그리고 전망」, 셸 오일 인터내셔널, 2001년, www2.shell.com.
3) 앤서니 H. 코즈먼, 「중동의 지정학과 에너지」, 1999년 9월, 26쪽, www.csis.org.mideast/reports/Meenergy.html.
4) 「1996-2002년 미국의 천연가스 소비량」, 《내추럴 가스 먼슬리》, 미 에너지부 산하 에너지정보국(EIA), 2002년 2월.
5) 에너지 · 인간 연구소의 리처드 덩컨 소장과 직접 인터뷰(2002년 3월 18일).
6) 「석유 · 천연가스 시장 동향」, 『2001년 에너지 전망』, EIA, 2000년 12월 22일, www.eia.doe.gov/oiaf/aeo/gas.html.
7) 같은 글.
8) 에너지 · 인간 연구소의 덩컨 소장과 직접 인터뷰(2002년 3월 18일).
9) 워런 R. 트루, 「천연가스 개발 장기 프로젝트 급증」, 《오일 앤드 가스 저널》, 2001년 2월 5일자.
10) 에너지 · 인간 연구소의 덩컨 소장과 직접 인터뷰(2002년 3월 18일).
11) 에너지 · 인간 연구소의 덩컨 소장과 직접 인터뷰(2002년 3월 18일).
12) 에너지 · 인간 연구소의 덩컨 소장과 직접 인터뷰(2002년 3월 18일).
13) 덩컨, 「세계 석유 생산의 절정과 암흑 시대」, 『2000년 미 지질학회 정상회담 기조연설문 *Pardec Keynote Symposia, Geological Society of America Summit 2000*』, Reno, Nevada, 2000년 11월 13일.
14) 월터 영퀴스트, 『지구의 운명 *Geo Destinies: The Ineutable Control of Earth Resources Over Nations and Individuals*』(Portland, OR.: National Book Company, 1997년), 196쪽.
15) 콜린 J. 캠벨, 「석유의 고갈 양태를 알면 일반유 생산의 변화가 보인다」, 《오

일 앤드 가스 저널》, 1997년 12월 29일자, 37쪽.

16) 코즈먼, 「중동의 지정학과 에너지」, 26쪽.

17) 「세계 에너지 전망」, 국제에너지기구(IEA), 1998년, www.iea.org/new/releases/weo1.html.

18) 존 P. 홀드런, 「에너지와 기후 변화」, 《인바이어런먼트》, 2001년 6월호.

19) 같은 글.

20) 「석탄」, 《2001년 세계 에너지 전망 *International Energy Outlook 2001*》, 2001년 3월, www.eia.doe.gov/oiaf/ieo/index.html.

21) 「EIA, 에너지 관련 자료 최근 경신」, 《일렉트리컬 월드》, 2001년 7월호, 14쪽.

22) 로렌스 A. 루스, 「첨단 석탄 발전소」, 《에너지원 기술 저널》, 2001년 3월호, 4쪽.

23) 「석탄」, 《2001년 세계 에너지 전망》, 2001년 3월, www.eia.doe.gov/oiaf/ieo/index.html.

24) 낸시 던, 「석탄왕, 돌아오다」, 《파이낸셜 타임스》, 2001년 8월 8일자.

25) 같은 글.

26) 크레이그 B. 해트필드, 「석유 공급 증가, 얼마나 지속될 수 있을까」, 《허버트 센터 뉴스레터》, 2001년 8월 21일자, www.hubbert.mines.edu/news/v97n4/mkh-news5.html.

27) 같은 글.

28) 더글러스 러니어, 「21세기의 주요 에너지원 중질유」, 유엔훈련조사연구소(UNITAR) 산하 중질유·타르샌드 센터, 1998년, 1쪽. 리처드 L. 조지, 「석유 채굴」, 《사이언티픽 아메리칸》, 1998년 3월호, 84-85쪽. 찰스 D. 매스터스, 에밀 D. 어태너시, 데이비드 H. 루트, 「세계 석유 매장량에 대한 산정과 분석」, 미국 에너지부, 세계석유회의(WPC), 2001년 10월 5일, www.energy.er.usgs.gov/products/papers/WPC/14/tsxt.htm.

29) 조지, 「석유 채굴」, 84-85쪽.

30) 러니어, 「21세기의 주요 에너지원 중질유」, 2쪽.

31) 조지 J. 스토서 외, 「타르샌드」, UNITAR 산하 국제중질탄화수소센터, 1998년, 1쪽.

32) 러니어, 「21세기의 주요 에너지원 중질유」, 1-2쪽.

33) 건티스 모리티스, 「새로운 석유 회수 증진법의 표적이 되고 있는 대규모 자원」, 《오일 앤드 가스 저널》, 1999년 12월 13일자, www.findarticles.com/cf_0m3112/50_97/58500622/print.jhtml.

34) 러니어, 「21세기의 주요 에너지원 중질유」, 2쪽.

35) O. R. 클뢰브닝 알란트, T. 셈, 「남아 있는 세계 중질유 자원의 미래」, UNITAR 산하 중질유·타르샌드 센터, 1998년, 4쪽.

36) 「우리는 합성원유로 무엇을 하는가」, 《신크루드》, 2001년, www.syncrude.com/who_we_are/01_04.html.

37) 「셸 캐나다와 셰브런, 오일샌드 프로젝트 개시」, 《비즈니스 앤드 인더스트리》, 2000년 1월호, 6쪽.

38) 넬슨 D. 슈워츠, 제시카 쑹, 「OPEC의 장악력 깨뜨리기」, 《포춘》(다우 존스 퍼블리케이션 라이브러리, 2001년). 러니어, 「21세기의 주요 에너지원 중질유」, 2쪽.

39) 슈워츠, 쑹, 「OPEC의 장악력 깨뜨리기」.

40) 같은 글. 스토서 외, 「타르샌드」, 4쪽.

41) 슈워츠, 쑹, 「OPEC의 장악력 깨뜨리기」.

42) 장 H. 라에레르와 직접 인터뷰(2002년 3월 4일). A. 리키포러크, 「제2의 천연가스 위기」, 《캐나디안 비즈니스》, 2001년 8월 20일자.

43) 스토서 외, 「타르샌드」, 4쪽.

44) 앨릭스 세이퍼 외, R. A. 레크, J. R. 험멜 엮음, 「합성연료, 이산화탄소, 기후」, 『대기 모델 및 관련 자료에 관한 책임 있는 해석 *Responsible Interpretation of Atmospheric Models and Related Data*』(American Institute of Physics Press, 1982년), 135, 140쪽.

45) 스토서 외, 「타르샌드」, 4쪽.

46) 대니얼 L. 올브리튼 외, 「2001년 기후 변화」, 국제기후변화회의(IPPC), 2001년, 7쪽, www.earth.usgcrp.gov/ipcc/wg1spm.pdf.

47) 같은 쪽.

48) 같은 쪽.

49) 존 휴턴, 『지구 온난화 *Global Warming: The Complete Briefing*』(Cambridge: Cambridge University Press, 1997년), 22쪽.

50) 같은 책, 12쪽.

51) 올브리튼 외, 「2001년 기후 변화」, 2쪽.

52) 같은 글, 13쪽.

53) 같은 쪽.

54) 저자 미상, 「지구 온난화의 허와 실」, 『환경보호』, www.environmentaldefense.org/pubs/FactSheet/e_GWFact2.html.

55) 마이클 D. 레머니크, 「온실 속 생명체들」, 《타임》, 2001년 4월 9일자, 27쪽.

56) 같은 쪽.

57) 같은 글, 25쪽.

58) 같은 글, 27쪽.
59) 같은 쪽.
60) 리처드 모너스터스키, 「영원한 이별」, 《뉴 사이언티스트》, 2001년 4월 14일자, 31쪽.
61) 올브리튼 외, 「2001년 기후 변화」, 4쪽.
62) 같은 쪽.
63) 같은 글, 4, 16쪽.
64) 프레드 피어스, 「지도에서 사라지다」, 《뉴 사이언티스트》, 2000년 11월 25일자, 5쪽.
65) 같은 쪽.
66) 같은 쪽.
67) 같은 쪽. 레머니크, 「온실 속 생명체들」, 29쪽.
68) 휴턴, 앞의 책, 114쪽.
69) 같은 책, 11, 13쪽.
70) 올브리튼 외, 「2001년 기후 변화」, 4쪽.
71) 같은 쪽. 게이브리엘 워커, 「성난 기후」, 《뉴 사이언티스트》, 2000년 9월 16일자, 29쪽.
72) Q. K. 아흐마드 외, 「2001년 기후 변화」, 국제기후변화회의(IPPC), 2001년 2월, 13쪽.
73) G. C. 허트, S. 헤일, 「뉴잉글랜드 지역의 미래 기후」, 뉴잉글랜드 지역 평가단, 『기후 변화에 대비하기 *Preparing for a Changing Climate: The New England Regional Assessment Overview*』, 미 지구변화 연구 프로그램(USGCRP), 뉴햄프셔 대학교, 2001년.
74) 휴턴, 앞의 책, 127쪽.
75) 같은 쪽.
76) 같은 쪽.
77) 팀 비어즐리, 「밤의 열기 속에서」, 《사이언티픽 아메리칸》, 1998년 10월호, 20쪽에서 재인용.
78) 같은 쪽.
79) 피어스, 「험난한 미래」, 《뉴 사이언티스트》, 2001년 7월 21일자, 4쪽에서 재인용.
80) 피어스, 「세계의 녹색 지대」, 《뉴 사이언티스트》, 2001년 9월 15일자, 15쪽.
81) 아흐마드 외, 「2001년 기후 변화」, 11쪽.
82) 스티브 코너, 「산호초, 향후 50년 내 모두 멸종」, 《파이낸셜 타임스》, 2001년 9월 6일자.

83) 피어스, 「시들어 가는 미래」, 《뉴 사이언티스트》, 2000년 11월 11일자, 4쪽.
84) 레머니크, 「온실 속 생명체들」, 28쪽.
85) 아흐마드 외, 「2001년 기후 변화」, 8쪽.
86) 같은 글, 12쪽.
87) 휴턴, 앞의 책, 132쪽.
88) R. B. 앨리, 「그린란드에서 살펴본 드리아스 신기」, 《쿼터너리 사이언스 리뷰스》, 19권, 2000년, 213-226쪽.
89) 미 국립과학원, 「기후 급변」(Washington D. C.: National Academy Press, 2002년), 10쪽.
90) 같은 글, 118쪽.
91) 같은 글, 92쪽.
92) 같은 글, 86쪽.
93) D. M. 피티트 외, 「미국 동북부 지방 제4빙기의 꽃가루, 대형 화석, 어류 화석」, 《쿼터너리 사이언스 리뷰스》, 12권, 1993년, 597-612쪽. P. S. 마틴, 「선사 시대의 대량 살상 사건」, 마틴, R. G. 클레인 엮음, 『쿼터너리 익스팅크션스 *Quaternary Extinctions*』(Tucson, AZ.: University of Arizona Press, 1984년), 354-403쪽.
94) J. 오버페크, 「가공할 지구 온난화」, 《사이언스》, 271권, 1996년, 1820-1821쪽. 「기후 급변」, 113쪽.
95) 「기후 급변」, 88, 119쪽.

7 허술한 틈새

1) 「걸프전의 진상」, CNN 뉴스 온라인, www.cnn.com/SPECIALS/2000/gulf.war/facts/gulfwar/index.html.
2) 같은 글. 「걸프전 수행」, 미 국방부가 의회에 제출한 최종 보고서, 1992년 4월, 부록 P.
3) 해설자, 「석유를 위한 전쟁」, 아메리카스 디펜스 모니터, 미 국방정보센터(CDI), 1996년, 1월 28일 방송.
4) 시블리 텔하미, 조지프 J. 롬, 「석유를 위한 전쟁」, 아메리카스 디펜스 모니터, CDI, 1996년, 1월 28일 방송.
5) 에이미 코티스, 「뉴욕 경기 침체, 미 평균 수준보다 심각할 듯」, 《뉴욕 타임스》, 2001년 12월 17일자.
6) 같은 글.

7) 앨런 J. 왁스, 「뉴욕 실업률, 7.4% 돌파」, 2002년 1월 18일, www.newsday.com.
8) 마틴 닐 베일리, 「9·11 테러 이후 경제 정책」, 세계경제연구소(IIE), www.icc.com/policybriefs/news01-10.html.
9) 「테러 공격으로 미국서 180만 개 일자리 사라질 듯」, 《뉴욕 타임스》, 2002년 1월 13일자.
10) 「관광 산업 위축으로 세계에서 수백만 개 일자리 사라질 듯」, 세계여행관광협의회(WTTC), 런던, 2001년 9월 25일.
11) 같은 글.
12) 「세계여행관광협회 선언」, 2001년 10월 2일.
13) 「관광 산업 위축으로 세계에서 수백만 개 일자리 사라질 듯」.
14) 마이크 앨런, 에이미 골드스타인, 「새 예산안, 안보기금 최대 기록」, 《워싱턴 포스트》, 2002년 1월 20일자.
15) 토드 퍼덤, 하워드 W. 프렌치, 「미국, 아프간에 3억 달러 원조 약속」, 《뉴욕 타임스》, 2002년 1월 21일자.
16) 리나 H. 선, 재클린 L. 새먼, 「미국, 희생자 보상 기준 마련」, 《워싱턴 포스트》, 2001년 12월 21일자. 레이먼드 에르난데스, 「연방정부, 뉴욕에 82억 달러 지원키로」, 《뉴욕 타임스》, 2001년 12월 19일자. 리제트 알바레스, 스티븐 러바턴, 「항공 산업에 구제 기금 지원」, 《뉴욕 타임스》, 2001년 9월 22일자.
17) 「부시, 국토안보부 신설」, 백악관, 워싱턴 D. C., www.whitehouse.gov/news/releases/2001/10/print/20011008.html. 「국토 안전 보장과 부시 대통령의 예산 배정 우선순위」, 백악관, www.whitehouse.gov/homeland.
18) 「미 의회, 반(反)테러 기금 승인」, 《로이터》, 2001년 12월 18일자.
19) 앨리슨 미첼, 「국토안보국, 차기 예산에 각 주 안보 기금 반영키로」, 《뉴욕 타임스》, 2001년 12월 7일자.
20) 처크 쇼프너, 「미생물학자들, 비행 금지 조처 환영」, 《로스앤젤레스 타임스》, 2001년 9월 21일자.
21) 니콜라스 호러크, 「생물학 무기, 새로운 테러 공포」, 《US 뉴스 앤드 월드 리포트》, 1997년 5월 12일자, 36쪽.
22) 같은 쪽.
23) 같은 쪽.
24) 레너드 콜, 「생물학 무기라는 유령」, 《사이언티픽 아메리칸》, 1996년 12월호, 62쪽.
25) 존 지버, 『석유를 넘어 *Beyond Oil*』(Denver, Co.: University Press of Colorado, 1991년), 172쪽.
26) 데이비드 굿맨 외, 『농사에서 생명공학으로 *From Farming to Biotechnology:*

A Theory of Agro-Industrial Development』(New York: Basil Blackwell, 1987년), 25쪽.

27) 윌러드 코크런, 『미국 농업의 발전사 *Development of American Agriculture: A Historical Analysis*』(Minneapolis : University of Minnesota Press, 1993년), 126쪽.

28) 같은 책, 197쪽.

29) 레스터 R. 브라운 외, 『1990년 세계 현황 *State of the World 1990*』(Washington D. C.: 월드워치연구소, 1990년), 67쪽.

30) 「1986년 농약 산업 시장 평가」, 미 환경보호청(EPA), 1987년 8월.

31) 「일자리 창출, 왜 멈었는가」, 《포춘》, 1993년 3월 8일자, 52쪽.

32) 「농업의 기계화」, 《사이언티픽 아메리칸》, 1982년 9월호, 77쪽.

33) 코크런, 앞의 책, 137쪽, 158-159쪽.

34) 피터 파브, 『인류 *Humankind*』(Boston: Houghton Mifflin, 1978년), 181-182쪽.

35) 제러미 리프킨, 『엔트로피 *Entropy: Into the Greenhouse World*』(New York: Bantam Books, 1989년), 155쪽.

36) 「환경의 질」, 백악관 환경위원회(CEQ) 제9차 연례 보고서, 미 정부간행물 출판국(GPO), 1978년, 270쪽.

37) 윌슨 클라크, 『생존을 위한 에너지 *Energy for Survival*』(Garden City, NY: Doubleday/Anchor Books, 1975년), 170쪽.

38) 클라이브 폰팅, 『녹색 세계사 *A Green History of the World: The Environment and the Collapse of Great Civilizations*』(New York: Penguin Books, 1991년), 292쪽.

39) 돈 A. 레이먼드, 주디스 Z. 콜베이처, 『대규모 영농의 특징 *Characteristics of Large-Scale Farms*』(Washington D. C.: 미 농무부 경제조사국, 1993년 4월), iii쪽.

40) 「개발도상국의 새로운 짐, 비만」, 유엔 식량농업기구(FAO), 2002년 1월, www.fao.org/FOCUS/E/obesity/obes1.htm.

41) 폰팅, 앞의 책, 404쪽.

42) 브라이언 홀웨일, 「세계의 육류 소비 경향」, 월드워치연구소, 1998년 7월 2일, www.worldwatch.org/alerts. 앨런 B. 더닝, 「육류가 보건과 주거 환경에 미치는 영향」, 《로스앤젤레스 타임스》, 1986년 9월 21일자.

43) 1인당 연간 쇠고기 소비량을 65파운드로 상정. 승용차의 CO_2 방출량과 관련된 비교 수치는 앤드루 킴브렐, 「도로 위에서」, 리프킨 엮음, 『녹색 생활 양식 안내 *The Green Lifestyle Handbook*』(New York: Owl Books, 1990년)에서

인용.
44) 데이비드 피멘텔, 「식량, 에너지 그리고 사회」(Ithaca, NY: 코넬 농업·생명 과학 대학 영양학과, www.unu.edu/unupress/food/8F072e/8F072E06.htm)에서 자료 인용. 멕시코 국립 자치 대학 물리학연구소 소속 스티브 모닝선더의 통계치.
45) 폰팅, 앞의 책, 4240쪽.
46) (옮긴이) 강자가 더 강하게 되고 약자는 더 약하게 되는 현상. 즉 현 추세가 더 심화되는 현상을 말한다.
46) 리처드 뉴볼드 애덤스, 『에너지와 조직 *Energy and Structure: A Theory of Social Power*』(Austin, Texas: University of Texas Press, 1975년), 266쪽.
48) 커크패트릭 세일, 「도시 규모에 대한 고찰」, 《워킹 페이퍼스》, 1978년 1-2월호, 66쪽. 바버라 워드, 『인간의 집 *The Home of Man*』(New York: Norton, 1976년), 4쪽.
49) 「최전방에 선 도시들」, 『인구 보고서 *Population Reports*』(Johns Hopkins University, 2001년), www.jhuccp.org/pr/urbanpre.stm.
50) A. 울먼, 「도시의 신진대사」, 《사이언티픽 아메리칸》, 213권, 1965년, 178-190쪽.
51) (옮긴이) '스텔스stealth'는 운반체나 미사일이 적의 레이더나 전자탐지기에 거의 탐지되지 않도록 만드는 군사과학기술이다.
52) 존 슈워츠, 「유선 국가의 유선망 보호」, 《뉴욕 타임스》, 2001년 10월 4일자.
53) 같은 글.
54) 「1965년 정전 사태, 짧았지만 얻은 건 많아」, 《워싱턴 포스트》, 1977년 7월 15일자.
55) 같은 글. 클라이드 해버맨, 「1977년 정전 사태의 실상」, 《뉴욕 타임스》, 1997년 7월 11일자.
56) 리치 코넬, 「서부 연안 7개 주 대규모 정전으로 타격」, 《로스앤젤레스 타임스》, 1996년 8월 11일자. 마사 L. 윌먼, 「정전 수리 부담 주민들이 떠맡아야 할 듯」, 《로스앤젤레스 타임스》, 1996년 10월 19일자.
57) 윌리엄 부스, 「캘리포니아 주 정전 사태로 80만 고통」, 《워싱턴 포스트》, 2001년 3월 20일자.
58) 피터 W. 휴버, 「석탄을 더 많이 캐라」, 《포브스》, 1999년 5월 31일자, 70쪽.
59) 같은 쪽.
60) 같은 쪽.
61) 같은 글, 71쪽.
62) 애모리 B. 로빈스, L. 헌터 로빈스, 로키마운틴 연구소, 『국가 안보를 위한

에너지 전략』(MA: Brick House Publishing Co., Inc., 2002년), 35쪽.
63) 같은 책, 36-37쪽.
64) 같은 책, 39쪽.
65) 같은 쪽.
66) M. M. 스티븐스, 「석유 · 천연가스 산업」, R. 큐퍼맨, D. 트렌트 엮음, 『테러 위협과 대응 *Terrorism: Threat, Reality, Response*』(Stanford University, Hoover Institution Press, 1980년), 206쪽. 스티븐스, 「석유 시스템 전반의 취약점」, 미 국방부 민방위국(DCPA)에 제출된 5월 보고서, DCPA Work Unit 4362A, 1973년.
67) 로빈스, 앞의 책, 46-47쪽. 스티븐스, 「석유 시스템 전반의 취약점」.
68) 로빈스, 앞의 책, 59쪽.
69) 스티븐스, 「석유 시스템 전반의 취약점」, iv쪽.
70) 「국가 에너지 수송」, 미 의회조사국(CRS), 3권, 미 상원 에너지 · 천연자원 위원회와 상원 상무 · 과학 · 운송 위원회에 제출된 보고서, 1977년 5월, GPO, 159-160쪽.
71) 「민방위 점검」, 미 상하 양원 합동 방위산업위원회, 1977년 2월, GPO, A권, 1쪽.
72) 로빈스, 앞의 책, 129쪽.
73) J. 베이에, 「스리마일섬 원전 방사능 누출 사고시 예상되는 장기적 영향」, 프린스턴 대학교 에너지 · 환경 연구소(PU/CEES)가 CEQ에 제출한 보고서, 1980년.
74) 「전력 시스템 보호」, 미 내무부 전력수호국 연구 프로젝트 4405호, 1962년 6월, 25-26쪽.
75) 「민방위 점검」, 87쪽.
76) 「세계 에너지에 관한 브리티시 페트롤륨(BP) 아모코의 통계학적 검토」, 런던, BP 아모코, 2000년, 11, 40쪽, www.bpamoco.com/worldenergy.

8 수소 경제의 새벽

1) 쥘 베른, W. H. G. 킹스턴 번역, 『신비의 섬 *The Mysterious Island*』(New York: The Limited Editions Club at the Garamond Press, 1959년).
2) 빌 무어, 「세계가 정신 차린 날?」, 《EV 월드》, 2001년 10월 12일, www.evworld.com/databases/storybuilder.cfm?storyid=245.
3) 「수소」, 『컬럼비아 백과사전 *The Columbia Encyclopedia*』(Columbia

University Press, 2001년).
4) 네보이사 나키체노비치, 「에너지의 탈탄소화」, 《다이달로스》, 1996년 여름호, 98-99쪽.
5) 제시 H. 오수벨, 「에너지는 어디로 가고 있는가」, 《인더스트리얼 피지시스트》, 2000년 2월호.
6) 미 에너지부 수소기술자문위원회(HTAP), 「연료전지 자동차를 위한 연료 선택」, 워싱턴 D. C., 1999년 5월.
7) 프랭크 잉그리셀리, 「미래의 기동성」, 미 하원 과학위원회에서 행한 발언, 2001년 4월 23일.
8) HTAP, 「연료전지 자동차를 위한 연료 선택」.
9) 피터 호프만, 『미래의 에너지 *Tomorrow's Energy: Hydrogen, Fuel Cells, and the Prospects for a Cleaner Planet*』(Cambridge, MA.: The MIT Press, 2001년), 22-23쪽.
10) 같은 책, 23쪽.
11) 같은 책, 23-24쪽.
12) 같은 책, 29-30쪽.
13) J. B. S. 홀데인, 『과학과 미래 *Daedalus or Science and the Future*』(Dutton, 1925년).
14) 같은 책.
15) 같은 책.
16) 같은 책.
17) 호프만, 앞의 책, 32쪽.
18) 세스 던, 「지속 가능한 에너지 체계」, 《월드워치 페이퍼 157》(워싱턴 D. C.: 월드워치연구소, 2001년 8월), 28쪽.
19) 호프만, 앞의 책, 212-213쪽.
20) 같은 책, 42쪽.
21) 같은 쪽.
22) 같은 책, 46-50쪽, 247쪽.
23) 같은 책, 247쪽.
24) 프레드 피어스, 「습관 벗어 던지기」, 《뉴 사이언티스트》, 2000년 11월 25일자, 34쪽.
25) 던, 「지속 가능한 에너지 체계」. 톰 코펠, 「하와이의 재생 가능 에너지」, 《리포커스》, 2001년 6월호, 5쪽. 칼 T. 홀, 「수소, 미래의 에너지원으로 각광」, 《샌프란시스코 크로니클》, 2001년 4월 2일자.
26) 존 M. 오그던, 「수소 에너지 인프라 구축에 대한 전망」, 《에너지·환경 연

감》, 24권, 1999년, 227-279쪽.
27) 같은 쪽.
28) 던, 「지속 가능한 에너지 체계」, 31쪽.
29) 앤 체임버스, 『분산전원 *Distributed Generation: A Nontechnical Guide*』(Tulsa, OK.: PennWell, 2001년), 150쪽.
30) 같은 쪽.
31) 호프만, 앞의 책, 59-60쪽.
32) C. E. G. 파드레이, V. 푸치, 「수소 생산 기술의 경제학 고찰」, 기술 보고서, 콜로라도 주 골든, 미 국립 재생에너지연구소(NREL), 1999년 9월.
33) 미 가스기술연구소(IGT), 「수소 생산 및 이용법 고찰」, 1975년.
34) 던, 「지속 가능한 에너지 체계」, 32쪽.
35) 존 휴턴, 『지구 온난화 *Global Warming: The Complete Briefing*』(Cambridge, MA.: Cambridge University Press, 1997년), 203쪽.
36) 폴 호큰, 애모리 B. 로빈스, L. 헌터 로빈스, 『자연 자본주의 *Natural Capitalism: Creating the Next Industrial Revolution*』(Boston: Little, Brown and Company, 1999년), 248쪽.
37) 휴턴, 앞의 책.
38) 호프만, 앞의 책, 90쪽.
39) 스티브 실버맨, 「에너지망」, 《와이어드》, 2001년 7월호, 119쪽.
40) 앤 마리 보벌리, 잰 F. 크라이더 엮음, 『분산전원 *Distributed Generation: The Power Paradigm for the New Millennium*』(Washington D. C.: CRC Press, 2001년), 96쪽.
41) 호프만, 앞의 책, 53-55쪽.
42) 조지프 J. 롬, 찰스 B. 커티스, 「중동 석유는 영원한가」, 《애틀랜틱 먼슬리 온라인》, 1996년 4월.
43) 셸 오일의 스티브 밀러 회장 겸 사장, 미 의회 흑인대표자회의(CBC)에서 연설, 셸 오일, 2001년 6월 29일, www.countonshell.com/news/relations/speeches/speech15.html.
44) 「녹색이 녹색을 낳을 때」, 《비즈니스 위크》, 1997년 11월 10일자, 98쪽.
45) 휴턴, 앞의 책, 203쪽.
46) 같은 책, 208쪽. 호프만,. 앞의 책, 90쪽. 던, 「소규모 발전」, 《월드워치 페이퍼 151》(워싱턴 D. C.: 월드워치연구소, 2000년 7월).
47) 호프만, 앞의 책, 90쪽.
48) 체임버스, 앞의 책, 124쪽.
49) 같은 쪽.

50) 같은 책, 125쪽.
51) 호프만, 앞의 책, 89쪽.
52) 안드레아스 바그너, 독일 풍력에너지협회, 「유럽의 풍력에너지 성장사」, 1999년 풍력회의에서 발표, 벌링턴, 버몬트 주, 미국 풍력에너지협회, 1999년 6월 21일. 쇠렌 크론 외 엮음, 「덴마크 풍력발전 터빈 제조업 협회(DWTMA) 연례 보고서 25」, 2000년 3월, 3쪽.
53) 바그너, 「유럽의 풍력에너지 성장사」. 래리 골드스타인, 존 모텐슨, 데이비드 트리켓, 『유럽연합의 재생 가능 전력 정책 *Grid-Connected Renewable-Electric Policies in the European Union*』(Golden, CO. : NREL, 1999년 5월).
54) 재생 가능 에너지 자문단 보고서, 「에너지 페이퍼 60」, 영국 통상산업부, 1992년 11월.
55) 요스 뵈르스켄, 「해안 지역, 풍력발전에 적격」, 《리뉴어블 에너지 월드》, 2000년 1-2월호에서 재인용.
56) 호프만, 앞의 책, 89쪽. M. 랄, 「인도의 온실 가스 방출량을 줄일 수 있는 방법들」, 인도공과대학(IIT) 주최 인도·독일 합동 세미나에 제출된 논문, 델리, 1996년 10월 29-31일.
57) 실버맨, 「에너지망」, 118쪽.
58) 휴턴, 앞의 책, 203쪽.
59) 호프만, 앞의 책, 88쪽.
60) 던, 「지속 가능한 에너지 체계」, 32쪽.
61) 같은 글, 214쪽.
62) 같은 글, 96-97쪽.
63) 같은 글, 97쪽.
64) 휴턴, 앞의 책, 205쪽.
65) 롬, 커티스, 「중동 석유는 영원한가」.
66) 같은 글.
67) 호프만, 앞의 책, 148쪽.
68) 체임버스, 앞의 책, 87쪽. 호프만, 앞의 책, 155쪽.
69) 호프만, 앞의 책, 6쪽.
70) 던, 「지속 가능한 에너지 체계」, 32쪽.
71) 피터 페얼리, 「보통 사람들에게 전력을」, 《테크놀로지 리뷰》, MIT 엔터프라이즈, 2001년 5월호.
72) 「분산 전원의 경제학」, 아서 D. 리틀 사(社)의 백서, 1999년.
73) 체임버스, 앞의 책, 18쪽.
74) 앨런 C. 로이드, 「지하실의 발전소」, 《사이언티픽 아메리칸》, 1999년 7월호, 80쪽.

75) 매튜 L. 월드, 「믿을 수 있는 에너지」, 《뉴욕 타임스》, 1999년 8월 17일자. 롬, 『멋진 기업들 *Cool Companies: How the Best Businesses Boost Profits and Productivity by Cutting Greenhouse Gas Emissions*』(Washington, D. C.: Island Press, 1999년).
76) 실버맨, 「에너지망」, 117쪽.
77) 체임버스, 앞의 책, 8쪽.
78) 로이드, 「지하실의 발전소」, 83쪽.
79) 페얼리, 「보통 사람들에게 전력을」, 74쪽.
80) 로이드, 「지하실의 발전소」, 83쪽.
81) 같은 쪽.
82) 같은 쪽.
83) 체임버스, 앞의 책, 13쪽.
84) 같은 책, 5-6쪽, 10쪽.
85) 유엔 국제기후변화회의(IPCC), 「2001년 기후변화」, 각국 정책 입안자들을 위한 개요서, IPCC 제3평가 보고서, 제네바, 2001년 2월 19일. 유엔개발계획(UNDP), 유엔경제사회국(UNDESA), 세계에너지위원회(WEC), 『세계 에너지 평가 보고서』(2000년), 116쪽, 74-77쪽, 86-90쪽.
86) 페얼리, 「보통 사람들에게 전력을」, 74쪽.
87) 체임버스, 앞의 책, 22쪽.
88) 로키마운틴연구소의 조엘 스미셔와 회견(2002년 3월 4일).
89) 체임버스, 앞의 책, 24쪽.
90) 같은 쪽.
91) 「분산전원의 경제학」.
92) 체임버스, 앞의 책, 22쪽.
93) 실버맨, 「에너지망」, 120쪽.
94) 보벌리, 앞의 책, 47쪽.
95) 스티븐 E. 밀러, 『사이버 공간의 민간 이양 *Civilizing Cyberspace: Policy, Power, and the Information Super-highway*』(New York: Addison-Wesley, 1996년), 44-45쪽.
96) 페얼리, 「보통 사람들에게 전력을」, 77쪽.
97) 실버맨, 「에너지망」, 120쪽.
98) 같은 쪽.
99) 체임버스, 앞의 책, 25쪽.
100) 실버맨의 「에너지망」 120쪽에서 재인용.
101) 같은 글, 121쪽.

102) 같은 쪽.
103) 같은 쪽.
104) 같은 글, 124쪽.
105) R. 브렌트 앨더퍼, M. 모니카 엘드리지, 토머스 J. 스타스, 「접속」, NREL/SR-200-28053, 콜로라도 주 골든, NREL, 2000년 5월, iv쪽.
106) 호큰, 로빈스, 로빈스, 앞의 책, 26쪽. 실버맨, 「에너지망」, 120쪽.
107) 실버맨, 「에너지망」, 120쪽. 현재 진행중인 수소 자동차 개발에 관해서는 짐 모터밸리의 『미래의 '청정' 자동차 개발 경쟁 *Forward Drive: The Race to Build "Clean" Cars for the Future*』(San Francisco: Sierra Club Books, 2000년) 참조.
108) 같은 쪽.
109) 「셸 UK CEO, 수소 시대로 접어들고 있음을 인정」, 《하이드로진 앤드 퓨얼 셀 레터》, 1998년 8월호.
110) 마니 미첼, 「변화와 경영의 조화」, 《인터내셔널 헤럴드 트리뷴》, 2001년 9월 27일자.
111) 같은 글.
112) 미 에너지부 산하 에너지정보국(EIA), 『연간 에너지 소비량 비고』(1997년).
113) 「전력 생산 기술의 진보」, 『1999년 개요 및 종합 *1999 Summary and Synthesis*』(Palo Alto, CA., 1999년 7월).
114) 미첼, 「변화와 경영의 조화」.
115) 애모리 B. 로빈스, 브렛 D. 윌리엄스, 「연료전지에서 수소 기반 경제로」, 《퍼블릭 유틸리티스》, 2001년 2월 15일자, 15쪽.
116) 같은 글, 15-16쪽.
117) 같은 글, 16쪽.
118) 같은 글, 20쪽.
119) C. E. 토머스 외, 「연료전지 자동차를 위한 연료 사양」, 《인터내셔널 저널 오브 하이드로진 에너지》, Vol. 25, 2000년, 552쪽.
120) 같은 글.
121) 같은 글, 564쪽.
122) 호프만, 앞의 책, 112쪽.
123) 데이브 나미애즈, 「연료전지 자동차를 위한 연료 선택」, 미 에너지부 수소기술자문위원회(HTAP) 보고서, 전미(全美) 수소협회(NHA), 1999년.
124) 같은 글.
125) 같은 글.
126) 같은 글.

127) 호프만, 앞의 책, 99쪽.
128) 로빈스, 윌리엄스,「연료전지에서 수소 기반 경제로」, 17쪽.
129) 호프만, 앞의 책, 235쪽.
130) 같은 책, 242쪽.
131) 프랭크 스워보다,「엔진이 변한다?」,《워싱턴 포스트》, 2002년 1월 8일자.
132) 닐라 바네르지, 대니 하킴,「미 정부, 자동차 연료 전략 수정」,《뉴욕 타임스》, 2002년 1월 9일자.
133)「미시간 주의 미래를 열 넥스트 에너지」, 미시간 주, www.michigan.gov.
134) 같은 글.

9 아래로부터의 세계화 재편

1) 존 페리 발로,「아이디어 경제」,《와이어드》, 통권 3호, 1994년, 22쪽.
2) 니콜라스 톰슨,「재부팅하라!」,《워싱턴 먼슬리》, 2000년 3월호.
3) 토머스 초밤,『수마 콘페소룸 *Summa Confessorum*』(Paris: Louvain, 1968년), 505쪽.
4) 세이어 A. 스워츠로버,『3해리 영해 *The Three-Mile Limit of Territorial Seas*』(Annapolis, MD.: Naval Institute Press, 1972년), 23-35쪽.
5) 마빈 S. 소루스,「국제 공유재산」,《인바이어런멘틀 리뷰 12》, 1988년 봄호, 14쪽.
6) R. R. 처칠, A. V. 로,『해양법 *The Law of the Sea*』(Oxford, England: Oxford University Press, 1983년), 126쪽.
7) 같은 쪽.
8) 앤드루 샤피로,『테크놀로지와 통제 혁명 *The Control Revolution: How the Internet Is Putting Individuals in Charge and Changing the World We Know*』(New York: PublicAffairs, 1999년), 210쪽.
9) 데이비드 러스크,『게임의 안팎 *Inside Game, Outside Game*』(Washington D. C.: 브루킹스연구소, 1999년), 25쪽.
10)『지역 사회 기반 개발 기구들의 동향과 업적 *Coming of Age: Trends and Achievements of Community-based Development Organizations*』(Washington D. C.: 전미 지역사회 경제개발 회의, 1999년).
11) 같은 책.
12)「1999년 연례 보고서」, 뉴 커뮤니티 코퍼레이션, www.newcommunity.org.
13) 전미(全美) 신용조합협회(NCUA), www.ncua.gov/news/cdcu

/cdufact.html#cdcufact.

14) 미 공익전력협회(APPA), www.appanet.org.

15) 같은 글.

16) APPA, 「핵심 보고서」, 1996년 4월.

17) 애지스 샐퍼커스, 「도시의 반란」, 《뉴욕 타임스》, 1995년 10월 10일자.

18) 에번 매켄지, 『공동주거 단지와 주민자치 *Privatopia: Homeowner Associations and the Rise of Residential Private Government*』(New Haven, CT.: Yale University Press, 1996년), 12쪽.

19) 제임스 와이노커, 「공동주거 단지에 대한 선택 · 동의 · 가입」, 스티븐 E. 바턴, 캐롤 J. 실버맨 엮음, 『공동주거 단지 *Common Interest Communities: Private Governments and the Public Interest*』(Berkeley: 행정연구소, 1994년), 88쪽.

20) 『공동주거 단지와 주민자치』, 176-177쪽에서 재인용.

21) 미 국립 경제안전대안연구소(NCESA), 2001년, www.ncba.org.

22) 국제협동조합연맹(ICA) 웹사이트, 2001년, www.coop.org/ica/ica-intro.html.

23) 전미(全美) 협동조합은행(NCB), 『NCB 협동조합 100』, (NCB Co-op 100, 2001년, www.ncb.com.

24) 폴 헤이즌, 「협동조합의 다음 물결」, 《전미협동조합업 저널》, 전미협동조합업협회(NCBA), 2001년, www.cooperative.org/prescols.cfm?colid=15.

25) 섀드 윌리엄슨, 데이비드 임브로시오, 가 알페로비츠, 「지역 사회를 위한 공간 마련」, 근간 예정, 379쪽.

26) 테드 하워드, 크리스틴 러시, 「지역 사회 자산 형성 및 지속 가능한 자원 관리」(미간), 칼리지파크, 메릴랜드 주, NCESA, 2001년 2월, 6쪽. 지역 사회 기반 비영리 기관 모델에 대한 상세 정보는 메릴랜드 대학 민주주의연구소(info@DemocracyCollaborative.org)로 문의할 것.

27) 같은 글, 13쪽.

28) 같은 글, 21쪽.

29) 같은 글, 39쪽.

30) 터치스톤 에너지 협동조합, www.touchstoneenergy.com.

31) 에너지협동조합 네트워크, www.energy-co-op.net.

32) 같은 글.

33) 같은 글.

34) 같은 글.

35) 「시카고 지역 주민들, 주거형 연료전지 시범 사용」, 전력연구소(EPRI), 2001년

5월 10일.

36) 「이제 에너지에 대해 좀 더 현명하게 생각해야 할 때」, 지역사회에너지협동조합(CEC), www.energycooperative.net.

37) 에너지협동조합 네트워크, www.energy-co-op.net.

38) 스티븐 E. 밀러, 『사이버 공간의 민간 이양 *Civilizing Cyberspace: Policy, Power, and the Information Super-highway*』(New York : Addison-Wesley, 1996년), 206쪽.

39) 「1950-2050년 연간 추정 세계 인구」, 미 인구통계국 국제 데이터 베이스(IDB), 2000년 5월 10일.

40) 코즌 머천트, 「세계가 기괴한 불평등으로 나아가고 있다」, 《파이낸셜 타임스》, 1996년 7월 16일자. 유엔개발계획(UNDP), 『1998년 인적 계발 보고서 *Human Development Report 1998*』(New York: Oxford University Press, 1998년).

41) 로버트 테일러, 「국제노동기구(ILO), "시장 침체 여파로 실업률 올라갈 듯"」, 《파이낸셜 타임스》, 1998년 9월 24일자.

42) 바버라 크로셋, 「유엔도시회의의 희망과 실용주의」, 《뉴욕 타임스》, 1996년 6월 3일자.

43) UNDP, 『1998년 인적 계발 보고서』.

44) UNDP, 『1996년 인적 계발 보고서』(New York : Oxford University Press, 1996년).

45) 「전력 생산 기술의 진보」, 『1999년 개요 및 종합 *1999 Summary and Synthesis*』(Palo Alto, CA. : 1999년 7월), 96-97쪽.

46) 촌시 스타, 「향후 200년 간의 인간 환경 유지」, 제시 H. 오수벨, H. 댈 랭퍼드 엮음, 『기술의 궤적과 인간환경 *Technological Trajectories and the Human Environment*』(Washington D. C. : National Academy Press, 1997년), 192쪽.

47) 「전력 생산기술의 진보」, 98쪽.

48) 같은 쪽.

49) 같은 글, 68쪽.

50) 같은 쪽.

51) 같은 쪽.

52) 같은 쪽.

53) 같은 쪽.

54) 같은 글, 103쪽.

55) 같은 글, 104쪽.

56) 같은 글, 103쪽.

57) 「세계 금융 시스템 고찰」, 《뉴 인터내셔널리스트》, 1990년 12월호.
58) 같은 글.
59) 데일 H. 이즐리, 「석유수출국기구(OPEC)의 석유금수 조처와 제3세계 부채」, 2000년 7월 17일, www.uno.edu/~gege/Easley/Essays.
60) 「고유가로 부국보다 빈국에 더 큰 피해」, 파리, 2000년 3월 20일, www.iea.org/new/releases/2000/oilprice.html.
61) 같은 글.
62) 같은 글.
63) 코피 A. 아난, 「고유가의 폐해」, 《인터내셔널 헤럴드 트리뷴》, 2000년 10월 3일자.
64) 데이비드 멀린 루드맨, 「제3세계 부채 위기의 거짓과 진실」, 《월드워치 페이퍼 155》, 2001년 4월 26일.
65) 같은 글.
66) 「제3세계 부채 탕감만이 능사는 아니다」, 2001년 4월 26일, www.worldwatch.org/alerts/010426.html.
67) 루드맨, 「제3세계 부채 위기의 거짓과 진실」.
68) 스티븐 컨, 『시간과 공간의 문화 *The Culture of Time and Place, 1880-1918*』(Cambridge, MA.: Harvard University Press, 1983년), 224쪽에서 재인용.
69) 프리드리히 라첼, 『민족 번영의 근원, 바다 *Das Meer als Quelle der Volkergrosse*』(Munich, 1900년), 1-5쪽. 컨, 앞의 책, 226쪽.
70) 핼퍼드 매킨더, 『민주적 사고와 현실 *Democratic Ideas and Reality*』(New York: W. W. Norton, 1962년).
71) 니콜라스 스파이크맨, 『평화의 지리학 *The Geography of Peace*』(New York: Harcourt, Brace, 1944년), 5쪽.
72) 라팔 세라핀, 「인지권(人智圈), 가이아, 그리고 생물권의 과학」, 《환경윤리 10》, 1988년, 여름호, 124쪽에서 재인용.
73) 윌리엄 어빈 톰슨 엮음, 『가이아: 앎의 새로운 방식 *Gaia: A New Way of Knowing*』(New York: Lindisfarne Press, 1988년), 87-88쪽에서 재인용.
74) 제임스 러블록, 『가이아: 생명체로서의 지구 *Gaia: A New Look at Life on Earth*』(Oxford, England: Oxford University Press, 1979년), 72쪽.
75) 같은 쪽.
76) 같은 책, 73쪽.
77) 같은 책, 74쪽.
78) 제임스 러블록, 『가이아의 시대 *The Ages of Gaia*』(New York: W. W. Norton, 1988년), 33-34쪽.

옮긴이 이진수

한국외국어대학교 불어과를 졸업하고 같은 과 대학원을 수료했다. 《뉴스위크》 한국판 제작위원 및 번역기자, 《파이낸셜뉴스》 국제부 기자, 《인더스트리 스탠더드》 한국판 편집국 차장을 지냈다. 옮긴 책으로는 『중국의 시대』, 『시장의 탄생』, 『레닌과 철학』, 『탐욕에 관한 진실』 등이 있다.

수소 혁명

1판 1쇄 펴냄 2003년 1월 15일
1판 20쇄 펴냄 2019년 1월 30일
2판 1쇄 펴냄 2020년 9월 18일
2판 7쇄 펴냄 2023년 12월 8일

지은이 제러미 리프킨
옮긴이 이진수
발행인 박근섭·박상준
펴낸곳 (주)민음사

출판등록 1966. 5. 19. 제16-490호
서울시 강남구 도산대로 1길 62(신사동)
강남출판문화센터 5층(06027)
대표전화 02-515-2000 | 팩시밀리 02-515-2007
홈페이지 www.minumsa.com

ISBN 978-89-374-2505-9 (03300)